HISTOIRE
DE LA DÉCADENCE ET DE LA CHUTE
DE
L'EMPIRE ROMAIN,

TRADUITE DE L'ANGLAIS

D'ÉDOUARD GIBBON;

NOUVELLE ÉDITION,

ENTIÈREMENT REVUE ET CORRIGÉE,

PRÉCÉDÉE D'UNE NOTICE SUR LA VIE ET LE CARACTÈRE DE GIBBON,
ET ACCOMPAGNÉE DE NOTES CRITIQUES ET HISTORIQUES
RELATIVES, POUR LA PLUPART, A L'HISTOIRE
DE LA PROPAGATION DU CHRISTIANISME,

PAR M. F. GUIZOT.

Tome Treizième.

───────────

A PARIS,
CHEZ LEDENTU, LIBRAIRE,
QUAI DES AUGUSTINS, N° 31.

*

1828.

HISTOIRE

DE LA DÉCADENCE ET DE LA CHUTE

DE L'EMPIRE ROMAIN.

XIII.

PARIS.—IMPRIMERIE DE CASIMIR,
Rue de la Vieille-Monnaie, n° 12.

HISTOIRE

DE LA DÉCADENCE ET DE LA CHUTE

DE

L'EMPIRE ROMAIN,

TRADUITE DE L'ANGLAIS

D'ÉDOUARD GIBBON.

NOUVELLE ÉDITION,

ENTIÈREMENT REVUE ET CORRIGÉE, PRÉCÉDÉE D'UNE NOTICE SUR LA VIE ET LE CARACTÈRE DE GIBBON, ET ACCOMPAGNÉE DE NOTES CRITIQUES ET HISTORIQUES RELATIVES, POUR LA PLUPART, A L'HISTOIRE DE LA PROPAGATION DU CHRISTIANISME,

PAR M. F. GUIZOT.

TOME TREIZIÈME.

A PARIS,

CHEZ LEDENTU, LIBRAIRE,

QUAI DES AUGUSTINS, N° 31.

MDCCCXXVIII.

HISTOIRE

DE LA DÉCADENCE ET DE LA CHUTE

DE L'EMPIRE ROMAIN.

CHAPITRE LXVII.

Schisme des Grecs et des Latins. Règne et caractère d'Amurath II. Croisade de Ladislas, roi de Hongrie. Sa défaite et sa mort. Jean Huniades. Scanderbeg. Constantin Paléologue, dernier empereur de Constantinople.

Un Grec éloquent, le père des écoles de l'Italie, a comparé et célébré les villes de Rome et de Constantinople (1). Le sentiment qu'éprouva Manuel Chrysoloras à la vue de cette ancienne capitale du monde, siége de ses ancêtres, surpassa toutes les idées qu'il

<small>Comparaison de Rome avec Constantinople.</small>

---

(1) L'épître de Manuel Chrysoloras à l'empereur Jean Paléologue ne blessera point des yeux ni des oreilles adonnés à l'étude de l'antiquité (*ad calcem* Codini, *de Antiquitatibus C. P.*, 107-126); la suscription prouve que Jean Paléologue fut associé à l'empire avant l'année 1414, époque de la mort de Chrysoloras. L'âge de ses deux plus jeunes fils, Démétrius et Thomas, l'un et l'autre *Porphyrogénètes*, indique une date encore plus ancienne, au moins l'année 1408. Ducange, *Fam. byzant.*, p. 224-247.

avait pu s'en former; et il cessa de blâmer l'ancien sophiste qui s'écriait que Rome était un séjour fait non pour les hommes, mais pour les dieux. Ces dieux et ces hommes avaient disparu depuis long-temps; mais, aux yeux de l'enthousiaste éclairé, la majesté de ses ruines reproduisait l'image de son ancienne prospérité. Les monumens des consuls et des Césars, des martyrs et des apôtres, excitaient de toutes parts la curiosité du philosophe et celle du chrétien. Manuel confessa que les armes et la religion de Rome avaient été destinées à régner dans tous les temps sur l'univers; mais sa vénération pour les beautés respectables de la mère-patrie ne lui faisait point oublier les charmes de la plus belle de ses filles, dans le sein de laquelle il avait pris naissance. Le patriote Byzantin célèbre avec autant de chaleur que de vérité les avantages naturels et éternels de Constantinople, ainsi que les monumens plus fragiles de la puissance et des arts dont elle était ou avait été embellie. Cependant il observe modestement que la perfection de la copie ne fait que tourner à la gloire de l'original, et que les parens se voient avec plaisir retracés ou même surpassés par leurs enfans. « Constantinople, dit l'orateur, est située sur une colline entre l'Europe et l'Asie, entre l'Archipel et la mer Noire. Elle joint ensemble, pour l'avantage commun des nations, les deux mers et les deux continens, et tient à son gré les portes du commerce ouvertes ou fermées. Son port, environné de tous côtés par le continent et la mer, est le plus vaste et le plus sûr de l'univers. On peut comparer les portes et les murs de Constantinople à ceux de Babylone : ses tours hautes et nombreuses sont construites avec la plus grande solidité ; le second mur ou la fortification extérieure suffirait à la défense et à la majesté d'une capitale ordinaire. On peut introduire dans ses fossés un courant fort et rapide ; et cette île artificielle peut être alternativement environnée, comme Athènes (1), de la terre ou des eaux. » On allègue deux causes qui durent contribuer naturellement et fortement à perfectionner le plan de la nouvelle Rome. Le monarque qui la fonda commandait aux plus illustres nations du monde ; et dans l'exécution de son dessein, il employa aussi utilement les sciences et les arts de la Grèce que la puissance des Romains. La grandeur de la plupart des autres villes a dépendu du temps et des événemens ; on trouve toujours dans leurs beautés un mélange de désordre et de difformité ; et les habitans, attachés à l'endroit qui les a vus naître, ne peuvent rectifier ni les vices du sol ou du climat, ni les erreurs de leurs ancêtres. Mais le plan de Constantinople, et son exécution, furent l'ouvrage libre d'un seul génie ; et ce modèle primitif fut seulement perfectionné par le

---

(1) Un écrivain a observé qu'on pouvait naviguer autour de la ville d'Athènes (τις ειπεν την πολιν των Αθηναιων δυνασθαι και παραπλειν και περιπλειν). Mais ce qui peut être vrai, rhétoriquement parlant, de la ville de Constantinople, ne convient point à celle d'Athènes, située à cinq milles de la mer, et qui n'est ni environnée ni traversée par des canaux navigables.

zèle obéissant de ses sujets et de ses successeurs. Les îles adjacentes offraient une inépuisable quantité de marbres, on transporta les autres matériaux du fond de l'Europe et de l'Asie; les édifices publics et particuliers, les palais, les églises, les aqueducs, les citernes, les portiques, les colonnes, les bains et les hippodromes, furent tous construits sur des dimensions convenables à la grandeur de la capitale de l'Orient. Le superflu des richesses de la ville se répandit le long des rivages de l'Europe et de l'Asie; et les alentours de Byzance jusqu'à l'Euxin, à l'Hellespont et au grand mur, ressemblaient à un populeux faubourg ou à une suite continuelle de jardins. Dans ce tableau enchanteur, l'orateur confond adroitement le passé avec le présent, les temps de prospérité avec celui de la décadence; mais la vérité lui échappe involontairement, et il avoue, en soupirant, que sa malheureuse patrie n'est plus que l'ombre ou le tombeau de la superbe Byzance. Les anciens ouvrages de sculpture avaient été défigurés par le zèle aveugle des chrétiens ou par la violence des Barbares. Les plus beaux édifices étaient démolis; on brûlait les marbres précieux de Paros et de la Numidie pour en faire de la chaux, ou on les employait aux usages les plus grossiers. La place de la plupart des statues était marquée par un piédestal vide; on ne pouvait juger des dimensions de la plupart des colonnes que par les restes d'un chapiteau brisé. Les débris des tombes des empereurs étaient dispersés sur le sol; les ouragans et les tremblemens de terre avaient secondé les coups du temps, et la tradition populaire ornait les espaces vides de monumens fabuleux d'or ou d'argent. Il distingue toutefois de ces merveilles, qui n'existaient que dans la mémoire ou n'avaient peut-être existé que dans l'imagination, le pilier de porphyre, la colonne et le colosse de Justinien (1), l'église et surtout le dôme de Sainte-Sophie, qui termine convenablement son tableau, puisqu'il ne peut, dit-il, être décrit d'une manière digne de ses beautés, et qu'après en avoir parlé on ne peut nommer aucun autre objet. Mais il oublie d'observer que, dans le siècle précédent, les fondemens du colosse et de l'église avaient été soutenus et réparés par les soins actifs d'Andronic l'Ancien. Trente ans après que l'empereur eut consolidé Sainte-Sophie, au moyen de deux nouveaux supports ou pyramides, l'hémisphère oriental du dôme s'écroula tout à coup ; les images, les autels et le sanctuaire furent écrasés sous les ruines : mais le mal ne tarda pas à être réparé. Les citoyens de toutes les classes travaillèrent avec persévérance à déblayer les décombres ; et les Grecs

---

(1) Nicéphore Grégoras a décrit le colosse de Justinien (l. VII, 12); mais ses dimensions sont fausses et contradictoires. L'éditeur Boivin a consulté son ami Girardon, et le sculpteur lui a donné les justes proportions d'une statue équestre. Pierre Gyllius a encore vu celle de Justinien : elle n'était plus sur une colonne, mais dans la cour extérieure du sérail. Il était à Constantinople lorsqu'on la fondit et qu'on la convertit en une pièce de canon (*de Topograph. C. P.*, l. II, c. 17).

employèrent les tristes débris de leur richesse et de leur industrie à rétablir le plus magnifique et le plus vénérable temple de l'Orient (1).

Schisme grec après le concile de Florence. A. D. 1440-1448.

Menacés d'une destruction prochaine, la ville et l'empire de Constantinople fondaient un dernier espoir sur la réunion de la mère et de la fille, sur la tendresse maternelle de Rome et l'obéissance filiale de Constantinople. Au concile de Florence, les Grecs et les Latins s'étaient embrassés, avaient signé, avaient promis; mais ces démonstrations d'amitié étaient perfides et inutiles (2); et tout l'édifice de l'union, dénué de fondemens, disparut bientôt comme un songe (3). L'empereur et ses prélats partirent sur les

---

(1) *Voyez* les ruines et les réparations de Sainte-Sophie dans Grégoras (l. VII, 12; l. XV, 2). Andronic la fit étayer en 1317, et la partie orientale du dôme s'écroula en 1345. Les Grecs exaltent avec la pompe ordinaire de leur style la sainteté et la magnificence de ce paradis terrestre, le séjour des anges et de Dieu lui-même, etc.

(2) D'après le récit original et sincère de Syropulus (p. 312-351), le schisme des Grecs s'annonça dès la première fois qu'ils officièrent à Venise, et fut confirmé par l'opposition générale du clergé et du peuple de Constantinople.

(3) Relativement au schisme de Constantinople, *voyez* Phranza (l. II, c. 17), Laonicus Chalcocondyles (l. VI, p. 155, 156) et Ducas (c. 31). Le dernier s'exprime avec franchise et liberté. Parmi les modernes, on peut distinguer le continuateur de Fleury (t. XXII, p. 338, etc., 401, 402, etc.) et Spondanus (A. D. 1440, n° 30). Dès qu'il est question de Rome et de la religion, le bon sens du dernier se noie dans une mer de préjugés et de préventions.

galères de Venise; mais lorsqu'ils relâchèrent dans la Morée, dans les îles de Corfou et de Lesbos, les sujets des Latins se plaignirent hautement de l'union prétendue qui ne devait servir, disaient-ils, que d'un nouvel instrument à la tyrannie. En débarquant sur la rive de Byzance, ils furent salués ou plutôt assaillis par le murmure général du zèle blessé et du mécontentement. Depuis plus de deux ans qu'avait duré leur absence, la capitale était privée de ses chefs civils et ecclésiastiques, et le fanatisme fermentait dans l'anarchie; des moines turbulens gouvernaient la conscience des femmes et des dévots, et leur prêchaient la haine des Latins, pour eux le premier sentiment de la nature et de la religion. Avant son départ pour l'Italie, l'empereur avait flatté ses sujets d'un prompt et puissant secours; et le clergé, rempli du sentiment de son orthodoxie et de sa science, s'était promis et avait promis à son troupeau une victoire facile sur les aveugles pasteurs de l'Occident. Les Grecs, trompés dans cette double espérance, se livrèrent à l'indignation; les prélats qui avaient souscrit sentirent leur conscience se réveiller; le moment de la séduction était passé : ils avaient plus à craindre de la colère publique qu'à espérer de la protection du pape et de l'empereur. Loin de vouloir excuser leur conduite, ils confessèrent humblement leur faiblesse et leur repentir, et implorèrent la miséricorde de Dieu et de leurs compatriotes. Lorsqu'on leur demanda d'un ton de reproche quels avaient été le résultat et l'avantage du concile d'Italie, ils répondirent, avec des soupirs et des larmes : « Nous avons composé une foi nouvelle ; nous avons changé la piété pour l'impiété ; nous avons renoncé à l'immaculé sacrifice, nous sommes devenus *azymites*. » On appelait azymites ceux qui communiaient avec du pain azyme ou sans levain ; et ceci pourrait me forcer à rétracter ou à expliquer l'éloge que j'ai fait plus haut de la philosophie renaissante. « Hélas ! continuaient-ils, nous avons succombé à la misère ; on nous a séduits par la fraude, par les craintes et les espérances d'une vie transitoire. Nous méritons qu'on abatte la main qui a scellé notre crime, qu'on arrache la langue qui a prononcé le symbole des Latins. » Ils prouvèrent la sincérité de leur repentir par un accroissement de zèle pour les plus minutieuses cérémonies, pour les dogmes les plus incompréhensibles. Ils se séquestrèrent et n'eurent de communication avec personne, pas même avec l'empereur, dont la conduite fut un peu plus décente et plus raisonnable. Après la mort du patriarche Joseph, les archevêques d'Héraclée et de Trébisonde eurent le courage de refuser le poste qu'il laissait vacant, et le cardinal Bessarion préféra l'asile utile et commode que lui offrait le Vatican. Il ne restait à élire à l'empereur et à son clergé que Métrophanes de Cyzique, qui fut sacré dans l'église de Sainte-Sophie ; mais elle resta vide. Les porte-croix abandonnèrent le service des autels. La contagion se communiqua de la ville aux villages, et Métrophanes fit inutilement usage des foudres de l'Église contre un peuple de schismatiques. Les regards des Grecs se tournèrent vers Marc d'Éphèse, le défenseur de son pays; les souffrances de ce saint confesseur furent payées par un tribut d'applaudissement et d'admiration. Son exemple et ses écrits propagèrent la flamme de la discorde religieuse. Il succomba bientôt sous le poids de l'âge et des infirmités; mais l'Évangile de Marc n'était pas une loi de miséricorde : il demanda à son dernier soupir qu'on n'admît point à son convoi les adhérens de Rome, qu'il dispensait de prier pour lui.

Le schisme ne se renferma point dans les limites étroites de l'empire grec : tranquilles sous celui des Mamelucks, les patriarches d'Alexandrie, d'Antioche et de Jérusalem, assemblèrent un nombreux synode, désavouèrent leurs représentans à Ferrare et à Florence, condamnèrent le symbole et le concile des Latins, et menacèrent l'empereur de Constantinople des censures de l'Église d'Orient. Parmi les sectaires de la communion grecque, les Russes étaient les plus puissans, les plus ignorans et les plus superstitieux. Leur primat, le cardinal Isidore, courut rapidement de Florence à Moscou (1), pour réduire

Zèle des Russes et des Orientaux.

---

(1) Isidore était métropolitain de Kiow; mais les Grecs sujets de la Pologne ont transporté ce siége des ruines de Kiow à Lemberg ou Léopold (Herbestein, *in Ramusio*, t. II, p. 127); d'un autre côté, les Russes transportèrent leur obéissance spirituelle à l'archevêque, depuis 1588 patriarche de Moscou. Lévesque (*Hist. de Russie*, t. III, p. 188-

sous le joug du pape cette nation indépendante ; mais les évêques russes avaient puisé leurs principes au mont Athos, et le souverain ainsi que les sujets suivaient les opinions théologiques de leur clergé. Le titre, le faste et la croix latine du légat, ami de ces hommes impies qui rasaient leur barbe, célébraient le service divin avec des gants aux mains et des bagues aux doigts, furent pour les Russes autant de sujets de scandale. Isidore fut condamné par un synode ; on l'enferma dans un monastère, et ce cardinal n'échappa qu'avec beaucoup de difficulté à la fureur d'un peuple féroce et fanatique (1). Les Russes refusèrent le passage aux missionnaires de Rome, qui allaient travailler à convertir les païens au-delà du Tanaïs (2), et justifièrent leur refus par cette maxime

---

190), extrait d'un manuscrit de Turin, *Iter et labores archiepiscopi Arsenii*.

(1) Le curieux récit de Lévesque (*Hist. de Russie*, t. II, p. 342-347) est extrait des archives du patriarcat. Les événemens de Ferrare et de Florence y sont décrits avec autant de partialité que d'ignorance ; mais on peut en croire les Russes relativement à leurs propres préjugés.

(2) Le chamanisme, ou l'ancienne religion des chamans ou gymnosophistes, a été repoussé par la religion plus populaire des brames de l'Inde dans les déserts du Nord. Des philosophes qui allaient tout nus, furent obligés de s'envelopper dans des fourrures. Ils dégénérèrent à la longue en magiciens ou charlatans. Les Morvans ou Tchérémisses de la Russie européenne professent cette religion constituée d'après le modèle terrestre d'un roi ou dieu, de ses ministres ou anges, et des esprits rebelles qui contrarient son

que le crime de l'idolâtrie est moins damnable que celui du schisme. L'aversion des Bohémiens pour le pape fit excuser leurs erreurs, et le clergé grec sollicita, par une députation, l'alliance de ces enthousiastes sanguinaires (1). Tandis qu'Eugène triomphait de la réunion des Grecs et de leur orthodoxie, ses partisans étaient circonscrits dans les murs ou plutôt dans le palais de Constantinople : le zèle de Paléologue, excité par l'intérêt, fut bientôt refroidi par la résistance ; il craignit d'exposer sa couronne et sa vie en contraignant la conscience d'une nation qui n'aurait pas manqué de secours étrangers et domestiques pour soutenir sa pieuse révolte. Le prince Démétrius, son frère, qui avait gardé en Italie un silence conforme à la prudence et fait pour lui concilier la faveur publique, menaçait de s'armer pour la cause de la religion, et l'intelligence apparente des Grecs et des Latins alarmait le sultan des Turcs.

Règne et caractère d'Amurath II. A. D. 1421-1451, 9 fév.

« Le sultan Murad ou Amurath vécut quarante-neuf ans, et régna trente ans six mois et huit jours. C'était un prince courageux et équitable, d'une âme

---

gouvernement. Comme ces tribus du Volga n'admettent point les images, elles pouvaient, avec beaucoup plus de justice, rétorquer sur les Latins le nom d'idolâtres que leur donnaient les missionnaires. Lévesque, *Hist. des Peuples soumis à la domination des Russes*, t. 1, p. 194-237, 423-460.

(1) Spondanus, *Annal. ecclés.*, t. II, A. D. 1451, n° 13. L'épître des Grecs avec la traduction latine existe encore dans la bibliothèque du collège de Prague.

grande, patient dans les travaux, instruit, clément, pieux et charitable; il aimait et encourageait les hommes studieux et tout ce qui excellait dans quelque art ou science que ce fût. C'était un bon empereur et un grand général. Aucun homme ne remporta plus ou de plus grandes victoires. Belgrade seule résista à ses attaques. Sous son règne, le soldat fut toujours victorieux; le citoyen, riche et tranquille. Lorsqu'il avait soumis un pays, son premier soin était de construire des mosquées, des caravanserais, des colléges et des hôpitaux. Il donnait tous les ans mille pièces d'or aux fils du prophète; il en envoyait deux mille cinq cents aux personnes pieuses de la Mecque, de Médine et de Jérusalem (1). » Ce portrait est tiré d'un historien de l'empire ottoman. Mais les plus cruels tyrans ont obtenu des louanges d'un peuple esclave et superstitieux ; et les vertus d'un sultan ne sont souvent que les vices qui lui sont le plus utiles ou qui sont le plus agréables à ses sujets. Une nation qui n'a jamais connu les avantages égaux pour tous des lois et de la liberté, peut se laisser imposer par les saillies du pouvoir arbitraire. La cruauté du despote prend à ses yeux le caractère de la justice; elle appelle libéralité ce qui n'est que profusion, et décore l'obstina-

---

(1) *Voyez* Cantemir, *Hist. de l'Empire ottoman*, p. 94. Murad ou Morad serait peut-être plus correct; mais j'ai préféré le nom généralement connu à cette exactitude minutieuse, et très-peu sûre lorsqu'il faut convertir des caractères orientaux en lettres romaines.

tion du nom de fermeté. Sous le règne de celui qui rejette les excuses les plus raisonnables, il se trouve peu d'actes de soumission impossibles, et le coupable doit nécessairement trembler où l'innocence n'est pas toujours tranquille. Des guerres continuelles maintinrent la tranquillité des peuples et la discipline des soldats. La guerre était le métier des janissaires; ceux qui échappaient aux dangers partageaient les dépouilles et applaudissaient à la généreuse ambition de leur souverain. La loi de Mahomet recommandait aux musulmans de travailler à la propagation de la foi. Tous les infidèles étaient leurs ennemis et ceux de leur prophète, et le cimeterre était l'unique instrument de conversion dont les Turcs sussent faire usage. Cependant la conduite d'Amurath attesta sa justice et sa modération. Les chrétiens eux-mêmes la reconnurent; ils ont considéré la prospérité de son règne et sa mort paisible comme la récompense de son mérite extraordinaire. Dans la vigueur de son âge et de sa puissance militaire, il déclara rarement la guerre sans y avoir été forcé : la soumission le désarmait facilement après la victoire; et dans l'observation des traités, sa parole était sacrée et inviolable (1). Les Hongrois furent presque toujours les agresseurs. La révolte de Scanderbeg l'irrita. Le per-

---

(1) *Voyez* Chalcocondyles (l. vii, p. 186-198), Ducas (c. 23) et Marin Barletius, dans la Vie de Scanderbeg (p. 145, 146). Sa bonne foi pour la garnison de Sfetigrade fut un exemple et une leçon pour son fils Mahomet.

fide Caramanien, vaincu deux fois, obtint deux fois son pardon du monarque ottoman. Thèbes, surprise par le despote, justifia l'invasion de la Morée : le petit-fils de Bajazet put enlever aux Vénitiens Thessalonique, si récemment achetée par eux; et après le premier siége de Constantinople, l'absence, les malheurs de Paléologue, les injures qu'il en reçut, n'engagèrent jamais le sultan à hâter les derniers momens de l'empire de Byzance.

<small>Ses deux abdications successives.
A. D.
1442-1444.</small>

Mais le trait le plus frappant du caractère et de la vie d'Amurath, est sans doute d'avoir abdiqué deux fois le trône; si ses motifs n'eussent pas été dégradés par un mélange de superstition, nous ne pourrions refuser des louanges à un monarque philosophe (1) qui, à l'âge de quarante ans, sut discerner le néant des grandeurs humaines. Après avoir remis le sceptre entre les mains de son fils, il se retira dans l'agréable retraite de Magnésie; mais il y chercha la société des saints et des ermites. Ce n'était pas avant le quatrième siècle de l'hégire que la religion de Mahomet s'était laissé corrompre par une institution si opposée à son caractère; mais, durant les croisades, l'exemple des moines chrétiens et même latins multiplia les divers ordres de derviches (2). Le maître des nations s'as-

---

(1) Voltaire (*Essai sur l'Histoire générale*, c. 89, p. 283, 284) admire le *philosophe turc*. Aurait-il fait le même éloge d'un prince chrétien qui se serait retiré dans un monastère? Voltaire était à sa manière bigot et intolérant.

(2) *Voyez* dans la *Bibliothèque orientale* de d'Herbelot les

servit à jeûner, à prier et à tourner continuellement en rond avec des fanatiques qui prenaient l'étourdissement de la tête pour la lumière de l'esprit (1). Mais l'invasion des Hongrois l'éveilla bientôt de ce rêve d'enthousiasme; et son fils prévint le vœu du peuple en s'adressant à son père au moment du danger. Sous la conduite de leur ancien général, les janissaires furent vainqueurs ; mais il revint du champ de bataille de Warna prier, jeûner et tourner avec ses compagnons de retraite de Magnésie. Le danger de l'État interrompit une seconde fois ses pieuses occupations. L'armée victorieuse dédaigna l'inexpérience de son fils : Andrinople fut abandonnée au meurtre et au pillage, et l'émeute des janissaires décida le divan à solliciter la présence d'Amurath pour prévenir leur révolte. Ils reconnurent la voix de leur maître, tremblèrent et obéirent ; et le sultan fut forcé à supporter malgré lui sa brillante servitude, dont au bout de quatre ans il fut délivré par l'ange de la mort.

---

articles *Derviche*, *fakir*, *Nasser*, *Rohbaniat*. Cependant les écrivains arabes et persans ont traité superficiellement ce sujet, et c'est parmi les Turcs que ces espèces de moines se sont principalement multipliés.

(1) Rycault (dans l'*État présent de l'empire ottoman*, p. 242-268) donne beaucoup de détails qu'il tira de ses conversations personnelles avec les principaux derviches, qui font, pour la plupart, remonter leur origine au règne d'Orchan. Il ne parle point des *Zichides* de Chalcocondyles (l. VII, p. 286), parmi lesquels se retira Amurath. Les *Seids* de cet auteur sont les descendans de Mahomet.

L'âge ou les infirmités, le caprice ou l'infortune, ont fait descendre plusieurs princes du trône, et ils ont eu le temps de se repentir de cette démarche irrévocable. Mais le seul Amurath, libre de choisir, et après avoir essayé de l'empire et de la solitude, fit une seconde fois de la vie privée l'objet de sa préférence.

Eugène forme une ligue contre les Turcs.
A. D. 1443.

Après le départ des Grecs, Eugène n'avait point oublié leurs intérêts personnels, et sa tendre sollicitude pour l'empire de Byzance était animée par la crainte de voir les Turcs s'approcher des côtes de l'Italie et peut-être bientôt les envahir. Mais l'esprit qui avait produit les croisades n'existait plus, et les Francs montrèrent une indifférence aussi déraisonnable que l'avait été leur tumultueux enthousiasme. Dans le onzième siècle, un moine fanatique avait su précipiter l'Europe sur l'Asie pour la délivrance du saint-sépulcre; dans le quinzième, les plus pressans motifs de politique et de religion ne purent réunir les Latins pour la défense commune de toute la chrétienté. L'Allemagne était un inépuisable magasin d'armes et de soldats (1); mais pour mettre en

---

(1) Dans l'année 1431, l'Allemagne leva quarante mille chevaux ou hommes d'armes pour faire la guerre aux hussites de la Bohême (Lenfant, *Hist. du conc. de Bâle*, t. 1, p. 318). Au siége de Nuys sur le Rhin, en 1474, les princes, les prélats et les villes, envoyèrent chacun leur contingent; et l'évêché de Munster, *qui n'est pas des plus grands*, fournit quatorze cents chevaux, six mille hommes d'infanterie, tous habillés de vert, et douze cents chariots. Les forces

mouvement ce corps languissant et compliqué, il aurait fallu l'impulsion d'une main ferme et vigoureuse, et le faible Frédéric III ne jouissait ni de l'influence d'un empereur, ni d'aucune considération personnelle. Une longue guerre avait diminué les forces de la France et de l'Angleterre sans épuiser leur animosité (1). Mais le duc de Bourgogne, prince vain et fastueux, se fit, sans danger et sans frais, un mérite de l'aventureuse piété de ses sujets, qui firent voile sur une flotte bien équipée des côtes de la Flandre vers celles de l'Hellespont. Les républiques de Gênes et de Venise, plus à portée du théâtre de la guerre, réunirent leurs flottes sous l'étendard de Saint-Pierre. Les royaumes de Pologne et de Hongrie, qui couvraient, pour ainsi dire, les barrières intérieures de l'Église latine, étaient les plus intéressés à s'opposer aux progrès des Turcs. Les armes étaient le patrimoine des Scythes et des Sarmates, et ces nations paraissaient propres à soutenir la lutte, si elles eussent dirigé contre l'ennemi commun les forces militaires qui s'entre-détruisaient dans leurs discordes civiles. Mais le même esprit les rendait

---

réunies du roi d'Angleterre et du duc de Bourgogne étaient à peine égales à un tiers de cette armée allemande (*Mém. de Philippe de Comines*, l. IV, c. 2). Les puissances de l'Allemagne entretiennent six ou sept cent mille soldats bien payés et admirablement disciplinés.

(1) Ce ne fut qu'en 1444 que la France et l'Angleterre convinrent d'une trêve de quelques mois. *Voy.* les *Fœdera* de Rymer et les *Chroniques* des deux nations.

également incapables d'accord et d'obéissance. Le pays était trop pauvre et le monarque trop peu puissant pour entretenir une armée régulière; les corps irréguliers de cavalerie hongroise et polonaise manquaient des armes et des sentimens qui, en quelques occasions, donnèrent à la chevalerie française une force invincible. De ce côté, cependant, les desseins d'Eugène et l'éloquence de son légat, le cardinal Julien, furent soutenus par des circonstances favorables (1); la réunion des deux couronnes sur la tête de Ladislas (2), guerrier jeune et ambitieux, et la valeur d'un héros, Jean Huniades, dont le nom était déjà fameux parmi les chrétiens et redoutable aux Turcs. Le légat répandit un inépuisable trésor de pardons et d'indulgences; un grand nombre de guerriers allemands et français s'enrôlèrent sous l'étendard sacré, et de nouveaux alliés d'Europe et d'Asie rendirent ou firent paraître la croisade un peu plus

---

(1) Pour la croisade de Hongrie, Spondanus (*Ann. eccles.*, A. D. 1443, 1444) m'a servi de guide. Il a lu avec soin et comparé en critique les écrits des Grecs et ceux des Ottomans, les historiens de Hongrie, de Pologne et de l'Occident. Son récit est clair, et lorsqu'il peut se dépouiller des préjugés religieux, son jugement n'est pas à mépriser.

(2) J'ai supprimé dans le nom de Ladislas la lettre W, par laquelle la plupart des écrivains le commencent (*Wladislas*), soit pour se conformer à la prononciation polonaise, ou pour le distinguer de l'infant Ladislas d'Autriche son rival. Callimaque (l. 1, part. 11, p. 447-486), Bonfinius (*Déc.* III, l. IV), Spondanus et Lenfant, parlent en détail de leur concurrence pour le trône de Hongrie.

formidable. Un despote fugitif de Servie exagéra la
détresse et l'ardeur des chrétiens qui habitaient au-
delà du Danube; ils avaient, disait-il, unanimement
résolu de défendre leur religion et leur liberté. L'empereur grec (1), avec un courage inconnu à ses ancêtres, se chargeait de garder le Bosphore, et promettait de sortir de Constantinople à la tête de ses
troupes nationales et mercenaires. Le sultan (2) de
Caramanie annonçait la retraite d'Amurath et une
diversion puissante dans l'Anatolie; et si les flottes
de l'Occident pouvaient occuper au même instant
le détroit de l'Hellespont, la monarchie ottomane
se trouvait inévitablement partagée et détruite. Le
ciel et la terre devaient sans doute contribuer avec
joie à la destruction des mécréans; et le légat ré-
pandait, en termes prudemment équivoques, l'opinion d'un secours invisible du Fils de Dieu et de sa
divine mère.

La guerre sainte était le cri unanime des diètes
de Pologne et de Hongrie; et Ladislas, après avoir

Ladislas, roi de Pologne et de Hongrie, marche contre les Turcs.

---

(1) Les historiens grecs, Phranza, Chalcocondyles et
Ducas, ne représentent point leur prince comme un personnage fort actif dans cette croisade; il paraît qu'après
l'avoir sollicitée il la contraria par sa timidité.

(2) Cantemir lui attribue l'honneur du plan, et cite sa
lettre pressante au roi de Hongrie. Mais les puissances
mahométanes sont rarement instruites des affaires de la
chrétienté, et la situation des chevaliers de Rhodes, ainsi
que leur correspondance, donnent lieu de croire qu'ils eurent part à ce plan du sultan de Caramanie.

passé le Danube, conduisit l'armée de ses sujets confédérés jusqu'à Sophie, la capitale des Bulgares. Ils remportèrent dans cette expédition deux brillantes victoires, qui furent attribuées, avec raison, à la valeur et à la conduite de Huniades. A la première affaire, il commandait une avant-garde de dix mille hommes avec lesquels il surprit le camp des Turcs ; à la seconde, il défit et prit le plus renommé de leurs généraux, malgré le double désavantage du terrain et du nombre. L'approche de l'hiver et les obstacles naturels et artificiels qu'opposait le mont Hémus arrêtèrent ce héros, que six jours de marche auraient pu conduire du pied des montagnes aux tours ennemies d'Andrinople ou à la capitale hospitalière de l'empire grec. L'armée fit paisiblement sa retraite; et son entrée à Bude eut en même temps l'air d'un triomphe militaire et d'une procession religieuse. Le roi, accompagné de ses guerriers, suivait à pied une double file d'ecclésiastiques; il pesa dans une balance égale le mérite et les récompenses des deux nations, et l'humilité chrétienne tempéra l'orgueil de la conquête. Treize pachas, neuf étendards et quatre mille prisonniers, étaient d'irrécusables trophées de la victoire ; et les croisés, que tout le monde était disposé à croire et que nul n'était présent pour contredire, multiplièrent sans scrupule les myriades d'Ottomans qu'ils avaient laissées

Paix des Turcs. sur le champ de bataille (1). La preuve la plus in-

---

(1) Dans leurs lettres à l'empereur Frédéric III, les Hon-

contestable et l'effet le plus salutaire de leurs succès furent une députation du divan, chargée de solliciter la paix, de racheter les prisonniers et d'évacuer la Servie et la frontière de Hongrie. Par ce traité conclu dans la diète de Segedin, le roi, le despote et Huniades, obtinrent tous les avantages publics et particuliers qu'ils pouvaient raisonnablement désirer. On convint d'une trêve de dix ans; les disciples de Jésus-Christ et ceux de Mahomet jurèrent sur l'Évangile et sur le Koran; ils invoquèrent également le nom de Dieu comme le protecteur de la vérité et le vengeur du parjure. Les ambassadeurs turcs proposèrent de substituer à l'Évangile l'eucharistie et la présence réelle du Dieu des catholiques; mais les chrétiens refusèrent de profaner leurs saints mystères. Une conscience superstitieuse se sent beaucoup moins retenue par le serment en lui-même, que par les formes extérieures et visibles dont on se sert pour le garantir (1).

Durant toute cette transaction qu'il désapprou-

*Infraction du traité de paix.
A. D. 1444.*

---

grois tuèrent trente mille Turcs en une seule bataille. Mais le modeste Julien réduit le nombre des morts à six mille, ou même deux mille infidèles. Æneas Sylvius, *in Europ.*, c. 5, et *epist.* 44-81, *apud* Spondanum.

(1) *Voyez* l'origine de la guerre des Turcs et la première expédition de Ladislas, dans les cinquième et sixième livres de la troisième Décade de Bonfinius, qui imite avec assez de succès le style et la division de Tite-Live. Callimaque (l. II, p. 487-496) est cependant plus pur et plus authentique.

vait, le cardinal légat, trop faible pour s'opposer seul à la volonté du peuple et du monarque, observa un morne silence; mais la diète n'était pas encore rompue lorsque Julien apprit, par un envoyé, que le Caramanien était entré dans l'Anatolie, et que l'empereur grec avait envahi la Thrace; que les flottes de Venise, de Gênes et de Bourgogne, occupaient l'Hellespont, et que les alliés, informés de la victoire de Ladislas, et ignorant le traité, attendaient impatiemment le retour de son armée. « Est-ce donc ainsi, s'écria le cardinal relevé par ces heureuses nouvelles (1), que vous tromperez leurs espérances et que vous abandonnerez votre propre fortune? C'est à eux, c'est à votre Dieu et aux chrétiens vos frères que vous avez engagé votre foi; cette première obligation annulle un serment imprudent et sacrilége fait aux ennemis de Jésus-Christ. Le pape est son vicaire dans ce monde; vous ne pouvez légitimement ni promettre ni agir sans sa sanction. C'est en son nom que je sanctifie vos armes et que je vous absous du parjure. Suivez-moi dans le chemin du

---

(1) Je ne prétends pas garantir l'exactitude littérale du discours de Julien, dont les expressions varient dans Callimaque (l. III, p. 505-507), dans Bonfinius (*Décade* III, l. VI, p. 457, 458) et dans d'autres historiens, qui ont peut-être employé leur propre éloquence en faisant parler les orateurs de ce siècle : mais ils conviennent tous qu'il conseilla le parjure que les protestans ont censuré amèrement, et que les catholiques, découragés par la défaite de Warna, ont faiblement défendu.

salut et de la gloire; et s'il vous reste encore des scrupules, rejetez sur moi le crime et le châtiment. » L'inconstance des assemblées populaires et le caractère sacré du légat secondèrent ces funestes argumens : on résolut la guerre dans le même lieu où l'on venait de jurer la paix; et en exécution du traité, les Turcs furent attaqués par les chrétiens, auxquels ils purent alors, avec quelque raison, donner le nom d'infidèles. Les maximes du temps pallièrent le parjure de Ladislas, dont le succès et la délivrance de l'Église latine auraient été la meilleure excuse; mais le traité qui aurait dû lier sa conscience, avait diminué ses forces. Les volontaires allemands et français, lorsqu'ils avaient entendu proclamer la paix, s'étaient retirés avec des murmures d'indignation. Les Polonais étaient fatigués d'une expédition si éloignée de leur pays, et peut-être dégoûtés d'obéir à des chefs étrangers; leurs palatins se hâtèrent de profiter de la permission de se retirer dans leurs provinces ou dans leurs châteaux. Les Hongrois mêmes étaient divisés par des factions, ou retenus par des scrupules louables; et les débris de la croisade qui entreprirent cette seconde expédition, se trouvèrent réduits au nombre insuffisant de vingt mille hommes. Un chef des Valaques, qui joignit l'armée royale avec ses vassaux, osa observer que le sultan était souvent suivi d'une troupe aussi nombreuse dans ses parties de chasse; et le don qu'il fit à Ladislas de deux chevaux d'une vitesse extraordinaire aurait pu indiquer ce qu'il augurait de l'événement; mais le despote de

Servie, après avoir recouvré son royaume et retrouvé ses enfans, se laissa tenter par la promesse de nouvelles possessions. L'inexpérience de Ladislas, l'enthousiasme du légat et la présomption du vaillant Huniades lui-même, leur persuadèrent que tous les obstacles devaient céder à l'invincible pouvoir de l'épée et de la croix. Après avoir passé le Danube, deux routes différentes pouvaient également les conduire à Constantinople et à l'Hellespont : l'une, directe, escarpée et difficile, traverse le mont Hémus ; l'autre, plus longue et plus sûre, conduit par des plaines et le long des côtes de la mer Noire, où ils pouvaient, suivant l'ancienne coutume des Scythes, avoir toujours leurs flancs couverts du mobile rempart de leurs chariots. Ils préférèrent judicieusement cette seconde route. L'armée catholique traversa la Bulgarie, brûlant et saccageant impitoyablement les églises et les villages des chrétiens du pays, et prit son dernier poste à Warna, lieu situé près du bord de la mer, et dont le nom est devenu célèbre par la défaite et la mort de Ladislas (1).

---

(1) Varnes ou Warna était, sous la dénomination grecque d'Odessus, une colonie de Milésiens ; qui fut nommée ainsi en l'honneur d'Ulysse (Cellarius ; t. 1, p. 374 ; d'Anville, t. 1, p. 312). Selon la description de l'Euxin, par Arrien (p. 24, 25, dans le premier vol. des *Géographes d'Hudson*), elle était située à dix-sept cent quarante stades de l'embouchure du Danube, à deux mille cent quarante de Byzance, et à trois cent soixante au nord du promontoire du mont Hémus, qui avance dans la mer.

Ce fut sur ce terrain funeste qu'au lieu d'apercevoir la flotte qui devait seconder leurs opérations, ils apprirent qu'Amurath, sorti de sa solitude de Magnésie, arrivait avec toutes ses forces d'Asie au secours de ses conquêtes d'Europe. Quelques écrivains prétendent que l'empereur grec, intimidé ou séduit, lui avait livré le passage du Bosphore; et l'amiral génois, catholique et neveu du pape, n'a pu se laver du reproche de s'être laissé corrompre pour livrer la garde de l'Hellespont. D'Andrinople le sultan s'avança à marches forcées à la tête de soixante mille hommes; et lorsque Huniades et le légat eurent examiné de plus près l'ordre et le nombre des Turcs, ces ardens guerriers proposèrent trop tard une retraite devenue impraticable. Le roi se montra seul résolu de vaincre ou de périr, et peu s'en fallut que sa généreuse résolution ne fût couronnée de la victoire. Les deux monarques combattaient au centre en face l'un de l'autre, et les beglerbegs, ou généraux de l'Anatolie et de la Romanie, commandaient la droite et la gauche, vis-à-vis des divisions d'Huniades et du despote. Dès la première charge, les ailes de l'armée turque furent rompues; mais cet avantage devint un malheur. Dans l'ardeur de la poursuite, les vainqueurs dépassèrent l'armée des ennemis, et privèrent leurs compagnons d'un secours nécessaire. Lorsque Amurath vit fuir ses escadrons, il désespéra de sa fortune et de celle de l'empire; un janissaire vétéran saisit la bride de son cheval, et le sultan eut la générosité de pardonner

Bataille de Warna. 10 novemb. 1444.

et même d'accorder une récompense au soldat qui avait osé apercevoir la terreur de son souverain et s'opposer à sa fuite. Les Turcs avaient exposé en tête de l'armée le traité de paix, monument de la perfidie chrétienne; on dit que le sultan, tournant ses regards vers le ciel, implora la protection du Dieu de vérité, et demanda au prophète Jésus-Christ de venger cette dérision impie de son nom et de sa religion (1). Avec un corps inférieur en nombre et des rangs en désordre, Ladislas se précipita courageusement sur les ennemis, et perça jusqu'à la phalange impénétrable des janissaires. Amurath, si l'on en croit les annales ottomanes, perça d'un javelot le cheval du roi de Hongrie (2); Ladislas tomba sur les lances de l'infanterie; et un soldat turc s'écria d'une voix forte : « Hongrois, voilà la tête de votre roi! » La mort de Ladislas fut le signal de leur défaite; et Huniades, accourant de son imprudente

Mort de Ladislas.

---

(1) Quelques auteurs chrétiens affirment qu'il tira de son sein une autre hostie que celle sur laquelle on avait juré d'observer le traité. Les musulmans supposent avec plus de simplicité un appel de leur souverain au prophète Jésus-Christ; et cette opinion semble être celle de Callimaque (l. III, p. 156; Spondan., A. D. 1444, n° 8).

(2) Un critique judicieux croira difficilement à ces *spolia opima* d'un général victorieux, si rarement obtenues par la valeur, et si souvent inventées par l'adulation (Cantemir, p. 90, 91). Callimaque (l. III, p. 517) dit plus simplement et avec plus de vraisemblance : *Supervenientibus janizaris, telorum multitudine non tam confossus est quàm obrutus.*

poursuite, déplora son erreur et le malheur public. Après avoir tâché inutilement de retirer le corps du roi, accablé par la multitude confuse des vainqueurs et des vaincus, il employa les derniers efforts de son courage et de son habileté à sauver les reste de sa cavalerie valaque. Dix mille chrétiens périrent à la désastreuse bataille de Warna; la perte des Turcs fut plus considérable, mais moins sensible relativement à leur nombre. Le sultan philosophe n'eut cependant pas honte d'avouer qu'une seconde victoire semblable entraînerait la destruction du vainqueur. Il fit élever une colonne à l'endroit où Ladislas était tombé; mais la modeste inscription de ce monument célébrait la valeur et déplorait l'infortune du jeune roi, sans blâmer son imprudence (1).

Je ne puis me décider à m'éloigner du champ de Warna sans donner à mon lecteur une esquisse du

Le cardinal Julien.

―――――

(1) Outre quelques passages précieux d'Æneas Sylvius, soigneusement recueillis par Spondanus, nos meilleures autorités sont trois historiens du quinzième siècle, Philippe Callimaque (*de Rebus à Wladislao Polonorum atque Hungarorum rege gestis, libri* III, in Bell, scriptor. rer. hungar., t. I, p. 433-518), Bonfinius (*Décad.* III, l. v, p. 460-467) et Chalcocondyles (l. VII, p. 165-179). Les deux premiers étaient Italiens; mais ils passèrent leur vie en Pologne et en Hongrie (Fabricius, *Bibl. lat. mediæ et infimæ ætatis*, t. I. p. 324; Vossius, *de Hist. lat.*; l. III, c. 8-11; *Dictionn. de Bayle*, Bonfinius); voyez, pour le théâtre de la guerre au quinzième siècle, un petit Traité de Félix Petancius, chancelier de Segnie (*ad calcem Cuspinian. de Cæsaribus*, p. 716-722).

caractère et de l'histoire des deux principaux personnages de cette entreprise, Jean Huniadès et le cardinal Julien. Julien Cesarini (1) sortait d'une noble famille romaine. Ses études avaient embrassé l'érudition des Grecs et celle des Latins, la jurisprudence et la théologie, et la flexibilité de son génie lui avait assuré des succès dans les écoles, à la cour et dans les camps. A peine était-il revêtu de la pourpre romaine, qu'on le chargea d'aller en Allemagne solliciter l'empire d'armer contre les rebelles et les hérétiques de la Bohême. L'esprit de persécution est indigne d'un chrétien, et la profession des armes ne convient point à un prêtre; mais les mœurs du temps excusaient l'une, et Julien ennoblit l'autre par l'intrépidité qui le fit demeurer seul et inébranlable au milieu de la honteuse déroute des Allemands. En qualité de légat du pape, il ouvrit le concile de Bâle; mais, président de ce concile, il se montra bientôt le plus zélé champion de la liberté ecclésiastique, et prolongea l'opposition, durant sept années, par son zèle et son intelligence. Après avoir fait prendre les mesures les plus vigoureuses contre l'autorité et la personne d'Eugène, quelque motif d'intérêt ou de conscience

---

(1) M. Lenfant nous a fait connaître l'origine du cardinal Julien (*Hist. du concile de Bâle*, t. 1, p. 247, etc.) et ses campagnes de Bohême (p. 315, etc.). Spondanus et le continuateur de Fleury ont rapporté par occasion ses services à Bâle et à Ferrare, et sa fin malheureuse.

lui fit quitter brusquement le parti populaire. Le cardinal se retira de Bâle à Ferrare; et dans les débats des Grecs et des Latins, les deux nations admirèrent la sagacité de ses argumens, et la profondeur de son érudition théologique (1). Nous avons vu dans l'ambassade de Hongrie les funestes effets de ses sophismes et de son éloquence; il en fut la première victime. Le cardinal, qui faisait à la fois le métier de prêtre et celui de soldat, périt dans la déroute de Warna. On raconte les circonstances de sa mort de plusieurs manières; mais on croit assez généralement que l'or dont il était chargé retarda sa fuite et tenta la barbare rapacité de quelques-uns des fuyards chrétiens.

D'une origine obscure ou au moins douteuse, Huniades s'était élevé par son mérite au commandement des armées de Hongrie. Son père était Valaque, et sa mère Grécque. Il est possible que sa race inconnue remontât aux empereurs de Constantinople. Les prétentions des Valaques et le surnom de *Corvinius,* du lieu où il avait pris naissance, pourraient fournir des prétextes pour lui supposer quelque consanguinité avec les patriciens de l'ancienne Rome (2). Dans sa jeunesse, il fit les guerres d'Italie,

Jean Corvin Huniades.

---

(1) Syropulus fait un éloge généreux des talens d'un ennemi. (p. 117) : Τοιαυτα τινα ειπεν ο Ιουλιανος, πεπλατυσμενως αγαν και λογικως, και μετ' επιστημης και δεινοτητος ρητορικης.

(2) *Voy.* Bonfinius (*Décad.* III, l. IV, p. 423). Comment les Italiens pouvaient-ils prononcer sans honte, ou le roi

et fut retenu avec douze cavaliers par l'évêque de Zagrad. Sous le nom du chevalier Blanc (1), il acquit une renommée brillante ; sa fortune s'augmenta par une noble et riche alliance, et, en défendant les frontières de la Hongrie, il remporta dans la même année trois victoires sur les Ottomans. Ce fut par son crédit que Ladislas de Pologne obtint la couronne de Hongrie; le titre et l'office de vayvode de Transylvanie furent la récompense de ce service important. La première croisade de Julien ajouta deux lauriers à la couronne militaire d'Huniades ; dans la détresse générale on oublia la fatale erreur de Warna, et durant l'absence et la minorité de Ladislas d'Autriche, roi titulaire, Huniades fut nommé général et gouverneur de la Hongrie : dans les premiers momens, ce fut la crainte qui imposa silence à l'envie ; un règne de douze ans annonce qu'il unissait les talens du politique à ceux du guerrier. Cependant l'examen de ses exploits ne présente point l'idée d'un général consommé. Le chevalier Blanc com-

---

de Hongrie entendre sans rougir la flatterie ridicule qui confondait le nom d'un village de Valachie avec le surnom glorieux, mais accidentel, d'une branche de la famille Valérienne de l'ancienne Rome?

(1) Philippe de Comines (*Mém.*, l. vi, c. 13) le cite sur l'autorité de la tradition du temps, et en fait le plus brillant éloge, sous le nom singulier du chevalier Blanc de Valeigne (*Valachia*). Chalcocondyles et les annales turques de Leunclavius osent mettre en doute sa fidélité et sa valeur.

battit moins de la tête que du bras, et comme chef
d'une horde de Barbares indisciplinés qui attaquent
sans crainte et fuient sans honte. Sa vie militaire est
composée d'une alternative romanesque de victoires
et de revers. Les Turcs, qui se servaient de son nom
pour effrayer les enfans indociles, l'appelaient par
corruption *jancus laïn* ou *le maudit;* cette haine
est une preuve de leur estime. Ils ne purent jamais
pénétrer dans le royaume dont Huniades était le
gardien, et au moment où ils se flattaient de le voir
perdu sans ressource ainsi que son pays, ce fut alors
qu'il se montra le plus redoutable. Au lieu de se
borner à une guerre défensive, quatre ans après
la défaite de Warna, Huniades pénétra une seconde
fois dans le cœur de la Bulgarie, et soutint jusqu'au
troisième jour, dans la plaine de Cossovie, les efforts
d'une armée ottomane quatre fois plus nombreuse
que celle qu'il commandait. Le héros abandonné
fuyait seul à travers les forêts de la Valachie, lorsqu'il fut arrêté par deux voleurs; mais tandis qu'ils
se disputaient une chaîne d'or qui pendait à son
cou, il reprit son épée, tua un des brigands, et mit
l'autre en fuite. Après avoir couru de nouveaux
dangers pour sa liberté et pour sa vie, Huniades
consola par sa présence un peuple affligé. La défense
de Belgrade contre toutes les forces ottomanes com-
mandées par Mahomet II, fut le dernier et le plus
glorieux exploit de sa vie. Après un siége de quarante jours, les Turcs, parvenus jusque dans la
ville, furent forcés de se retirer. Les nations pleines

Sa défense de Belgrade et sa mort. A. D. 1456, 22 juillet-4 septembr.

de joie célébrèrent Huniades et Belgrade comme les boulevards de la chrétienté (1); mais cette grande délivrance fut suivie, environ un mois après, de la mort de celui qui l'avait opérée, et l'on peut regarder comme la plus brillante de ses épitaphes le regret du sultan Mahomet, de ne pouvoir plus espérer de se venger du seul adversaire par lequel il eût jamais été vaincu. A la première vacance du trône, les Hongrois reconnaissans nommèrent et couronnèrent son fils Mathias Corvin, alors âgé de dix-huit ans. Son règne fut long et prospère : Mathias aspira à la gloire de saint et à celle de conquérant; mais son mérite le plus certain est d'avoir encouragé les sciences, et la mémoire d'Huniades a dû son éclat à l'éloquence des orateurs et des historiens latins que son fils attira de l'Italie (2).

---

(1) *Voy.* Bonfinius (*Décad.* III, l. VIII, p. 492) et Spondanus (A. D. 1456, n°s 1-7). Huniades partagea la gloire de la défense de Belgrade avec Capistran, moine de l'ordre de Saint-François; et dans leurs récits respectifs ni le saint ni le héros ne daignent parler du mérite de leur rival.

(2) *Voyez* Bonfinius (*Déc.* III, l. VIII; *Déc.* IV, l. VIII). Les observations de Spondanus sur le caractère et la vie de Mathias Corvin sont curieuses et d'une saine critique (A. D. 1464, n° 1; 1475, n° 6; 1476, n°s 14-16; 1490, n°s 4, 5). L'admiration de l'Italie était l'objet de son ambition. Pierre Ranzanus, Sicilien, a célébré ses exploits dans l'*Epitome rerum hungaricarum* (p. 322-412). Galestus Martius de Narni a recueilli tous ses bons mots et ses sentences (p. 528-568); et nous avons une relation particulière de son mariage et de son couronnement. Ces trois ouvrages

Dans la liste des héros, on associe assez générale- Naissance
et éducation
ment Jean Huniades et Scanderbeg (1), et ils ont de Scan-
mérité l'un et l'autre notre attention en occupant prince de
les armes ottomanes de manière à différer la ruine A. D.
de l'empire grec. Jean Castriot, père de Scander- 1404-1413.
beg, était (2) souverain héréditaire d'un petit district de l'Épire ou de l'Albanie, entre les montagnes
et la mer Adriatique. Trop faible pour résister à la
puissance du sultan, Castriot acheta la paix en se
soumettant à la dure condition de payer un tribut.
Il donna ses quatre fils pour ôtages ou garans de sa
fidélité; et les quatre jeunes princes, après avoir
été circoncis, furent élevés dans la religion de Mahomet, et formés à la politique et à la discipline des

---

sont réunis dans le premier volume des *Scriptores rerum hungaricarum* de Bell.

(1) Sir William Temple, dans son agréable *Essai sur les vertus héroïques* (vol. III, p. 385 de ses OEuvres), les place au nombre de sept chefs qui méritèrent la couronne sans la porter : Bélisaire, Narsès, Gonzalve de Cordoue, Guillaume 1er, prince d'Orange, Alexandre, duc de Parme, Jean Huniades et Georges Castriot ou Scanderbeg.

(2) Je désirerais trouver quelques Mémoires simples et authentiques écrits par un ami de Scanderbeg, qui me représentassent le lieu, l'homme et les temps. La vieille histoire nationale de Marinus Barletius, prêtre de Scodra (*de Vitâ, moribus et rebus gestis Georgii Castrioti*, etc., l. XIII, p. 367, *Strab.* 1537, *in-fol.*), ne nous le laisse voir qu'empêtré dans un vêtement bizarre et chargé d'ornemens mensongers. *Voyez* Chalcocondyles, l. VII, page 185; l. VIII, p. 229.

Turcs (1). Les trois aînés restèrent confondus dans la foule des esclaves, et périrent, dit-on, par le poison; mais l'histoire ne fournit point de preuve qui autorise à rejeter ou à admettre cette imputation. Elle paraît peu probable, lorsque l'on considère les soins et l'attention avec lesquels on éleva Georges Castriot, le quatrième frère, qui annonça dès sa plus tendre jeunesse la vigueur et l'intrépidité d'un soldat. Il obtint la faveur d'Amurath par trois victoires successives sur un Tartare et deux Persans qui avaient fait un défi aux guerriers de la cour ottomane, et le nom turc de Scanderbeg, *Iskender-Beg* ou le seigneur Alexandre, atteste également sa gloire et sa servitude. La principauté de son père fut réduite en province, mais on lui accorda pour indemnité le titre et le rang de sangiac, le commandement de cinq mille chevaux et la perspective des premières dignités de l'empire. Il servit avec honneur dans les guerres d'Europe et d'Asie; et l'on ne peut se défendre de sourire à l'artifice ou à la crédulité de l'historien qui suppose que Scanderbeg ménageait les chrétiens dans toutes les rencontres, tandis qu'il se précipitait comme la foudre sur tout ennemi musulman. La gloire d'Huniades est sans reproche; il combattit pour sa patrie et sa religion : mais les ennemis qui ont loué la valeur du patriote hongrois, ont flétri son rival des épithètes ignomi-

---

(1) Marinus parle légèrement et avec répugnance de son éducation et de sa circoncision (l. 1, p. 6, 7).

nieuses de traître et d'apostat. Aux yeux des chrétiens, la révolte de Scanderbeg est justifiée par les injures de son père, par la mort suspecte de ses trois frères, par sa propre dégradation et l'esclavage de son pays. Ils admirent le zèle généreux, quoique tardif, avec lequel Scanderbeg défendit la foi et l'indépendance de ses ancêtres ; mais, depuis l'âge de neuf ans, ce guerrier professait la doctrine du Koran, et l'Évangile lui était inconnu. L'autorité et l'habitude déterminent la religion d'un soldat, et il est assez difficile de démêler quelle lumière nouvelle vint l'éclairer à l'âge de quarante ans (1). Ses motifs paraîtraient moins suspects d'intérêt ou de vengeance, s'il eût rompu sa chaîne dès qu'il en sentit le poids ; mais un si long oubli de ses droits les avait sans doute diminués, et chaque année de soumission et de récompense cimentait les liens mutuels du sultan et de son sujet. Si Scanderbeg converti à la foi chrétienne médita long-temps le dessein de se révolter contre son bienfaiteur, toute âme droite condamnera cette lâche dissimulation qui

---

(1) Si Scanderbeg mourut A. D. 1466, dans la soixante-troisième année de son âge (Marinus, l. XIII, p. 370), il naquit en 1403. S'il fut arraché à ses parens par les Turcs à l'âge de neuf ans, *novennis* (Marinus, l. I, p. 1-6), cet événement doit être arrivé en 1412, neuf ans avant l'avénement d'Amurath II au trône : ce prince hérita donc de l'esclave albanais, et n'en fit pas lui-même l'acquisition. Spondanus a relevé cette contradiction (A. D. 1341, n°. 31; 1443, n° 14).

servait pour trahir, qui promettait pour se parjurer; et qui contribuait avec activité à la ruine temporelle et spirituelle de tant de milliers de ses malheureux frères. Louerons-nous sa correspondance secrète avec Huniades, tandis qu'il commandait l'avant-garde de l'armée ottomane? L'excuserons-nous d'avoir déserté ses étendards, et arraché par sa trahison la victoire à son protecteur? Dans la confusion d'une déroute, Scanderbeg suivait des yeux le reis-effendi ou principal secrétaire : lui appuyant un poignard sur la poitrine, il l'obligea de dresser un firman ou patente du gouvernement d'Albanie; et, de peur qu'une trop prompte découverte ne nuisît à ses projets, il fit massacrer, avec toute sa suite, l'innocent complice de sa fourberie. Suivi de quelques aventuriers instruits de son dessein, il se rendit précipitamment, à la faveur de la nuit, du champ de bataille dans ses montagnes paternelles. A la vue du firman, Croya lui ouvrit ses portes : dès qu'il fut maître de la citadelle, Scanderbeg quitta le masque de la dissimulation, et, renonçant publiquement au prophète et au sultan des Turcs, il se déclara le vengeur de sa famille et de son pays. Les noms de religion et de liberté allumèrent une révolte générale ; la race martiale des Albanais jura unanimement de vivre et de mourir avec son prince héréditaire, et les garnisons ottomanes eurent le choix du martyre ou du baptême. A l'assemblée des états d'Épire, on choisit Scanderbeg pour conduire la guerre contre les Turcs, et tous les alliés s'engagè-

Il trahit et charge l'armée des Turcs.
A. D. 1443, 28 nov.

rent à fournir leur contingent d'argent et de soldats. Leurs contributions, ses domaines et les riches salines de Selina, lui procurèrent un revenu annuel de deux cent mille ducats (1), dont, sans rien distraire pour les besoins du luxe, il employa exactement la totalité pour le service public. Affable dans ses manières et sévère dans sa discipline, il bannissait de son camp tous les vices inutiles, et maintenait son autorité en donnant l'exemple. Sous sa conduite, les Albanais se crurent invincibles et le parurent à leurs ennemis. Attirés par l'éclat de sa renommée, les plus braves aventuriers de France et d'Allemagne accoururent et furent accueillis sous ses drapeaux. Ses troupes permanentes consistaient en huit mille chevaux et sept mille hommes d'infanterie. Ses chevaux étaient petits et ses guerriers actifs ; mais Scanderbeg jugeait habilement des obstacles et *Sa valeur.* des ressources qu'offraient ses montagnes ; des torches allumées annonçaient le danger, et toute la nation se distribuait dans des postes inaccessibles. Avec ces forces inégales, Scanderbeg résista durant vingt-trois années à toute la puissance de l'empire ottoman, et deux conquérans, Amurath II et son fils plus grand que lui, échouèrent toujours contre un rebelle qu'ils poursuivaient avec un mépris simulé et un ressentiment implacable. Amurath entra dans l'Albanie suivi de soixante mille chevaux et de

---

(1) Marinus nous a heureusement instruits de ses revenus (l. II, p. 44).

quarante mille janissaires. Il put sans doute ravager les campagnes, occuper les villes ouvertes, convertir les églises en mosquées, circoncire les jeunes chrétiens et immoler les captifs inviolablement attachés à leur religion ; mais ses conquêtes se bornèrent à la petite forteresse de Sfetigrade, dont la garnison, qui résista constamment aux assauts, fut vaincue par un artifice grossier et par les scrupules de la superstition (1). Amurath perdit beaucoup de monde devant Croya, la forteresse et la résidence des Castriot, et en leva honteusement le siége. Durant sa marche, son attaque et sa retraite, il eut toujours à se défendre d'un ennemi presque invincible qui le harcelait sans cesse (2), et le dépit de cette humiliante expédition contribua peut-être à abréger les jours du sultan (3). Dans la gloire de ses

---

(1) Il y avait deux Dibras; le supérieur et l'inférieur, l'un en Bulgarie et l'autre en Albanie. Le premier, à soixante-dix milles de Croya (l. 1, p. 17), était contigu à la forteresse de Sfetigrade, dont les habitans refusèrent de boire l'eau d'un puits où l'on avait eu la perfidie de jeter un chien mort. (l. v, p. 139, 140). Il nous manque une bonne carte de l'Épire.

(2) Comparez le récit du Turc Cantemir avec la déclamation prolixe du prêtre albanais (l. iv, v et vi), qui a été copié par toute la sequelle des étrangers et des modernes.

(3) En l'honneur de son héros, Barletius (l. vi, p. 188-192) fait mourir le sultan sous les murs de Croya, de maladie à la vérité; mais cette fable ridicule est anéantie par les Grecs et les Turcs, qui conviennent unanimement de

conquêtes, Mahomet II ne put arracher cette épine de son sein. Il permit à ses lieutenans de négocier une trêve; et le prince d'Albanie mérite d'être considéré comme le défenseur habile et zélé de la liberté de son pays. L'enthousiasme de la religion et de la chevalerie a placé son nom entre ceux d'Alexandre et de Pyrrhus, qui ne rougiraient pas sans doute de leur intrépide compatriote; mais la faiblesse de sa puissance et de ses États le place à une grande distance des héros qui ont triomphé de l'Orient et des légions romaines. Une saine critique doit peser dans de justes balances le récit brillant de ses exploits, les pachas et les armées vaincus, et les trois mille Turcs qu'il immola de sa propre main. Dans la solitude obscure de l'Épire, et contre un ennemi ignorant, ses biographes ont pu permettre à leur partialité toute la latitude accordée aux romans; mais l'histoire d'Italie jette sur leurs fictions le jour de la vérité. Ils nous apprennent eux-mêmes à nous défier de leur sincérité, par le récit fabuleux qu'ils nous donnent de ses exploits, lorsque, passant la mer Adriatique à la tête de huit cents hommes, il vint secourir le roi de Naples (1). Ils auraient pu

---

l'époque et des circonstances de la mort d'Amurath à Andrinople.

(1) *Voyez* ses exploits dans la Calabre, neuvième et dixième livres de Marinus Barletius, auxquels on peut opposer le témoignage ou le silence de Muratori (*Ann. d'Ital.*, t. XIII, p. 291) et de ses auteurs originaux, Jean Simonetta (*de Rebus Francisci Sfortiæ*, in Muratori, *Scriptor. rerum*

avouer, sans ternir sa gloire, qu'il fut à la fin forcé de céder à la puissance ottomane. Réduit aux dernières extrémités; il demanda un asile au pape Pie II, et ses ressources étaient probablement épuisées, puisqu'il mourut fugitif à Lissus, dans le territoire de Venise (1). Sa sépulture fut bientôt violée par les Turcs devenus maîtres de ce pays; mais la pratique superstitieuse des janissaires, qui portaient ses os enchâssés dans un bracelet, annonce involontairement leur vénération pour sa valeur. La ruine de sa patrie, qui suivit immédiatement sa mort, est encore un monument de sa gloire; mais s'il eût judicieusement balancé les suites de la soumission et de la résistance, un patriote généreux aurait peut-être renoncé à une lutte inégale dont tout le succès dépendait de la vie et du génie d'un seul homme. Scanderbeg fut probablement soutenu par l'espérance raisonnable, bien qu'illusoire, que le pape, le roi de Naples et la république de Venise, se réuniraient pour défendre un peuple libre

Et sa mort.
A. D. 1467,
17 janv.

---

ital., t. XXI, p. 728, et *aliàs*). La cavalerie albanaise devint bientôt fameuse en Italie sous le nom de *Stradiots* (*Mém. de Comines*, l. VIII, c. 5).

(1) Spondanus, d'après les meilleures autorités et les plus sages réflexions, a réduit le colosse de Scanderbeg à une taille ordinaire (A. D. 1461, n° 20; 1463, n° 9; 1465, n°° 12, 13; 1467, n° 1). Ses propres lettres au pape et le témoignage de Phranza, réfugié dans l'île de Corfou, voisine du lieu où il s'était retiré, démontrent sa détresse, que Marinus essaie gauchement de dissimuler (l. X).

et chrétien qui gardait les côtes de la mer Adriatique et le passage étroit qui sépare la Grèce de l'Italie. Son fils encore enfant fut sauvé du désastre ; les Castriot (1) furent investis d'un duché dans le royaume de Naples, et leur sang s'est perpétué jusqu'à nos jours dans les plus illustres familles du royaume. Une colonie d'Albanais fugitifs obtint un établissement dans la Calabre, où ils conservent encore le langage et les mœurs de leurs ancêtres (2).

Après avoir parcouru la longue carrière de la décadence et de la chute de l'empire romain, je suis enfin parvenu au règne du dernier de ces empereurs de Constantinople, qui soutinrent si faiblement le nom et la majesté des Césars. Après la mort de Jean Paléologue, qui survécut environ quatre ans à la croisade de Hongrie (3), la famille royale se trouva réduite, par la mort d'Andronic et la profession monastique d'Isidore, aux trois fils de l'empereur Manuel, Constantin, Démétrius et Thomas. Le premier et le dernier étaient au fond de la Morée ; mais Démétrius, qui possédait le domaine de Sélymbrie, se trouvait

<small>Constantin, dernier des empereurs romains ou grecs.
A. D. 1448, novemb. 1.
A. D. 1453, mai 29.</small>

---

(1) *Voyez* la famille des Castriot dans Ducange (*Fam. dalmat.*, etc., xviii, p. 348-350).

(2) M. Swinburne (*Voyage dans les Deux-Siciles*, vol. 1, p. 350-354) cite cette colonie d'Albanais.

(3) La Chronique de Phranza est claire et authentique ; mais, au lieu de quatre ans et sept mois, Spondanus (A. D. 1445, n° 7) donne sept ou huit ans au règne du dernier Constantin ; il se fonde sur une lettre supposée d'Eugène iv au roi d'Éthiopie.

dans les faubourgs à la tête d'un parti. Le malheur de son pays ne refroidissait pas son ambition, et la paix de l'empire avait été déjà troublée par sa conspiration avec les Turcs et les schismatiques. On enterra l'empereur défunt avec une précipitation extraordinaire et même suspecte. Démétrius se servit, pour justifier ses prétentions au trône, d'un sophisme faible et usé. Il observa qu'il était l'aîné des fils nés dans la pourpre et sous le règne de son père; mais l'impératrice-mère, le sénat et les soldats, le clergé et le peuple, se déclarèrent unanimement pour le successeur légitime; et le despote Thomas qui, sans avoir été prévenu de l'événement, était revenu par hasard à Constantinople, soutint avec chaleur les droits de son frère Constantin. On députa sur-le-champ à Andrinople l'historien Phranza en qualité d'ambassadeur. Amurath le reçut avec honneur et le renvoya chargé de présens; mais sa bienveillante approbation annonçait sa suzeraineté et la chute prochaine de l'empire d'Orient. Constantin fut couronné à Sparte par deux illustres députés. Il partit au printemps de la Morée, évita la rencontre d'une escadre turque, entendit avec satisfaction les acclamations de ses sujets, célébra son avénement par des réjouissances, et épuisa par ses largesses les trésors ou plutôt la pauvreté de ses États. Il céda immédiatement à ses frères la possession de la Morée, et les deux princes Démétrius et Thomas s'unirent en présence de leur mère, par des sermens et des embrassemens, gage peu solide de leur fragile amitié. L'empereur s'occupa ensuite du choix d'une épouse. On proposa la fille du doge de Venise ; mais les nobles de Byzance objectèrent la distance qui se trouvait entre un monarque héréditaire et un magistrat électif ; et, dans la détresse où ils se trouvèrent bientôt après, le magistrat de cette puissante république n'oublia pas l'affront qu'il avait reçu. Constantin hésita entre les familles royales de Géorgie et Trébisonde, et les détails de l'ambassade de Phranza, soit par rapport à ses fonctions publiques, soit par rapport à sa vie privée, nous peignent les derniers momens de l'empire grec (1).

Phranza, *protovestiaire* ou grand chambellan, partit de Constantinople chargé des pouvoirs de l'empereur, et le reste des richesses et du luxe de l'empire fut employé à l'environner de la pompe convenable. Sa nombreuse suite était composée de nobles, de gardes, de moines et de médecins ; on y joignit une troupe de musiciens, et cette ambassade dispendieuse fut prolongée durant plus de deux ans. A son arrivée en Géorgie ou Ibérie, les habitans des villes et des villages s'attroupèrent autour des étrangers ; et telle était leur simplicité, qu'ils prenaient le plus grand plaisir à entendre des sons harmonieux sans savoir ce qui les produisait. Dans la foule se trouvait un vieillard âgé de plus de cent ans, qui avait été emmené en captivité par les Barbares (2), et amu-

Ambassades de Phranza.
A. D.
1450-1452.

---

(1) Phranza (l. III, c. 1-6) mérite estime et confiance.
(2) En supposant qu'il ait été pris en 1394, lorsque Ti-

sait ses auditeurs du récit des merveilles de l'Inde (1), d'où il était retourné en Portugal par une mer inconnue (2). De cette terre hospitalière, Phranza continua son voyage jusqu'à Trébisonde, où il apprit du prince de cet empire la mort récente d'Amurath. Loin de s'en réjouir, ce politique expérimenté laissa voir la crainte qu'un prince jeune et ambitieux n'adhérât pas long-temps au système sage et pacifique de son père. Après la mort du sultan, Marie sa veuve (3),

---

mour fit sa première invasion en Géorgie (Sherefeddin, l. III, c. 50), il est possible qu'il ait suivi son maître tartare, dans l'Indoustan en 1398, et qu'il se soit embarqué de là pour les îles à épiceries.

(1) Les heureux et vertueux Indiens vivaient au-delà de cent cinquante ans, et jouissaient des plus parfaites productions du règne végétal et du règne minéral; les animaux étaient d'une taille colossale, des dragons de soixante-dix coudées, des fourmis longues de neuf pouces (*formica indica*), des moutons comme des éléphans, des éléphans comme des moutons.... *Quid libet audendi?* etc.

(2) Il s'embarqua dans un vaisseau des îles aux épices, pour un des ports extérieurs de l'Inde, *invenitque navem grandem ibericam quâ in Portugalliam est delatus*. Ce passage, écrit en 1477 (Phranza, l. III, c. 30), vingt ans avant la découverte du cap de Bonne-Espérance, est supposé ou miraculeux; mais cette nouvelle géographie est entachée de l'erreur ancienne et absurde qui plaçait dans l'Inde les sources du Nil.

(3) Cantemir, qui la nomme la fille de Lazare Ogli, et l'Hélène des Serviens, fixe l'époque de son mariage avec Amurath dans l'année 1424. On ne croira pas aisément que durant vingt-six années de cohabitation le sultan *corpus*

chrétienne et fille du despote de Servie, avait été reconduite honorablement dans sa famille. Sur la réputation de son mérite et de sa beauté, l'ambassadeur la désigna comme la plus digne de fixer le choix de l'empereur. Phranza détaille et réfute toutes les objections qu'on pouvait élever contre cette proposition. La majesté de la pourpre suffit, dit-il, pour anoblir une alliance inégale; l'obstacle de la parenté peut se lever par la dispense de l'Église au moyen de quelques aumônes; l'espèce de tache attachée à son mariage avec un Turc est une circonstance sur laquelle on a toujours fermé les yeux; et Phranza ajoute que quoique la belle Marie fût âgée de près de cinquante ans, elle pouvait encore espérer de donner un héritier à l'empire. Constantin prêta l'oreille à cet avis, que son ambassadeur lui fit passer par le premier vaisseau qui partit de Trébisonde; mais les factions de la cour s'opposèrent à ce mariage, et la sultane le rendit impossible en consacrant pieusement le reste de sa vie à la profession monastique. Réduit à la première alternative, Phranza donna la préférence à la princesse de Géorgie, et son père, ébloui d'une alliance si glorieuse, renonça non-seulement à demander, selon la coutume nationale, un prix pour sa fille, mais offrit de plus une dot de cinquante-six mille ducats et cinq mille de pension an-

---

ejus non tetigit. Après la prise de Constantinople elle se réfugia auprès de Mahomet II. Phranza, l. III, c. 22.

nuelle (1). Il assura l'ambassadeur que ses soins ne resteraient pas sans récompense, et que comme l'empereur avait adopté son fils au baptême, la future impératrice de Constantinople se chargerait de l'établissement de sa fille. A l'arrivée de Phranza, Constantin ratifia le traité, imprima de sa main trois croix rouges sur la bulle d'or qui en était le garant, et assura l'envoyé de Géorgie qu'au commencement du printemps ses galères iraient chercher la princesse. Après avoir terminé cette affaire, l'empereur prit à part le fidèle Phranza, et l'embrassant, non pas avec la froide approbation d'un souverain, mais comme un ami pressé de répandre dans le sein de son ami les secrets de son âme après une longue absence :

<small>Situation de la cour de Byzance.</small> « Depuis que j'ai perdu ma mère et Cantacuzène, qui me conseillaient seuls sans intérêt ni passions personnelles (2), je suis environné, dit le souverain de Byzance, d'hommes auxquels je ne puis accorder ni amitié, ni confiance, ni estime. Vous connaissez Lucas Notaras, le grand-amiral; obstinément attaché à ses propres sentimens, il assure partout qu'il dirige à son gré mes pensées et mes actions. Le reste des

---

(1) Le lecteur instruit se rappellera les offres d'Agamemnon (*Iliade*, I-v; 144) et l'usage général de l'antiquité.

(2) Cantacuzène (j'ignore s'il était parent de l'empereur de ce nom) était grand-domestique, défenseur zélé du symbole grec, et frère de la reine de Servie, chez laquelle il fut envoyé en qualité d'ambassadeur. Syropulus; p. 37, 38-45.

courtisans est conduit par l'esprit de parti ou par des vues d'intérêt personnel : faut-il donc que je consulte des moines sur des projets de politique ou de mariage? J'aurai encore long-temps besoin de votre zèle et de votre activité. Au printemps, vous engagerez un de mes frères à aller solliciter en personne le secours des puissances de l'Occident. De la Morée vous irez en Chypre exécuter une commission secrète, et de là vous passerez en Géorgie, d'où vous ramènerez la future impératrice. — Vos ordres, seigneur, répondit Phranza, sont irrésistibles ; mais daignez considérer, ajouta-t-il avec un grave sourire, que si je m'absente continuellement de ma famille, ma femme pourrait être tentée de chercher un autre époux ou de se jeter dans un monastère. » Après avoir plaisanté sur ses craintes, l'empereur prit un ton plus sérieux, l'assura qu'il l'éloignait pour la dernière fois, qu'il destinait à son fils une riche et illustre héritière, et à lui l'important office de grand-logothète ou de principal ministre d'État. On arrangea sur-le-champ le mariage; mais l'amiral avait usurpé l'office, quoique incompatible avec sa place. Il fallut quelque temps pour négocier, pour obtenir son consentement et convenir d'une indemnité. La nomination de Phranza fut à moitié déclarée et à moitié cachée, de peur de déplaire à un favori insolent et puissant. On fit durant l'hiver les préparatifs de l'ambassade, et Phranza résolut de saisir cette occasion d'éloigner son fils, et de le placer, à la moindre apparence de danger, chez les parens de sa mère, dans la Morée. Tels étaient les projets publics et particuliers qui furent dérangés par la guerre des Turcs, et ensevelis sous les ruines de l'empire.

CHAPITRE LXVIII.

Règne et caractère de Mahomet II. Siége, assaut et conquête définitive de Constantinople par les Turcs. Mort de Constantin Paléologue. Servitude des Grecs. Destruction de l'empire romain en Orient. Consternation de l'Europe. Conquêtes de Mahomet II; sa mort.

LE siége de Constantinople par les Turcs attire d'abord nos regards et notre curiosité sur la personne et le caractère du puissant destructeur de cet empire (1). Mahomet II était fils d'Amurath II : sa mère a été décorée des titres de chrétienne et de princesse; mais vraisemblablement elle se trouva confondue dans la foule de ces concubines qui venaient de tous les pays peupler le harem du sultan. Il eut d'abord l'éducation et les sentimens d'un dévot musulman, et à cette époque de sa vie, toutes les fois qu'il conversait avec un infidèle, il ne manquait pas ensuite de purifier ses mains et son visage, au moyen d'ablu-

Caractère de Mahomet II.

---

(1) Lorsqu'il s'agit du caractère de Mahomet II, il est dangereux de s'en rapporter entièrement soit aux Turcs, soit aux chrétiens. Le portrait le plus modéré qu'on en ait fait est celui de Phranza (l. 1, c. 33), dont l'âge et la solitude avaient calmé le ressentiment. *Voyez* aussi Spondanus (A. D. 1451, n° 11), le continuateur de Fleury (t. XXII, p. 552), les *Elogia* de Paul Jove (l. III, p. 164-166) et le *Dictionnaire de Bayle* (t. III, p. 272-279).

tions prescrites par la loi. Il paraît que l'âge et le trône relâchèrent la sévérité de cette étroite bigoterie ; son âme ambitieuse ne voulut reconnaître aucun pouvoir au-dessus du sien, et on dit que dans ses momens de liberté, il osait traiter le prophète de la Mecque de brigand et d'imposteur. Mais en public il montra toujours du respect pour la doctrine et la discipline du Koran (1); ses indiscrétions privées n'arrivèrent jamais à l'oreille du peuple, et il faut, sur cet objet, se défier beaucoup de la crédulité des étrangers et des sectaires, toujours disposés à croire qu'un esprit endurci contre la vérité doit être armé contre l'erreur et l'absurdité d'un mépris encore plus invincible. Instruit par les maîtres les plus habiles, il fit de rapides progrès dans les diverses routes de l'instruction; on assure qu'il parlait ou entendait cinq langues (2), l'arabe, le persan, le chaldaïque ou l'hébreu, le latin et le grec. Le persan pouvait contribuer à ses amusemens, et l'arabe à son édification : les jeunes Orientaux apprenaient pour l'ordinaire ces deux langues ; d'après les rapports qui se trouvaient entre les Grecs et les Turcs, il put désirer de savoir

---

(1) Cantemir (p. 115) et les mosquées qu'il fonda attestent son respect public pour la religion. Il disputa librement avec le patriarche Gennadius sur la religion grecque et la religion musulmane (Spond., A. D. 1453, n° 22).

(2) *Quinque linguas præter suam noverat; græcam, latinam, chaldaïcam, persicam.* L'auteur qui a traduit Phranza en latin, a oublié l'arabe; que tous les musulmans étudiaient sans doute afin de lire le livre du prophète.

la langue d'une nation qu'il voulait asservir ; il était intéressant que ses louanges en vers ou en prose latine (1) pussent parvenir à son oreille (2); mais on ne voit pas de quel usage lui pouvait être, ou quel mérite pouvait recommander à sa politique le dialecte grossier de ses esclaves hébreux. L'histoire et la géographie lui étaient familières; son émulation s'enflammait à la lecture des vies des héros de l'Orient, peut-être de ceux de l'Occident (3); ses connaissances en astrologie peuvent être excusées par l'absurdité du siècle, et parce que ce vain savoir suppose quel-

---

(1) Philelphe demanda au vainqueur de Constantinople, dans une ode latine, la liberté de la mère et des sœurs de sa femme, et il obtint cette grâce. L'ode fut remise à Mahomet par les envoyés du duc de Milan. On soupçonnait Philelphe lui-même de vouloir se retirer à Constantinople; cependant il a souvent cherché, par ses discours, à exciter à la guerre contre les musulmans (*Voyez* sa *Vie* par Lancelot, dans les *Mém. de l'Acad. des Inscript.*, t. x, p. 718-721, etc.).

(2) Robert Valturio publia à Vérone, en 1483, ses douze livres *de Re militari*; c'est le premier qui ait parlé de l'usage des bombes. Sigismond Malatesta, prince de Rimini, son protecteur, offrit cet ouvrage, avec une épître en latin, à Mahomet II.

(3) Si l'on en croit Phranza, Mahomet II étudiait assidument la vie et les actions d'Alexandre, d'Auguste, de Constantin et de Théodose. J'ai lu quelque part qu'on avait traduit par ses ordres les vies de Plutarque en langue turque. Si le sultan savait le grec, il destinait cette version à l'usage de ses sujets ; et cependant ces vies sont une école de liberté aussi bien que de valeur.

ques principes de mathématiques : ses généreuses invitations aux peintres de l'Italie et les récompenses qu'il leur accorda, sont l'indice d'un goût profane pour les arts (1). Mais la religion et les lettres ne parvinrent pas à dompter ce caractère sauvage et sans frein. Je ne rappellerai pas et je crois faiblement l'histoire de ses quatorze pages, auxquels on ouvrit le ventre pour voir qui d'entre eux avait mangé un melon, ni ce conte de la belle esclave qu'il décapita lui-même, afin de prouver à ses janissaires que les femmes ne subjugueraient jamais leur maître. Le silence des Annales turques, qui n'accusent d'ivrognerie que trois princes de la ligne ottomane (2), atteste sa sobriété ; mais la fureur et l'inflexibilité de ses passions sont incontestables. Il paraît hors de doute que dans son palais, ainsi qu'à la guerre, les motifs les plus légers le déterminaient à verser des ruisseaux de sang, et que ses goûts contre nature déshonorèrent souvent les plus nobles d'entre ses jeunes captifs. Durant la guerre d'Albanie, il médita

---

(1) Le célèbre Gentile Bellino, qu'il avait fait venir de Venise, reçut de lui une chaîne et un collier d'or, avec une bourse de trois mille ducats. Je ne crois pas plus que Voltaire à l'histoire ridicule de cet esclave qu'on décapita pour faire voir au peintre le jeu des muscles.

(2) Ces empereurs ivrognes furent Soliman 1er, Sélim II et Amurath IV (Cantemir, p. 61.). Les sophis de la Perse offrent dans ce genre une liste plus longue et plus complète ; et dans le dernier siècle nos voyageurs européens assistèrent à leurs orgies et les partagèrent.

les leçons de son père, qu'il surpassa bientôt, et on attribue à son invincible cimeterre la conquête de deux empires, de douze royaumes, et de deux cents villes, calcul faux et adulateur. Il avait sans aucun doute les qualités d'un soldat et peut-être celles d'un général : la prise de Constantinople mit le comble à sa gloire; mais si nous comparons les moyens, les obstacles et les exploits, Mahomet II doit rougir de se voir placé à côté d'Alexandre ou de Timour. Les forces ottomanes qu'il commandait furent toujours plus nombreuses que l'armée des ennemis ; cependant ses conquêtes ne passèrent ni l'Euphrate ni la mer Adriatique, et ses progrès furent arrêtés par Huniades et Scanderbeg, les chevaliers de Rhodes et le roi de Perse.

Sous le règne d'Amurath, il avait goûté deux fois de la royauté et était descendu deux fois du trône : sa jeunesse ne lui permit pas de s'opposer au rétablissement de son père, mais il ne pardonna jamais aux visirs qui avaient conseillé cette salutaire mesure. Il épousa la fille d'un émir turcoman, et, après des fêtes qui durèrent deux mois, il partit d'Andrinople avec sa femme pour aller résider dans le gouvernement de Magnésie. En moins de six semaines, il fut rappelé par un message du divan qui annonçait la mort d'Amurath, et une disposition à la révolte de la part des janissaires. Sa célérité et sa vigueur les ramenèrent à l'obéissance : il traversa l'Hellespont avec une garde choisie, et à un mille d'Andrinople, les visirs et les émirs, les imans et les cadis, les sol-

_{Son règne.
A. D. 1451,
9 fév.
A. D. 1481,
juillet 2.}

dats et le peuple, se prosternèrent aux pieds du nouveau sultan : ils affectèrent l'attendrissement et la joie. Il avait alors vingt-un ans : il écarta toute cause de sédition par la mort nécessaire de ses frères encore enfans (1). Les ambassadeurs de l'Asie et de l'Europe vinrent bientôt le féliciter et solliciter son amitié; il prit avec eux le langage de la modération et de la paix. Il ranima la confiance de l'empereur grec par les sermens solennels et les flatteuses assurances dont il accompagna la ratification du traité fait avec l'empire; enfin il assigna un riche domaine des bords du Strymon pour le paiement de la pension annuelle de trois cent mille aspres due à la cour de Byzance, qui, à sa prière, gardait un prince ottoman. Mais ses voisins durent trembler lorsqu'ils virent la sévérité avec laquelle ce jeune monarque réformait le faste de la maison de son père. Les sommes consacrées au luxe furent employées à des objets d'ambition; il renvoya ou il enrôla parmi ses troupes un corps inutile de sept mille fauconniers. Durant l'été de la première année de son règne, il parcourut à la tête d'une armée les provinces d'Asie; mais après avoir humilié l'orgueil des Caramaniens,

---

(1) On sauva Calapin, un de ces jeunes princes, des mains de son barbare frère, et il reçut à Rome le baptême et le nom de Callistus Othomanus. L'empereur Frédéric III lui accorda un domaine en Autriche, où il termina sa carrière; et Cuspinien, qui dans sa jeunesse avait conversé à Vienne avec ce prince, alors avancé en âge, donne des éloges à sa piété et à sa sagesse (*de Cæsaribus*, p. 672, 673).

il accepta leur soumission, afin de n'être détourné par aucun obstacle de l'exécution de son plus grand dessein (1).

Les casuistes musulmans, et en particulier les casuistes turcs, ont décidé que les fidèles ne pouvaient être liés par une promesse contraire à l'intérêt et aux devoirs de leur religion, et que le sultan pouvait abroger ses propres traités et ceux de ses prédécesseurs. La justice et la magnanimité d'Amurath avaient méprisé ce privilége immoral; mais l'ambition fit descendre son fils, le plus orgueilleux des hommes, aux artifices les plus bas de la dissimulation et de la perfidie. La paix était sur ses lèvres et la guerre dans son cœur; il ne songeait qu'à s'emparer de Constantinople, et l'imprudence des Grecs lui fournit le premier prétexte de la fatale rupture (2). Loin de se

Intentions hostiles de Mahomet contre les Grecs.
A. D. 1451.

―――――

(1) *Voyez* l'avénement de Mahomet II au trône, dans Ducas (c. 33), Phranza (l. I, c. 33; l. III, c. 2), Chalcocondyles (l. VII, p. 199) et Cantemir (p. 96).

(2) Avant de décrire le siége de Constantinople, j'observerai qu'à l'exception d'un petit nombre de mots jetés en passant par Cantemir et Leunclavius, je n'ai pu me procurer sur cet événement aucune relation faite par les Turcs, ni rien de pareil au récit du siége de Rhodes par Soliman II (*Mém. de l'Acad. des Inscript.*, t. XXVI, p. 723-769). Je dois donc m'en rapporter aux Grecs, dont les préjugés se trouvent à quelques égards diminués par leur détresse. Je suivrai principalement Ducas (c. 34-42), Phranza (l. III, c. 7-20), Chalcocondyles (l. VIII, p. 201-214) et Léonard de Chios (*Historia C. P. à Turco expugnatæ*, Nuremberg, 1544, in-4°, vingt feuilles). Le dernier de ces récits est le

faire oublier, leurs ambassadeurs suivirent son camp pour demander que le prince turc payât et même augmentât la somme annuelle que recevait l'empire grec. Le divan fut importuné de leurs plaintes; et le visir, ami secret des chrétiens, se vit contraint de leur faire connaître les sentimens de ses collègues. « Insensés et misérables Romains, leur dit Calil, nous connaissons vos desseins; et vous ignorez le péril où vous êtes ! Le scrupuleux Amurath n'est plus; sa couronne appartient à un jeune vainqueur qui n'est enchaîné par aucune loi, et qu'aucun obstacle ne peut arrêter. Si vous échappez de ses mains, remerciez la bonté divine qui diffère encore le châtiment de vos péchés. Pourquoi vouloir nous effrayer d'une manière indirecte et par de vaines menaces ? Relâchez le fugitif Orchan, couronnez le sultan de Romanie, appelez les Hongrois des autres rives du

---

plus ancien, puisqu'il fut composé dans l'île de Chios, le 16 août 1453, soixante-dix-neuf jours après la prise de Constantinople, et dans la première confusion d'idées et de sentimens excitée par un semblable événement. On peut tirer quelques aperçus d'une lettre du cardinal Isidore (*in Farragine rerum turcicarum, ad calc.* Chalcocondyles, Clauseri, *Bâle*, 1556) au pape Nicolas v, et d'un Traité de Théodose Zygomala, qu'il adressa l'an 1581 à Martin Crusius (*Turco-Græcia*, l. 1, p. 74-98, *Bâle*, 1584). Spondanus (A. D. 1453, n.º 1-27) fait en peu de mots, mais en bon critique, la révision des faits et des matériaux divers. Je prendrai la liberté de négliger les relations de Monstrelet et des Latins, éloignés du lieu de la scène, qui toutes se fondent sur des ouï-dire.

Danube, armez contre nous les nations de l'Occident, et soyez sûrs que vous ne ferez que provoquer et précipiter votre ruine. » Mais si ces terribles paroles du visir effrayèrent les ambassadeurs, ils furent rassurés par l'accueil obligeant et les propos affectueux du prince ottoman ; Mahomet leur promit qu'au moment où il serait de retour à Andrinople, il écouterait les plaintes des Grecs, et s'occuperait de leurs véritables intérêts. Dès qu'il eut repassé l'Hellespont, il supprima la pension qu'on leur payait, et il ordonna de chasser leurs officiers des rives du Strymon ; il faisait ainsi connaître ses dispositions hostiles : bientôt il donna un second ordre, qui menaçait et même commençait en quelque sorte le siége de Constantinople. Son grand-père avait élevé une forteresse du côté de l'Asie, dans le passage étroit du Bosphore ; Mahomet résolut d'en construire une plus formidable sur la rive opposée, c'est-à-dire du côté de l'Europe, et mille maçons eurent ordre de se trouver au printemps dans un lieu nommé Asomaton, situé à environ cinq milles de la capitale de l'empire grec (1). La persuasion est la ressource des

---

(1) Peter Gyllius (*de Bosphoro Thracio*, l. II, c. 13), Leunclavius (*Pandect.*, p. 445) et Tournefort (*Voyage dans le Levant*, t. II, *lettre* XV, p. 443, 444) sont les auteurs qui font le mieux connaître la situation de la forteresse et la topographie du Bosphore ; mais je regrette la carte ou le plan que Tournefort envoya en France au ministre de la marine. Le lecteur peut relire le chapitre XVII de cette Histoire.

faibles ; mais les faibles persuadent rarement : les ambassadeurs de Constantin essayèrent vainement de détourner Mahomet de l'exécution de son projet. Ils représentèrent que le grand-père du sultan avait demandé la permission de Manuel pour bâtir un fort sur son propre territoire ; mais que cette double fortification, qui allait rendre les Turcs maîtres du détroit, ne pouvait avoir pour objet que de porter atteinte à l'alliance des deux nations, d'intercepter le commerce des Latins dans la mer Noire, et peut-être d'affamer Constantinople. « Je ne forme point d'entreprise contre votre ville, répondit le perfide sultan ; mais ses murs sont la borne de votre empire. Avez-vous oublié la détresse où se trouva mon père lorsque vous fîtes une ligue avec les Hongrois, lorsqu'ils envahirent notre contrée par terre, lorsque des galères françaises occupaient l'Hellespont ? Amurath se vit réduit à forcer le passage du Bosphore, et vos moyens ne se trouvèrent pas répondre à votre malveillance. Alors enfant, j'étais à Andrinople ; les musulmans tremblaient, et les *gabours* (1) insul-

---

(1) Ducas exprime par le terme de *kabour* le nom de mépris que les Turcs donnent aux infidèles, et Leunclavius et les modernes, par celui de *giaour*. Le premier mot vient, selon Ducange (*Gloss. græc.*, t. 1, p. 530), de καϐουρον, qui en grec vulgaire signifie *tortue*, et par lequel les Turcs voudraient désigner un mouvement rétrograde hors de la foi. Mais, hélas ! *gabour* (*Bibl. orient.*, p. 375) n'est autre chose que le mot *gheber*, qui a passé de la langue persane dans

tèrent pour un temps à nos malheurs. Mais lorsque mon père eut remporté la victoire dans les champs de Warna, il fit vœu d'élever un fort sur la rive occidentale, et je dois accomplir ce vœu : avez-vous le droit, avez-vous la force d'empêcher ce que je veux faire sur mon propre territoire? Car ce terrain est à moi ; les établissemens des Turcs en Asie arrivent jusqu'aux côtes du Bosphore, et l'Europe est désertée par les Romains. Retournez chez vous ; dites à votre roi que l'Ottoman actuel diffère beaucoup de ses prédécesseurs, que ses résolutions surpassent les vœux qu'ils formèrent, et qu'il fait plus qu'ils ne pouvaient résoudre. Partez, il ne vous sera fait aucun mal ; mais je ferai écorcher vif le premier d'entre vous qui reviendra avec un pareil message. » Après cette déclaration, Constantin, le premier des Grecs par son courage ainsi que par son rang (1), avait résolu de prendre les armes et de résister à l'approche et à l'établissement des Turcs sur le Bosphore. Il se laissa retenir par les conseils de ses ministres de l'ordre civil et de l'ordre ecclésiastique ; ils lui firent adopter un système moins noble et même

---

la langue turque, et a été transporté des adorateurs du feu à ceux de la croix.

(1) Phranza rend témoignage du bon sens et du courage de son maître : *Calliditatem hominis non ignorans imperator prior, arma movere constituit;* et il traite avec un mépris mérité l'absurdité des *cùm sacri tùm profani proceres* qu'il avait entendus *amentes spe vaná pasci.* Ducas n'était pas du conseil privé.

moins prudent que le sien : ils le déterminèrent à prouver sa patience en souffrant de nouveaux outrages, à laisser les Ottomans se charger du crime de l'agression, et à compter sur la fortune et le temps pour leur défense et pour la destruction d'un fort que Mahomet ne pouvait garder long-temps, si près d'une capitale grande et peuplée. L'hiver s'écoula au milieu des espérances des hommes crédules et des craintes des hommes sages : on remit sans cesse à prendre des précautions qui devaient être l'affaire de chaque citoyen et l'occupation de chaque instant. Les Grecs fermèrent les yeux sur le danger qui les menaçait, jusqu'à ce que l'arrivée du printemps et l'approche de Mahomet leur annonçassent leur perte décidée.

Il construit une forteresse sur le Bosphore. A. D. 1452, mars.

On désobéit rarement à un maître qui ne pardonne jamais. Le 26 mars, la plaine d'Asomaton se couvrit d'un essaim actif d'ouvriers turcs : on leur amena par terre et par mer, de l'Europe et de l'Asie, les matériaux dont ils avaient besoin (1). La chaux avait été préparée dans la Cataphrygie ; on tira les bois des forêts d'Héraclée et de Nicomédie, et les carrières de l'Anatolie fournirent la pierre. Chacun des mille maçons était aidé de deux manœuvres, et

---

(1) Au lieu de ce récit clair et suivi, les Annales turques (Cantemir, p. 97) font revivre le conte ridicule de la peau de bœuf et du stratagême qu'employa Didon pour la construction de Carthage. Ces annales, si ce n'est pour ceux qu'égarent des préventions antichrétiennes, sont fort au-dessous des histoires grecques.

on fixa leur tâche journalière à la mesure de deux coudées. On donna à la forteresse (1) une forme triangulaire; une grosse tour épaula chacun des angles, dont l'un se trouvait sur le penchant de la colline, et les deux autres sur la côte de la mer. On fixa l'épaisseur des murs à vingt-deux pieds, et à trente le diamètre des tours; une solide plate-forme de plomb couvrit tout l'édifice. Mahomet en personne pressa et dirigea l'ouvrage avec une ardeur infatigable; ses trois visirs voulurent avoir l'honneur d'achever chacun leur tour respective; le zèle des cadis le disputa d'émulation à celui des janissaires : le service de Dieu et du sultan ennoblissait les fonctions les plus ignobles, et l'activité de la multitude était animée par les regards d'un despote qui d'un sourire envoyait l'espérance de la fortune, et d'un coup d'œil annonçait la mort. L'empereur grec vit avec effroi les progrès d'un travail qu'il ne pouvait plus arrêter; c'est en vain qu'il essaya, par des caresses et des présens, d'apaiser un ennemi inflexible qui cherchait et fomentait secrètement les occasions de rupture. Ces occasions ne pouvaient tarder à se présenter. Les avides et sacriléges musulmans employaient sans scrupule les débris de plusieurs magnifiques églises, et même des colonnes de marbre consacrées

---

(1) Sur les dimensions de cette forteresse, qu'on nomme aujourd'hui le *vieux château d'Europe*, Phranza n'est pas tout-à-fait d'accord avec Chalcocondyles, dont la description a été vérifiée sur les lieux par son éditeur Leunclavius.

à l'archange saint Michel; et quelques chrétiens, qui voulurent les empêcher de s'en emparer, reçurent de leurs mains la couronne du martyre. Constantin avait demandé une garde turque pour protéger les champs et les récoltes de ses sujets. Mahomet établit cette garde; mais le premier ordre qu'il lui donna fut de laisser paître librement les mulets et les chevaux du camp, et de défendre ses gens, s'ils étaient attaqués par les naturels du pays. Les gens de la suite d'un chef ottoman avaient abandonné la nuit leurs chevaux au milieu d'un champ de blé mûr; le dommage irrita les Grecs, l'insulte acheva de les révolter, et plusieurs individus des deux nations périrent dans une rixe qui en fut la suite. Mahomet écouta les plaintes avec joie, et fit partir un détachement avec ordre d'exterminer les habitans du village. Les coupables avaient pris la fuite; mais quarante moissonneurs, qui, comptant sur leur innocence, travaillaient en paix, tombèrent sous le fer des Turcs. Jusqu'alors Constantinople avait reçu les Turcs qu'y amenaient le commerce et la curiosité; à la première alarme, l'empereur ordonna de fermer les portes; mais, toujours occupé de la paix, il relâcha, le troisième jour, les Turcs qui s'y trouvaient (1), et son

La guerre des Turcs. Juin.

————

(1) Parmi les Turcs qui se trouvèrent à Constantinople lorsqu'on ferma les portes, il y avait quelques pages de Mahomet, si convaincus de son inflexible rigueur, qu'ils demandèrent qu'on leur coupât la tête si on leur ôtait les moyens d'être de retour au camp avant le coucher du soleil.

dernier message à Mahomet annonça la ferme résignation d'un chrétien et d'un guerrier. « Puisque ni les sermens, ni les traités, ni la soumission, ne peuvent assurer la paix, dit-il au sultan, poursuivez vos attaques impies; ma confiance est en Dieu seul : s'il lui plaît d'adoucir votre cœur, je me réjouirai de cet heureux changement; s'il vous livre Constantinople, je me soumettrai sans murmure à sa sainte volonté. Mais tant que le juge des princes de la terre n'aura pas prononcé entre nous, je dois vivre et mourir en défendant mon peuple. » La réponse de Mahomet annonça qu'il était décidé à la guerre; ses fortifications étaient achevées, et avant de retourner à Andrinople, il y établit un aga vigilant et quatre cents janissaires pour lever un tribut sur tous les navires, sans distinction de pays, qui passeraient à la portée de ses batteries. Un navire vénitien, qui refusait d'obéir aux nouveaux maîtres du Bosphore, fut coulé bas d'un seul coup de canon. Le capitaine et trente matelots se sauvèrent dans la chaloupe; mais ils furent conduits à la Porte chargés de fers : on empala le chef, on coupa la tête aux autres, et l'historien Ducas vit à Démotica (1) leurs corps exposés aux bêtes féroces. Le siége de Constantinople fut renvoyé au printemps suivant; mais une armée ottomane marcha dans la Morée pour occuper les forces

^{1er septembre.}

---

(1) Ducas, c. 35. Phranza (l. III, c. 3), qui avait navigué sur le vaisseau de ce capitaine vénitien, le regarde comme un martyr.

des frères de Constantin. A cette époque de calamités, l'un de ces princes, le despote Thomas, eut le bonheur ou le malheur de se voir naître un fils, « dernier héritier, dit l'affligé Phranza, de la dernière étincelle de l'empire romain (1). »

A. D. 1453,
17 janv.

Préparatifs du siége de Constantinople.
A. D. 1452, septemb.
A. D. 1453, avril.

Les Grecs et les Turcs passèrent l'hiver dans le trouble et l'anxiété : les premiers étaient agités par leurs craintes, les seconds par leurs espérances, les uns et les autres par les préparatifs de défense et d'attaque; et les deux empereurs, qui de tous étaient ceux qui avaient le plus à perdre ou à gagner, ressentaient plus vivement que les autres les mouvemens qui occupaient les deux nations. L'ardeur de la jeunesse et la violence du caractère excitaient la vivacité des émotions de Mahomet; il amusait ses loisirs de la construction du palais de Jehan Numa (la guérite du monde) qu'il fit élever à Andrinople (2), et auquel il donna une hauteur prodigieuse; mais ses pensées étaient irrévocablement fixées sur le projet de conquérir la ville des Césars. Il se leva vers la seconde veille de la nuit, et manda son premier visir. Le message et l'heure, le caractère du prince

___

(1) *Auctum est Palæologorum genus, et imperii successor, parvæque Romanorum scintillæ hæres natus, Andræas*, etc. (Phranza, l. III, c. 7.) Cette expression énergique a été inspirée par sa douleur.

(2) Cantemir; p. 97, 98. Le sultan doutait de sa conquête, ou ignorait les avantages de Constantinople. Une ville et un royaume peuvent quelquefois être ruinés par la destinée de leur souverain.

et sa propre situation, tout alarmait la conscience coupable de Calil-pacha; il avait eu la confiance d'A- murath, et avait conseillé de le rappeler au trône. Mahomet, à son avénement à la couronne, l'avait confirmé dans la place de visir, avec les apparences de la faveur; mais le vieux ministre savait bien qu'il marchait sur une glace fragile et glissante, qu'elle pouvait se rompre sous ses pas et le plonger dans l'abîme. Son affection pour les chrétiens, peut-être innocente sous le règne précédent, lui avait fait donner le nom odieux de *Gabour Ortachi*, ou de frère nourricier des infidèles (1). Dominé par son avarice, il entretenait avec l'ennemi une correspondance vénale et criminelle, qui fut découverte et punie après la guerre. Lorsqu'il reçut pendant la nuit l'ordre de se rendre auprès du sultan, il embrassa sa femme et ses enfans qu'il craignait de ne plus revoir; il remplit de pièces d'or une coupe, se rendit en hâte au palais, se prosterna devant le sultan, et, selon l'usage des Orientaux, lui offrit l'or qu'il avait apporté comme un léger tribut, gage de sa soumission et de sa reconnaissance (2). « Je ne veux pas, lui dit

---

(1) Le président Cousin traduit le mot σύντροφος par celui de père nourricier: il suit, il est vrai, la version latine; mais dans sa précipitation il a négligé la note dans laquelle Ismaël Boillaud (*ad Ducam*, c. 35) reconnaît et rectifie sa propre erreur.

(2) L'usage de ne jamais paraître qu'avec des présens devant son souverain ou devant son supérieur, est très-ancien parmi les Orientaux; et paraît analogue à l'idée de sacrifice,

Mahomet, reprendre ce que je t'ai donné, mais plutôt accumuler mes bienfaits sur ta tête. A mon tour je veux de toi un présent qui me sera bien plus utile, et auquel je mets bien plus de prix : je te demande Constantinople. » Le visir, revenu de sa surprise, lui répondit : « Le même dieu qui t'a donné une si grande portion de l'empire romain ne te refusera pas la capitale et le peu de domaines qui restent à cet empire. Sa providence et ton pouvoir me l'assurent, et tes fidèles esclaves et moi nous sacrifierons nos jours et notre fortune pour exécuter tes volontés. — *Lala* (1) (c'est-à-dire précepteur), dit le sultan, tu vois cet oreiller ; dans mon agitation je l'ai poussé toute la nuit d'un côté et d'un autre. Je me suis levé, je me suis recouché, mais le sommeil s'est refusé à mes paupières fatiguées. Prends garde à l'or et à l'argent des Romains ; nous valons mieux qu'eux à la guerre, et à l'aide de Dieu et du prophète nous ne tarderons pas à nous emparer de Constantinople. » Pour connaître la disposition de ses soldats, il par-

---

idée encore plus ancienne et plus universelle. *Voyez* des exemples de cette coutume en Perse, dans Ælien (*Hist. Variar.*, le 1, c. 31, 32, 33).

(1) Le *lala* des Turcs (Cantemir, p. 34) et le *tata* des Grecs (Ducas, c. 35) viennent des premières syllabes que prononcent les enfans ; et on peut observer que ces mots primitifs, qui désignent leurs parens, ne sont qu'une répétition d'une même syllabe, composée d'une consonne labiale ou dentale, et d'une voyelle ouverte. De Brosses, *Mécanisme des langues*, t. 1, p. 231-247.

courait souvent les rues seul et déguisé, et il était dangereux de reconnaître le sultan lorsqu'il voulait se cacher aux yeux du vulgaire. Il employait ses heures de loisir à tracer le plan de la capitale de l'empire grec, à discuter avec ses généraux et ses ingénieurs, en quel endroit on élèverait des batteries, et de quel côté on donnerait l'assaut, où l'on ferait jouer les mines, et où l'on appliquerait les échelles. Durant le jour, on essayait les manœuvres et les opérations imaginées pendant la nuit.

Parmi les instrumens de destruction, il étudiait avec un soin particulier la terrible découverte que venaient de faire les Latins, et son artillerie surpassa tout ce qu'on avait vu jusqu'alors. Un fondeur de canons, danois ou hongrois, qui trouvait à peine sa subsistance au service des Grecs, passa du côté des Turcs, et le sultan le paya bien. Il avait été satisfait de sa réponse à la première question qu'il s'empressa de lui faire. « Puis-je avoir un canon assez fort pour envoyer un boulet ou une pierre capable de renverser les murs de Constantinople? — Je n'ignore pas, répondit le fondeur, la force de ces murs; mais quand ils seraient plus solides que ceux de Babylone, je pourrais leur opposer une machine d'une force supérieure; ce sera ensuite à vos ingénieurs à la placer et à la diriger. » D'après cette réponse, on établit une fonderie à Andrinople, où prépara le métal, et dans l'espace de trois mois, ce fondeur, nommé Urbain, présenta un canon de bronze d'une grandeur prodigieuse et presque incroyable. Le calibre était,

Le grand canon de Mahomet.

dit-on, de douze palmes, et il lançait un boulet de pierre qui pesait plus de six quintaux (1). On choisit devant le nouveau palais un endroit vide pour l'essayer ; mais, afin de prévenir les suites funestes que pouvaient entraîner le saisissement et la frayeur, on avertit le public, par une proclamation, que le lendemain on se servirait du canon. L'explosion se fit sentir ou entendre à cent stades à la ronde: La portée du boulet fut de plus d'un mille, et il s'enfonça d'une brasse sur le terrain où il tomba. Pour le transport de cette machine destructive, on réunit ensemble trente chariots qu'on fit traîner par un attelage de soixante bœufs ; deux cents hommes furent placés des deux côtés pour tenir en équilibre et soutenir cette masse toujours prête à rouler d'un côté ou de l'autre ; deux cent cinquante ouvriers marchèrent en avant, chargés d'aplanir la route et de réparer les ponts, et il fallut près de deux mois de travail pour lui faire faire une route de cent cinquante milles. Un philosophe d'un esprit piquant (2) se mo-

---

(1) Le talent attique pesait environ soixante mines ou livres avoir-du-poids (voyez Hooper on Ancient Weights, Measures, etc.); mais parmi les Grecs modernes on a donné cette dénomination classique à un poids de cent et de cent vingt-cinq livres. (Ducange, ταλαντον). Léonard de Chios mesure le boulet ou la pierre du second canon : *Lapidem qui palmis undecim ex meis ambibat in gyro.*

(2) *Voyez* Voltaire, *Hist. génér.*, c. 91, p. 294, 295. Il aspirait en littérature à la monarchie universelle ; on le voit

que en cette occasion de la crédulité des Grecs, et il observe avec beaucoup de raison qu'on doit toujours se méfier des exagérations des vaincus. Il calcule que pour chasser un boulet seulement de deux cents livres, il faudrait environ cent cinquante livres de poudre; que cette quantité de poudre ne pouvant s'allumer à la fois, le coup partirait avant que la quinzième partie prît feu, et qu'ainsi le boulet aurait très-peu d'effet. Ignorant comme je le suis dans l'art de la destruction, j'ajouterai seulement que l'artillerie, aujourd'hui plus éclairée, préfère le nombre à la grandeur des pièces, la vivacité du feu au bruit ou même à l'effet d'une seule explosion. Cependant je n'ose rejeter le témoignage positif et unanime des contemporains, et il doit paraître assez vraisemblable que, dans leurs efforts ambitieux et peu éclairés, les premiers fondeurs passèrent les bornes de la modération. Un canon turc, plus considérable que celui de Mahomet, garde encore l'entrée des Dardanelles; et si l'usage en est incommode, une épreuve récente a montré que l'effet était loin d'en être méprisable. Trois cents livres de poudre chassèrent un boulet de pierre de onze quintaux, à la distance de six cents toises : le boulet se sépara en trois morceaux qui traversèrent le canal, et, laissant la mer couverte d'écume, allèrent par rico-

---

dans ses poésies prétendre au titre d'astronome, de chimiste, etc., et chercher à en emprunter le langage.

chets frapper et rebondir contre la colline opposée (1).

<small>Mahomet II forme le siége de Constantinople.
A. D. 1453, avril 6.</small>

Tandis que Mahomet menaçait la capitale de l'Orient, l'empereur grec implorait par de ferventes prières les secours de la terre et du ciel. Mais les puissances invisibles étaient sourdes à ses supplications, et la chrétienté voyait avec indifférence la chute de Constantinople, qui n'avait d'autre espoir que d'être secourue par la jalousie politique du sultan d'Égypte. Parmi les États qui pouvaient aider Constantinople, les uns se trouvaient trop faibles et les autres trop éloignés : quelques-uns regardaient le danger comme imaginaire, d'autres comme inévitable. Les princes de l'Occident étaient enfoncés dans les interminables querelles qui les divisaient entre eux, et le pontife de Rome était irrité de la fausseté ou de l'obstination des Grecs. Au lieu d'employer en leur faveur les armes et les trésors de l'Italie, Nicolas v avait prédit la destruction de leur État, et son honneur était intéressé à l'accomplissement de cette prophétie. Il fut peut-être ému de compassion lorsqu'il les vit au dernier degré du malheur, mais sa pitié arriva trop tard; ses efforts manquèrent d'énergie et n'eurent aucun succès, et

---

(1) Le baron de Tott (t. III, p. 85-89), qui fortifia les Dardanelles contre les Russes dans la dernière guerre, a décrit d'un ton animé et même comique sa prouesse et la consternation des Turcs. Mais cet aventureux voyageur ne possède pas l'art d'inspirer la confiance.

Constantinople était au pouvoir des Turcs avant que les escadres de Gênes et de Venise sortissent de leurs ports (1); les princes, ceux même de la Morée et des îles de la Grèce, gardèrent une froide neutralité : la colonie génoise établie à Galata négocia un traité particulier, et le sultan la laissa se flatter que sa clémence lui permettrait de survivre à la ruine de l'empire. Un grand nombre de plébéiens et quelques nobles abandonnèrent lâchement leur pays au moment du danger; l'avarice des riches refusa à l'empereur et garda pour les Turcs des trésors qui auraient acheté des armées de mercenaires (2). Indigent et abandonné, Constantin se prépara toutefois à soutenir l'approche de son redou-

---

(1) *Non audivit, indignum ducens*, dit l'honnête Antonin; mais comme l'inquiétude et la honte se firent bientôt sentir à la cour de Rome, Platina dit du ton d'un courtisan plus habile : *In animo fuisse pontifici juvare Græcos*. Æneas Sylvius dit encore plus positivement : *Stractam classem*, etc. (Spond., A. D. 1453, n° 3.)

(2) Antonin, *in Proëm. epist. cardinal. Isid.*, ap. Spond. Le docteur Johnson a très-bien exprimé dans sa tragédie d'*Irène* cette circonstance caractéristique :

The groaning Greeks dig up the golden caverns,
The accumulated wealth of hoarding ages;
That wealth which, granted to their weeping prince,
Had rang'd embattled nations at their gates.

« Les Grecs tirèrent, en gémissant, du sein de la terre ces monceaux d'or, trésors accumulés des générations avares; trésors qui, accordés aux larmes de leur prince, eussent rangé devant leurs portes des nations entières de soldats. »

table adversaire ; son courage était égal à ses dangers, mais ses forces ne l'étaient pas à la lutte qui se préparait. Dès les premiers jours du printemps, l'avant-garde des Turcs s'empara des bourgs et des villages jusqu'aux portes de Constantinople. Elle épargna et protégea ceux qui se soumirent, mais elle extermina avec le fer et la flamme quiconque voulut résister. Les villes que possédaient les Grecs sur la mer Noire, Mesembria, Acheloum et Bizon, se rendirent à la première sommation ; Selymbrie mérita seule les honneurs d'un siége ou d'un blocus, et ses braves habitans, pendant qu'ils étaient investis du côté de terre, mirent leurs embarcations à la mer, allèrent piller la côte de Cyzique, et vendirent en place publique les captifs qu'ils ramenèrent. Mais tout se tut et se prosterna à l'arrivée de Mahomet : il s'arrêta d'abord à cinq milles de la capitale de l'empire grec ; il s'approcha ensuite avec son armée en bataille ; il arbora son drapeau devant la porte de Saint-Romain, et commença le 6 avril le mémorable siége de Constantinople.

Forces des Turcs.

Les troupes de l'Europe et de l'Asie s'étendaient de droite à gauche de la Propontide au port ; les janissaires étaient placés au fond, devant la tente de Mahomet ; un fossé profond couvrait les lignes ottomanes, et un corps particulier environnait le faubourg de Galata, et surveillait la foi douteuse des Génois. Philelphe, qui résidait en Grèce trente années avant le siége, assure, d'après des données recueillies avec soin, que les forces des Turcs, en les comprenant toutes sans exception, ne pouvaient être de plus de soixante mille cavaliers et de vingt mille fantassins ; et il accuse la pusillanimité des nations chrétiennes qui s'étaient soumises si docilement à une poignée de Barbares. Le nombre des *capiculi* (1), soldats de la Porte qui marchaient avec le prince, et qu'on payait de son trésor, n'était peut-être pas en effet plus considérable ; mais les pachas entretenaient ou levaient une milice provinciale dans leurs gouvernemens respectifs ; il y avait un grand nombre de terres assujetties à une redevance militaire ; l'appât du butin amenait une foule de volontaires sous le drapeau de Mahomet, et le son de la trompette sacrée dut y attirer un essaim de fanatiques affamés et intrépides, qui augmentèrent du moins la terreur des Grecs, et qui servirent à émousser leur glaive par une première attaque. Ducas, Chalcocondyles et Léonard de Chios, portent à trois ou quatre cent mille hommes l'armée du sultan ; mais Phranza se trouva plus près, il l'observa mieux, et il n'y compta que deux cent cinquante-huit mille hommes, évaluation précise, qui ne passe pas la mesure des faits connus ni celle des probabilités (2). La marine

---

(1) Les troupes chargées de la garde du palais sont appelées *capiculi* chez les Turcs ; et celles des provinces *ceratculi*. La plupart des noms et des institutions de la milice turque existaient avant le *canon Nameh* de Soliman II, d'après lequel le comte Marsigli, aidé de sa propre expérience, a composé son *État militaire de l'empire ottoman*.

(2) L'observation de Philelphe est approuvée en 1508 par

des assiégeans était moins formidable : il y avait trois cent vingt navires dans la Propontide, mais dix-huit seulement pouvaient être regardés comme des vaisseaux de guerre, et il paraît que le plus grand nombre n'était que des flûtes et des transports qui versaient dans le camp, des hommes, des munitions et des vivres. Constantinople, dans son dernier état de décadence, avait encore plus de cent mille habitans; mais ce compte est pris sur la liste des captifs, et non sur celle des combattans. C'étaient pour la plupart des ouvriers, des prêtres, des femmes et des hommes dénués de ce courage que les femmes elles-mêmes ont déployé quelquefois pour le salut commun. Je conçois, j'excuserais presque la répugnance des sujets à servir sur une frontière éloignée, pour obéir à la volonté d'un tyran ; mais l'homme qui n'ose pas exposer sa vie pour défendre ses enfans et sa propriété, a perdu dans la société la disposition la plus active et la plus énergique de la nature humaine. D'après un ordre de l'empereur, on avait été dans les différentes rues inscrire ceux des citoyens et même des moines qui se trouvaient propres et disposés à prendre les armes pour la défense du pays. La liste fut remise à Phranza (1), et, plein d'étonne-

---

Cuspinien (*de Cæsaribus, in epilog. de militiá turcicá*, p. 697). Marsigli prouve que les armées effectives des Turcs sont beaucoup moins nombreuses qu'elles ne le paraissent. Léonard de Chios ne compte que quinze mille janissaires dans l'armée qui assiégea Constantinople.

(1) *Ego, eidem* (*imp.*) *tabellas exhibui non absque do-*

ment et de douleur, il avertit son maître que la nation ne pouvait compter que sur quatre mille neuf cent soixante-dix *Romains*. Constantin et son fidèle ministre gardèrent ce triste secret, et on tira de l'arsenal la quantité de boucliers, d'arbalètes et de mousquets, dont on avait besoin. Ils furent soutenus d'un corps de deux mille étrangers sous les ordres de Jean Justiniani, noble Génois ; ces auxiliaires furent d'avance libéralement payés, et on promit à leur chef que la souveraineté de l'île de Lesbos serait le prix de sa valeur et de ses succès. Une grosse chaîne fut tendue à l'entrée du port, que défendaient d'ailleurs quelques navires de guerre et des navires marchands, tant grecs qu'italiens; et l'on retint pour le service public tous les vaisseaux des nations chrétiennes qui arrivèrent successivement de Candie et de la mer Noire. Une capitale de treize et peut-être de seize milles de circonférence, n'avait contre toutes les forces de l'empire ottoman qu'une garnison de sept ou huit mille soldats. L'Europe et l'Asie étaient ouvertes aux assiégeans, et la force et les vivres des Grecs devaient diminuer chaque jour, sans qu'ils pussent espérer aucun secours du dehors.

Les premiers Romains se seraient armés avec la

Fausse union des deux Églises.
A. D. 1452, déc. 12.

---

lore et mœstitiâ, mansitque apud nos duos aliïs occultus numerus. (Phranza, l. III, c. 8.) En lui passant quelques préventions nationales, on ne peut désirer un témoin plus authentique, non-seulement des faits publics, mais des conseils privés.

résolution de vaincre ou de mourir. Les premiers chrétiens se seraient embrassés, et auraient attendu avec patience et charité la couronne du martyre. Mais les Grecs de Constantinople ne mettaient de chaleur qu'aux affaires de religion, et cette chaleur ne produisait qu'animosité et discorde. L'empereur Jean Paléologue avait renoncé, avant de mourir, au projet détesté de ses sujets de réunir l'Église grecque et l'Église latine; on ne le reprit que lorsque la détresse de Constantin son frère fit une loi de recourir à un dernier essai de dissimulation et de flatterie (1). Il envoya des ambassadeurs à Rome; il les chargea de demander des secours temporels, en assurant que les Grecs se soumettraient à la domination spirituelle du pape : il dit que s'il avait négligé l'Église, les soins pressans de l'État l'avaient exigé; et il témoigna le désir de voir dans sa capitale un légat du pontife. Le Vatican savait trop combien il fallait peu compter sur la parole des Grecs, mais il ne pouvait décemment dédaigner ces signes de repentir ; il accorda plus aisément un légat qu'une armée ; et six mois avant la prise de Constantinople, le cardinal Isidore, né en Russie, y parut en cette qualité, avec un cortége de prêtres et de soldats. L'empereur le traita comme son

---

(1) Spondanus raconte l'union non-seulement avec partialité, mais d'une manière imparfaite. L'évêque de Pamiers mourut en 1642, et l'histoire de Ducas, qui parle de ces faits (c. 36, 37) avec tant de vérité et de courage, n'a été imprimée qu'en 1649.

ami et comme son père; il écouta avec respect ses sermons, tant en public qu'en particulier, et signa, ainsi que les plus soumis d'entre les prêtres et les laïques de l'Église grecque, l'acte d'union tel qu'il avait été accepté dans le concile de Florence. Le 12 décembre, les Grecs et les Latins se réunirent, pour le sacrifice et la prière, dans l'église de Sainte-Sophie; on y fit une commémoration solennelle des deux pontifes, c'est-à-dire de Nicolas v., vicaire de Jésus-Christ, et du patriarche Grégoire, exilé par un peuple rebelle.

Mais le vêtement et la langue du prêtre latin qui officia à l'autel furent pour les Grecs un objet de scandale; ils observèrent avec horreur qu'il consacrait du pain sans levain, et qu'il versait de l'eau froide dans la coupe de l'eucharistie. Un historien national avoue, en rougissant, qu'aucun de ses compatriotes, pas même l'empereur, ne fut de bonne foi dans cette réconciliation (1). Pour se disculper de leur soumission précipitée et absolue, ils disaient s'être réservé le droit de faire par la suite une révision de l'acte; mais la meilleure ou la plus mauvaise de leurs excuses était l'aveu de leur parjure. Accablés des reproches de ceux de leurs frères qui n'avaient pas trahi leur

Obstination et fanatisme des Grecs.

---

(1) Phranza, qui était au nombre des Grecs conformistes, avoue qu'on ne se prêta à cette réconciliation que *propter spem auxilii*; et en parlant de ceux qui ne voulurent pas assister au service commun dans l'église de Sainte-Sophie, il affirme avec plaisir que *extra culpam et in pace essent* (l. III, c. 20).

conscience, ils leur répondaient tout bas : « Ayez patience ; attendez que la ville soit délivrée du grand dragon qui cherche à nous dévorer : vous verrez alors si nous sommes sincèrement réconciliés avec les azymites. » Mais la patience n'est pas l'attribut du zèle religieux, et l'adresse d'une cour ne peut contenir l'énergie et la violence de l'enthousiasme populaire. De l'église de Sainte-Sophie, les citoyens des différentes classes et les personnes des deux sexes se portèrent en foule à la cellule du moine Gennadius (1), pour consulter ce religieux, qui passait pour l'oracle de l'Église. Le saint personnage ne se montra point : absorbé, à ce qu'il paraît, dans ses profondes méditations ou dans ses extases mystiques, il avait seulement exposé sur sa porte une tablette, où la multitude entière lut successivement ces terribles paroles : « Misérables Romains ! pourquoi abandonnez-vous la vérité ? pourquoi, au lieu de mettre votre confiance en Dieu, comptez-vous sur les Italiens ? en perdant votre foi, vous perdrez votre ville. Seigneur, ayez pitié de moi ! je proteste en votre présence que je suis innocent de ce crime. Misérables Romains ! faites vos

---

(1) Son nom séculier était Scholarius, auquel il substitua celui de Gennadius quand il se fit moine ou lorsqu'il devint patriarche. Comme il défendit à Florence cette union qu'il avait attaquée à Constantinople avec fureur, Léon Allatius (*Diatrib. de Georgiis in Fabric. Bibl. græc.*, t. x, p. 760-786) s'est persuadé qu'il avait existé deux hommes de ce nom ; mais Renaudot (p. 343-383) a rétabli l'identité de sa personne et la duplicité de son caractère.

réflexions, arrêtez-vous et repentez-vous ; au moment où vous renoncerez à la religion de vos pères, en vous liguant avec l'impiété, vous vous soumettrez à une servitude étrangère. » D'après l'avis de Gennadius, les vierges consacrées à Dieu, pures comme les anges et orgueilleuses comme les démons, s'élevèrent contre l'acte d'union, et abjurèrent toute communion avec les associés présens et à venir de l'Église latine ; et la plus grande partie du clergé et du peuple approuva et imita leur exemple. En sortant du monastère de Gennadius, les Grecs dévots se dispersèrent dans les tavernes, burent à la confusion des esclaves du pape, vidèrent leurs verres en l'honneur de l'image de la sainte Vierge, et la supplièrent de défendre contre Mahomet cette ville qu'elle avait autrefois défendue contre Chosroès et le chagan ; enivrés de fanatisme et de vin, ils s'écrièrent bravement : « Qu'avons-nous besoin de secours ou d'union ? Qu'avons-nous besoin des Latins ? Loin de nous le culte des azymites ! » Cette frénésie épidémique troubla la nation durant l'hiver qui précéda la victoire des Turcs ; le carême et l'approche de Pâques, au lieu d'inspirer la charité, ne servirent qu'à renforcer l'obstination et l'influence des fanatiques. Les confesseurs scrutèrent et alarmèrent les consciences ; ils imposèrent des pénitences rigoureuses à ceux qui avaient reçu la communion des mains d'un prêtre accusé d'avoir donné un aveu formel ou tacite à l'union. Le service de celui-ci à l'autel communiquait la souillure aux simples spectateurs de la cérémonie ; les prêtres qui y assistaient sans y prendre part, perdaient la vertu de leur caractère sacerdotal, et, même dans le danger d'une mort subite, il n'était pas permis d'invoquer le secours de leurs prières ou leur absolution. Dès que le sacrifice des Latins eut souillé l'église de Sainte-Sophie, le clergé et le peuple s'en éloignèrent comme d'une synagogue juive ou d'un temple païen ; et cette basilique vénérable, qui, remplie d'un nuage d'encens, éclairée d'une multitude innombrable de flambeaux, avait si souvent retenti du son des prières et des actions de grâces, demeura livrée à un vaste et morne silence. Les Latins étaient les plus odieux des hérétiques et des infidèles ; et le premier ministre de l'empire, le grand-duc, déclara qu'il aurait mieux aimé voir à Constantinople le turban de Mahomet que la tiare du pape, ou un chapeau de cardinal (1). Ce sentiment indigne d'un chrétien et d'un patriote était général parmi les Grecs et leur devint fatal. Constantin fut privé de l'affection et de l'appui de ses sujets, et leur lâcheté naturelle se trouva consacrée par leur résignation aux décrets de Dieu ou le chimérique espoir d'une délivrance miraculeuse.

Siége de Constantinople par Mahomet II. A. D. 1453, avril 6-mai 29.

Deux des côtés du triangle que forme la ville de Constantinople, ceux qui s'étendent le long de la mer, étaient inaccessibles à l'ennemi ; la Propontide formait d'un côté une défense naturelle, et le port, de

---

(1) Φακιολιον, καλυπτρα, sont assez bien rendus par *chapeau de cardinal*. La différence de vêtement des Grecs et des Latins aigrit encore la mésintelligence.

l'autre, une défense artificielle. Un double mur et un fossé de cent pieds de profondeur couvraient la base du triangle située entre ces deux rives du côté de terre: Phranza, témoin oculaire, donne à ces fortifications une étendue de six milles (1). Ce fut là que les Ottomans formèrent leur principale attaque. Constantin, après avoir réglé le service et le commandement des postes les plus périlleux, entreprit de défendre le mur extérieur. Les premiers jours du siége, les soldats descendirent dans le fossé, ou firent une sortie en pleine campagne; mais ils s'aperçurent bientôt qu'en proportion de leurs nombres respectifs, un chrétien valait plus de vingt Turcs, et après ces premières preuves de courage ils se bornèrent prudemment à lancer des armes de trait du haut du rempart. Cette prudence ne peut être accusée de lâcheté : la nation, il est vrai, était pusillanime et vile ; mais le dernier des Constantin mérite le nom de héros ; sa noble troupe de volontaires respirait l'esprit des premiers Romains ; et les auxiliaires étrangers soutenaient l'honneur de la chevalerie de l'Occident. Du milieu de la fumée, du bruit et du feu de leur mousqueterie et de leurs canons, des grêles de javelines et de traits

---

(1) Il faut réduire les milles grecs à une très-petite mesure, qui s'est conservée dans les verstes de Russie, lesquelles sont de cinq cent quarante-sept toises de France, et de cent quatre deux cinquièmes au degré : les six milles de Phranza n'excèdent pas quatre milles d'Angleterre, selon d'Anville (*Mesures itinéraires*, p. 61-123, etc.).

tombaient sans cesse sur l'ennemi. Chacune de leurs petites armes vomissait en même temps cinq ou même dix balles de plomb de la grosseur d'une noix ; et selon l'épaisseur des rangs serrés, ou la force de la poudre, chaque coup pouvait traverser l'armure et le corps de plusieurs guerriers ; mais les Turcs approchèrent bientôt à couvert dans des tranchées ou derrière des ruines. Chaque jour ajoutait à la science des chrétiens ; mais leur magasin de poudre était peu considérable, et devait se trouver bientôt épuisé. Leur artillerie, peu nombreuse et de petit calibre, ne pouvait produire de grands effets ; et s'il se trouvait quelques pièces assez fortes, ils craignaient de les placer sur de vieux murs, que l'explosion devait ébranler et renverser (1). Ce secret destructeur avait été aussi révélé aux musulmans, et ils l'employaient avec l'énergie qu'ajoutent à tout moyen le zèle les richesses et le despotisme. Nous avons déjà parlé du grand canon de Mahomet, objet important et apparent dans l'histoire de cette époque : cette énorme bouche à feu se trouvait épaulée de deux autres presque aussi grandes (2). Les Turcs pointèrent une longue chaîne

---

(1) *At indies doctiores nostri facti paravére contra hostes machinamenta, quæ tamen avarè dabantur. Pulvis erat nitri modica exigua ; telæ modica ; bombardæ, si aderant, incommoditate loci primum hostes offendere maceriebus alveisque tectos non poterant. Nam si equæ magnæ erant, ne murus concuteretur noster, quiescebant.* Ce passage de Leonardus de Chios est curieux et important.

(2) Selon Chalcocondyles et Phranza, le grand canon

de canons contre les murs; quatorze batteries foudroyèrent en même temps les endroits les plus accessibles; et les auteurs, en parlant de l'une d'entre elles, se servent d'expressions équivoques, d'où il résulte, ou qu'elle contenait cent trente pièces, ou bien qu'elle envoya cent trente boulets. Au reste, malgré le pouvoir et l'activité de Mahomet, on aperçoit l'enfance de l'art. Sous un maître qui comptait les momens, le grand canon ne pouvait tirer que sept fois par jour (1). Le métal échauffé creva; plusieurs canonniers périrent, et on admira l'habileté d'un fondeur, qui, afin de prévenir cet accident, imagina de verser de l'huile dans les bouches à feu après chaque explosion.

Les premiers boulets des musulmans, envoyés au hasard, firent plus de bruit que de ravage, et ce fut d'après l'avis d'un chrétien que les ingénieurs apprirent à diriger leurs coups sur les deux côtés opposés aux angles saillans d'un bastion. Les artilleurs n'étaient pas adroits; mais la multiplicité des coups produisit l'effet; et les Turcs, s'étant avancés jusqu'aux bords du fossé, entreprirent de combler cette énorme ouverture et de se frayer un chemin pour donner

Attaque et défense.

---

creva. Selon Ducas, l'habileté du canonnier empêcha cet accident. Il est clair qu'ils ne parlent pas de la même pièce.

(1) Environ un siècle après le siége de Constantinople, les escadres de France et d'Angleterre se vantèrent d'avoir tiré trois cents coups dans un combat de deux heures qui eut lieu dans la Manche (*Mém. de Martin du Bellay*, l. x, dans la *Collection générale*, t. xxi, p. 239).

l'assaut (1). Ils y entassèrent une quantité innombrable de fascines, de tonneaux et de troncs d'arbres ; et telle fut l'impétuosité des travailleurs, que ceux qui se trouvaient sur les bords, ou les plus faibles, furent poussés dans le précipice et ensevelis au même instant sous les masses qu'on y jetait. Les assiégeans s'efforçaient de remplir le fossé ; et les assiégés n'avaient d'autre moyen de salut que de rendre ces travaux inutiles ; après des combats longs et meurtriers, ils détruisaient toujours pendant la nuit ce que les soldats de Mahomet avaient fait pendant le jour. L'art des mines offrait une ressource au sultan ; mais le terrain était un rocher ; les ingénieurs chrétiens l'arrêtaient d'ailleurs par des contre-mines : on n'avait pas encore imaginé de remplir de poudre à canon ces passages souterrains, et de faire sauter des tours et des villes entières (2). Ce qui distingua le siége de Constantinople, ce fut la réunion de l'artil-

---

(1) J'ai choisi quelques faits curieux, sans prétendre à l'éloquence meurtrière et infatigable de l'abbé Vertot, dans ses prolixes récits des siéges de Rhodes, de Malte, etc. Cet agréable historien avait l'esprit romanesque, et, écrivant pour plaire aux chevaliers de Malte, il a pris leur enthousiasme et leur esprit de chevalerie.

(2) La théorie des mines d'artifice se trouve pour la première fois en 1480 dans un manuscrit de Georges de Sienne (Tiraboschi, t. VI, part. 1, p. 324). On les employa d'abord à Sarzanella en 1487 ; mais leur amélioration est de 1503, et on en attribue l'honneur à Pierre de Navarre, qui les employa avec succès dans les guerres d'Italie (*Hist. de la Ligue de Cambrai*, t. II, p. 93-97).

lerie ancienne et de l'artillerie moderne. Les bouches à feu étaient entremêlées de machines qui lançaient des pierres et des dards; le boulet et le bélier battaient les mêmes murs; et la découverte de la poudre à canon n'avait pas fait négliger l'usage de l'inextinguible feu grégeois. Une immense tour de bois s'approchait sur des cylindres; une triple couverture de peaux de bœufs défendait ce magasin mobile de munitions et de fascines. Les guerriers qu'elle renfermait, tiraient continuellement sans danger par les ouvertures; et trois portes qu'elle offrait sur le devant, permettaient aux soldats et aux ouvriers de faire des sorties et de se retirer. Ils montaient par un escalier à la plate-forme supérieure, et du haut de cette plate-forme on pouvait avec des poulies élever une échelle avec laquelle on formait un pont qui s'accrochait au rempart ennemi. Par la réunion de ces divers moyens d'attaque, dont quelques-uns étaient aussi nouveaux pour les Grecs qu'ils leur devinrent funestes, la tour de Saint-Romain fut enfin renversée : après un combat opiniâtre, les Turcs furent repoussés de la brèche et arrêtés par la nuit. Ils comptaient à la pointe du jour recommencer l'attaque avec une nouvelle ardeur et plus de succès. L'empereur et le Génois Justiniani ne perdirent pas un de ces momens laissés au repos et à l'espérance ; ils passèrent la nuit sur le rempart, et pressèrent des travaux d'où dépendaient le sort de l'Église et celui de Constantinople. Aux premiers rayons de l'aurore, l'impatient Mahomet vit avec autant d'étonnement que de douleur sa tour de bois réduite en cendres, le fossé nettoyé et rétabli, et la tour de Saint-Romain forte et entière; il déplora la ruine de son projet, et s'écria avec irrévérence que trente-sept mille prophètes ne l'auraient pas déterminé à croire que les infidèles pussent en si peu de temps faire un pareil ouvrage.

<small>Secours et victoire des cinq vaisseaux.</small>

La générosité des princes chrétiens fut froide et tardive ; mais du moment où Constantin avait craint que sa capitale ne fût assiégée, il avait entamé des négociations dans les îles de l'Archipel, dans la Morée et en Sicile, pour en obtenir les secours les plus indispensables. Cinq grands vaisseaux marchands (1) armés en guerre auraient appareillé de Chios dès le premier jour d'avril, si un vent du nord ne les eût opiniâtrément arrêtés (2). Un de ces vaisseaux portait le pavillon impérial ; les quatre autres appartenaient aux Génois ; ils étaient chargés de froment et d'orge, d'huile et de végétaux, et surtout de sol-

---

(1) Il est singulier que les Grecs ne s'accordent pas sur le nombre de ces célèbres vaisseaux. Ducas en indique *cinq*, Phranza et Léonard en indiquent *quatre*, et Chalcocondyles en indique *deux*; il faut que les uns se bornent à indiquer les plus grands, tandis que les autres indiquent en outre les plus petits. Voltaire, qui donne un de ces navires à Frédéric III, confond les empereurs d'Orient et d'Occident.

(2) Le président Cousin dédaigne ouvertement ou plutôt ignore complètement toutes les notions de la langue et de la géographie, lorsqu'il retient ces vaisseaux à Chios par un vent du sud, et qu'il les conduit à Constantinople par un vent du nord.

dats et de matelots pour le service de la capitale. Après un pénible délai, une brise légère venant du sud leur permit enfin de mettre à la voile, et ce même vent, devenu plus fort le second jour, leur fit traverser l'Hellespont et la Propontide ; mais la capitale de l'empire grec était déjà investie par terre et par mer, et l'escadre turque placée à l'entrée du Bosphore s'étendait d'un rivage à l'autre en forme de croissant, afin d'intercepter ou du moins de repousser ces audacieux auxiliaires. Le lecteur qui a présent à l'esprit le tableau géographique de Constantinople, concevra et admirera la grandeur de ce spectacle. Les cinq vaisseaux chrétiens continuaient à s'avancer, avec de joyeuses acclamations, à force de rames et de voiles, contre une escadre ennemie de trois cents navires ; le rempart, le camp, les côtes de l'Europe et de l'Asie, étaient couverts de spectateurs qui attendaient avec inquiétude l'effet de cet important secours. Au premier coup d'œil l'événement ne pouvait paraître douteux ; la supériorité des musulmans était hors de toute proportion, et dans un calme leur nombre et leur valeur auraient sûrement triomphé. Toutefois leur marine imparfaite n'avait pas été créée à loisir par le génie du peuple, mais par la volonté du sultan : au comble de la grandeur, les Turcs ont reconnu que si Dieu leur a donné l'empire de la terre, il a laissé celui de la mer aux infidèles (1) ; une suite de défaites

(1) On peut observer la faiblesse et la décadence conti-

et une rapide décadence ont établi la vérité de ce modeste aveu. Si l'on en excepte dix-huit galères d'une certaine force, le reste de l'escadre était composé de bateaux ouverts, grossièrement construits, mal manœuvrés, surchargés de soldats et dénués de canon ; et comme le courage vient en grande partie du sentiment de nos forces, les plus braves janissaires purent trembler sur un nouvel élément. Du côté des chrétiens, d'habiles pilotes gouvernaient cinq grands vaisseaux remplis des vétérans de l'Italie et de la Grèce, qui avaient une longue habitude des travaux et des dangers de la navigation. Ils cherchaient à couler bas ou à mettre en pièces les faibles embarcations qui les arrêtaient. Leur artillerie balayait les vagues, ils versaient le feu grégeois sur ceux des ennemis qui osaient s'approcher pour tenter l'abordage, et les vents et les flots sont toujours du côté des navigateurs les plus habiles. Les Génois sauvèrent dans ce combat le vaisseau impérial, qui se trouvait accablé par le nombre ; et les Turcs, repoussés dans deux attaques, l'une de loin, l'autre plus rapprochée, essuyèrent une perte considérable. Mahomet était à cheval sur la grève ; il encourageait les musulmans par sa voix, par des promesses de

---

nuelle de la marine turque dans Rycault (*State of the ottoman Empire*, p. 372-378), dans Thévenot (*Voyages*, part. I, p. 229-242) et dans les *Mémoires du baron de Tott* (t. III). Ce dernier écrivain cherche toujours à amuser et à étonner son lecteur.

récompense, par la crainte qu'il inspirait, plus puissante sur eux que la crainte de l'ennemi. L'effervescence de ses esprits, les mouvemens de son corps (1) semblaient imiter les actions des combattans ; et comme s'il avait été le maître de la nature, étranger à toute crainte, il faisait d'impuissans efforts pour lancer son cheval dans la mer. Ses violens reproches, les clameurs du camp, déterminèrent les navires turcs à une troisième attaque qui leur fut encore plus funeste que les deux autres, et je dois citer, quoique je ne puisse le croire, le témoignage de Phranza, qui dit que, de l'aveu des Turcs, le massacre de cette journée leur coûta plus de douze mille hommes. Ils s'enfuirent en désordre vers les côtes de l'Europe et de l'Asie, tandis que l'escadre des chrétiens s'avança triomphante et sans aucun dommage le long du Bosphore, et mouilla en sûreté en dedans de la chaîne du port. Dans l'ivresse de la victoire, ils soutenaient que la force de leurs bras aurait écrasé toute l'armée des Turcs. De son côté Baltha-Ogli, l'amiral ou le capitan-pacha, qui avait été blessé à l'œil, cherchait à tirer quelque consolation de cet accident, en assurant qu'il était l'unique cause de la défaite : c'était un renégat issu des princes de la Bulgarie ; le vice détesté de l'avarice souillait ses qua-

---

(1.) Je dois l'avouer, j'ai sous les yeux le tableau animé que fait Thucydide (l. VII, c. 71) de l'effervescence et des gestes des Athéniens durant un combat naval qui eut lieu dans le grand port de Syracuse.

lités militaires, et sous le despotisme d'un prince ou celui du peuple, le malheur est une preuve suffisante de crime. Le rang et les services de ce guerrier furent effacés par le mécontentement de Mahomet; quatre esclaves l'ayant étendu par terre en présence du sultan, il reçut cent coups d'une barre d'or (1) : Mahomet avait ordonné sa mort, et le vieux général admira la bonté du sultan, qui se contenta de le dépouiller de ses biens et de l'exiler. Ce secours ranima l'espoir des Grecs, et accusa l'indifférence des peuples de l'Occident qui se trouvaient alliés de l'empire. Des millions de croisés étaient venus chercher une mort inévitable dans les déserts de l'Anatolie et dans les rochers de la Palestine; mais Constantinople était par sa situation bien fortifiée contre ses ennemis et accessible à ses alliés : un armement peu considérable des puissances maritimes aurait sauvé les restes du nom romain et maintenu une forteresse chrétienne au centre de l'empire ottoman. Cependant les tentatives faites pour la délivrance de Constantinople se bornèrent aux cinq vaisseaux dont je viens de parler; les nations éloignées se montrèrent insensibles aux progrès des Turcs, et l'ambassadeur de Hongrie, ou du moins celui de

---

(1) Selon le texte exagéré ou corrompu de Ducas (c. 38), cette barre d'or pesait cinq cents livres. Bouillaud lit cinq cents drachmes ou cinq livres, et ce poids suffisait pour exercer le bras de Mahomet et froisser le corps de son amiral.

Huniades, résidait au camp des Turcs, afin de dissiper les craintes et de diriger les opérations du sultan (1).

Il était difficile aux Grecs de pénétrer le secret du divan ; toutefois leurs auteurs sont persuadés qu'une résistance si opiniâtre et si surprenante avait fatigué la persévérance de Mahomet. On dit qu'il médita une retraite, et qu'il aurait bientôt levé le siége si l'ambition et la jalousie du second visir ne se fût élevée contre les perfides avis de Calil-pacha, qui entretenait toujours une secrète correspondance avec la cour de Byzance. Il jugea qu'il serait impossible de s'emparer de la ville, s'il ne parvenait pas à former une attaque du côté de la mer, en même temps que ses troupes donneraient l'assaut de l'autre côté ; mais il n'avait aucun moyen de forcer le port : la grosse chaîne qui le fermait se trouvait alors appuyée de huit grands navires, de vingt autres plus petits, et d'un assez grand nombre de galères et de bateaux ; les Turcs, au lieu de forcer cette barrière, avaient à craindre une sortie des vaisseaux grecs, et un second combat en pleine mer. Au milieu de ces perplexités, le génie de Mahomet conçut et exécuta un plan d'une hardiesse merveilleuse : il résolut de faire transpor-

Mahomet fait transporter ses navires par terre.

(1) Ducas, qui s'avoue mal informé sur les affaires de Hongrie, donne à ce fait un motif de superstition. Les Hongrois, dit-il, croyaient que Constantinople serait le terme de la conquête des Turcs. *Voyez* Phranza (l. III, c. 20) et Spondanus.

ter par terre, de la rive du Bosphore dans la partie la plus enfoncée du havre, ses plus légers navires et ses munitions. La distance est d'environ dix milles, le terrain est inégal; il se trouvait parsemé de broussailles; et comme il fallait passer derrière le faubourg de Galata, le succès de l'entreprise où la mort de tous ceux qu'on y emploierait dépendaient de la colonie génoise. Mais ces avides marchands ambitionnaient la faveur d'être dévorés les derniers, et le sultan, rassuré sur ce point, suppléa par la multitude de bras au défaut de ses connaissances en mécanique. Le chemin aplani fut couvert d'une large plate-forme composée de planches fortes et solides que, pour les rendre plus glissantes, on enduisit de graisse de bœuf et de brebis. Il fit tirer du détroit, placer sur des rouleaux et couler sur ces planches, à force de bras et de poulies, quatre-vingts galères ou brigantins de cinquante et trente rames; deux guides ou pilotes étaient au gouvernail et à la proue de chaque navire : les voiles flottaient au gré des vents, et des chants et des acclamations égayèrent ce grand travail. Dans le cours d'une seule nuit, la flotte des Turcs gravit la colline, traversa la plaine et fut lancée dans le havre, dans un lieu où il n'y avait pas assez d'eau pour les navires plus lourds des Grecs. La terreur qu'inspira aux Grecs cette opération, et la confiance qu'elle donna aux Turcs, exagérèrent son importance réelle ; mais ce fait notoire et incontestable eut pour témoins les deux nations dont les écrivains l'ont également raconté (1). Les anciens avaient employé souvent ce stratagême (2). Les galères ottomanes, je dois le répéter, n'étaient que de gros bateaux; si nous comparons la grandeur des navires et la distance, les obstacles et les moyens, on a peut-être exécuté de nos jours (3) des entreprises aussi merveilleuses (4). Dès que Mahomet eut des navires et des troupes dans la partie supérieure du havre, avec des tonneaux réunis par des solives et des anneaux de fer, et revêtus d'un plancher solide, il construisit à l'endroit le plus resserré un pont, ou plutôt un môle, large de cinquante coudées et long de cent. Il établit un de ses plus grands canons sur cette batterie flottante, tandis que les quatre-vingts

---

(1) Le témoignage unanime des quatre Grecs est confirmé par Cantemir (p. 96), d'après les Annales turques; mais je voudrais réduire la distance de *dix* milles, et prolonger l'intervalle d'*une* nuit.

(2) Phranza cite deux exemples de navires qu'on transporta ainsi sur l'isthme de Corinthe l'espace de six milles: l'un fabuleux, celui d'Auguste après la bataille d'Actium; l'autre véritable, celui de Nicétas, général grec du dixième siècle. Il aurait pu y ajouter l'audacieuse entreprise d'Annibal pour introduire ses navires dans le port de Tarente (Polybe, l. VIII, p. 749, édit. de Gronov.).

(3) Cette opération fut peut-être conseillée et exécutée par un Grec de Candie, qui avait servi les Vénitiens dans une entreprise pareille (Spond., A. D. 1438, n° 37).

(4) Je veux surtout parler de nos embarquemens sur les lacs du Canada en 1776 et 1777, dont le travail fut si considérable, et dont l'effet fut si inutile.

galères, les troupes et les échelles, approchaient du côté le plus accessible, celui par où les guerriers latins avaient autrefois emporté la ville d'assaut. On a reproché aux chrétiens de n'avoir pas détruit les ouvrages avant qu'ils fussent achevés ; mais un feu supérieur fit taire le feu de leur batterie, et ils essayèrent une nuit de brûler les navires ainsi que le pont du sultan. La vigilance de Mahomet empêcha leur approche ; les galiotes les plus avancées furent prises ou coulées bas ; il fit inhumainement massacrer quarante jeunes guerriers, les plus braves de l'Italie et de la Grèce. L'empereur fit exposer sur ses remparts les têtes de deux cent soixante captifs musulmans, sans que ces cruelles mais justes représailles pussent diminuer sa douleur. Après un siége de quarante jours, rien ne pouvait plus différer la prise de Constantinople : la garnison peu nombreuse se trouvait épuisée par une double attaque ; le canon des Ottomans avait détruit de toutes parts ces fortifications qui avaient résisté pendant près de dix siècles à l'attaque des ennemis ; elles offraient plusieurs brèches, et près de la porte de Saint-Romain l'artillerie des Turcs avait abattu quatre tours. Pour payer ses troupes, faibles et prêtes à se révolter, Constantin fut réduit à dépouiller les églises, en promettant de restituer quatre fois la valeur de ce qu'il y prenait ; et ce sacrilége fournit aux ennemis de l'union un nouveau sujet de reproche. L'esprit de discorde diminuait encore le peu de forces des chrétiens ; les auxiliaires génois et vénitiens faisaient valoir leur

Détresse de la ville.

prééminence respective, et Justiniani et le grand-duc, dont l'ambition n'était pas amortie par leur commun danger, s'accusaient mutuellement de perfidie et de lâcheté.

Durant le siége de Constantinople on avait parlé quelquefois de paix et de capitulation, et il y avait eu plusieurs messages entre le camp et la ville (1). La fierté de l'empereur grec se trouvait abattue par le malheur, et pourvu qu'on mît à couvert sa religion et sa royauté, il se serait soumis à toutes les conditions. Mahomet désirait épargner le sang de ses soldats ; il désirait surtout s'assurer les trésors de Byzance, et remplissait également son devoir de musulman en offrant aux *gabours* l'alternative de se faire circoncire, de payer un tribut, ou de se résigner à la mort. Une somme annuelle de cent mille ducats aurait satisfait sa cupidité ; mais son ambition voulait la capitale de l'Orient. Il proposa à Constantin un équivalent de cette ville ; il proposa la tolérance aux Grecs, ou, s'ils l'aimaient mieux, la permission de se retirer en sûreté ; mais, après une négociation infructueuse, il déclara qu'il trouverait un trône ou un tombeau sous les murs de Constantinople. Le sentiment de l'honneur et la crainte du blâme universel ne permirent pas à Paléologue de livrer sa capitale

Préparatifs des Turcs pour l'assaut général.

―――

(1) Chalcocondyles et Ducas diffèrent sur l'époque et les détails de la négociation ; et comme elle ne fut ni glorieuse ni salutaire, le fidèle Phranza épargne à son prince jusqu'à la pensée de se rendre.

aux Ottomans : il résolut de souffrir les dernières extrémités de la guerre. Le sultan employa plusieurs jours aux préparatifs de l'assaut, et sa confiance dans l'astrologie, sa science favorite, laissa respirer les Grecs jusqu'au 29 mai, jour que les astres annonçaient être le jour heureux et prédestiné de la prise de Constantinople. Le 27 au soir, il donna ses derniers ordres. Il manda les chefs de ses troupes, et ses hérauts publièrent dans son camp les motifs de cette périlleuse entreprise, et excitèrent les soldats à faire leur devoir. La crainte est le premier principe d'un gouvernement despotique ; ses menaces, exprimées dans le style des Orientaux, annonçaient que quand les fugitifs et les déserteurs auraient les ailes d'un oiseau (1), ils n'échapperaient pas à son inexorable

---

(1) Ces ailes (Chalcocondyles, l. VIII, p. 208) ne sont qu'une figure orientale; mais dans la tragédie anglaise d'*Irène*, la passion de Mahomet sort des bornes de la raison et même du sens commun.

Should the fierce North, upon his frozen wings,
Bear him aloft above the wondering clouds,
And seat him in the Pleiads' golden chariot —
Thence should my fury drag him down to tortures.

« Quand le fougueux vent du nord, sur ses ailes glacées, l'emporterait au-dessus des nuages étonnés, et le déposerait dans le char doré des Pléiades, ma fureur l'en arracherait pour le livrer aux tourmens ! »

Indépendamment de l'extravagance de ce galimatias, j'observerai, 1° que l'action des vents ne s'exerce pas au-delà de la région inférieure de l'atmosphère ; 2° que le nom, l'étymologie et la fable des Pléiades, sont purement grecs

justice. La plupart de ses janissaires et de ses pachas avaient reçu le jour dans des familles chrétiennes ; mais des adoptions successives perpétuaient la gloire du nom turc, et, malgré le changement des individus, l'imitation et la discipline maintiennent l'esprit d'une légion, d'un régiment ou d'une *oda*. On exhorta les musulmans à purifier, pour ce pieux combat, leur esprit par la prière, leur corps par sept ablutions, et à s'abstenir de nourriture jusqu'au soir du lendemain. Une foule de derviches parcourut les tentes, pour inspirer aux soldats le désir du martyre, pour leur donner l'assurance qu'ils passeraient une jeunesse inépuisable au milieu des rivières et des jardins du paradis, et dans les bras des houris aux yeux noirs. Mahomet toutefois comptait principalement sur l'effet des récompenses temporelles et visibles. On promit une double solde comme prix de la victoire. « La ville et les bâtimens m'appartiennent, dit Mahomet, mais je vous abandonne les captifs et

---

(*Scholiast. ad Homer.*, Σ. 686, *Eudocia in Ioniâ*, p. 339; Apollodore, l. III, c. 10; Heyne, p. 229, *not.* 682), et n'avaient point d'analogie avec l'astronomie de l'Orient (Hyde, *Ulugbeg. Tabul. in Syntag. Dissert.*, t. I, p. 40-42; Goguet, *Origine des arts*, etc., t. VI, p. 73-78; Gebelin, *Hist. du Calendrier*, p. 73) que Mahomet avait étudiée; 3° le char doré n'existe ni dans la science de l'astronomie ni dans la fable. J'ai peur que le docteur Johnson n'ait confondu les Pléiades avec la grande ourse ou le chariot, le zodiaque avec une constellation du nord :

Αρκτον θ'ην και αμαξαν επικλησιν καλεουσι.

le butin, les trésors de l'or et de la beauté; soyez riches et heureux. Les provinces de mon empire sont nombreuses : l'intrépide soldat qui montera le premier sur les murs de Constantinople, sera récompensé par le gouvernement de la plus belle et de la plus riche, et ma reconnaissance accumulera sur lui des honneurs et une fortune au-delà de ses espérances. » Des motifs si variés et si puissans répandirent une ardeur générale parmi les Turcs; méprisant la mort, et impatiens du combat, ils firent retentir le camp de l'acclamation mahométane : « Dieu est Dieu; il n'y a qu'un Dieu, et Mahomet est l'apôtre de Dieu (1); » et depuis Galata jusqu'aux sept tours, la terre et la mer furent éclairées des feux qu'ils allumèrent pendant la nuit.

Dernier adieu de l'empereur et des Grecs.

La situation des chrétiens était bien différente; ils déploraient avec des cris impuissans leurs péchés ou le châtiment qui les menaçait. On avait exposé dans une procession solennelle l'image céleste de la Vierge; mais la Vierge n'écouta point leurs prières : ils accusaient l'obstination de l'empereur, qui n'avait pas voulu rendre la place quand il en était encore temps; ils anticipaient les horreurs de leur sort, et soupiraient après le repos et la sûreté dont ils espéraient jouir dans l'esclavage des Turcs. Les plus

---

(1) Phranza s'indigne contre ces acclamations des musulmans, non pour l'emploi du nom de Dieu, mais parce qu'ils y mêlent celui du prophète. Le zèle pieux de Voltaire est excessif et même ridicule.

nobles d'entre les Grecs et les plus braves d'entre les alliés furent mandés au palais le 28 au soir, pour s'y préparer à l'assaut général qu'ils allaient avoir à soutenir. Le dernier discours de Paléologue fut l'oraison funèbre de l'empire romain (1). Il promit, conjura, et essaya vainement de ranimer dans les cœurs l'espoir éteint dans le sien ; il n'avait à offrir pour le présent qu'un aspect triste et sombre, et l'Évangile ni l'Église chrétienne, n'ont promis aucune récompense sensible aux héros qui tomberaient en servant leur pays. Mais l'exemple du prince, et l'ennui de se voir renfermés dans une ville assiégée, avaient armé ces guerriers du courage du désespoir. L'historien Phranza, qui assista à cette lugubre assemblée, la décrit d'une manière pathétique. Ils versèrent des larmes; ils s'embrassèrent; oubliant leurs familles et leurs richesses, ils se dévouèrent à la mort. Chacun des chefs se rendit à son poste, et passa la nuit à faire sur le rempart une garde vigilante. L'empereur, suivi de quelques fidèles compagnons, entra dans l'église de Sainte-Sophie, qui, en peu d'heures, allait devenir une mosquée : ils pleurèrent, ils prièrent au pied des autels, et y reçurent la sainte communion. Il se reposa quelques momens dans le palais, qui

---

(1) Je crains que Phranza n'ait composé ce discours, et il a une odeur si forte de sermon et de couvent, que je doute beaucoup que Constantin l'ait prononcé. Léonard lui attribue une autre harangue, dans laquelle il montre plus d'égards pour les Latins qui lui servaient d'auxiliaires.

retentissait de cris et de lamentations ; il demanda pardon à tous ceux qu'il avait pu offenser (1), et monta à cheval pour visiter les gardes et reconnaître les mouvemens de l'ennemi. La chute du dernier des Constantin est plus glorieuse que la longue prospérité des Césars de Byzance.

<small>Assaut général, le 29 mai.</small> Un assaut peut quelquefois réussir au milieu des ténèbres ; cependant les talens militaires et les connaissances astrologiques de Mahomet le déterminèrent à attendre le matin de ce mémorable 29 mai 1453 de l'ère chrétienne. On n'avait pas perdu un seul instant de la nuit ; les troupes, le canon et les fascines, s'étaient avancés au bord du fossé qui en plusieurs endroits offrait un chemin uni jusqu'à la brèche, et ses quatre-vingts galères touchaient presque avec leurs proues et leurs échelles d'escalade les murs du port le moins susceptibles de défense. Le sultan ordonna le silence sous peine de mort ; mais les lois physiques du mouvement et du son ne se trouvent pas soumises à la discipline et à la crainte. Chaque individu pouvait étouffer sa voix et mesurer ses pas ; mais la marche et le travail d'une armée produisirent nécessairement des sons confus qui

---

(1) Cette marque d'humilité que la dévotion a quelquefois arrachée aux princes qui se trouvaient au lit de la mort, est un perfectionnement ajouté à la doctrine de l'Évangile sur le pardon des injures : il est plus facile de pardonner quatre cent quatre-vingt-dix fois, que de demander une seule fois pardon à un inférieur.

frappèrent l'oreille des sentinelles des tours. Au lever de l'aurore, les Turcs donnèrent l'assaut par mer et par terre ; sans tirer, selon leur usage, le canon du matin, et leur ligne d'attaque serrée et continue a été comparée à une longue corde tressée ou tordue (1). Les premiers rangs étaient composés du rebut des troupes, d'un ramas de volontaires qui se battaient sans ordre et sans discipline, de vieillards ou d'enfans, de paysans et de vagabonds, et enfin de tous ceux qui avaient joint l'armée dans l'aveugle espoir du butin ou du martyre. Une impulsion générale les porta au pied des murs ; les plus hardis à monter sur le rempart furent précipités dans le fossé ; la foule se trouvait si pressée, que chaque dard et chaque boulet des chrétiens renversait des guerriers. Mais cette laborieuse défense ne tarda pas à épuiser leurs forces et leurs munitions : le fossé se remplit de cadavres qui servirent de pont à leurs camarades, et la mort de ces enfans perdus fut plus utile que ne l'avait été leur vie. Les soldats de l'Anatolie et de la Romanie, conduits par leurs pachas et leurs sangiaks, chargèrent les uns après les autres ; leurs succès furent divers et douteux : l'assaut durait depuis deux heures, les Grecs avaient et gagnaient encore de l'avantage ; on entendit la voix de l'empe-

---

(1) Outre les dix mille gardes, les matelots et les soldats de marine, Ducas compte deux cent cinquante mille Turcs, cavaliers ou fantassins, comme ayant eu part à l'assaut général.

reur, qui excitait ses soldats à achever, par un dernier effort, la délivrance de leur pays. Dans ce fatal moment, les janissaires s'ébranlèrent frais, vigoureux et invincibles. Le sultan, à cheval et une massue à la main, était le témoin et le juge de leur valeur ; il avait autour de lui dix mille hommes de ses troupes domestiques, qu'il réservait pour les momens décisifs, et de la voix et de l'œil il dirigeait et pressait les flots des combattans. On voyait derrière la ligne la nombreuse troupe des ministres de sa justice qui poussaient, qui contenaient, qui punissaient les guerriers ; si le danger était devant, la honte et une mort inévitable se trouvaient derrière ceux qui songeaient à prendre la fuite. La musique guerrière des tambours, des trompettes et des timbales, étouffait les cris de l'effroi et de la douleur ; et l'expérience a prouvé que l'opération mécanique des sons, en donnant plus de vivacité à la circulation du sang et des esprits, produit sur la machine humaine plus d'effet que l'éloquence de la raison et de l'honneur. L'artillerie des lignes, des galères et du pont des assaillans, foudroyait les Grecs sur tous les points ; le camp, la ville, les assiégeans et les assiégés, étaient environnés d'un nuage de fumée qui ne pouvait plus être dissipé que par la délivrance ou la destruction complète de l'empire romain. Les combats singuliers des héros de l'histoire et de la fable amusent notre imagination et nous inspirent de l'intérêt ; les savantes évolutions de la guerre peuvent éclairer l'esprit et perfectionner un art nécessaire, quoique pernicieux au genre humain ; mais dans la peinture d'un assaut général, tout est sang, horreur et confusion ; et séparé par trois siècles et un millier de milles d'une scène qui n'a point eu de spectateurs, et dont les acteurs eux-mêmes ne pouvaient se former une idée exacte ou complète, je n'essaierai pas de la dessiner.

Si Constantinople ne fit pas une plus longue résistance, il faut l'attribuer à la balle ou au trait qui perça la main de Justiniani à travers son gantelet. La vue de son sang et l'extrême douleur que lui causait sa blessure, abattirent son courage : il était, par son bras et ses conseils, le plus ferme rempart de la ville. Comme il abandonnait son poste pour chercher un chirurgien, l'infatigable empereur s'aperçut de sa retraite, et l'arrêta : « Votre blessure, s'écria Paléologue, est légère; le danger est imminent ; votre présence est nécessaire, et de quel côté se fera votre retraite? — Je me retirerai, dit le Génois tremblant, par le chemin que Dieu a ouvert aux Turcs; » et à ces mots il traverse rapidement une des brèches du mur intérieur. Ce trait de lâcheté déshonora une vie toute guerrière ; il survécut peu de jours, et ses derniers instans, qu'il passa à Galata ou dans l'île de Chios, furent empoisonnés par les reproches de sa conscience et par ceux du public (1). La plupart des

---

(1) Phranza, dans la sévère censure qu'il fait de l'évasion de Justiniani, exprime sa douleur et celle du public. Ducas, d'après des raisons que nous ne connaissons point, le traite

auxiliaires latins imitèrent son exemple, et la défense se relâcha au moment où l'attaque était poussée avec le plus de vigueur. Le nombre des Ottomans était cinquante fois, peut-être cent fois plus considérable que celui des chrétiens : les doubles murs de la place, foudroyés par l'artillerie, n'offraient plus qu'un amas de ruines; il devait y avoir, dans une circonférence de plusieurs milles, des endroits accessibles ou mal gardés, et si les assiégeans se rendaient maîtres d'un seul point, la ville se trouvait à jamais perdue. Hassan le janissaire, d'une stature et d'une force gigantesques, mérita le premier la récompense qu'avait promise le sultan. Son cimeterre d'une main et son bouclier de l'autre, il escalada le mur extérieur; dix-huit de trente janissaires, émules de sa valeur, périrent sous le fer ennemi : parvenu au sommet, et s'y défendant avec ses douze camarades, il fut précipité dans le fossé; on le vit se relever sur ses genoux, mais il fut renversé de nouveau par une grêle de dards et de pierres. Toutefois il avait montré qu'on pouvait gagner le haut du rempart : bientôt un essaim de Turcs couvrit les murs et les tours, et les Grecs, perdant ainsi l'avantage du terrain, furent accablés par la multitude des musulmans, qui

---

avec plus de douceur et d'égards; mais les expressions de Léonard de Chios manifestent une indignation encore dans toute sa force, *gloriæ salutis suique oblitus*. Les Génois, compatriotes de Justiniani, ont toujours été suspects et souvent coupables dans tout ce qu'ils ont fait en Orient.

augmentait d'un moment à l'autre. On aperçut long-
temps au milieu de cette foule, l'empereur (1) rem-
plissant tous les devoirs de général et de soldat; il
disparut enfin. Les nobles qui combattaient autour
de lui soutinrent jusqu'à leur dernier soupir les honorables noms de Paléologue et de Cantacuzène.
On l'entendit prononcer ces douloureuses paroles :
« Aucun des chrétiens ne voudra-t-il donc me cou-
per la tête (2)? » et sa dernière inquiétude fut de
tomber vif entre les mains des infidèles (3). Déter- Mort de
miné à la mort, il avait eu la précaution de quitter Constantin
ses habits de pourpre : au milieu du tumulte, il Paléologue.

(1). Ducas dit que l'empereur fut tué par deux soldats
turcs. Si l'on en croit Chalcocondyles, il fut blessé à l'é-
paule et ensuite écrasé sous la porte de la ville. Phranza,
entraîné par son désespoir, se précipita au milieu des Turcs,
et ne fut pas témoin de la mort de Paléologue; mais nous
pouvons sans flatterie lui appliquer ces nobles vers de
Dryden :

« Quant à Sébastien; laissons-les le chercher par toute la
plaine, et lorsqu'on trouvera une montagne de morts, qu'un
d'eux la gravisse; alors regardant au-dessous de lui, il le
reconnaîtra à sa mâle stature, et le verra le visage tourné
vers le ciel et enseveli dans ce sanglant monument qu'a
formé autour de lui sa forte épée. »

(2) Spondanus (A. D. 1453, n° 10), qui espère le salut de
l'empereur, désire pouvoir absoudre cette demande du crime
de suicide.

(3) Léonard de Chios observe avec raison que si les Turcs
avaient reconnu l'empereur, ils auraient fait des efforts
pour sauver un captif dont la prise eût été si agréable à
Mahomet.

tomba sous une main inconnue et demeura caché sous un monceau de morts. Du moment où il eut été tué, il n'y eut plus de résistance, et la déroute fut générale; les Grecs se mirent à fuir du côté de la ville; et chacun se pressant d'entrer, plusieurs périrent étouffés dans l'étroit passage de la porte de Saint-Romain. Les Turcs victorieux se précipitèrent à leur poursuite par les brèches du mur intérieur, et tandis qu'ils avançaient dans les rues, ils furent rejoints par la division qui avait forcé la porte de Phenar du côté du port (1). Dans la première chaleur de la poursuite, environ deux mille chrétiens furent passés au fil de l'épée; mais l'avarice triompha bientôt de la cruauté, et les vainqueurs avouèrent qu'ils auraient sur-le-champ fait quartier, si la valeur de Constantin et de ses soldats d'élite ne leur eût fait supposer qu'ils trouveraient la même opposition dans tous les quartiers de la capitale. Ainsi, après un siége de cinquante-trois jours, tomba enfin sous les armes de Mahomet II, cette Constantinople qui avait bravé les forces de Chosroès, du chagan et des califes. Les Latins n'avaient renversé que son empire, mais les musulmans vainqueurs renversèrent sa religion (2).

<small>Perte de la ville et de l'empire.</small>

---

(1) Cantemir, p. 96. Les vaisseaux chrétiens qui étaient à l'embouchure du havre, avaient soutenu et retardé l'attaque de ce côté.

(2) Chalcocondyles suppose ridiculement que les Asiatiques saccagèrent Constantinople pour venger les anciens malheurs de Troie; et les grammairiens du quinzième siècle se

Le bruit du malheur vole avec rapidité; mais telle était l'étendue de la ville, que les quartiers les plus éloignés demeurèrent encore quelques momens dans l'heureuse ignorance de leur triste sort (1). Mais au milieu de la consternation générale, au milieu des affreuses inquiétudes que chacun éprouvait pour soi ou pour la patrie, au milieu du tumulte et du bruyant fracas de l'assaut, le repos sans doute approcha peu cette nuit des habitans de Constantinople; et j'ai peine à croire qu'un grand nombre de femmes grecques avaient été éveillées par les janissaires d'un profond et tranquille sommeil. Dès que le malheur public fut certain, les maisons et les couvens se trouvèrent en un instant déserts; les habitans tremblans s'amoncelaient dans les rues comme une troupe de timides animaux; comme si la réunion de leur faiblesse eût dû produire la force, ou se flattant peut-être que dans cette foule chacun d'eux se trouverait caché et en sûreté. Ils se réfugiaient de toutes parts dans l'église de Sainte-Sophie; en moins d'une heure, les pères et les maris, les femmes et les enfans, les prêtres, les moines et les religieuses, remplirent le

Les Turcs pillent Constantinople.

---

plaisent à faire dériver la grossière dénomination de *Turcs* du nom plus classique de *Teucri*.

(1) Lorsque Cyrus surprit Babylone, qui célébrait une fête, la ville était si grande et les habitans faisaient la garde avec si peu de soin, qu'il fallut un long temps pour instruire les quartiers éloignés du succès du roi de Perse. Hérodote (l. 1, c. 191), et Usher (*Annal.*, p. 78), qui cite sur ce point un passage du prophète Jérémie.

sanctuaire, le chœur, la nef et les galeries supérieures
et inférieures ; ils en barricadèrent les portes, ils
cherchaient un asile dans ce temple sacré qui la veille
encore leur paraissait un édifice souillé. Leur confiance se fondait sur la prédiction d'un fanatique ou
d'un imposteur qui avait annoncé que les Turcs em-
porteraient Constantinople, qu'ils poursuivraient les
Grecs jusqu'à la colonne de Constantin, sur la place
qui précède Sainte-Sophie, mais que ce serait le
terme des malheurs de Byzance ; qu'un ange descen-
drait du ciel le glaive à la main, et livrerait son
glaive et l'empire à un pauvre homme assis au pied
de la colonne; qu'il lui dirait : « Prends ce glaive
et venge le peuple du Seigneur ; » qu'à ces mots les
Turcs prendraient la fuite, que les Romains victorieux les chasseraient alors de l'Occident et de toute
l'Anatolie, jusqu'aux frontières de la Perse. C'est à
ce propos que Ducas reproche aux Grecs, avec une
grande vérité et d'une manière assez piquante, leur
discorde et leur opiniâtreté : « Si l'ange avait paru,
s'écrie cet historien, s'il eût proposé d'extérminer
vos ennemis à condition que vous souscririez l'union
de l'Église, dans ce fatal moment vous auriez encore
refusé ce moyen de salut, ou vous auriez trompé
votre Dieu (1). »

---

(1) Cette description animée est tirée de Ducas (c. 39),
qui, deux années après, se rendit auprès du sultan en qualité d'ambassadeur du prince de Lesbos (c. 44). Jusqu'à la
conquête de Lesbos en 1463 (Phranza, l. III, c. 27), cette

Tandis qu'ils attendaient cet ange qui n'arrivait point, les Turcs enfoncèrent à coups de hache les portes de Sainte-Sophie : n'éprouvant point de résistance, le sang ne coula point, et ils ne s'occupèrent que du soin de choisir et de garder leurs prisonniers. La jeunesse, la beauté et l'apparence de la richesse, déterminèrent leur choix; et l'antériorité de la saisie, la force personnelle et l'autorité des chefs, décidèrent alors du droit de propriété. Dans l'espace d'une heure, les captifs mâles se trouvèrent liés avec des cordes, les femmes avec leurs voiles et leurs ceintures : les sénateurs furent accouplés à leurs esclaves, les prélats aux portiers des églises, des jeunes gens de race plébéienne à de nobles vierges, cachées jusqu'alors au jour et aux regards de leurs plus proches parens. Cette captivité confondit les rangs de la société et brisa les liens de la nature; et les gémissemens des pères, les larmes des mères, les lamentations des enfans, ne purent émouvoir les inflexibles soldats de Mahomet. Les cris les plus perçans étaient ceux des religieuses qu'on voyait arrachées des autels le sein découvert, les bras étendus et les cheveux épars : nous devons croire que peu d'entre elles purent préférer les grilles du sérail à celles du monastère. Les rues étaient pleines de ces malheureux captifs, de ces animaux domestiques rudement conduits en

Captivité des Grecs.

île dut être remplie de réfugiés de Constantinople, qui se plaisaient à redire et peut-être à embellir l'histoire de leurs malheurs.

longues files. Le vainqueur, pressé de retourner chercher un nouveau butin, hâtait par des menaces et des coups leur marche tremblante. Au même instant, les mêmes scènes de rapine se répétèrent dans toutes les églises et dans tous les couvens, tous les palais et toutes les habitations de la capitale : le lieu le plus sacré ou le plus solitaire ne put défendre la personne ou la propriété des Grecs. Plus de soixante mille de ces infortunés furent traînés dans le camp et sur la flotte; ils furent échangés ou vendus d'après le caprice ou l'intérêt de leurs maîtres, et dispersés dans les diverses provinces de l'empire ottoman. Il est bon de faire connaître ici les aventures de quelques-uns des plus remarquables. L'historien Phranza, premier chambellan et principal secrétaire de l'empereur, tomba ainsi que sa famille au pouvoir des Turcs. Après quatre mois d'esclavage il recouvra sa liberté; l'année suivante, il se hasarda d'aller à Andrinople, et racheta sa femme qui appartenait au *mir-bashi*, ou maître de la cavalerie ; mais on avait réservé pour l'usage de Mahomet ses deux enfans, qui se trouvaient dans la fleur de l'âge et de la beauté. Sa fille mourut dans le sérail, peut-être vierge : son fils, âgé de quinze ans, préféra la mort à l'infamie, et fut poignardé par le sultan qui voulait attenter à sa pudeur (1). Mahomet ne prétendit pas sans doute

---

(1) *Voyez* Phranza, l. III, c. 20, 21. Ses expressions sont positives : *Ameras suâ manû jugulavit...... volebat enim eo turpiter et nefariè abuti. Me miserum et infelicem !* Au reste,

expier cette action cruelle par la générosité éclairée avec laquelle il rendit la liberté à une matrone grecque et à ses deux filles, sur une ode latine de Philelphe, qui avait pris sa femme dans cette noble famille (1). L'orgueil ou la cruauté de Mahomet aurait été sensiblement flatté de la prise du légat de Rome; mais le cardinal Isidore parvint à s'échapper de Galata sous l'habit d'un homme du peuple (2). Les vaisseaux italiens étaient toujours maîtres de la chaîne et de l'entrée du havre extérieur. Ils avaient signalé leur valeur durant le siége, et pour se sauver ils profitèrent du moment où le pillage de la ville occupait les équipages turcs. Lorsqu'ils appareillèrent, une foule suppliante couvrit la grève ; mais ils ne pouvaient se charger de tant de malheureux : les Vénitiens et les

---

il ne put savoir que par ouï-dire les scènes sanglantes ou infâmes qui se passaient au fond du sérail.

(1) *Voyez* Tiraboschi (t. VI, part. 1, p. 290.) et Lancelot (*Mém. de l'Acad. des Inscript.*, t. X, p. 718). Je serais curieux de savoir comment il a pu louer cet ennemi public, qu'il outrage en plusieurs endroits comme le plus corrompu et le plus inhumain des tyrans.

(2) Les Commentaires de Pie II supposent qu'Isidore plaça son chapeau de cardinal sur la tête d'un mort, que cette tête fut coupée et portée en triomphe, tandis que le légat lui-même fut vendu et délivré comme un captif sans valeur. La grande Chronique des Belges ajoute de nouvelles aventures à l'évasion d'Isidore. Celui-ci, dit Spondanus (A. D. 1453, n° 15), les supprima dans ses lettres, de crainte de perdre le mérite et la récompense d'avoir souffert pour Jésus-Christ.

Génois choisirent leurs compatriotes ; et, malgré les promesses de Mahomet, les habitans de Galata abandonnèrent leurs maisons et se sauvèrent avec ce qu'ils avaient de plus précieux.

<small>Évaluation du butin.</small>

Dans la peinture du sac des grandes villes, l'historien est condamné à d'uniformes récits des mêmes calamités; les mêmes passions produisent les mêmes effets; et lorsque ces passions n'ont plus de frein, l'homme civilisé diffère, hélas! bien peu de l'homme sauvage. Parmi les vagues exclamations de la bigoterie et de la haine, nous ne trouvons pas qu'on accuse les Turcs d'avoir versé de gaîté de cœur le sang des chrétiens; mais, selon leurs maximes, qui furent celles de l'antiquité, la vie des vaincus leur appartenait, et le vainqueur eut pour récompense de ses exploits les services, le prix de la vente ou la rançon de ses captifs de l'un ou l'autre sexe (1). Le sultan avait accordé à ses soldats toutes les richesses de Constantinople, et une heure de pillage enrichit plus que le travail de plusieurs années. Mais le butin n'ayant pas été partagé d'une manière régulière, le mérite n'en fixa pas les portions; et les valets du camp, qui n'avaient point essuyé la fatigue et les dangers de la bataille, s'approprièrent les récompenses de la valeur. Le récit de

---

(1) Busbecq s'étend avec plaisir et approbation sur les droits de la guerre et sur la servitude si commune parmi les anciens et parmi les Turcs (*de Legat. Turcicâ, epist.* 3, p. 161).

toutes ces déprédations serait aussi peu amusant que peu instructif; on les a évaluées à quatre millions de ducats, reste de la richesse de l'empire (1). Une petite partie de cette somme fut prise sur les Vénitiens, les Génois, les Florentins et les négocians d'Ancône. Ces étrangers augmentaient leur fortune par une continuelle et rapide circulation; mais les Grecs consumaient la leur dans le vain luxe de leurs palais et de leur garde-robe, ou bien ils enfouissaient leurs trésors convertis en lingots et en vieille monnaie, de peur que le fisc ne les réclamât pour la défense du pays. La profanation et le pillage des églises et des monastères excitèrent les plaintes les plus douloureuses. Sainte-Sophie, le ciel terrestre, le second firmament, le véhicule des chérubins, le trône de la gloire de Dieu (2), fut dépouillée des offrandes qu'y avait portées durant des siècles la dévotion des chrétiens : l'or et l'argent, les perles et les pierreries, les vases et les ornemens qu'elle contenait, furent indignement employés à l'usage des hommes. Lorsque les musulmans eurent dépouillé

---

(1) Cette somme est indiquée dans une note marginale de Leunclavius (Chalcocondyles, l. VIII, p. 211); mais lorsqu'on nous dit que Venise, Gênes, Florence et Ancône, perdirent cinquante, vingt et quinze mille ducats, je soupçonne qu'il y a un chiffre d'oublié; et, dans cette supposition même, les sommes enlevées aux étrangers passeraient à peine le quart de la somme totale du butin.

(2) *Voyez* les éloges exaltés et les lamentations de Phranza (l. III, c. 17).

les saintes images de ce qu'elles pouvaient offrir de précieux à des regards profanes, la toile ou le bois des tableaux ou des statues furent déchirés, brisés, brûlés, foulés aux pieds, ou employés, dans les écuries et dans les cuisines, aux usages les plus vils. Au reste, les Latins qui s'étaient emparés de Constantinople s'étaient permis les mêmes sacriléges; et le zélé musulman pouvait bien faire éprouver aux monumens de l'idolâtrie le traitement qu'avaient souffert de la part des coupables catholiques le Christ, la Vierge et les saints. Un philosophe, au lieu de se joindre à la clameur publique, pourra observer qu'au déclin des arts le travail n'avait probablement pas plus de valeur que le sujet de l'ouvrage, et que la supercherie des prêtres et la crédulité du peuple ne tardèrent pas à rouvrir d'autres sources de visions et de miracles. Il regrettera plus sérieusement la perte des bibliothèques de Byzance, qui furent anéanties ou dispersées au milieu de la confusion générale. On dit que cent vingt mille manuscrits furent alors perdus (1), qu'avec un ducat on achetait dix volumes, et que ce prix, trop considérable peut-être pour une tablette de livres de théologie, était le même pour les OEuvres complètes d'Aristote et d'Homère, c'est-à-dire des

---

(1) *Voyez* Ducas (c. 43) et une lettre du 15 juillet 1453, écrite par Laurus Quirinus au pape Nicolas v (Hody, *de Græcis*, p. 192; d'après un manuscrit de la Bibliothèque de Cotton).

plus nobles productions de la science et de la littérature des anciens Grecs. On songe du moins, avec plaisir qu'une portion inestimable de nos richesses classiques était déjà déposée en sûreté dans l'Italie, et que des ouvriers d'une ville d'Allemagne avaient fait une découverte qui brave les ravages du temps et des Barbares.

Le désordre et le pillage commencèrent à Constantinople dès la première heure (1) de cette mémorable journée du 29 mai; ils se prolongèrent jusqu'à la huitième : à ce moment, Mahomet arriva en triomphe par la porte de Saint-Romain; il était accompagné de ses visirs, de ses pachas et de ses gardes, dont chacun, dit un historien de Byzance, doué de la force d'Hercule et de l'adresse d'Apollon, équivalait, en un jour de bataille, à dix hommes ordinaires. Le vainqueur (2) fut frappé d'étonnement et de surprise à l'aspect magnifique, mais étrange à ses yeux, de ces dômes et de ces palais d'un style si différent de celui de l'architecture orientale. Lorsqu'il fut dans l'Hippodrome ou *Atmeidan*, la colonne des trois serpens attira son attention; et pour montrer sa force, il abattit, avec sa massue de fer ou sa hache de bataille, la mâchoire inférieure de

Mahomet II parcourt la ville, Sainte-Sophie, le palais, etc.

___

(1) On suivait à Constantinople le calendrier julien, qui compte les jours et les heures depuis minuit; mais Ducas semble ici prendre les heures à compter du lever du soleil.

(2) *Voyez* les *Annales turques*, p. 329, et les *Pandectes de Leunclavius*, p. 448.

l'un de ces monstres (1), que les Turcs prenaient pour les idoles ou les talismans de la ville. Il descendit de cheval à la grande porte de Sainte-Sophie, entra dans l'église, et se montra si jaloux de conserver ce monument de sa gloire, qu'apercevant un zélé musulman occupé à briser le pavé de marbre, il l'avertit d'un coup de cimeterre que s'il avait accordé à ses soldats le butin et les captifs, il avait réservé pour le souverain les édifices publics et particuliers. La métropole de l'Église d'Orient fut, par ses ordres, transformée en mosquée; les riches objets de la superstition, ceux qu'on avait pu déplacer, ne s'y trouvaient plus; on renversa les croix; les murs couverts de peintures à fresque et de mosaïques furent lavés, purifiés et dépouillés de tout ornement. Le même jour ou le vendredi suivant, le *muezin* ou le crieur proclama, du haut de la tour la plus élevée, l'*ezan* ou invitation publique au nom de Dieu et de son prophète; l'iman prêcha, et Mahomet II fit la *namaz* de prières et d'actions de grâces sur le grand autel, où l'on avait célébré les mystères chrétiens, si peu de jours auparavant, devant le dernier des Césars (2). En sortant de Sainte-So-

---

(1) J'ai déjà parlé de ce monument curieux de l'antiquité grecque. *Voyez* le Chapitre XVII de cet ouvrage.

(2) Nous devons à Cantemir (p. 182) les détails donnés par les Turcs sur la conversion de Sainte-Sophie en mosquée, que Phranza et Ducas déplorent avec tant d'amertume. Il est assez amusant d'observer comment le même

phie, il se rendit à la demeure auguste, mais désolée, qu'avaient habitée cent successeurs de Constantin : en peu d'heures, elle avait été dépouillée de toute la pompe de la royauté ; il ne put s'empêcher de faire une triste réflexion sur les vicissitudes de la grandeur humaine, et répétant un élégant distique d'un poëte persan : « L'araignée, dit-il, a fabriqué sa toile dans le palais impérial, et la chouette a chanté ses chants de nuit sur les tours d'Afrasiab (1) : »

Toutefois son esprit n'était pas satisfait, et sa victoire ne lui semblait pas complète, tant qu'il ne savait pas ce qu'était devenu Constantin ; s'il avait pris la fuite, s'il était prisonnier, ou s'il avait péri dans le combat. Deux janissaires réclamèrent l'honneur et le prix de sa mort ; on le reconnut sous un tas de cadavres, aux aigles d'or brodés sur sa chaussure : les Grecs reconnurent en pleurant la tête de leur souverain ; Mahomet, après avoir fait exposer aux regards publics ce sanglant trophée (2), ac-

Sa conduite envers les Grecs.

---

objet paraît sous des jours opposés à un musulman et à un chrétien.

(1) Ce distique, rapporté par Cantemir en original, tire une nouvelle beauté de l'application. C'est ainsi qu'au sac de Carthage, Scipion répéta la fameuse prophétie d'Homère. C'est même un sentiment généreux qui a reporté l'esprit des deux conquérans sur le passé ou sur l'avenir.

(2) Je ne puis croire avec Ducas (*voy.* Spondanus, A. D. 1453, n°.13) que Mahomet ait fait porter la tête de l'empereur grec à travers les provinces de la Perse, de l'Arabie, etc. Il se serait sûrement contenté de trophées moins inhumains.

corda à son rival les honneurs de la sépulture. L'empereur mort, Lucas Notaras, grand-duc et premier ministre de l'empire (1), se trouvait être le plus important des prisonniers. On l'amena au pied du trône avec ses trésors : « Et pourquoi, lui dit le sultan indigné, n'avez-vous pas employé ces trésors à la défense de votre prince et de votre pays ? — Ils vous appartenaient, répondit l'esclave ; Dieu vous les avait réservés. — S'ils m'étaient réservés, répliqua le despote, pourquoi donc avez-vous eu l'audace de les retenir si long-temps, et de vous permettre une résistance si infructueuse et si funeste ? » Le grand-duc allégua l'obstination des auxiliaires et quelques encouragemens secrets de la part du visir turc; il sortit enfin de cette périlleuse entrevue, avec l'assurance qu'on lui pardonnait et qu'on protégerait ses jours. Mahomet alla voir la femme de Notaras, princesse âgée, accablée de douleurs et de maladies, et employa pour la consoler les plus tendres expressions d'humanité et de respect filial. Il eut la même clémence pour les principaux officiers de l'État ; il paya lui-même la rançon de plusieurs, et durant quelques jours il se déclara l'ami et le père des vain-

---

(1) Phranza était l'ennemi personnel du grand-duc, et ni le temps, ni la mort de cet ennemi, ni la retraite de Phranza dans un monastère, n'ont pu lui arracher un mouvement d'intérêt ou de pardon. Ducas penche à louer le grand-duc comme martyr; Chalcocondyles est neutre; mais c'est lui qui nous fait entendre que les Grecs avaient formé une conspiration.

cus; mais bientôt la scène changea, et avant son départ l'Hippodrome fut inondé du sang des plus nobles captifs. Les chrétiens parlent avec horreur de sa perfide cruauté ; dans leur récit, l'exécution du grand-duc et de ses deux fils est embellie de toutes les couleurs d'un martyre héroïque; ils attribuent sa mort au refus généreux qu'il fit de livrer ses enfans aux infâmes désirs de Mahomet. Mais un historien grec a laissé échapper, par inadvertance, un mot sur une conspiration, sur un projet de rétablir l'empire de Byzance, sur des secours qu'on attendait de l'Italie : de pareilles trahisons peuvent être glorieuses ; mais le rebelle assez courageux pour les hasarder, n'a pas le droit de se plaindre s'il les paie de sa vie ; et l'on ne peut blâmer un vainqueur de détruire des ennemis auxquels il ne peut plus se fier. Le sultan retourna à Andrinople le 18 juin, et il sourit des basses et trompeuses félicitations des princes chrétiens, qui voyaient leur perte prochaine dans la chute de l'empire d'Orient.

Constantinople avait été laissée vide et désolée, sans prince et sans peuple; mais on n'avait pu lui ôter cette admirable position qui la désignera toujours pour la métropole d'un grand empire, et le génie du lieu triomphera toujours des révolutions du temps et de la fortune. Bursa et Andrinople, autrefois siéges de l'empire ottoman, ne furent plus que des villes de province; et Mahomet II établit sa résidence et celle de ses successeurs sur la colline

Il repeuple et embellit Constantinople.

élevée qu'avait choisie Constantin (1). Il prit la précaution de détruire les fortifications de Galata, où les Latins auraient pu trouver un refuge; mais il fit promptement réparer les dommages causés par l'artillerie des Turcs, et avant le mois d'août on avait préparé une grande provision de chaux pour rétablir les murs de la capitale, le sol et les édifices publics et particuliers, sacrés et profanes, appartenant au vainqueur. Il prit sur la pointe du triangle un terrain de huit stades pour son sérail ou son palais. C'est là qu'au sein de la mollesse, le *grand-seigneur* (nom pompeux imaginé par les Italiens) semble régner sur l'Europe et sur l'Asie, tandis que sa personne non plus que les rives du Bosphore ne sont pas à l'abri des insultes d'une escadre ennemie. Il accorda un grand revenu à la cathédrale de Sainte-Sophie, désormais devenue mosquée : il la fit couronner de minarets élevés; il l'environna de bocages et de fontaines qui servent aux ablutions des musulmans et qui leur procurent de la fraîcheur. On suivit le même modèle dans la construction des *jami* ou mosquées royales : la première fut bâtie par Maho-

---

(1) *Voyez* sur le rétablissement de Constantinople et les fondations des Turcs, Cantemir (p. 102-109), Ducas (c. 42), Thévenot, Tournefort, et nos autres voyageurs modernes. L'auteur de l'*Abrégé de l'Histoire ottomane* (t. 1, p. 16-21) fait un tableau exagéré de la grandeur et de la population de Constantinople, d'où nous pouvons apprendre toutefois, qu'en 1586 les musulmans étaient moins nombreux dans cette capitale que les chrétiens ou même les Juifs.

met lui-même sur les ruines de l'église des Saints-Apôtres et des tombeaux des empereurs grecs. Le troisième jour après la conquête, une vision révéla le tombeau d'Abou-Ayub ou Job, qui avait été tué durant le premier siége mis devant Constantinople par les Arabes, et c'est devant le sépulcre de ce martyr que les nouveaux sultans ceignent le glaive impérial (1). Constantinople n'appartient plus à l'historien de l'empire de Rome; et je ne décrirai pas les édifices civils et religieux que les Turcs profanèrent ou élevèrent. La population ne tarda pas à se rétablir; et avant la fin de septembre cinq mille familles de l'Anatolie et de la Romanie s'étaient conformées à l'ordre du prince, qui leur enjoignait, sous peine de mort, de venir occuper les habitations de la capitale. Le trône de Mahomet était gardé par de nombreux et fidèles sujets; mais sa politique éclairée aspirait à rassembler les restes des Grecs : ceux-ci accoururent en foule, du moment où ils n'eurent plus à craindre pour leur vie, leur liberté et l'exercice de leur religion : on reprit pour l'élection et l'investiture du patriarche le cérémonial de la cour de Byzance. Ce fut avec un mélange de satisfaction et d'horreur qu'ils virent le sultan, environné de toute sa pompe, remettre aux mains de Gennadius

---

(1) Le *Turbé* ou monument sépulcral d'Abou-Ayub, est décrit et gravé dans le *Tableau général de l'empire ottoman* (*Paris*, 1787, grand *in-folio*), ouvrage qui est peut-être plus magnifique qu'utile (t. 1, p. 305, 306).

la crosse ou le bâton pastoral, symbole de ses fonctions ecclésiastiques, le conduire à la porte du sérail, lui donner un cheval richement équipé, et commander à ses visirs et à ses pachas de le mener au palais qui lui était assigné (1). Les églises de Constantinople furent partagées entre les deux religions; on fixa les bornes des deux cultes, et jusqu'au moment où les privilèges de l'Église grecque furent violés par Sélim, petit-fils de Mahomet, il s'écoula soixante ans durant lesquels les Grecs (2) jouirent des avantages de cet équitable partage. Les défenseurs du christianisme, excités par les ministres du divan qui voulaient tromper le fanatisme de Sélim, osèrent soutenir que ce partage avait été un acte de justice et non pas de générosité, un traité et non pas une concession, et que si une moitié de la ville avait été prise d'assaut, l'autre moitié s'était

---

(1) Phranza (l. III, c. 19) décrit cette cérémonie, qui s'est peut-être embellie en passant dans la bouche des Grecs et dans celle des Latins. Le fait est confirmé par Emmanuel Malaxus, qui a écrit en grec vulgaire l'*Histoire des Patriarches après la prise de Constantinople*, insérée dans la *Turco-Græcia* de Crusius (l. V, p. 106–184). Mais les lecteurs les plus dociles auront peine à croire que Mahomet ait adopté cette formule catholique : *Sancta Trinitas quæ mihi donavit imperium te in patriarcham novæ Romæ delegit.*

(2) Spondanus décrit (A. D. 1453, n° 21; 1458, n° 16), d'après la *Turco-Græcia* de Crusius, l'esclavage et les querelles intestines de l'Église grecque. Le patriarche qui succéda à Gennadius, se jeta de désespoir dans un puits.

rendue à la suite d'une capitulation sacrée; que le feu avait consumé la chartre, mais que la déposition de trois vieux janissaires suppléait à cette perte; et leur foi vendue a plus de poids sur l'esprit de Cantemir, que la déclaration positive et unanime des auteurs contemporains (1).

J'abandonne aux armes turques les débris de la monarchie des Grecs en Europe et en Asie; mais, dans une histoire de la décadence et de la chute de l'empire romain en Orient, je dois conduire jusqu'à leur extinction les deux dernières dynasties (2) qui aient régné à Constantinople, Démétrius et Thomas Paléo-

Extinction des familles impériales des Comnènes et des Paléologues.

---

(1) Cantemir (p. 101-105) insiste sur le témoignage unanime des historiens turcs anciens et modernes; il dit que ces auteurs ne se seraient pas permis un mensonge pour diminuer leur gloire nationale, puisqu'il est plus honorable de prendre une ville d'assaut que par capitulation : mais, 1° ces témoignages me paraissent douteux, puisqu'il ne cite aucun historien particulier, et que les Annales turques de Leunclavius affirment, sans exception, que Mahomet prit Constantinople *per vim* (p. 329). 2° On peut employer le même argument en faveur des Grecs contemporains, qui n'auraient pas oublié ce traité honorable et salutaire. Voltaire préfère, selon son usage, les Turcs aux chrétiens.

(2) *Voyez* Ducange (*Fam. byzant.*, p. 195) sur la généalogie et la chute des Comnènes de Trébisonde; sur les derniers Paléologues, ce même antiquaire, toujours exact dans ses recherches (p. 244-247, 248). La branche des Paléologues de Montferrat ne s'éteignit que dans le siècle suivant; mais ils avaient oublié leur origine et les parens qui leur restaient en Grèce.

logue (1), frères de Constantin et despotes de la Morée, furent consternés en apprenant la mort de l'empereur et la ruine de la monarchie. Sans espoir de pouvoir se défendre, ils se disposèrent, ainsi que les nobles attachés à leur fortune, à passer en Italie, hors de la portée de la foudre ottomane. Leurs premières inquiétudes furent dissipées par Mahomet, qui se contenta d'un tribut de douze mille ducats; occupé à ravager le continent et les îles par ses invasions, il laissa à la Morée un répit de sept ans. Mais ces sept années furent une période de douleur, de discorde et de misère. Trois cents archers d'Italie ne pouvaient plus défendre l'*hexamilion*, ce rempart de l'isthme, relevé et renversé si souvent. Les Turcs s'emparèrent des portes de Corinthe; ils revinrent de cette incursion, faite durant l'été, avec beaucoup de captifs et de butin; les Grecs se plaignirent, mais on les écouta avec indifférence et avec mépris. Les Albanais, tribu errante de pasteurs adonnés au vol, remplirent la péninsule de brigandages et de meurtres. Démétrius et Thomas implorèrent le secours dangereux et humiliant d'un pacha voisin; et après avoir étouffé la révolte, il traça aux deux princes la règle de leur conduite. Mais ni les liens du sang, ni les sermens ré-

---

(1) Dans l'indigne histoire des disputes et des malheurs des deux frères, Phranza (l. III, c. 21-30) montre trop de préventions en faveur de Thomas. Ducas (c. 44, 45) est trop bref; Chalcocondyles (l. VIII, IX, X) est trop diffus et se permet trop de digressions.

nouvelés au pied des autels et au moment de la communion, ni la nécessité dont la force est encore plus impérieuse, ne purent apaiser ou suspendre leurs querelles domestiques. Chacun d'eux porta le fer et la flamme sur le territoire de l'autre; ils consumèrent dans cette guerre dénaturée les aumônes et les secours de l'Occident, et ne firent servir leur puissance qu'à des exécutions barbares et arbitraires. Dans sa détresse et son ressentiment, le plus faible des deux eut recours à leur commun maître; et lorsque le moment du succès et de la vengeance fut arrivé, Mahomet se déclara l'ami de Démétrius, et entra dans la Morée avec des forces irrésistibles. Après avoir pris possession de Sparte : « Vous êtes trop faible, dit-il à son allié, pour contenir cette province turbulente. Votre fille sera reçue dans mon lit, et vous passerez le reste de vos jours dans la tranquillité et les honneurs. » Démétrius soupira, mais obéit. Il livra sa fille et ses forteresses; il suivit à Andrinople son souverain et son gendre, et reçut, pour son entretien et celui de sa maison, une ville de la Thrace et les îles adjacentes d'Imbros, de Lemnos et de Samothrace. Il y fut rejoint l'année suivante par un compagnon d'infortune, David, le dernier des princes de la race des *Comnènes*, qui, après la prise de Constantinople par les Latins, avait fondé un nouvel empire sur la côte de la mer Noire (1). Mahomet, qui poursuivait

Perte de la Morée.
A. D. 1460.

---

(1) *Voyez* la perte ou la conquête de Trébisonde dans

ses conquêtes dans l'Anatolie, investit, avec une escadre et une armée, la capitale de David, qui osait prendre le titre d'empereur de Trébisonde (1) : la négociation se borna à une question unique et péremptoire : « Voulez-vous, lui dit le sultan, en résignant votre royaume, conserver votre vie et vos richesses? ou bien aimez-vous mieux perdre votre royaume, vos richesses et la vie? » Le faible Comnène fut épouvanté, et suivit l'exemple d'un musulman son voisin, le prince de Sinope (2), qui, d'après une pareille sommation, avait livré une ville fortifiée, quatre cents canons et dix ou douze mille soldats. On exécuta fidèlement les articles de la capitulation de Trébisonde. David et sa famille furent conduits

De Trébisonde.
A. D. 1461.

Chalcocondyles (l. IX, p. 263-266), Ducas (c. 45), Phranza (l. III, c. 27) et Cantemir (p. 107).

(1) Tournefort (t. III, *lettre* 17, p. 179) dit que Trébisonde *est mal peuplée*; mais Peyssonel, le dernier et le plus exact des observateurs, lui donne cent mille habitans (*Commerce de la mer Noire*, t. II, p. 72, et pour la province, p. 53-90). Sa prospérité et son commerce sont troublés continuellement par les querelles factieuses des deux *Odas* de janissaires, dans l'une desquelles s'enrôlent ordinairement trente mille *Lazis* (*Mém. de Tott*, t. III, p. 16, 17).

(2) Ismaël-Beg, prince de Sinope ou de Sinople, avait un revenu de deux cent mille ducats, qui provenait surtout de ses mines de cuivre (Chalcocondyles, l. IX, p. 258, 259). Peyssonel (*Commerce de la mer Noire*, t. II, p. 100) donne à la ville moderne soixante mille habitans. Cette population paraît énorme; toutefois c'est en commerçant avec un peuple qu'on connaît sa richesse et sa population.

dans un château de la Romanie; mais David fut soupçonné, d'après de légers indices, d'entretenir une correspondance avec le roi de Perse, et le vainqueur l'immola avec toute sa famille à ses soupçons ou à sa cupidité. Le titre de beau-père du sultan ne mit pas long-temps l'infortuné Démétrius à l'abri de l'exil et de la confiscation; son abjecte soumission excita la pitié et le mépris de Mahomet. On fit passer à Constantinople les Grecs de sa suite; on lui assigna une pension de cinquante mille aspres, jusqu'à ce qu'enfin l'habit monastique et la mort, qu'il n'atteignit que dans un âge avancé, le délivrassent du pouvoir d'un maître terrestre. Il n'est pas aisé de prononcer si la servitude de Démétrius fut plus humiliante que l'exil auquel se condamna son frère Thomas (1). Lorsque la Morée tomba au pouvoir des Turcs, celui-ci se réfugia à Corfou, et de là en Italie, avec quelques compagnons dépouillés de tout. Son nom, ses malheurs, et la tête de l'apôtre saint André, lui valurent l'hospitalité au Vatican, et sa misère fut prolongée par une pension de six mille ducats, que lui firent le pape et les cardinaux. André et Manuel, ses deux fils, furent élevés en Italie; mais l'aîné, méprisé de ses ennemis et à charge à ses amis, s'avilit par sa conduite et par son mariage. Il ne lui restait que son titre d'héritier de l'empire de Constantinople, et il le

---

(1) Spondanus raconte, d'après Gobelin (*Comment. Pii* II, l. v), l'arrivée et la réception du despote Thomas à Rome (A. D. 1461, n° 3).

vendit successivement aux rois de France et d'Aragon (1). Charles VIII, aux jours de sa passagère prospérité, aspira à réunir l'empire d'Orient au royaume de Naples. Au milieu d'une fête publique, il prit le titre d'*Auguste* et l'habit de pourpre; les Grecs se réjouissaient, et les Ottomans tremblaient déjà de voir arriver les chevaliers français.(2). Manuel Paléologue, second fils de Thomas, voulut revoir sa patrie. Son retour pouvait être agréable à la Porte, et ne pouvait l'inquiéter; grâces aux bontés du sultan, il vécut à Constantinople dans l'aisance, et ses funérailles furent honorées par un nombreux cortége de chrétiens et de musulmans. S'il est des animaux d'un naturel si généreux qu'ils refusent de propager leur race dans la servitude, c'est dans une moins noble espèce qu'il

---

(1) Par un acte daté A. D. 1494, septembre 6, et transporté dernièrement des archives du Capitole à la Bibliothèque du roi à Paris, le despote André Paléologue, en se réservant la Morée et quelques avantages particuliers, transmit à Charles VIII, roi de France, les empires de Constantinople et de Trébisonde (Spondanus, A. D. 1495, n° 2). M. de Foncemagne (*Mém. de l'Acad. des Inscript.*, t. XVII, p. 539-578) a donné une dissertation sur cet acte dont il avait reçu une copie de Rome.

(2) *Voy.* Philippe de Comines (l. VII, c. 14), qui compte avec plaisir le nombre de Grecs dont on espérait le soulèvement. Il ajoute dans ses calculs que les Français n'auraient à faire que soixante milles d'une navigation aisée, la distance de Valona à Constantinople étant seulement de dix-huit jours de marche, etc. L'empire turc fut sauvé en cette occasion par la politique de Venise.

faut ranger les derniers princes de la famille impériale. Manuel accepta deux belles femmes de la générosité du grand seigneur, et laissa un fils confondu dans la foule des esclaves turcs, dont il adopta l'habit et la religion.

Lorsque les Turcs furent maîtres de Constantinople, on sentit et on exagéra l'importance de cette perte. Le pontificat de Nicolas v, d'ailleurs paisible et heureux, fut déshonoré par la chute de l'empire d'Orient, et la douleur ou l'effroi des Latins ranima ou parut ranimer l'enthousiasme des croisades. Dans l'une des contrées les plus éloignées de l'Occident, à Lille en Flandre, Philippe, duc de Bourgogne, assembla les premiers personnages de sa noblesse, et régla le fastueux appareil de la fête, de manière à frapper leur imagination et leurs sens (1). Au milieu du banquet, un Sarrasin d'une taille gigantesque entra dans la salle; il conduisait un simulacre d'éléphant qui portait un château ; on vit sortir du château, en habit de deuil, une matrone qui représentait la religion. Elle déplora ses malheurs, elle accusa l'indolence de ses champions ; le premier héraut de la toison d'or s'avança, tenant sur son poing un faisan en vie qu'il offrit au duc, selon les rites de la

<small>Douleur et effroi de l'Europe.
A. D. 1453.</small>

―――――

(1). *Voyez* les détails de cette fête dans Olivier de La Marche (*Mémoires*, part. 1, c. 29, 30) et l'extrait et les observations de M. de Sainte-Palaye (*Mém. sur la Chevalerie*, t. 1, part. III, p. 182-185). Le paon était, ainsi que le faisan, considéré comme un oiseau royal.

chevalerie. Sur cette étrange sommation, Philippe, prince sage et âgé, s'engagea lui et toutes ses forces pour une sainte guerre contre les Turcs. Les barons et les chevaliers réunis dans cette assemblée, imitèrent son exemple; ils en jurèrent Dieu, la Vierge Marie, les dames et le *faisan :* ils y ajoutèrent des vœux particuliers non moins extravagans que la teneur générale de leur serment. Mais l'exécution de tous ces engagemens dépendait de quelques événemens à venir et étrangers à cette entreprise ; et le duc de Bourgogne, qui vécut encore douze ans, put, jusqu'au dernier moment de sa vie, paraître et se croire peut-être à la veille de son départ. Si le même feu avait embrasé tous les cœurs ; si l'union des chrétiens avait égalé leur valeur, si toutes les puissances, depuis la Suède (1) jusqu'à Naples, avaient fourni dans une juste proportion, leur contingent de cavalerie, d'infanterie et de subsides, il y a lieu de croire que les Européens auraient repris Constantinople, et qu'on aurait repoussé les Turcs au-delà de l'Hellespont et de l'Euphrate. Mais le secrétaire de l'empereur, qui écrivit toutes les dépêches, qui assista à toutes les assemblées, Æneas Sylvius (2), homme dis-

(1) D'après un dénombrement qui se fit alors, on trouva que la Suède, la Gothie et la Finlande, contenaient dix-huit cent mille combattans; et qu'ainsi elles étaient bien plus peuplées que de nos jours.

(2) Spondanus a fait, en 1454, d'après Æneas Sylvius, le tableau de l'état de l'Europe, qu'il a enrichi de ses observations. Ce précieux annaliste et l'Italien Muratori don-

tingué par ses vues politiques et ses talens oratoires, fait connaître, d'après ce qu'il avait vu, combien l'état de la chrétienté et la disposition des esprits s'opposaient à l'exécution de ce projet. « La chrétienté, dit-il, est un corps sans tête, une république qui n'a ni lois ni magistrats. Le pape et l'empereur ont l'éclat que donnent les grandes dignités : ce sont des fantômes éblouissans ; mais ils sont hors d'état de commander, et personne ne veut obéir. Chaque pays est gouverné par un souverain particulier; et chaque prince a des intérêts séparés. Quelle éloquence pourrait parvenir à réunir sous le même drapeau un si grand nombre de puissances discordantes par leur nature, et ennemies les unes des autres ? Si on pouvait rassembler leurs troupes, qui oserait faire les fonctions de général ? quel ordre établirait-on dans cette armée ? quelle en serait la discipline militaire ? qui voudrait entreprendre de nourrir une si énorme multitude ? qui pourrait comprendre leurs divers langages ou diriger leurs mœurs incompatibles ? Quel homme viendrait à bout de réconcilier les Anglais et les Français, Gênes et l'Aragon, les Allemands et les peuples de la Hongrie et de la Bohême ? Si on entreprend cette guerre avec un petit nombre de troupes, elles seront accablées par les infidèles; avec un grand nombre, elles le seront par

---

nent la suite des événemens depuis 1453 jusqu'en 1481, époque de la mort de Mahomet, et à laquelle je terminerai ce chapitre.

leur propre poids et par leur désordre. » Toutefois ce même Æneas Sylvius, lorsqu'il fut devenu pape sous le nom de Pie II, passa le reste de sa vie à négocier une guerre contre les Turcs. Il excita au concile de Mantoue quelques étincelles d'un enthousiasme faible ou simulé : mais lorsqu'il arriva à Ancône pour s'embarquer lui-même avec les troupes, les engagemens s'évanouirent en excuses ; le jour du départ, fixé d'une manière précise, fut remis à une époque indéfinie, et son armée se trouva composée de quelques pèlerins allemands qu'il fut obligé de renvoyer avec des indulgences et des aumônes. Ses successeurs et les autres princes de l'Italie ne s'occupèrent pas de l'avenir ; dominés par le moment, ils ne songèrent qu'à s'agrandir autour d'eux : la distance ou la proximité de chaque objet déterminait à leurs yeux sa grandeur apparente. Des vues plus étendues les auraient engagés, pour leur propre intérêt, à soutenir sur mer une guerre défensive contre l'ennemi commun, et l'appui de Scanderbeg et de ses braves Albanais aurait empêché l'invasion du royaume de Naples. Le siége et le sac d'Otrante par les Turcs répandirent une consternation générale, et le pape Sixte IV se disposait à fuir au-delà des Alpes, lorsque cet orage fut dissipé par la mort de Mahomet II, qui termina sa carrière à l'âge de cinquante-un ans (1).

Mort de Mahomet II.
A. D. 1481, mai 3 ou 2 juillet.

---

(1) Outre les deux annalistes indiqués dans la note précédente, le lecteur peut consulter Giannone (*Istoria civile*, t. III, p. 449-455) sur l'invasion du royaume de Naples par

Son génie ambitieux aspirait à la conquête de l'Italie ; il possédait une ville très-forte, un vaste port, et, selon toute apparence, le même prince aurait subjugué l'ancienne et la nouvelle Rome (1).

---

les Turcs. Quant aux détails du règne et des conquêtes de Mahomet II, j'ai fait usage quelquefois des *Memorie istoriche de' Monarchi ottomani di Giovanni Sagredo*, Venise, 1677, *in-4°*. Soit en temps de paix ou en temps de guerre, les Turcs ont toujours fixé l'attention de la république de Venise. Sagredo, en qualité de procurateur de Saint-Marc, examina toutes les dépêches et toutes les archives de cette république, et il n'est pas sans mérite ni pour le fond ni pour le style. Cependant il a trop d'aigreur contre les infidèles ; il ignore leur langue et leurs mœurs, et sa narration, qui n'offre que soixante-dix pages sur Mahomet II (p. 69-140), devient plus détaillée et plus authentique à mesure qu'il approche des années 1640 et 1644, terme de ses travaux historiques.

(1) Comme c'est ici la fin de mes travaux sur l'empire grec, je vais dire quelques mots sur la grande collection des écrivains de Byzance, dont j'ai souvent employé les noms et les témoignages dans le cours de cette histoire. Alde et les Italiens n'imprimèrent en grec que les auteurs classiques des temps plus éclairés ; et c'est aux Allemands que nous devons les premières éditions de Procope, d'Agathias, de Cedrenus, de Zonare, etc. Les volumes de la Byzantine (36 vol. *in-folio*) sont sortis successivement (A. D. 1648, etc.) de l'imprimerie du Louvre, avec quelques secours des imprimeries de Rome et de Leipzig. Mais l'édition de Venise (A. D. 1729), moins chère à la vérité et plus abondante, est aussi inférieure à celle de Paris en correction qu'en magnificence. Les Français qui furent chargés de l'édition n'ont pas tous le même mérite ; mais les notes.

historiques de Charles Dufresne Ducange donnent du prix au texte d'Anne Comnène, de Cinnamus, de Villehardouin, etc. Les autres ouvrages qu'il a publiés sur ces matières, c'est-à-dire le *Glossaire grec*, la *Constantinopolis christiana* et les *Familiæ byzantinæ*, répandent une vive lumière sur les ténèbres du bas-empire.

CHAPITRE LXIX.

État de Rome depuis le douzième siècle. Domination temporelle des papes. Séditions dans la ville de Rome. Hérésie politique d'Arnaud de Brescia. Rétablissement de la république. Les sénateurs. Orgueil des Romains. Leurs guerres. Ils sont privés de l'élection et de la présence des papes, qui se retirent à Avignon. Jubilé. Nobles familles de Rome. Querelle des Colonnes et des Ursins.

Dans le cours des premiers siècles de la décadence et de la chute de l'empire romain, nos regards demeurent invariablement fixés sur la cité souveraine qui avait donné des lois à la plus belle portion du globe. Nous contemplons sa fortune d'abord avec admiration, ensuite avec pitié, toujours avec attention; et lorsque notre esprit s'éloigne du Capitole pour examiner les provinces, on ne les regarde que comme des branches détachées successivement du corps de l'empire. La fondation d'une nouvelle Rome sur les rivages du Bosphore nous a obligés de suivre les successeurs de Constantin, et notre curiosité s'est laissé entraîner dans les contrées les plus reculées de l'Europe et de l'Asie, pour y découvrir les causes et les auteurs du long affaiblissement de la monarchie de Byzance. Les conquêtes de Justinien nous ont rappelés aux bords du Tibre pour y être témoins de la délivrance de l'ancienne métropole; mais cette

État et révolution de Rome.
A. D.
1100-1500.

délivrance ne fit que changer ou peut-être qu'aggraver la servitude. Rome avait déjà perdu ses trophées, ses dieux et ses Césars, et la domination des Goths n'avait été ni plus humiliante ni plus oppressive que la tyrannie des Grecs. Au huitième siècle de l'ère chrétienne, une querelle religieuse sur le culte des images excita les Romains à recouvrer leur indépendance. Leur évêque devint le père temporel et spirituel d'un peuple libre ; et l'empire d'Occident, rétabli par Charlemagne, releva encore de l'éclat de son nom la singulière constitution de l'Allemagne moderne. Le nom de Rome nous frappe toujours d'un respect involontaire. Ce climat, dont je n'examine pas ici l'influence, n'était plus le même (1); la pureté de son sang s'était corrompue à travers mille canaux étrangers ; mais ses ruines vénérables et le souvenir de sa grandeur passée ranimèrent une étincelle du caractère de la nation. Les ténèbres du moyen âge offrent quelques scènes dignes de nos regards, et je ne terminerai cet ouvrage qu'après avoir

---

(1) L'abbé Dubos, qui a soutenu et exagéré l'influence du climat avec moins de génie que Montesquieu son successeur, s'objecte à lui-même la dégénération des Romains et des Bataves. Il répond sur le premier de ces exemples, 1° que l'altération est moins réelle qu'apparente, et que les modernes Romains ont la prudence de cacher en eux-mêmes les vertus de leurs ancêtres; 2° que l'air, le sol et le climat de Rome, ont souffert une grande et visible altération. *Réflexions sur la Poésie et la Peinture*, part. II, sect. 16.

jeté un coup d'œil sur l'état et les révolutions de la *ville de Rome*, qui se soumit à l'autorité absolue des papes, vers l'époque où les Turcs asservirent Constantinople.

Au commencement du douzième siècle (1), époque de la première croisade, les Latins respectaient Rome comme la métropole du monde, comme le trône du pape et de l'empereur, qui tiraient de la cité éternelle les titres, les hommages dont ils jouissaient, et le droit ou l'exercice de leur empire temporel. Après une si longue interruption dans son histoire, il ne sera pas inutile de répéter ici qu'une diète nationale choisissait au-delà du Rhin les successeurs de Charlemagne et des Othon; mais que ces princes se contentaient du modeste titre de roi d'Allemagne et d'Italie, jusqu'au moment où ils avaient passé les Alpes et l'Apennin pour venir sur les bords du Tibre chercher la couronne impériale (2). Ils recevaient à quelque distance de la ville les hommages du clergé et du peuple, qui allaient à leur rencontre

<small>Empereurs de Rome, français et allemands. A. D. 800-1100.</small>

---

(1) Le lecteur est éloigné de Rome depuis si long-temps, que je lui conseille de se rappeler, ou de relire le quarante-neuvième chapitre de cette histoire.

(2) Les auteurs qui décrivent le mieux le couronnement des empereurs d'Allemagne, surtout de ceux du onzième siècle, sont Muratori, qui suit les monumens originaux (*Antiq. Ital. medii ævi*, t. 1, Dissert. 1, p. 99, etc.), et Cenni (*Monument. domin. pontif.*, t. II, Dissert. 6, p. 261). Je ne connais le dernier que par les extraits étendus de Schmidt (*Hist. des Allemands*, t. III, p. 255-266).

avec des branches de palmier et des croix; ces figures de loups et de lions, de dragons et d'aigles, tous ces terribles emblêmes qu'on voyait flotter sur les drapeaux, rappelaient les légions et les cohortes qui avaient autrefois combattu pour la république. L'empereur jurait trois fois de maintenir les libertés de Rome, d'abord au pont Milvius, ensuite à la porte de la ville, enfin sur l'escalier du Vatican, et la distribution des largesses d'usage imitait faiblement la magnificence des premiers Césars. Il était couronné dans l'église de Saint-Pierre par le successeur de ce prince des apôtres; la voix de Dieu se confondait avec celle du peuple; le consentement du peuple se manifestait par ces acclamations : « Victoire et longue vie au pape notre souverain ! victoire et longue vie à l'empereur notre souverain ! victoire et longue vie aux soldats romains et teutons (1)! » Les noms de César et d'Auguste, les lois de Constantin et de Justinien, l'exemple de Charlemagne et d'Othon, établissaient la suprême domination des empereurs; on gravait leur titre et leur image sur les monnaies du pape (2); et pour constater leur juridiction, ils

---

(1) *Exercitui romano et teutonico!* On s'apercevait en effet de la réalité de l'armée des Allemands; mais ce qu'on appelait l'armée romaine n'était plus que *magni nominis umbra*.

(2) Muratori a donné la série des monnaies pontificales (*Antiquit.*, t. II, *Dissert.* 27, p. 548-554). Il n'en trouve que deux antérieures à l'année 800; nous en avons cinquante depuis Léon III jusqu'à Léon IX, où l'on voit le titre et l'i-

remettaient le glaive de la justice au préfet de la ville; mais le nom, la langue et les mœurs d'un maître barbare, réveillaient tous les préjugés des Romains. Les Césars de la Saxe et de la Franconie étaient les chefs d'une aristocratie féodale; ils ne pouvaient exercer cette discipline civile et militaire qui seule assure l'obéissance d'un peuple éloigné, impatient du joug de la servitude, quoique peut-être incapable de liberté. Une seule fois dans sa vie chaque empereur passait les Alpes à la tête d'une armée d'Allemands ses vassaux. J'ai décrit le paisible cérémonial de son entrée et de son couronnement; mais l'ordre en était communément troublé par les clameurs et la sédition des Romains, qui s'opposaient à leur souverain comme à un étranger qui venait envahir leur territoire: son départ était toujours brusque et souvent honteux; et durant l'absence qu'occasionait un long règne, on insultait à son pouvoir et on oubliait son nom. Les progrès de l'indépendance en Allemagne et en Italie minèrent la base de la souveraineté impériale, et le triomphe des papes fut la délivrance de Rome.

L'empereur avait régné par droit de conquête; l'autorité du pape était fondée sur l'opinion et l'habitude, base moins imposante, mais plus solide. Le pontife, en affranchissant son pays de l'influence d'un

<small>Autorité des papes dans Rome.</small>

---

mage de l'empereur qui régnait alors: aucune de celles de Grégoire VII ou d'Urbain II n'est parvenue jusqu'à nous; mais il paraît que Pascal II ne voulut pas permettre sur les siennes cette preuve de dépendance.

prince étranger, se rendit plus cher à son troupeau dont il redevint en effet le pasteur. Le choix du vicaire de Jésus-Christ ne dépendait plus de la nomination vénale ou arbitraire d'une cour d'Allemagne; il était nommé librement par le collége des cardinaux, pour la plupart originaires ou habitans de Rome. Les applaudissemens des magistrats et du peuple confirmaient son élection, et c'était, en définitive, du suffrage des Romains que dérivait cette puissance ecclésiastique à laquelle on obéissait en Suède et dans la Bretagne. Les mêmes suffrages donnaient à la capitale un souverain et un pontife. On croyait généralement que Constantin avait accordé aux papes la domination temporelle de Rome, et les publicistes les plus courageux, les plus audacieux sceptiques se bornaient à contester le droit de l'empereur et la validité de sa donation. L'ignorance et la tradition de quatre siècles avaient profondément enraciné dans les esprits l'opinion de la vérité du fait et de l'authenticité de la donation, et l'origine de cette fable se perdait sous des effets réels et durables. Le nom de *dominus* ou de *seigneur* était gravé sur la monnaie de l'évêque; son droit était reconnu par des acclamations et des sermens de fidélité; et, d'après le consentement volontaire ou forcé des empereurs d'Allemagne, il avait long-temps exercé une juridiction suprême ou subordonnée sur la ville et sur le patrimoine de saint Pierre. Le règne des papes, agréable aux préjugés des Romains, n'était pas incompatible avec leurs libertés, et des recherches plus éclairées auraient découvert

Fondée sur l'affection du peuple.

Sur le droit.

une source encore plus noble de leur pouvoir, la reconnaissance d'une nation qu'ils avaient arrachée à l'hérésie et à la tyrannie des empereurs grecs. Il paraît que, dans un siècle de superstition, la puissance royale et l'autorité sacerdotale réunies durent se fortifier l'une l'autre, et que les clefs du paradis étaient pour l'évêque de Rome le garant le plus sûr de l'obéissance qu'il voulait obtenir sur la terre. Les vices personnels de l'homme pouvaient, il est vrai, affaiblir le caractère sacré du vicaire de Jésus-Christ; mais les scandales du dixième siècle furent effacés par les vertus austères et plus dangereuses de Grégoire VII et de ses successeurs; et dans les combats d'ambition qu'ils soutinrent pour les droits de l'Église, leurs revers et leurs succès augmentèrent également la vénération du peuple. Victimes de la persécution, on les voyait quelquefois errer dans la pauvreté et dans l'exil; le zèle apostolique avec lequel ils s'offraient au martyre, devait émouvoir et intéresser en leur faveur tous les catholiques. Quelquefois tonnant du haut du Vatican, ils créaient, jugeaient, déposaient les rois de la terre, et le plus orgueilleux des Romains ne pouvait se croire avili en se soumettant à un prêtre qui voyait les successeurs de Charlemagne lui baiser les pieds et lui tenir l'étrier (1). L'in-

Sur leurs vertus.

---

(1) *Voyez* Ducange, *Gloss. mediæ et infimæ latinitatis*, t. VI, p. 364, 365, *Staffa*. Les rois rendaient cet hommage aux archevêques, et les vassaux le rendaient à leurs seigneurs (Schmidt, t. III, pag. 262), c'était un des plus

térêt même temporel de la ville de Rome était de défendre les papes et de leur assurer dans son sein un séjour tranquille et honorable, puisque c'était de leur seule présence qu'un peuple vain et paresseux tirait la plus grande partie de ses subsistances et de ses richesses. Le revenu fixe des papes avait probablement diminué : des mains sacriléges avaient envahi en Italie et dans les provinces un assez grand nombre de domaines de l'ancien patrimoine de saint Pierre, et les vastes concessions de Pepin et de ses descendans, réclamées plutôt que possédées par l'évêque de Rome, ne pouvaient compenser cette perte ; mais une foule perpétuelle et toujours croissante de pèlerins et de supplians nourrissait le Vatican et le Capitole ; l'étendue de la chrétienté était fort augmentée, et le pape ainsi que les cardinaux étaient accablés des affaires que leur donnait le jugement des causes en matières ecclésiastiques et en matières civiles. Une nouvelle jurisprudence avait établi dans l'Église latine le droit et l'usage des appels (1); on engageait ou

{Sur leurs richesses.}

―――――

adroits moyens de politique de la cour de Rome que de confondre les marques de la soumission filiale et celles de la soumission féodale.

(1) Le zélé saint Bernard (*de Consideratione*, l. III, t. II, p. 431-442, éd. de Mabillon, *Venise*, 1750) et le judicieux Fleury (*Discours sur l'hist. ecclés.*, IV et VII) déplorent ces appels que toutes les Églises formaient devant le pontife romain : mais le saint, qui croyait aux fausses décrétales, ne condamne que l'abus de ces appels ; l'historien plus éclairé

l'on sommait les évêques et les abbés du Nord et de l'Occident à venir solliciter ou porter des plaintes accuser leurs ennemis ou se justifier au sanctuaire des saints apôtres. On citait un fait qu'il faut regarder comme une espèce de prodige : on dit que deux chevaux appartenant à l'archevêque de Mayence et à l'archevêque de Cologne, repassèrent les Alpes encore chargés d'or (1) et d'argent : mais on ne tarda pas à voir que le succès des pélerins et des cliens dépendait moins de la justice de la cause que de la valeur de l'offrande. Ces étrangers déployaient avec ostentation leurs richesses et leur piété, et leurs dépenses, sacrées ou profanes, tournaient par mille canaux au profit des Romains.

Des raisons si puissantes devaient maintenir le peuple de Rome dans une pieuse et volontaire soumission envers son père spirituel et temporel. Mais l'opération du préjugé ou de l'intérêt est souvent troublée par les mouvemens indomptables des passions. Le sauvage qui coupe l'arbre pour en cueillir le fruit (2), l'Arabe qui pille les caravanes des com-

Inconstance de la superstition.

---

recherche l'origine et combat les principes de cette nouvelle jurisprudence.

(1) *Germanici.... summarii non levatis sarcinis onusti nihilominus repatriant inviti. Nova res! Quando hactenus aurum Roma refudit? et nunc Romanorum consilio id usurpatum non credimus.* (Saint Bernard, *de Consideratione*, l. III., c. 3, p. 437.) Les premiers mots de ce passage sont obscurs et vraisemblablement altérés.

(2) « Quand les sauvages de la Louisiane veulent avoir

merçans, sont animés par la même impulsion d'une nature sauvage, qui songe au présent sans s'occuper de l'avenir, et sacrifie à des jouissances momentanées la longue et paisible possession des plus importans avantages. C'est ainsi que les Romains inconsidérés profanèrent la châsse de saint Pierre, volèrent les offrandes des fidèles, blessèrent les pélerins, sans calculer le nombre et la valeur de ces pélerinages qu'allait arrêter leur brigandage sacrilége. L'influence même de la superstition est mobile et précaire, et souvent l'avarice ou l'orgueil délivre l'esclave dont la raison est asservie. Les fables et les oracles des prêtres peuvent avoir beaucoup d'empire sur l'esprit d'un Barbare ; mais aucun esprit n'est moins disposé à préférer l'imagination aux sens, à sacrifier les désirs et les intérêts de ce monde à un motif éloigné ou à un objet invisible et peut-être idéal : dans la vigueur de l'âge et de la santé, ses mœurs sont toujours en contradiction avec sa foi, et le désordre continue jusqu'à l'époque où la vieillesse, la maladie ou l'infortune, éveillent ses craintes et le pressent d'acquitter la double dette que lui imposent la piété et le remords. J'ai déjà observé que l'indifférence de nos temps modernes sur les matières de religion est ce qu'il y a de plus favorable à la paix et à la sûreté

---

du fruit, ils coupent l'arbre au pied et cueillent le fruit. Voilà le gouvernement despotique » (*Esprit des Lois*, l. v, c.. 13), et les passions et l'ignorance sont toujours despotiques...

des prêtres. Sous le règne de la superstition, ils avaient beaucoup à espérer de l'ignorance, et beaucoup à craindre de la violence des hommes; l'accroissement continuel de leurs richesses les aurait rendus seuls propriétaires de tous les biens de la terre, mais ces biens que leur livrait un père repentant leur étaient enlevés par un fils avide: on adorait les ecclésiastiques, ou bien on attentait à leur personne; et les mêmes individus plaçaient sur l'autel ou foulaient aux pieds la même idole. Dans le système féodal de l'Europe, les distinctions et la mesure des pouvoirs n'étaient fondées que sur les armes; et dans le tumulte qu'elles excitaient, on écoutait ou l'on suivait rarement la paisible voix de la loi et de la raison. Les Romains dédaignaient le joug et insultaient à l'impuissance de leur évêque (1), qui ne pouvait, par son éducation et par son caractère, exercer décemment ou avec succès la puissance du

Séditions de Rome contre les papes.

___

(1) Jean de Salisbury, dans une conversation familière avec Adrien IV, son compatriote, accuse l'avarice du pape et du clergé : *Provinciarum deripiunt spolia, ac si thesauros Crœsi studeant reparare. Sed rectè cum eis agit Altissimus, quoniam et ipsi aliis et sæpè vilissimis hominibus dati sunt in direptionem* (de *Nugis Curialium*, l. VI, c. 24, p. 387.). A la page suivante, il blâme la témérité et l'infidélité des Romains, dont les papes s'efforçaient en vain de captiver l'affection avec des présens, au lieu de la mériter par leurs vertus. Il est bien dommage que Jean de Salisbury, qui a écrit sur tant d'objets divers, ne nous ait pas donné, au lieu de moralités et d'érudition, quelque connaissance de lui-même et des mœurs de son temps.

glaive. Les motifs de son élection et les faiblesses de sa vie faisaient la matière de leur entretien, et la proximité diminuait le respect que son nom et ses décrets inspiraient à un monde barbare. Cette remarque n'a pas échappé à notre historien philosophe. « Tandis que le nom et l'autorité de la cour de Rome étaient la terreur des contrées reculées de l'Europe, plongées dans une profonde ignorance, et où l'on ne connaissait ni son caractère ni sa conduite; en Italie on respectait si peu le souverain pontife, que ses ennemis les plus invétérés environnaient les portes de Rome; qu'ils contrôlaient son gouvernement dans la ville; que des ambassadeurs qui arrivaient des extrémités de l'Europe pour lui témoigner l'humble ou plutôt l'abjecte soumission du plus grand monarque de son siècle, eurent bien de la peine à parvenir jusqu'à son trône et à se jeter à ses pieds (1). »

Successeurs de Grégoire VII.
A. D.
1086-1305.

Dès les premiers temps, la richesse des papes avait

---

(1) Hume's *History of England*, vol. 1, p. 419. Le même auteur rapporte, d'après Fitz-Stephen, un acte de cruauté bien atroce et bien singulier que se permit contre les prêtres Geoffroi, père de Henri II. « A l'époque où il était maître de la Normandie, le chapitre de Seez s'avisa de procéder, sans son consentement, à l'élection d'un évêque; il ordonna de mutiler tous les chanoines et l'évêque qu'ils avaient nommé, et se fit apporter sur un plat les parties génitales de ces malheureux. » Ils pouvaient se plaindre avec raison de la douleur et du danger de cette opération; mais puisqu'ils avaient fait vœu de chasteté, il ne les privait que d'un trésor inutile.

excité l'envie ; leur pouvoir avait rencontré des oppositions, leur personne avait été exposée à la violence. Mais la longue guerre de la tiare et de la couronne augmenta le nombre et enflamma les passions de leurs ennemis. Les Romains, sujets et adversaires à la fois de l'évêque et de l'empereur, ne purent jamais embrasser de bonne foi et avec persévérance les haines mortelles des Guelfes et des Gibelins, si fatales à l'Italie ; mais ils étaient recherchés par les deux partis, et dans leurs bannières ils arboraient alternativement les clefs de saint Pierre et l'aigle d'Allemagne. Grégoire VII, qu'on peut ou honorer ou détester comme le fondateur de la souveraineté des papes, fut chassé de Rome, et mourut en exil à Salerne. Trente-six de ses successeurs (1) soutinrent, jusqu'à leur retraite à Avignon, une lutte inégale contre les Romains : on oublia souvent le respect dû à leur âge et à leur dignité, et les églises, au milieu des solennités de la religion, furent souvent souillées de meurtres et de séditions (2). Ces désor-

---

(1) On trouve dans les *Historiens italiens* de Muratori (t. III, part. 1, p. 277-685) la vie des papes depuis Léon IX et Grégoire VII, par le cardinal d'Aragon, Pandolphe de Pise, Bernard Guide, etc., écrivains contemporains qui ont écrit, d'après des monumens authentiques ; et j'ai toujours eu ce recueil sous les yeux.

(2) Les dates qu'on trouve à la marge de ce chapitre peuvent être envisagées comme des renvois aux Annales de Muratori, cet excellent guide que je suis ordinairement. Il emploie et cite avec la liberté d'un maître sa grande Collec-

dres sans liaison et sans but, effets d'une brutalité capricieuse, seraient aussi ennuyeux que dégoûtans à raconter; je me bornerai à quelques événemens du douzième siècle, qui peignent la situation des papes et celle de la ville de Rome. Au moment où Pascal II officiait, le jeudi de la semaine sainte, il fut interrompu par les cris de la multitude : elle demandait d'un ton impérieux la confirmation d'un magistrat qu'elle favorisait. Le silence du pontife accrut la fureur de la populace; et ayant refusé de se mêler des affaires de la terre lorsqu'il s'occupait de celles du ciel, on lui déclara avec des menaces et des sermens qu'il serait la cause et le témoin de la ruine publique. Le jour de Pâques, se rendant avec son clergé, en procession et pieds nus, aux tombeaux des martyrs, il fut assailli deux fois, sur le pont Saint-Ange et devant le Capitole, d'une grêle de pierres et de dards. On rasa les maisons de ses adhérens : Pascal se sauva avec peine, et après avoir couru bien des dangers, il leva une armée dans le patrimoine de saint Pierre; la guerre civile empoisonna ses derniers jours du sentiment des maux dont il fut la cause ou la victime. Les scènes qui suivirent l'élection de Gélase II, son successeur, furent encore plus scandaleuses sous les points de vue civils et religieux. Cencio Frangipani (1),

Pascal II.
A. D.
1099-1118.

Gélase II.
A. D.
1118-1119.

---

tion des Historiens italiens, en vingt-huit volumes, et ce trésor étant dans ma bibliothèque, c'est par plaisir et non par nécessité que j'ai consulté les originaux.

(1) Je ne puis m'empêcher de transcrire cet énergique

baron puissant et factieux, entra dans le conclave ; furieux et les armes à la main ; il dépouilla, frappa, foula à ses pieds les cardinaux, et saisit sans respect et sans pitié le vicaire de Jésus-Christ à la gorge : il traîna Gélase par les cheveux ; l'accabla de coups, le blessa avec ses éperons, et le fit conduire dans sa propre maison, où il l'enchaîna. Une insurrection du peuple délivra le pontife ; les familles rivales de Frangipani s'opposèrent à sa fureur ; et Cencio, qui se vit contraint de demander pardon, regretta moins son entreprise que son mauvais succès. Peu de jours après, le pape fut encore attaqué au pied des autels. Tandis que ses ennemis et ses partisans se livraient un combat meurtrier, il se sauva en habits pontificaux. Les compagnons de cette indigne fuite, qui excita la pitié des matrones romaines, furent ou dispersés ou désarçonnés, et on trouva le pape seul et à demi mort de crainte et de fatigue dans les champs situés derrière l'église de Saint-Pierre. Après avoir, selon le langage de l'Écriture, secoué la pous-

---

passage de Pandolphe de Pise (p. 384) : *Hoc audiens inimicus pacis atque turbator jam factus Centius Frajapane, more draconis immanissimi sibilans, et ab imis pectoribus trahens longa suspiria, accinctus retro gladio sine morâ concurrit, valvas ac fores confregit. Ecclesiam furibundus introiit, inde custode remoto papam per gulam accepit, distraxit, pugnis calcibusque percussit, et tanquam brutum animal intra limen ecclesiæ acriter calcaribus cruentavit; et latro tantùm dominum per capillos et brachia, Jesu bono interim dormiente, detraxit, ad domum usque deduxit, inibi catenavit et inclusit.*

sière de ses souliers, l'*apôtre* s'éloigna d'une ville où sa dignité était insultée et sa personne en danger; et, avouant involontairement qu'il valait mieux obéir à un seul empereur que se voir soumis à tant de maîtres, il mit au jour la vanité de ce pouvoir qui faisait l'objet de l'ambition sacerdotale (1). Ces exemples seraient sans doute suffisans; mais je ne peux omettre les malheurs de deux papes du même siècle, Lucius II et Lucius III. Le premier, montant à l'assaut du Capitole, en équipage de guerrier, reçut un coup de pierre à la tempe et expira peu de jours après. Le second vit son cortége chargé de blessures. Plusieurs de ses prêtres avaient été faits prisonniers dans une émeute; les cruels Romains réservant un de ces captifs pour servir de guide aux autres, crevèrent les yeux à tout le reste, leur mirent par dérision des mitres sur la tête, les placèrent sur des ânes, le visage tourné vers la queue, et leur firent jurer de se montrer en cet état à la tête du clergé, pour servir de leçon aux autres. L'espoir ou la crainte, la lassitude ou le remords, la disposition du peuple et les conjonctures, amenaient quelquefois un intervalle de paix et de soumission : on rétablissait le pape avec de joyeuses acclamations, dans le palais de Latran ou le Vatican, d'où on l'avait chassé avec des menaces et des violences. Mais la racine du mal

---

(1) *Ego coram Deo et Ecclesiâ dico, si unquam possibile esset, mallem unum imperatorem quàm tot dominos.* (Vit. Gelas. II, p. 398).

était profonde, et son action subsistait toujours; ces momens de calme se trouvaient précédés et suivis d'orages qui coulaient presque à fond la barque de saint Pierre. Rome offrait sans cesse le spectacle de la guerre et de la discorde: les diverses factions et les diverses familles fortifiaient et assiégeaient les églises et les palais. Après avoir donné la paix à l'Europe, Caliste II eut seul assez de puissance et de fermeté pour interdire aux particuliers, dans la métropole, l'usage des armes. Les émeutes de Rome excitèrent une indignation générale chez les peuples qui révéraient le trône apostolique; et saint Bernard, dans une lettre à Eugène III, son disciple, fait, avec toute la vivacité de son esprit et de son zèle, le tableau des vices de ce peuple rebelle (1). « Qui ne connaît, dit le moine de Clairvaux, la vanité et l'arrogance des Romains, peuple élevé dans la sédition, nation cruelle, intraitable, qui dédaigne d'obéir à moins qu'elle ne soit trop faible pour résister? Lorsque les Romains promettent de servir, ils aspirent à régner; s'ils jurent de vous demeurer fidèles, ils épient l'occasion de se révolter: cependant si vos portes ou vos conseils leur sont fermés, leur mécontentement s'exhale en violentes clameurs. Habiles à

Caliste II.
A. D.
1119-1124.
Innocent II.
A. D.
1130-1143.

Caractère des Romains selon saint Bernard.

---

(1) *Quid tam notum seculis quàm protervia et cervicositas Romanorum? Gens insueta paci, tumultui assueta; gens immitis et intractabilis usque adhuc, subdi nescia, nisi cùm non valet resistere* (de Consideratione, l. IV, c. 2, p. 441). Le saint reprend haleine, puis continue ainsi : *Hi invisi terræ et cœlo, utrique injecére manus,* etc. (p. 443).

faire le mal, ils n'ont jamais appris l'art de faire le bien : odieux à la terre et au ciel, impies envers la divinité, livrés à la sédition, jaloux de leurs voisins, cruels à l'égard des étrangers, ils n'aiment personne, et personne ne les aime. Tandis qu'ils cherchent à inspirer la crainte, ils vivent eux-mêmes dans des transes continuelles et avilissantes ; ils ne veulent pas se soumettre, et ils ne savent point gouverner ; sans foi envers leurs supérieurs ; insupportables à leurs égaux ; ingrats pour leurs bienfaiteurs ; d'une égale impudence dans leurs demandes et dans leurs refus, ils sont magnifiques dans leurs promesses, misérables dans l'exécution ; enfin l'adulation et la calomnie, la perfidie et la trahison, sont les moyens ordinaires de leur politique. ». Sûrement ce sombre portrait n'a pas été coloré par le pinceau de la charité chrétienne (1); mais, quelque bizarre et difforme qu'il puisse paraître, il offre l'image frappante des Romains du douzième siècle (2).

Hérésie politique d'Arnaud de Brescia. A. D. 1140.

Les Juifs n'avaient point voulu reconnaître Jésus-

---

(1) Pétrarque, en qualité de citoyen romain, prend la liberté d'observer que saint Bernard, quoique saint, était homme, que le ressentiment pût l'entraîner, qu'il a pu se repentir de sa précipitation, etc. *Mém. sur la vie de Pétrarque*, t. 1, p. 330.

(2) Baronius, dans l'Index du douzième volume de ses Annales, emploie une excuse simple et facile ; il fait deux parts des *Romani* : il distingue les *catholici* des *schismatici*. Il applique aux premiers tout le bien, et aux seconds tout le mal qu'on a dit de la ville de Rome.

Christ lorsqu'il parut à leurs regards sous le caractère d'un homme du peuple, et lorsque son vicaire s'environnait de la pourpre et de l'orgueil du monarque de ce monde, les Romains pouvaient également le méconnaître. L'agitation des croisades avait fait reparaître en Occident quelques étincelles de curiosité et de raison. La secte des pauliciens, qui avait commencé dans la Bulgarie, s'établit en Italie et en France : les visions des gnostiques se mêlèrent à la simplicité de l'Évangile, et les ennemis du clergé accordèrent leurs passions et leur conscience, la dévotion et l'amour de la liberté (1). Arnaud de Brescia (2), qui ne s'éleva jamais au-dessus des derniers rangs de l'Église, et qui portait l'habit de moine, plutôt comme la livrée de la pauvreté que comme celle de l'obéissance, emboucha le premier la trompette de la liberté romaine. Ses adversaires ne pou-

---

(1) Mosheim expose les hérésies du douzième siècle (*Institut. Hist. ecclés.*, p. 419-427). Il a une opinion favorable d'Arnaud de Brescia. J'ai parlé ailleurs de la secte des pauliciens (c. 54), et j'ai suivi leurs migrations depuis l'Arménie jusque dans la Thrace et la Bulgarie, en Italie et en France.

(2) Arnaud de Brescia nous a été peint d'original par Othon de Freysingen (*Chron.*, l. VII, c. 31; *de Gestis Frederici I*, l. I, c. 27; l. II, c. 21), et dans le troisième livre du *Ligurinus*, poëme de Gunther, auteur qui vivait A. D. 1209, dans le monastère de Paris, près de Bâle (Fabricius, *Bibl. lat. med. et infim: ætat.*, t. III, p. 174, 175). Guilliman (*de Rebus helveticis*, l. III, c. 5, p. 108) copie le long passage qui a rapport à cet hérésiarque.

vaient lui refuser l'esprit et l'éloquence, car ils en avaient souvent éprouvé les traits; ils avouent malgré eux la pureté spécieuse de sa morale, et ses erreurs en imposaient au public par un mélange de vérités utiles et importantes. Dans ses études théologiques, il avait été disciple du fameux et infortuné Abailard (1), qui fut de même soupçonné d'hérésie; mais l'amant d'Héloïse avait de la douceur et de la flexibilité dans le caractère, et l'humilité de son repentir édifia et désarma les juges ecclésiastiques. Il est vraisemblable qu'Arnaud emprunta de son maître quelques définitions métaphysiques de la Trinité, contraires au goût de son temps : on censura vaguement ses idées sur le baptême et l'eucharistie; mais une hérésie *politique* fut la source de sa réputation et de ses malheurs. Il osa rappeler cette déclaration de Jésus-Christ, que son royaume n'est pas de ce monde : Arnaud soutint hardiment que le glaive et le sceptre appartenaient au magistrat civil; que les honneurs et les possessions temporelles étaient le légitime apanage des laïques; que les abbés, les évêques et le pape lui-même, devaient renoncer à leurs domaines ou à leur salut; qu'après l'abandon de leurs revenus,

---

(1) Bayle, entraîné par son maudit penchant à la plaisanterie, s'est amusé, dans son Dictionnaire critique, à composer avec autant de légèreté que de savoir les articles *Abailard*, *Foulques* et *Héloïse*. Mosheim expose très-bien la dispute d'Abailard et de saint Bernard sur plusieurs points de théologie scolastique et positive (*Instit. Hist. ecclés.*, p. 412-415).

les dîmes et les oblations volontaires des fidèles devaient leur suffire, non à satisfaire aux besoins du luxe et de l'avarice, mais à mener la vie frugale qui convient à l'exercice des travaux spirituels. Le prédicateur fut révéré quelque temps comme un patriote, et ses dangereuses leçons ne tardèrent pas à produire le mécontentement ou la révolte de la ville de Brescia contre son évêque. Mais la faveur du peuple est moins durable que le ressentiment des prêtres; et lorsqu'au concile général de Latran, Innocent II (1) eut condamné l'hérésie d'Arnaud, le préjugé et la crainte déterminèrent les magistrats eux-mêmes à exécuter le décret de l'Église. Le disciple d'Abailard ne pouvait plus trouver d'asile en Italie; il passa les Alpes et fut accueilli à Zurich, ville qui est aujourd'hui la capitale du premier des cantons suisses. Zurich, qui avait été d'abord une garnison romaine (2), ensuite une maison de campagne royale et un chapitre de filles nobles, était devenue peu à peu une cité libre et florissante, où les

―――――――――――

(1) *— Damnatus ab illo*
Præsule, qui numeros vetitam contingere nostros
Nomen ab INNOCUA *ducit, laudabile vitâ.*

Il faut applaudir à l'adresse et à l'exactitude de Ligurinus, qui tire un compliment du nom antipoétique d'Innocent II.

(2) On a trouvé à Zurich une inscription de *Statio Turicensis*, en lettres romaines (d'Anville, *Notice de l'ancienne Gaule,* p. 642-644); mais c'est sans preuves que la ville et le canton ont usurpé et même se sont approprié exclusivement les noms de *Tigurum* et *Pagus Tigurinus*.

commissaires de l'empereur prononçaient quelquefois sur les appels des Milanais (1). Dans un siècle moins mûr pour la réformation que celui de Zwingle, son précurseur fut entendu avec applaudissemens; un peuple brave et simple adopta et conserva longtemps dans ses opinions la couleur que leur avait donnée Arnaud : l'évêque de Constance et même le légat du pape, séduits par son adresse ou son mérite, oublièrent en sa faveur les intérêts de leur maître et ceux de leur ordre. Les violentes exhortations de saint Bernard (2) éveillèrent enfin leur zèle, et l'ennemi de l'Église, forcé par la persécution à ce parti désespéré, vint dans Rome arborer son étendard en face du successeur de saint Pierre.

Il exhorte les Romains à rétablir la république.
A. D. 1144-1154.

Toutefois le courage d'Arnaud n'était pas dépour-

---

(1) Guilliman (*de Rebus helveticis*, l. III, c. 5, p. 106) détaillé la donation (A. D. 833) de l'empereur Louis le Pieux à l'abbesse Hildegarde sa fille. *Curtim nostram Turegum in ducatu Alamanniæ in pago Durgaugensi*, avec les villages, les bois, les prairies, les eaux, les cerfs, les églises, etc.; ce qui formait un magnifique présent. Charles le Chauve accorda le *jus monetæ*; la ville fut environnée de murs sous Othon Ier; et les antiquaires de Zurich répètent avec plaisir ce vers de l'évêque de Freysingen :

Nobile Turegum multarum copia rerum.

(2) Saint Bernard, *epist.* 195, 196, t. 1, p. 187-190. Au milieu de ses invectives, un aveu important lui est échappé, *qui, utinam quàm sanæ esset doctrinæ quàm districtæ est vitæ!* Il convient qu'Arnaud serait une acquisition précieuse pour l'Église.

vu de prudence : il était protégé et avait peut-être même été appelé par les nobles et le peuple ; son éloquence tonna sur les sept collines en faveur de la liberté. Mêlant dans ses discours les passages de Tite-Live et de saint Paul, les raisons de l'Évangile et l'enthousiasme de liberté qu'inspirent les auteurs classiques, il fit sentir aux Romains combien, par leur patience et les vices du clergé, ils avaient dégénéré des premiers temps de l'Église et de la cité. Il les engagea à revendiquer leurs droits inaliénables d'hommes et de chrétiens, à rétablir les lois et les magistrats de la république, à respecter le *nom* de l'empereur, mais à réduire leur pasteur au gouvernement spirituel de son troupeau (1). Le gouvernement spirituel du pape ne put même échapper à la censure du réformateur, et il apprit au clergé inférieur à résister aux cardinaux qui avaient usurpé une autorité despotique sur les vingt-huit quartiers ou paroisses de Rome (2). Cette révolution ne put s'ac-

---

(1) Il conseillait aux Romains,

Consiliis armisque suis moderamina summa
Arbitrio tractare suo : nil juris in hâc re
Pontifici summo, modicum concedere regi
Suadebat populo : Sic læsâ stultus utrâque
Majestate, reum geminæ se fecerat aulæ.

Et la poésie de Gunther s'accorde en ce point avec la prose d'Othon.

(2) *Voyez* Baronius (A. D. 1148, n⁰ˢ 38, 39), d'après le manuscrit du Vatican : il s'élève à grands cris contre Arnaud (A. D. 1141, n⁰ 3). C'est à lui qu'il attribue les

complir sans violence et sans pillage, sans que le sang coulât et que plusieurs maisons fussent démolies. La faction victorieuse s'enrichit des dépouilles du clergé et des nobles du parti contraire. Arnaud de Brescia eut le temps de jouir des effets de sa mission ou de les déplorer. Son règne dura plus de dix ans ; durant lesquels deux papes, Innocent II et Anastase IV, tremblèrent au milieu du Vatican, ou bien errèrent en exil dans les villes des environs. Un pontife plus ferme et plus heureux monta enfin sur le trône de saint Pierre. Ce fut Adrien IV (1), le seul Anglais qui ait porté la tiare, et qui, par son mérite, s'éleva du fond du monastère de Saint-Alban, de l'état de moine et presque de mendiant, à la chaire pontificale. Il se fit connaître dès la première insulte : un cardinal ayant été tué ou blessé dans la rue, il jeta un interdit sur le peuple de Rome ; depuis Noël jusqu'à Pâques la ville fut privée des consolations réelles ou imaginaires du culte religieux. Les Romains avaient méprisé leur prince temporel ; ils se soumirent avec douleur et avec effroi aux censures de leur père spirituel ; ils expièrent leur crime par le repentir, et le bannissement du prédicateur séditieux

---

hérésies *politiques* qu'on voyait alors en France, et dont l'influence le blessait.

(1) Le lecteur anglais peut consulter la *Biographia britannica*, article d'*Adrien IV*; mais nos propres auteurs n'ont rien ajouté à la réputation ou au mérite de leur compatriote.

fut le prix de leur absolution. Mais la vengeance d'Adrien n'était pas satisfaite, et le couronnement de Frédéric Barberousse, dont l'époque approchait, devint funeste au réformateur qui avait blessé, quoique dans une proportion différente, les chefs de l'Église et ceux de l'État. Le pape eut à Viterbe une entrevue avec l'empereur : il lui peignit les séditieuses fureurs des Romains, les insultes, les outrages et les craintes auxquels sa personne et son clergé se trouvaient continuellement exposés; les funestes effets de l'hérésie d'Arnaud, qui tendait à renverser tous les principes de la subordination civile et ecclésiastique. Frédéric se laissa persuader par ces raisons ou séduire par le désir de la couronne impériale. Dans les calculs de l'ambition, l'innocence ou la vie d'un individu sont des intérêts de bien peu d'importance, et ils immolèrent leur ennemi commun à une réconciliation momentanée. Arnaud, depuis sa retraite de Rome, vivait sous la protection des vicomtes de la Campanie; l'empereur usa de son pouvoir pour s'en rendre maître; le préfet de la ville prononça son arrêt : le martyr de la liberté fut brûlé vif sous les yeux d'un peuple ingrat et indifférent; et on jeta ses cendres dans le Tibre, de peur que les hérétiques ne fissent de ses reliques un objet de vénération (1). Le clergé triomphait : la secte de

Son exécution.
A. D. 1155.

---

(1) Outre l'historien et le poëte que j'ai déjà cités, le biographe d'Adrien IV raconte les dernières aventures d'Ar-

l'hérésiarque fut dispersée avec ses cendres; mais sa mémoire vivait encore dans l'esprit des Romains. Vraisemblablement ils avaient tiré de son école ce nouvel article de foi, que la métropole de l'Église catholique n'est pas soumise aux peines de l'excommunication et de l'interdit. Les papes pouvaient répondre que la juridiction suprême qu'ils exerçaient sur les rois et les nations embrassait plus particulièrement encore la ville et le diocèse du prince des apôtres; mais personne ne les écoutait, et le même principe qui atténuait l'action des foudres du Vatican devait en tempérer l'abus.

Rétablissement du sénat. A. D. 1144.

L'amour de la liberté a fait croire que dès le dixième siècle, dans leurs premières luttes avec les Othon, le sénat et le peuple de Rome avaient rétabli la république; que tous les ans on choisissait deux consuls parmi les nobles, et que dix à douze magistrats plébéiens faisaient revivre le nom et les fonctions des tribuns du peuple (1). Mais cet imposant édifice

---

naud (Muratori, *Scriptor. rerum italicar.*, t. III, part. 1, p. 441, 442).

(1) Ducange (*Gloss. latin. med. et infim. ætat.* Decarchones, t. II, p. 726) rapporte ce passage d'après Blondus (*Decad.* II, l. 2): *Duo consules ex nobilitate quotannis fiebant, qui, ad vetustum consulum exemplar, summæ rerum præessent*; et Sigonius (*de Regno Italiæ*, l. VI, opp., t. II, p. 400) parle des consuls et des tribuns du dixième siècle. Blondus et même Sigonius ont trop suivi la méthode classique de suppléer, par la raison ou l'imagination, à ce qui manquait aux monumens.

disparaît au flambeau de la critique. Au milieu des ténèbres du moyen âge, on découvre quelquefois les titres de sénateur, de consul ou de fils de consul (1); mais ces titres étaient accordés par les empereurs, ou bien les citoyens puissans les prenaient d'eux-mêmes comme marque de leur rang et de leur dignité (2), et peut-être de leurs prétentions à une origine pure et patricienne; mais ce n'étaient que des apparences sans réalité et sans conséquence, qui désignaient un homme, et non point un ordre dans le gouvernement (3). Ce n'est qu'en 1144 que les actes de la ville

---

(1) Il est question dans le Panégyrique de Berenger (Muratori, *Script. rer. ital.*, t. II, part. 1; p. 408) d'un Romain *consulis natus*, au commencement du dixième siècle. Muratori (*Dissert.* 5) a découvert dans les années 952 et 956 un *Gratianus in Dei nomine consul et dux*, et un *Georgius consul et dux*; et en 1015, Romanus, frère de Grégoire VIII, se qualifiait orgueilleusement, mais d'une manière un peu vague, de *consul et dux et omnium Romanorum senator*.

(2) Les empereurs grecs ont donné jusqu'au dixième siècle aux ducs de Venise, de Naples, d'Amalfi, etc., le titre de ὕπατος ou consul (voyez *Chron. Sagornini* passim), et les successeurs de Charlemagne n'abdiquèrent aucune de leurs prérogatives. Mais en général, les noms de *consul* et de *sénateur*, qu'on donnait autrefois chez les Français et les Allemands, ne signifient autre chose que comte ou *seigneur* (*Seigneur*, Ducange, *Gloss.*) Les écrivains monastiques se laissent souvent aller à l'ambition d'employer les belles expressions classiques.

(3) La forme la plus constitutionnelle est celle qu'on trouve dans un diplôme d'Othon (A. D. 998) qui contient

commencèrent à dater du rétablissement du sénat comme d'une époque glorieuse. L'ambition de quelques individus ou l'enthousiasme du peuple produisit à la hâte une nouvelle constitution, et au douzième siècle Rome n'avait pas un antiquaire ou un législateur qui fût en état de développer ou de rétablir l'harmonie et les proportions de l'ancien modèle. L'assemblée générale d'un peuple libre et armé s'expliquera toujours par de bruyantes et imposantes acclamations. Il était difficile qu'une multitude aveugle, qui ne connaissait ni les formes ni les avantages d'un gouvernement bien combiné, adoptât cette division régulière des trente-cinq tribus, cet équilibre des centuries calculé d'après les fortunes, les débats des orateurs d'un système opposé, ni enfin la lente opération des suffrages donnés à haute voix ou au scrutin. Arnaud proposa de faire revivre l'ordre équestre ; mais quels pouvaient être le motif et la mesure d'une pareille distinction (1) ? Il aurait fallu réduire, d'a-

---

ces mots : *Consulibus senatûs populique romani;* mais l'acte est vraisemblablement supposé. A l'occasion du couronnement de Henri 1er, A. D. 1014, l'historien Dithmar (*ap.* Muratori, *Dissert.* 23) représente : *A senatoribus duodecim Vallatum quorum sex rasi barbâ, alii prolixâ, mysticè incedebant cum baculis.* Le Panégyrique de Berenger fait mention du sénat (p. 406).

(1) Dans l'ancienne Rome, l'ordre équestre ne devint une troisième branche de la république, composée simplement jusqu'alors du sénat et du peuple, que sous le consulat de Cicéron, qui se donne le mérite de cet établisse-

près la pauvreté qui régnait alors, la quotité de fortune nécessaire pour être membre de la classe des chevaliers : on avait plus besoin des fonctions civiles des juges et des fermiers du fisc ; les fiefs militaires et l'esprit de chevalerie suppléaient d'une manière plus noble au devoir primitif des individus de l'ordre équestre, c'est-à-dire au service de guerre qu'ils devaient faire à cheval. La jurisprudence de la république était devenue inutile, et on ne la connaissait pas. Les nations et les familles de l'Italie qui obéissaient aux lois de la ville de Rome et aux lois barbares, avaient insensiblement formé une masse commune, où une faible tradition et des fragmens imparfaits conservaient le souvenir des Pandectes de Justinien. Les Romains auraient sans doute rétabli, avec leur liberté, le titre et les fonctions de consuls, s'ils n'avaient pas dédaigné un titre si prodigué par les villes d'Italie, qu'à la fin il n'a plus désigné que les agens du commerce en pays étranger. Mais les droits de tribuns, ce mot redoutable qui arrêtait les conseils publics, supposent ou doivent produire une démocratie autorisée par les lois. Les anciennes familles patriciennes étaient sujettes de l'État, les barons modernes en étaient les tyrans ; et les ennemis de la paix et de la tranquillité publique, qui insultaient le vicaire de Jésus-Christ, n'auraient pas res-

---

ment. (Pline, *Hist. nat.*, XXXIII, 3; Beaufort, *Républ. rom.*, t. 1, p. 144-155.

pecté long-temps le caractère d'un magistrat plébéien sans armes (1).

Le Capitole. Nous devons remarquer dans le cours du douzième siècle, qui fut pour Rome une ère nouvelle et l'époque d'une nouvelle existence, les événemens qui annoncèrent ou confirmèrent son indépendance politique. 1.° Le mont Capitolin, l'une des sept collines de la cité (2), a environ quatre cents verges de longueur, et sa largeur est de deux cents. Une rampe de cent pas conduit au sommet de la roche Tarpéienne: la montée en était beaucoup plus difficile avant que les décombres des édifices eussent adouci la pente, et comblé les précipices. Dès les premiers siècles, le Capitole avait servi de temple pendant la paix et de

---

(1) Gunther expose ainsi le plan démocratique qu'avait formé Arnaud de Brescia :

Quin etiam titulos urbis renovare vetustos;
Nomini plebeio secernere nomen equestre,
Jura tribunorum sanctum reparare senatum,
Et senio fessas mutasque reponere leges.
Lapsa ruinosis et adhuc pendentia muris
Reddere primævo Capitolia prisca nitori.

Mais quelques-unes de ces réformes étaient des chimères, et d'autres n'étaient que des mots.

(2) Après de longues disputes parmi les antiquaires de Rome, il paraît aujourd'hui reconnu que le sommet du mont Capitolin, près de la rivière, est le *mons Tarpeius*, l'*Arx*, et que sur l'autre sommet, l'église et le couvent d'*Araceli*, couvent de franciscains déchaussés, occupent la place du temple de Jupiter (Nardini, *Roma antica*, l. v, c. 11-16).

forteresse pendant la guerre; les Romains y soutinrent un siége contre les Gaulois maîtres de la ville; durant les guerres civiles de Vitellius et de Vespasien (1), ce sanctuaire de l'empire fut pris d'assaut et brûlé. A l'époque de l'histoire où je suis parvenu, les temples de Jupiter et des divinités qui lui servaient de cortége, avaient disparu; des monastères et des maisons les avaient remplacés : le temps avait détruit ou dégradé les gros murs et les longs portiques qui régnaient sur le penchant de la colline. Le premier usage que firent les Romains de leur liberté, fut de fortifier de nouveau le Capitole, quoique sans lui rendre sa beauté, d'y établir leur arsenal, et d'y tenir leur conseil; et sans doute ils ne pouvaient y monter sans que les cœurs les plus froids ne s'enflammassent au souvenir de leurs ancêtres. 2° Les premiers Césars avaient le droit exclusif de fabriquer les monnaies d'or et d'argent; ils abandonnèrent au sénat celui de fabriquer les monnaies de bronze et de cuivre (2). Un champ plus vaste fut ouvert aux emblêmes et aux légendes prodigués par l'esprit de flatterie, et le prince put se dispenser du soin de célébrer ses propres vertus. Les successeurs de Dioclétien ne mirent

La monnaie.

(1) Tacit., *Hist.*, III, 69; 70.

(2) Ce partage des monnaies entre l'empereur et le sénat n'est pas cependant un fait positif, mais l'opinion vraisemblable des meilleurs antiquaires. *Voyez* la *Science des Médailles*, du père Joubert, t. II, p. 208-211 dans l'édition perfectionnée et rare du baron de La Bastie.

pas même d'intérêt à l'adulation du sénat; leurs officiers reprirent à Rome et dans les provinces la direction de toutes les monnaies, et les Goths qui régnèrent en Italie, ainsi que les dynasties grecques, françaises et allemandes, héritèrent de cette prérogative. Le sénat de Rome revendiqua au douzième siècle ce droit honorable et lucratif de fabriquer les monnaies, perdu depuis huit cents ans; droit auquel les papes semblaient avoir renoncé depuis que Pascal II avait établi leur résidence au-delà des Alpes. On montre dans les cabinets des curieux quelques-unes de ces médailles du douzième ou treizième siècle frappées par la république de Rome. On en voit une en or, sur laquelle Jésus-Christ est représenté tenant de la main gauche un livre avec cette inscription : Vœu du sénat et du peuple romain, Rome capitale du monde : sur le revers, saint Pierre remet la bannière à un sénateur à genoux qui porte la toge, et qui a près de lui un bouclier où se trouvent gravés son nom et les armes de sa famille (1).

Le préfet de la ville. 3° A mesure que le pouvoir de l'empire déclinait, le préfet de la ville était descendu au rang d'un officier

---

(1) La vingt-septième dissertation sur les *Antiquités de l'Italie* (t. II, p. 559-569 des Œuvres de Muratori) offre une suite de monnaies sénatoriales qui portaient les noms obscurs d'*Affortiati*, *Infortiati*, *Provisini*, *Parparini*. Durant cette époque, tous les papes, sans en excepter Boniface VIII, s'abstinrent du droit de fabriquer des monnaies, que Benoît XI reprit et qu'il exerça d'une manière régulière dans la cour d'Avignon.

municipal; toutefois il exerçait en dernier ressort la juridiction civile et criminelle. Il recevait des successeurs d'Othon une épée nue; c'était la forme de son investiture et l'emblême de ses fonctions (1). On n'accordait cette dignité qu'aux nobles familles de Rome; le pape ratifiait l'élection du peuple; mais les trois sermens qu'on exigeait lui imposèrent des obligations contradictoires, qui durent souvent l'embarrasser (2). Les Romains, devenus indépendans, supprimèrent un serviteur qui ne leur appartenait pour ainsi dire que pour un tiers; ils le remplacèrent par un *patrice;* mais ce titre, que Charlemagne n'avait pas dédaigné, était trop grand pour un citoyen ou pour un sujet, et, après la première ferveur de la rebellion, ils consentirent sans peine au rétablissement du préfet. Environ un demi-siècle après cet événe-

A. D. 1198-1216.

---

(1) Un historien allemand, Gérard de Reicherspeg (*in Baluz. Miscell.*, t. v, p. 64, *apud* Schmidt, *Hist. des Allem.*, t. III, p. 265), décrit ainsi la constitution de Rome au onzième siècle : *Grandiora urbis et orbis negotia spectant ad romanum pontificem, itemque ad romanum imperatorem; sive illius vicarium urbis præfectum, qui de suâ dignitate respicit utrumque, videlicet dominum papam cui facit hominium, et dominum imperatorem à quo accipit suæ potestatis insigne, scilicet gladium exertum.*

(2) Un auteur contemporain (Pandulph. Pisan., *in Vit. Pascal.* II, p. 357, 358) rapporte de cette manière l'élection et le serment du préfet en 1118: *Inconsultis patribus... loca præfectoria... laudes præfectoræ... comitiorum applausum... juraturum populo in ambonem sublevant... confirmari eum in urbe præfectum petunt.*

ment, Innocent III, le plus ambitieux, ou du moins le plus heureux des pontifes, affranchit les Romains et lui-même de ce reste de soumission à un prince étranger ; il investit le préfet avec une bannière et non pas avec une épée, et il le déclara absous de toute espèce de serment ou de service envers les empereurs d'Allemagne (1). Le gouvernement civil de Rome fut donné à un ecclésiastique, cardinal ou destiné à le devenir; mais sa juridiction a été fort limitée, et dans le temps de la liberté de Rome ce fut du sénat et du peuple qu'il reçut ses pouvoirs.

Nombre des membres du sénat, et forme de leur élection. 4° Après la renaissance du sénat (2), les pères conscrits, si je puis employer cette expression, furent revêtus de la puissance législative et du pouvoir exécutif; mais leurs vues ne s'étendaient guère au-delà du jour où ils se trouvaient, et ce jour était ordinairement troublé par la violence ou le tumulte. Lorsque l'assemblée était complète elle se composait de cinquante-six sénateurs (3), dont les princi-

---

(1) *Urbis præfectum ad ligiam fidelitatem recepit, et per mantum quod illi donavit de præfecturâ eum publicè investivit, qui usque ad id tempus juramento fidelitatis imperatori fuit obligatus; et ab eo præfecturæ tenuit honorem* (Gesta Innocent. III, *in* Muratori, t. III, part. I, p. 487).

(2) *Voyez* Othon de Freysing., *Chron.*, VII, 31; *de Gestis Frederici I*, l. 1, c. 27.

(3) Un auteur anglais, Roger Hoveden, parle des seuls sénateurs de la famille *Capuzzi*, etc., *quorum temporibus melius regebatur Roma quàm nunc* (A. D. 1194) *est temporibus* LVI *senatorum* (Ducange, *Gloss.*, t. VI, p. 191, SENATORES).

paux étaient distingués par le titre de conseillers; ils étaient nommés par le peuple peut-être chaque année, mais chaque citoyen ne donnait sa voix que pour le choix des électeurs; ces électeurs étaient au nombre de dix dans chaque quartier ou paroisse, et cette forme présentait ainsi la base la plus solide d'une constitution libre. Les papes qui, dans cet orage, crurent devoir plier pour n'être pas brisés, confirmèrent par un traité l'établissement et les privilèges du sénat; ils espérèrent que le temps, la paix et la religion, rétabliraient leur pouvoir. Les Romains, d'après des motifs d'intérêt public ou d'intérêt privé, faisaient quelquefois un sacrifice momentané de leurs prétentions; ils renouvelaient alors leur serment de fidélité au successeur de saint Pierre et à Constantin, chef légitime de l'Église et de la république (1).

Dans une ville sans lois les conseils publics manquèrent d'union et de vigueur, et les Romains adop-

L'office de sénateur.

---

(1) Muratori (*Dissert.* 42, t. III, p. 785-788) a publié un Traité original qui a pour titre: *Concordia inter D. nostrum papam Clementem* III *et senatores populi romani super regalibus et aliis dignitatibus urbis*, etc., anno 44° senatûs. Le sénat y prend le langage de l'autorité: *Reddimus ad præsens..... habebimus.... dabitis præsbyteria.... jurabimus pacem et fidelitatem*, etc. Le même auteur rapporte aussi une *chartula de Tenimentis Tusculani*, datée de la quarante-septième année de la même époque, et confirmée *decreto amplissimi ordinis senatûs acclamatione. P. R. publicè Capitolio consistentis*. C'est là qu'on trouve la distinction de *senatores consiliarii* et de simples sénateurs (Murat., *Diss.* 42, t. III, p. 787-789).

tèrent bientôt une forme d'administration plus énergique et plus simple. Un seul magistrat, ou deux au plus, furent revêtus de toute l'autorité du sénat ; et comme ils ne restaient en place que six mois ou une année, la courte durée de leur exercice contre-balançait l'étendue de leurs fonctions ; mais les sénateurs de Rome profitaient de ces instans de règne pour satisfaire leur ambition et leur avarice : des intérêts de famille ou de parti corrompaient leur justice ; et comme ils ne punissaient que leurs ennemis, ils ne trouvaient de la soumission que parmi leurs adhérens. L'anarchie, que ne tempérait plus le soin pastoral de l'évêque, fit sentir aux Romains qu'ils ne pouvaient se gouverner eux-mêmes, et ils cherchèrent au dehors un bien qu'ils n'espéraient plus de leurs concitoyens. A la même époque, les mêmes motifs déterminèrent la plupart des républiques d'Italie à une mesure qui, quelque étrange qu'elle puisse paraître, convenait à leur situation, et qui eut les effets les plus salutaires (1). Elles choisissaient dans une ville étrangère, mais alliée, un magistrat impartial, de famille noble et d'un caractère irréprochable, tout à la fois guerrier et homme d'État, et réunissant en sa faveur la voix de la renommée et celle de son pays : elles lui déléguaient, pour un in-

---

(1) Muratori (*Dissert.* 45, t. IV, p. 64-92) a très-bien expliqué cette forme de gouvernement ; et l'*Oculus pastoralis*, qu'il a donné à la fin, est un traité ou un sermon sur les devoirs de ces magistrats étrangers.

tervalle déterminé, le gouvernement dans la paix et dans la guerre. Le traité entre le gouverneur et la république qui l'appelait, était muni de sermens et de signatures : on réglait avec une précision scrupuleuse leurs devoirs réciproques, ainsi que la durée du pouvoir et la quotité du salaire de ce magistrat étranger. Les citoyens juraient de lui obéir comme à leur légitime supérieur; il jurait de son côté d'unir l'impartialité d'un étranger au zèle d'un patriote. On le nommait *podestà* (1); il choisissait quatre ou six chevaliers ou jurisconsultes, qui l'aidaient à la guerre et dans l'administration de la justice : sa maison, montée sur un pied convenable, était à ses frais ; sa femme, son fils ni son frère, dont on aurait pu craindre l'influence, n'avaient la permission de l'accompagner. Durant l'exercice de ses fonctions, on ne lui permettait pas d'acheter une terre, de former une alliance, ou même d'accepter une invitation chez un citoyen, et il ne pouvait retourner avec honneur dans sa patrie, sans avoir satisfait aux plaintes qu'on avait pu élever contre son gouvernement.

C'est ainsi que, vers le milieu du treizième siècle, les Romains appelèrent de Bologne le sénateur Bran-

Brancaléon.
A. D.
1252-1258.

---

(1) Les auteurs latins, ceux du moins du siècle d'argent, transférèrent le titre de *potestas* de l'office au magistrat :

Hujus qui trahitur prætextam sumere mavis,
An Fidenarum Gabiorumque esse POTESTAS?
(JUVEN., Satir. x, 99.)

caléon (1), dont un historien anglais a tiré de l'oubli le nom et le mérite. Soigneux de sa réputation, et bien instruit des difficultés de cette grande charge, il refusa d'abord l'honorable commission qu'on lui proposait, mais il se rendit enfin. La durée de son gouvernement fut fixée à trois ans, pendant lesquels les statuts de la ville furent suspendus. Les coupables et les mauvais sujets l'accusèrent de cruauté, le clergé le soupçonna de partialité; mais les amis de la paix et du bon ordre applaudirent à la fermeté et à la droiture du magistrat auquel ils durent le retour de ces biens. Nul criminel ne fut assez puissant pour braver sa justice, ou assez obscur pour y échapper. Il fit mourir sur un gibet deux nobles de la famille d'Annibaldi; il fit détruire sans aucun égard, dans Rome et dans la campagne d'alentour, cent quarante tours qui servaient de repaires aux brigands. Il traita le pape comme un simple évêque, et l'obligea de résider dans son diocèse : les ennemis de Rome craignirent et éprouvèrent la puissance de ses armes. Les Romains, indignes du bonheur dont il les faisait jouir, payèrent ses services d'ingratitude. Excités par les voleurs publics, dont il s'était pour eux attiré la haine, ils déposèrent et emprisonnèrent leur bien-

---

(1) *Voyez* la vie et la mort de Brancaléon dans l'*Historia major* de Matthieu Paris, p. 741, 757, 792, 797, 799, 810, 823, 833, 836, 840. Les pélerinages et les sollicitations de procès maintenaient des liaisons entre Rome et Saint-Alban ; et le clergé anglais, plein de ressentiment, se réjouissait lorsque les papes étaient humiliés et opprimés.

faiteur, et n'auraient pas épargné sa vie, si Bologne n'avait pas eu des garans de sa sûreté. Avant de partir, Brancaléon avait prudemment exigé qu'on livrât trente ôtages des premières familles de Rome ; dès qu'on sut le *podestà* en danger, sa femme demanda qu'on fît autour des ôtages une garde plus sévère ; et Bologne, fidèle à l'honneur, brava les censures du pape. Cette généreuse résistance laissa aux Romains le loisir de comparer le présent et le passé : Brancaléon fut tiré de sa prison, et conduit au Capitole au milieu des acclamations du peuple. Il continua de gouverner avec fermeté et avec succès ; et lorsque sa mort eut fait taire l'envie, on renferma sa tête dans un vase précieux, qu'on déposa au sommet d'une grande colonne de marbre (1).

Bientôt on reconnut que la raison et la vertu n'étaient pas une puissance suffisante ; au lieu d'un simple citoyen, auquel ils accordaient une obéissance volontaire, les Romains choisirent pour leur sénateur un prince qui, déjà revêtu d'un pouvoir indépen-

Charles d'Anjou.
A. D.
1263-1278.

---

(1) Matthieu Paris termine ainsi le morceau sur Brancaléon : *Caput verò ipsius Brancaleonis in vase pretioso super marmoream columnam collocatum, in signum sui valoris et probitatis, quasi reliquias, superstitiosè nimis et pomposè sustulerunt. Fuerat enim superborum, potentum et malefactorum urbis, mallens et exstirpator, et populi protector et defensor, veritatis et justitiæ imitator et amator* (p. 840). Un biographe d'Innocent IV (Muratori, *Script.*, t. III, part. 1, p. 591, 592) fait un portrait moins favorable de ce sénateur gibelin.

dant, se trouvait en état de les défendre contre l'ennemi et contre eux-mêmes. Leurs suffrages tombèrent sur Charles d'Anjou, le prince le plus ambitieux et le plus guerrier de son siècle : il accepta en même temps le royaume de Naples que lui offrait le pape, et l'office de sénateur que lui donnait le peuple romain (1). Marchant à la conquête de son royaume, il passa dans Rome ; il y reçut les sermens de fidélité ; il logea au palais de Latran, et, durant ce premier séjour, il eut soin de ne pas laisser apercevoir les traits fortement prononcés de son caractère despotique. Cependant il éprouva l'inconstance du peuple, qui reçut avec les mêmes acclamations son rival, l'infortuné Conradin, et la jalousie des papes fut alarmée de se voir dans le Capitole un si puissant vengeur. Il avait d'abord été revêtu, durant sa vie, de l'autorité de sénateur ; mais on régla ensuite que ses pouvoirs seraient renouvelés tous les trois ans, et l'inimitié de Nicolas III obligea le roi de Sicile à abdiquer le gouvernement de Rome. Ce pontife impérieux fit voir, dans une bulle qui devint une loi perpétuelle, l'authenticité et la validité de la donation de Constantin, non moins essentielle à la paix

---

(1) Les historiens dont Muratori a inséré les ouvrages dans le huitième volume de sa Collection, Nicolas de Jamsilla (p. 592.), le moine de Padoue (p. 724), Sabas Malespini (l. II, c. 9, p. 808), et Ricordano Malespini (c. 177, p. 999.), parlent de la nomination de Charles d'Anjou à l'office de sénateur perpétuel de Rome.

de la ville qu'à l'indépendance de l'Église ; il établit que le sénateur serait élu tous les ans, et déclara incapables de remplir cet emploi les empereurs, les rois, les princes et toutes les personnes d'un rang trop éminent et trop illustre (1). Martin IV, qui sollicita humblement les suffrages du peuple pour être nommé sénateur, révoqua les exclusions prononcées par la bulle de Nicolas III. Sous les yeux et en vertu de l'autorité du peuple, deux électeurs conférèrent, non pas au pape, mais au *noble et fidèle Martin*, la dignité de sénateur, l'administration suprême de la république (2) jusqu'à sa mort, avec le droit d'en exercer les fonctions, à volonté, par lui-même ou par ses délégués. Environ cinquante ans après, on accorda le même titre à l'empereur Louis de Bavière, et la liberté de Rome fut ainsi reconnue par ses deux souverains, qui acceptèrent un office municipal dans l'administration de leur propre métropole.

Le pape Martin IV. A. D. 1281.

L'empereur Louis de Bavière. A. D. 1328.

Lorsque Arnaud de Brescia eut soulevé les esprits contre l'Église, les Romains cherchèrent adroitement, dans les premiers momens de la rebellion, à

Adresses de Rome aux empereurs.

---

(1) L'arrogante bulle de Nicolas III, qui fonde sa souveraineté temporelle sur la donation de Constantin, subsiste toujours, et Boniface VIII l'ayant insérée dans la sixième des décrétales, les catholiques ou du moins les papistes doivent la révérer comme une loi perpétuelle et sacrée.

(2) Je dois à Fleury (*Hist. ecclés.*, t. XVIII, p. 306) un extrait de cet acte de l'autorité du peuple, qu'il a tiré des Annales ecclésiastiques d'Odericus Raynaldus, A. D. 1281, n°s 14, 15.

mériter les bonnes grâces de l'empereur, et à faire valoir leur mérite et leurs services dans la cause de César. Les discours de leurs ambassadeurs à Conrad III et à Frédéric Ier, offrent un mélange de flatterie et d'orgueil, de souvenirs traditionnels et d'ignorance de leur propre histoire (1). Après quelques mots de plaintes sur le silence du premier de ces princes, et le peu d'intérêt qu'il paraissait témoigner à la ville de Rome, ils l'exhortèrent à passer les Alpes et à venir recevoir de leurs mains la couronne impériale. « Nous supplions votre majesté, lui disaient-ils, de ne pas dédaigner la soumission de vos enfans et de vos vassaux, de ne pas écouter les accusations de nos ennemis communs, qui peignent le sénat comme l'ennemi de votre trône, et qui sèment des germes de discorde pour recueillir des fruits de destruction. Le pape et le *Sicilien* ont formé une ligue impie ; ils veulent s'opposer à *notre* liberté et à *votre* couronnement. A l'aide du ciel, notre zèle et notre courage ont jusqu'ici repoussé leurs tentatives.

<small>Conrad III.
A. D. 1144.</small>

---

(1) Othon, évêque de Freysingen, a conservé ces lettres et ces discours (Fabricius, *Bibliot. latin. med. et infim. æt.* t. v, p. 186, 187). Othon était peut-être de tous les historiens celui qui pouvait se vanter de la plus haute naissance : il était fils de Léopold, marquis d'Autriche ; Agnès sa mère était fille de l'empereur Henri IV, et il était devenu frère et oncle de Conrad III et de Frédéric Ier. Il a laissé une chronique de son temps en sept livres, et une histoire *de Gestis Frederici I*, en deux livres ; ce dernier ouvrage se trouve dans le sixième volume des *Historiens de Muratori*.

Nous avons pris d'assaut les maisons et les forteresses des familles puissantes, et surtout des Frangipani, qui leur sont dévoués. Nous avons des troupes dans quelques-uns de ces édifices, et nous avons rasé les autres. Le pont Milvius, qu'ils avaient rompu et que nous avons réparé et fortifié, vous offre un passage; votre armée peut entrer dans la ville sans être incommodée par le château Saint-Ange. Dans tout ce que nous avons fait et tout ce que nous projetons, nous n'avons songé qu'à votre gloire et à votre service, persuadés que bientôt vous viendrez vous-même venger les droits envahis par le clergé, faire revivre la dignité de l'empire, et surpasser la réputation et la gloire de vos prédécesseurs. Puissiez-vous fixer votre résidence dans Rome, la capitale du monde, donner des lois à l'Italie et au royaume teutonique, et imiter Constantin et Justinien (1), qui, par la vigueur du sénat et du peuple, obtinrent le sceptre de la terre (2)! » Mais ces vues brillantes et trompeuses séduisirent peu Conrad, qui avait les yeux fixés sur la Terre-Sainte, et qui, bientôt après son retour de la Palestine, mourut sans venir à Rome.

Frédéric Barberousse, son neveu et son succes-

Frédéric Ier.
A. D. 1155.

---

(1) Nous désirons, disaient les Romains ignorans, remettre l'empire *in eum statum, quo fuit tempore Constantini et Justiniani, qui totum orbem vigore senatûs et populi romani suis tenuere manibus.*

(2) Othon de Freysing., *de Gestis Freder. I*, l. 1, c. 28, p. 662-664.

seur, mit plus de prix à la couronne impériale, et gouverna le royaume d'Italie d'une manière plus absolue qu'aucun des successeurs d'Othon. Environné de ses princes ecclésiastiques et séculiers, il donna, dans son camp de Sutri, audience aux ambassadeurs de Rome, qui lui adressèrent ce discours hardi et pompeux : « Prêtez l'oreille à la reine des cités ; venez avec des intentions paisibles et amicales dans l'enceinte de Rome, qui a secoué le joug du clergé, et qui est impatiente de couronner son légitime empereur. Puissent, sous votre heureuse influence, revenir les anciens temps ! Soutenez les droits de la ville éternelle ; abaissez sous sa domination l'insolence des autres peuples. Vous n'ignorez pas que dans les premiers siècles la sagesse du sénat, la valeur et la discipline de l'ordre équestre, étendirent ses armes victorieuses en Orient et en Occident, au-delà des Alpes et sur les îles de l'Océan. Nos péchés, en l'absence de nos princes, avaient fait tomber dans l'oubli le sénat, cette noble institution, et nos forces ont diminué avec notre sagesse. Nous avons rétabli le sénat et l'ordre équestre ; l'un dévouera ses conseils et l'autre ses armes à votre personne et au service de l'empire. N'entendez-vous pas le langage de la cité de Rome ? Elle vous dit : Vous étiez mon hôte, je vous ai fait un de mes citoyens (1) ; vous étiez un étranger de par delà les Alpes, et je vous ai choisi pour mon souve-

---

(1) *Hospes eras, civem feci. Advena fuisti ex Transalpinis partibus, principem constitui.*

rain ; je me suis donnée à vous, je vous ai donné tout ce qui m'appartenait. Le premier, le plus sacré de vos devoirs, est de jurer, de signer que vous verserez votre sang pour la république, que vous y maintiendrez la paix et la justice, que vous observerez les lois de la ville et les chartres de vos prédécesseurs, et que pour récompenser les fidèles sénateurs qui vous proclameront au Capitole, vous leur paierez cinq mille livres d'argent. Enfin, avec le nom d'Auguste, prenez-en le caractère. » La fastueuse rhétorique des ambassadeurs n'était pas épuisée ; mais Frédéric, qu'impatientait leur vanité, les interrompit et prit avec eux le langage d'un roi et d'un conquérant. « La valeur et la sagesse des premiers Romains furent en effet célèbres, leur dit-il ; mais on ne retrouve pas cette sagesse dans votre harangue, et je voudrais que vos actions nous offrissent leur courage. Ainsi que toutes les choses de ce monde, Rome a éprouvé les vicissitudes du temps et de la fortune. Vos familles les plus nobles se sont transplantées dans la cité royale élevée par Constantin, et il y a long-temps que les Grecs et les Francs ont épuisé le reste de vos forces et de votre liberté. Voulez-vous revoir l'antique gloire de Rome, la sagesse du sénat et le courage des chevaliers, la discipline du camp et la valeur des légions ? vous les retrouverez dans la république d'Allemagne. L'empire n'est point sorti de Rome, nu et dépouillé. Ses ornemens et ses vertus ont aussi passé les Alpes pour se réfugier chez un peuple qui en est plus digne (1); ils seront employés à votre défense, mais ils exigent votre soumission. Vous dites que mes prédécesseurs ou moi nous avons été appelés par les Romains; l'expression est impropre : on ne nous a pas appelés, on nous a implorés. Charlemagne et Othon, dont les cendres reposent ici, délivrèrent Rome des tyrans étrangers et domestiques qui l'opprimaient, et leur domination fut le prix de votre délivrance. Vos aïeux ont vécu, ils sont morts sous cette domination. Je vous réclame à titre d'héritage et de possession; et qui osera vous arracher de mes mains? Le bras des Francs (2) et des Germains est-il affaibli par la vieillesse? Suis-je vaincu? suis-je captif? Ne suis-je pas environné des drapeaux d'une armée puissante et invincible? Vous imposez des conditions à votre maître, vous exigez des sermens : si les conditions sont justes, les sermens seraient superflus; si elles sont injustes, ils deviennent criminels. Pouvez-vous douter de ma justice? elle s'étend sur le dernier de

---

(1) *Non cessit nobis nudum imperium, virtute suâ amictum venit, ornamenta sua secum traxit. Penes nos sunt consules tui*, etc. Cicéron ou Tite-Live n'auraient pas rejeté ces images qu'employait un Barbare né et élevé dans la forêt Hercynienne.

(2) Othon de Freysingen, qui connaissait sûrement le langage de la cour et de la diète d'Allemagne, parle des Francs du douzième siècle comme de la nation régnante (*proceres Franci, equites Franci, manus Francorum*): il ajoute cependant l'épithète de *Teutonici*.

mes sujets. Après avoir rendu à l'empire romain le royaume de Danemarck, ne saurai-je pas défendre le Capitole? Vous prescrivez la mesure et l'objet de mes largesses; je les répands avec profusion, mais elles sont toujours volontaires. J'accorderai tout au mérite patient, et je refuserai tout à l'importunité (1). » L'empereur ni le sénat ne purent soutenir ces hautes prétentions de domination et de liberté. Frédéric, réuni au pape et suspect aux Romains, continua sa marche vers le Vatican ; une sortie du Capitole troubla son couronnement : le nombre et la valeur des Allemands triomphèrent dans un combat sanglant; mais, après cette victoire, il ne se crut pas en sûreté sous les murs d'une ville dont il se disait le souverain. Douze années après, il voulut placer un antipape sur le trône de saint Pierre ; il assiégea Rome, et douze galères pisanes entrèrent dans le Tibre ; mais d'artificieuses négociations et une maladie contagieuse qui frappa les assiégeans, sauvèrent le sénat et le peuple, et depuis cette époque, ni Frédéric ni ses successeurs ne renouvelèrent une pareille entreprise. Les papes, les croisades et l'indépendance de la Lombardie et de l'Allemagne, suffirent pour les occuper. Ils recherchèrent l'alliance des Romains, et Frédéric II fit présent au Capitole du grand drapeau

---

(1) Othon de Freysingen, *de Gestis Freder. I*, l. II, c. 22, p. 720-723. Dans la traduction et l'abrégé de ces actes authentiques et originaux, je me suis permis quelques libertés, mais sans m'écarter du sens.

qu'on nommait le *Carroccio* de Milan (1). Après l'extinction de la maison de Souabe, ils furent relégués au-delà des Alpes, et leurs derniers couronnemens laissèrent apercevoir la faiblesse et la misère des Césars teutoniques (2).

Sous le règne d'Adrien, à l'époque où l'empire se prolongeait de l'Euphrate à l'Océan, du mont Atlas aux collines Grampiennes, un historien plein d'imagination (3) retraçait ainsi aux Romains le tableau de

---

(1) Muratori (*Dissert.* 26, t. 11, p. 492) a tiré des Chroniques de Ricobaldo et de François Pepin ce fait curieux et les vers détestables qui accompagnèrent le présent :

> *Ave decus orbis, ave! Victus tibi destinor, ave!*
> *Currus ab Augusto Frederico Cæsare justo.*
> *Væ Mediolanum! Jam sentis spernere vanum*
> *Imperii vires, proprias tibi tollere vires.*
> *Ergo triumphorum urbs potes memor esse priorum*
> *Quos tibi mittebant reges qui bella gerebant.*

Voici maintenant un passage des *Dissertations italiennes* (t. 1, p. 444) : *Ne si deè tacere che nell' anno 1727, una copia desso Carroccio in marmo dianzi ignoto si scoprì nel Campidoglio, presso alle carceri di quel luogo, dove Sisto V l'avea fatto rinchiudere. Stava esso posto sopra quattro colonne di marmo fino colla sequente inscrizione,* etc., dont l'objet était le même que celui de l'ancienne inscription.

(2) Muratori raconte avec une érudition impartiale (*Annal.*, t. x, xi, xii) le déclin des forces et de l'autorité des empereurs en Italie ; et les lecteurs peuvent rapprocher sa narration de l'*Histoire des Allemands* (t. iii, iv) par Schmidt, qui a mérité l'estime de ses compatriotes.

(3) *Tibur nunc suburbanum, et æstivæ Præneste deliciæ, nuncupatis in Capitolio votis petebantur.* On peut lire avec

leurs premières guerres : « Il fut un temps, dit Florus, où Tibur et Préneste, nos maisons de plaisance durant l'été, étaient l'objet des vœux de conquête offerts au Capitole; nous redoutions alors les bocages d'Aricie; nous pouvions triompher sans rougir des villages sans noms des Sabins et des Latins, et Corioles même donnait un titre qu'on ne croyait pas indigne d'un général victorieux. » Ce contraste du passé et du présent flattait l'orgueil de ses contemporains; il les aurait humiliés, s'il avait pu leur montrer le tableau de l'avenir; s'il leur avait prédit qu'après dix siècles Rome, dépouillée de l'empire et resserrée dans ses premières limites, recommencerait les mêmes hostilités sur ces mêmes cantons qu'embellissaient ces maisons de campagne et ces jardins. Le territoire qui borde les deux rives du Tibre, était toujours réclamé comme le patrimoine de saint Pierre, et quelquefois possédé à ce titre; mais les barons ne reconnaissaient ni lois ni maîtres, et les villes imitaient trop fidèlement les révoltes et les discordes de la métropole. Les Romains des douzième et treizième siècles travaillèrent sans relâche à soumettre ou à détruire les vassaux rebelles de l'Église et du sénat, et si le pape modéra quelquefois leurs vues intéressées et la violence de leur ambition, il les encouragea souvent par le secours de ses armes

---

plaisir le passage entier de Florus (l. 1, c. 11), et il a obtenu les éloges d'un homme de génie (*OEuvres de Montesquieu*, t. III, p. 634, 635, édit. in-4°).

spirituelles... Leurs petites guerres furent celles des premiers consuls et des premiers dictateurs qu'on tirait de la charrue. Ils se rassemblaient en armes au pied du Capitole ; ils sortaient de la ville, pillaient ou brûlaient la récolte de leurs voisins, livraient des combats tumultueux, et rentraient dans leurs murs après une expédition de quinze ou vingt jours. Les siéges étaient longs et mal conduits : ils se livraient, après la victoire, aux ignobles passions de la jalousie et de la vengeance, et au lieu de se fortifier du courage d'un ennemi vaincu, ils ne songeaient qu'à l'écraser. Les captifs sollicitaient leur pardon en chemise et la corde au cou : le vainqueur démolissait les remparts et même les maisons des cités rivales ; il dispersait les habitans dans les villages des environs. C'est ainsi que, dans ces féroces hostilités, furent successivement détruites les villes de Porto, d'Ostie, d'Albano, de Tusculum, de Préneste et de Tibur ou (1) Tivoli, résidences des cardinaux évêques. Porto et Ostie, les deux clefs du Tibre, ne se sont pas relevées (2) : les bords marécageux et malsains de

---

(1) *Ne à feritate Romanorum, sicut fuerant Hostienses, Portuenses, Tusculanenses, Albanenses, Labicenses, et nuper Tiburtini, destruerentur* (Matthieu Paris, p. 757). Ces événemens sont indiqués dans les *Annales* et l'*Index* de Muratori (dix-huitième volume).

(2) *Voyez* le tableau animé que fait le P. Labat (*Voyage en Espagne et en Italie*) de l'état ou de la ruine de ces villes, qui sont, pour ainsi dire, les faubourgs de Rome ; ce qu'il dit des rives du Tibre, etc. Il avait résidé long-temps dans

cette rivière sont couverts de troupeaux de buffles, et le Tibre est perdu pour la navigation et le commerce. Les collines offrant une douce retraite contre les chaleurs de la fin de l'été, ont repris leurs charmes avec la paix : Frascati s'est élevée près des ruines de Tusculum : Tibur ou Tivoli a repris la dignité d'une petite ville (1); et les bourgades moins étendues d'Albano et de Palestrine s'embellissent des *villa* des cardinaux et des princes de Rome. L'ambition destructive des Romains fut souvent contenue et repoussée par les cités voisines et leurs alliés. Au premier siége de Tibur, ils furent chassés de leur camp; et par rapport à l'état comparatif de la ville de Rome aux deux époques, on peut rapprocher les batailles de Tusculum (2) et de Viterbe (3) des mé-

Bataille de Tusculum.
A. D. 1167.

---

le voisinage de Rome. *Voyez* aussi une description plus exacte de cette ville que le P. Eschinard (*Rome*, 1750, *in*-8º) a ajoutée à la carte topographique de Cingolani.

(1) Labat (t. III, p. 233) rapporte un décret rendu alors depuis peu par le gouvernement romain, et qui a cruellement mortifié l'orgueil et la pauvreté de Tivoli : *In civitate Tiburtinâ non vivitur civiliter.*

(2) Je m'écarte de ma méthode ordinaire de ne citer que la date des *Annales* de Muratori, en considération de la sagesse avec laquelle il a pesé le témoignage de neuf auteurs contemporains sur la bataille de Tusculum (t. X, p. 42-44).

(3) Matthieu Paris, p. 345. L'évêque de Winchester qui commandait une partie de l'armée du pape, était Pierre des Roches. Il fut évêque trente-deux ans (A. D. 1206-1238), et l'historien anglais en parle comme d'un guerrier et d'un homme d'État (p. 178-399).

morables journées de Trasimène et de Cannes. Dans la première de ces petites guerres, trente mille Romains furent battus par mille cavaliers allemands que Frédéric Barberousse avait envoyés au secours de Tusculum ; et, d'après les calculs les plus authentiques et les plus modérés, le nombre des morts fut de trois mille, et le nombre des prisonniers de deux mille. Soixante-huit ans après, les Romains marchèrent contre Viterbe, ville de l'État ecclésiastique, avec toutes les forces de Rome ; par une rare coalition, l'aigle des Césars se trouva unie aux clefs de saint Pierre sur les drapeaux des deux armées, et les auxiliaires du pape se trouvaient commandés par un comte de Toulouse et un évêque de Winchester. Les Romains perdirent beaucoup de monde, et leur déroute fut honteuse ; mais si le prélat anglais a réellement porté leur nombre à cent mille hommes et leur perte à trente mille, la vanité d'un pélerin a pu seule lui dicter cette exagération. Supposé qu'en rebâtissant le Capitole on eût fait revivre la politique du sénat et la discipline des légions, l'Italie se trouvait tellement divisée, qu'il eût été facile de la conquérir une seconde fois. Mais, à la guerre, les Romains de ce temps n'étaient qu'au niveau des républiques des environs, et ils étaient fort inférieurs dans les arts. Leur ardeur guerrière ne durait pas long-temps ; après quelques saillies désordonnées, ils retombaient dans l'apathie nationale, ils négligeaient les institutions militaires, et recouraient pour leur défense à l'humi-

<small>Bataille de Viterbe.
A. D. 1234.</small>

liant et dangereux secours des mercenaires étrangers.

L'ambition est une ivraie qui croît de bonne heure et avec rapidité dans la vigne du Seigneur. Sous les premiers princes chrétiens, la chaire de saint Pierre était disputée par la vénalité et la violence qui accompagnent une élection populaire; le sang souillait les sanctuaires de Rome; et du troisième au douzième siècle l'Église fut troublée par des schismes fréquens. Aussi long-temps que le magistrat civil prononça en dernier ressort sur ces discussions, le mal fut passager et local; que le mérite fût jugé par l'équité ou la faveur, le compétiteur évincé ne pouvait guère arrêter le triomphe de son rival. Lorsque les empereurs eurent perdu leurs anciennes prérogatives, lorsqu'on eut établi pour maxime que le vicaire de Jésus-Christ n'est justiciable d'aucun tribunal de la terre, à chaque vacance du saint-siége la chrétienté courait le risque de se voir déchirée par le schisme et la guerre. Les prétentions des cardinaux et du clergé inférieur, des nobles et du peuple, étaient vagues et sujettes à contestation; la liberté de l'élection se trouvait anéantie par les émeutes d'une ville qui ne reconnaissait plus de supérieur. A la mort d'un pape, les deux factions procédaient, en différentes églises, à une double élection. Le nombre et le poids des suffrages, l'époque de la cérémonie, le mérite des candidats, se balançaient mutuellement : les membres les plus respectables du clergé étaient divisés; et les princes étrangers, qui se courbaient devant le trône spirituel, ne pouvaient distin-

Élection des papes.

guer la fausse idole de la véritable. Les empereurs produisirent souvent des schismes en voulant opposer à un pontife ennemi un pontife dévoué à leurs intérêts : chacun des compétiteurs essuyait les outrages des adhérens de son rival qui n'étaient pas retenus par la conscience ; ils se voyaient réduits à acheter les partisans, que l'avarice ou l'ambition animait presque toujours. Alexandre III établit un ordre de succession paisible et durable (1); il abolit les élections tumultueuses du clergé et du peuple, et attribua au seul collége des cardinaux le droit de choisir le pape (2). L'exercice de cet important privilége plaça sur le même niveau les évêques, les prêtres et les diacres; le clergé paroissial de Rome obtint le premier rang dans la hiérarchie; les ecclésiastiques qui le composaient étaient pris indifféremment chez toutes les nations chrétiennes, et la possession des plus riches bénéfices et des évêchés les

Droit des cardinaux établi par Alexandre III.
A. D. 1179.

———

(1) *Voyez* Mosheim, *Institut. Hist. eccles.*, p. 401-403. Alexandre lui-même avait pensé être la victime d'une élection contestée, et Innocent, dont le mérite était douteux, ne fut reconnu pape que parce que le génie et le savoir de saint Bernard firent pencher la balance en sa faveur. *Voyez* sa vie et ses écrits.

(2) Thomassin (*Discipl. de l'Église*, t. 1, p. 1252-1287) a très-bien discuté ce qui a rapport à l'origine, aux titres, à l'importance, aux vêtemens, à la préséance, etc., des cardinaux ; mais leur pourpre n'a plus le même éclat. Le sacré collége fut porté et fixé au nombre de soixante-douze, pour représenter, sous l'autorité du vicaire de Jésus-Christ, le nombre de ses disciples.

plus considérables n'était pas incompatible avec le titre qu'ils obtenaient à Rome et les fonctions qu'ils y exerçaient : les sénateurs de l'Église catholique, les coadjuteurs et les légats du souverain pontife, furent revêtus de pourpre, symbole du martyre ou de la royauté; ils se prétendaient égaux aux rois ; et comme jusqu'au règne de Léon x ils n'ont guère été plus de vingt ou vingt-cinq, leur petit nombre relevait encore leur dignité. Par ce sage réglement toute incertitude et tout scandale furent dissipés; et cette opération coupa si bien la racine du schisme, que dans un intervalle de six siècles on ne vit qu'une seule fois une double élection ; mais comme on avait exigé les deux tiers des voix, l'intérêt et les passions des cardinaux différèrent souvent le choix d'un nouveau pape; et tandis qu'ils prolongeaient leur règne indépendant, le monde chrétien n'avait point de chef. Le trône pontifical vaquait depuis trois ans, lorsque les suffrages se réunirent sur Grégoire x; il voulut prévenir un pareil abus. La bulle qu'il a publiée sur cette matière, après avoir éprouvé quelque opposition, a passé dans le code de la loi canonique (1); elle accorde neuf jours pour les funérailles du pape défunt et l'arrivée des cardinaux absens;

Institution du conclave par Grégoire x. A. D. 1274.

---

(1) *Voyez* la bulle de Grégoire x (*approbante sacro concilio*, dans le SEXTE de la loi canonique, l. 1, tit. 6, c. 3), c'est-à-dire dans le supplément aux décrétales que Boniface VIII promulgua à Rome en 1298, et qu'il adressa à toutes les universités d'Europe.

elle ordonne de les emprisonner le dixième jour, chacun avec un domestique, dans un appartement commun ou conclave, qui ne soit séparé ni par des murs ni par des tapisseries, et auquel on ne laisse qu'une petite fenêtre, par où l'on introduira les choses dont ils auront besoin ; de fermer toutes les portes, qui seront gardées par les magistrats de la ville, afin que les cardinaux n'aient aucune communication avec le dehors; si l'élection n'est pas faite en trois jours, de ne servir ensuite aux cardinaux qu'un plat le matin et un plat le soir, et à la fin du huitième jour, de ne leur accorder qu'une petite quantité de pain, d'eau et de vin : tant que dure la vacance du saint-siége, les cardinaux ne peuvent toucher aux revenus de l'Église, ni se mêler de l'administration, excepté dans des cas de nécessité très-rares; toute espèce de conventions et de promesses parmi les électeurs est formellement annulée, et leur intégrité doit être garantie par des sermens et soutenue par les prières des fidèles. On s'est relâché peu à peu sur quelques articles d'une rigueur incommode et superflue; mais la clôture est demeurée entière : des raisons de santé et le besoin de la liberté excitent toujours les cardinaux à hâter le moment de leur délivrance; et l'introduction du scrutin a couvert les intrigues du conclave (1) du voile bril-

---

(1) Le génie du cardinal de Retz avait droit de peindre le conclave de 1655, auquel il assista (*Mém.*, t. IV, p. 15-57). Mais j'ignore le cas qu'il faut faire des lumières et de la

lant de la charité et de la politesse (1). Les Romains furent ainsi dépouillés de l'élection de leur prince et de leur évêque ; et au milieu de l'effervescence de la liberté qu'ils croyaient avoir reconquise, ils se montrèrent insensibles à la perte de cet inestimable privilége. L'empereur Louis de Bavière, qui suivit les traces d'Othon le Grand, voulut le leur rendre. Après quelques négociations avec les magistrats, il fit assembler les Romains (2) devant l'église de Saint-

A. D. 1328.

---

véracité d'un anonyme italien, dont l'histoire (*Conclavi pontifici romani*, in-4°, 1667) a été continuée depuis le règne d'Alexandre VII. La forme accidentelle de l'ouvrage donne aux ambitieux une leçon qui ne les découragera pas. On arrive à travers un labyrinthe d'intrigues à la cérémonie de l'adoration ; et la page suivante commence par les funérailles de l'heureux candidat.

(1) Les expressions du cardinal de Retz sont positives et pittoresques. « On y vécut toujours avec le même respect et la même civilité que l'on observe dans le cabinet des rois ; avec la même politesse qu'on avait dans la cour de Henri III ; avec la même familiarité que l'on voit dans les colléges ; avec la même modestie qui se remarque dans les noviciats, et avec la même charité, du moins en apparence, qui pourrait être entre des frères parfaitement unis. »

(2) « *Richiesti per bando* (dit Jean Villani) *senatori di Roma, e* 52 *del popolo, e capitani de'* 25, *et consoli* (consoli ?) *e* 13 *buoni uomini, uno per rione.* » Nous ne sommes pas assez instruits sur cette époque pour déterminer quelle partie de cette constitution était seulement temporaire, et quelle autre était ordinaire et permanente. Cependant les anciens statuts de Rome nous donnent à cet égard quelques faibles lumières.

Pierre; le pape d'Avignon, Jean XXII, fut déposé, et le choix de son successeur fut ratifié par le consentement et les applaudissemens du peuple. Il fut établi par une loi nouvelle, librement adoptée, que l'évêque de Rome ne serait jamais absent de la ville plus de trois mois de l'année, et ne s'en éloignerait jamais de plus de deux journées de chemin; que s'il ne revenait pas à la troisième sommation, il serait, comme officier public, chassé de son siége et dégradé de ses fonctions (1). Mais Louis publiait sa faiblesse et les préjugés de son temps : hors de l'enceinte de son camp, le fantôme qu'il avait créé ne put obtenir aucune considération ; les Romains méprisèrent leur propre ouvrage; l'antipape implora le pardon de son légitime souverain (2), et cette attaque tentée mal à propos ne fit qu'affermir le droit exclusif des cardinaux.

Les papes sont absens de Rome.

Si l'élection des papes avait toujours eu lieu au Vatican, on n'eût pas impunément violé les droits du sénat et du peuple; mais les Romains oublièrent

---

(1) Villani (l. x. c. 68–71, in Muratori, Script., t. XIII, p. 641-645) parle de cette loi et raconte toute l'affaire avec beaucoup moins d'horreur que le prudent Muratori. Ceux qui ont étudié les temps barbares de nos annales, ont dû observer combien les idées (je veux dire les absurdités) de la superstition sont mobiles et incohérentes.

(2) *Voyez* dans le premier volume des papes d'Avignon, la seconde vie originale de Jean XXII (p. 142-145), la confession de l'antipape (p. 145-152) et les notes laborieuses de Baluze (p. 714, 715).

et laissèrent oublier ces droits durant l'absence des successeurs de Grégoire VII, qui ne crurent pas que l'obligation de résider dans la ville ou dans le diocèse dût être regardée comme un précepte divin. Le soin de ce diocèse les intéressait moins que le gouvernement de l'Église universelle, et les papes ne pouvaient se plaire dans une ville où leur pouvoir rencontrait sans cesse des oppositions, et où leur personne était souvent exposée à des dangers. Fuyant la persécution des empereurs et les guerres de l'Italie, ils se réfugièrent au-delà des Alpes, dans le sein hospitalier de la France; en d'autres occasions, pour se mettre à l'abri des séditions de Rome, ils vécurent et moururent à Agnani, à Pérouse, à Viterbe et dans les cités des environs, où ils passaient des jours plus tranquilles. Lorsque le troupeau se trouvait lésé ou appauvri par l'absence du pasteur, le peuple lui déclarait, d'une manière impérieuse, que saint Pierre avait établi sa chaire, non pas dans un obscur village, mais dans la capitale du monde; il le menaçait de prendre les armes pour aller détruire la ville et les habitans qui oseraient lui offrir une retraite. Les papes obéissaient en tremblant. A peine arrivés, on leur demandait des dédommagemens pour les pertes qu'avait occasionées leur désertion; on leur présentait l'état des maisons qu'on n'avait pas louées, des denrées qu'on n'avait point vendues, et enfin des dépenses des serviteurs et des étrangers à la suite de la cour, dont la ville de Rome n'avait pas profité (1). Après avoir joui de quelques momens de paix, et peut-être d'autorité, ils étaient chassés par de nouvelles séditions, et rappelés de nouveau par les sommations impérieuses ou les respectueuses invitations du sénat. En pareille occasion, les exilés et les fugitifs qui se retiraient avec le pape, s'éloignaient peu de la métropole, et ne tardaient pas à y revenir; mais au commencement du quatorzième siècle, le trône apostolique fut transféré, à ce qu'il paraissait, pour toujours, des rives du Tibre à celles du Rhône; et on peut dire que cette transmigration fut une suite de la violente querelle de Boniface VIII et du roi de France (2). Aux armes spirituelles du pape, l'excommunication et l'interdit, on opposa l'union des trois

Boniface
VIII.
A. D.
1294-1303.

---

(1) *Romani autem, non valentes nec volentes ultra suam celare cupiditatem, gravissimam contra papam movere cœperunt quæstionem, exigentes ab eo urgentissimè omnia quæ subierant per ejus absentiam damna et jacturas, videlicet in hospitiis locandis, in mercimoniis, in usuris, in redditibus, in provisionibus, et in aliis modis innumerabilibus. Quod cùm audisset papa, præcordialiter ingemuit, et se comperiens* MUSCIPULATUM, etc. (Matthieu Paris, p. 757). Pour l'histoire ordinaire de la vie des papes, pour leurs actions, leur mort, leur résidence et leur absence, il suffit de renvoyer aux annalistes ecclésiastiques, Spondanus et Fleury.

(2) Outre les historiens généraux de l'Église d'Italie et de France, nous avons un Traité précieux, composé par un savant, ami de M. de Thou. Il a pour titre *Histoire particulière du grand différend entre Boniface VIII, et Philippe le Bel,* par Pierre Dupuis, t. VII, part. II, p. 61-82), et on l'a inséré dans l'Appendix des dernières et meilleures éditions de l'histoire du président de Thou.

ordres du royaume et les priviléges de l'Église gallicane; mais le pape ne put se soustraire à d'autres armes plus réelles que Philippe le Bel eut le courage d'employer. Il résidait à Agnani, sans prévoir le danger qui le menaçait. Son palais et sa personne furent attaqués par trois cents cavaliers, que Guillaume de Nogaret, ministre de France, et Sciarra Colonna, noble Romain, ennemi du pape, avaient levés secrètement. Les cardinaux prirent la fuite; les habitans d'Agnani oublièrent la fidélité et la reconnaissance qu'ils devaient à leur souverain. Seul et sans armes, l'intrépide Boniface s'assit dans son fauteuil, et, à l'exemple des anciens sénateurs, attendit le glaive des Gaulois. Nogaret, étranger à l'ennemi qu'il combattait, se contenta d'exécuter les ordres de son maître : Colonna accabla d'injures et de coups le pontife qu'il haïssait personnellement ; et durant sa captivité, qui fut de trois jours, tous deux sans cesse occupés à irriter son opiniâtreté, la provoquèrent par de mauvais traitemens qui mirent sa vie en danger. Ce délai de trois jours, qu'on ne peut expliquer, ranima la valeur des partisans de l'Église, leur donna le temps d'agir, et Boniface fut délivré des mains sacriléges qui le retenaient ; mais ce caractère impérieux avait reçu une mortelle blessure. Boniface mourut à Rome dans un accès de rage et de ressentiment. Deux vices éclatans, l'avarice et l'orgueil, ont déshonoré sa mémoire ; et son courage, qui, dans la cause de l'Église, devint celui d'un martyr, n'a pu lui obtenir les honneurs de la canonisation. « Ce fut un magnanime pécheur, disent les chroniques du temps, qui se glissa comme un renard sur le trône apostolique, régna comme un lion, et mourut comme un chien. » Il eut pour successeur Benoît XI, le plus doux des hommes, qui cependant excommunia les émissaires impies de Philippe le Bel, et lança sur la ville et le peuple d'Agnani d'effrayantes malédictions dont les esprits superstitieux croient encore apercevoir les effets (1).

<small>Translation du saint-siége à Avignon.
A. D. 1309.</small>

A sa mort, l'habileté de la faction française fixa la longue indécision du conclave. Elle proposa que la faction opposée désignât trois cardinaux parmi lesquels le parti français serait tenu d'en choisir un dans l'espace de quarante jours : cette offre spécieuse fut acceptée. L'archevêque de Bordeaux, ennemi forcené de son roi et de son pays, fut le premier sur la liste. Mais son ambition était connue ; le roi de France avait été informé par un rapide messager que le choix du pape était entre ses mains. L'archevêque céda à la voix de sa conscience et à l'appât du présent qui lui était offert. Les conditions en furent réglées dans une entrevue particulière, et tels furent la célérité et le secret de la négociation, que

---

(1) Il n'est pas aisé de savoir si Labat (t. IV, p. 53-57) s'amusait ou parlait sérieusement, lorsqu'il suppose qu'Agnani éprouve encore l'effet de cette malédiction de Benoît XII ; et que la nature, fidèle esclave des papes, y arrête chaque année la maturité des champs de blé, des vignes ou des oliviers.

le conclave applaudit d'une voix unanime à l'élection de l'archevêque de Bordeaux, qui prit le nom de Clément v (1). Mais les cardinaux des deux partis reçurent bientôt avec une égale surprise l'ordre de le suivre au-delà des Alpes, et s'aperçurent promptement qu'ils ne devaient plus espérer de revenir à Rome. Clément v avait promis de résider en France, et ses goûts l'y portaient. Après avoir promené sa cour dans le Poitou et la Gascogne, après avoir ruiné par son séjour les villes et les couvens qui se trouvèrent sur sa route, il s'établit enfin à Avignon (2), qui a été plus de soixante-dix-sept ans (3) la florissante

---

(1) *Voyez* dans la *Chronique* de Jean Villani (l. VIII, c. 63, 64, 80, dans Muratori, t. XIII) l'emprisonnement de Boniface VIII et l'élection de Clément V. Les détails de cette élection, comme ceux de beaucoup d'anecdotes, ne sont pas clairs.

(2) Les Vies originales des huit papes d'Avignon, Clément V, Jean XXII, Benoît XII, Clément VI, Innocent VI, Urbain V, Grégoire XI et Clément VII, ont été publiées par Étienne Baluze (*Vitæ paparum Avenionensium*. Paris, 1693, 2 vol. in-4°), avec de longues notes bien travaillées et un second volume d'actes et de documens. Avec le zèle d'un patriote et d'un éditeur, il justifie ou excuse pieusement les caractères de ses compatriotes.

(3) Les Italiens comparent Avignon à Babylone, et la translation du saint-siège dans cette ville à la captivité de Babylone. La Préface de Baluze réfute gravement ces métaphores violentes, plus analogues à l'ardeur de Pétrarque qu'à la raison de Muratori. L'abbé de Sade est embarrassé entre son affection pour Pétrarque et son amour pour son pays. Il observe modestement que plusieurs des incommo-

résidence du pontife de Rome et la métropole de la chrétienté. De tous côtés, par terre, par mer, et par le Rhône, Avignon est d'un accès facile; les provinces méridionales de la France ne le cèdent pas à l'Italie : le pape et les cardinaux y bâtirent des palais, et les trésors de l'Église y attirèrent bientôt les arts du luxe. Les évêques de Rome possédaient déjà le comtat Venaissin (1); district peuplé et fertile touchant à celui d'Avignon. Ils profitèrent ensuite de la jeunesse et de la détresse de Jeanne 1re, reine de Naples et comtesse de Provence, pour acheter la souveraineté d'Avignon, qu'ils ne payèrent que quatre-vingt mille florins (2). A l'ombre de la monar-

dités du local d'Avignon ont disparu, et que les Italiens qui se trouvaient à la suite de la cour de Rome, y avaient porté la plupart des vices qui ont excité la verve du poëte (t. 1, p. 23-28).

(1) Philippe III, roi de France, céda en 1273 le comtat Venaissin aux papes, après qu'il eut hérité des domaines du comte de Toulouse. Quarante années auparavant, l'hérésie du comte Raimond leur avait donné un prétexte de le saisir; et ils tiraient du onzième siècle quelques droits obscurs sur quelques terres *citra Rhodanum* (Valois, *Notitia Galliarum*, p. 459-610; Longuerue, *Descript. de la France*, t. 1, p. 376-381).

(2) Si une possession de quatre siècles ne formait pas un titre, de pareilles objections pourraient rendre le marché nul; mais il faudrait rendre la somme, car elle fut payée. *Civitatem Avenionem emit.... per ejusmodi venditionem pecuniâ redundantes*, etc. (*Secunda Vit. Clement. VI*, in Baluze, t. 1, p. 272; Muratori, *Scriptor.*, tom. III, part. II, p. 565). Jeanne et son second mari ne furent séduits que par l'argent

chie française, et au milieu d'un peuple obéissant, les papes retrouvèrent cette existence honorable et tranquille à laquelle ils étaient depuis si long-temps étrangers. Mais l'Italie déplorait leur absence; et Rome, solitaire et pauvre, dut se repentir de cet indomptable esprit de liberté qui avait chassé du Vatican le successeur de saint Pierre. Son repentir trop tardif devenait inutile. Lorsque le sacré collége eut perdu ses vieux membres, il se remplit de cardinaux français (1) qui virent Rome et l'Italie avec horreur et mépris, et perpétuèrent une suite de papes pris dans la nation et même dans la province au milieu de laquelle ils résidaient, et attachés à leur patrie par des liens indissolubles.

<small>Institution du jubilé ou de l'année sainte. A. D. 1300.</small>

Le progrès de l'industrie avait formé et enrichi les républiques de l'Italie; le temps de leur liberté est l'époque la plus florissante de leur population et de leur agriculture, de leurs manufactures et de leur commerce; leurs travaux, d'abord mécaniques, amenèrent peu à peu les arts du luxe et du génie. Mais la position de Rome était moins favorable, et le sol

---

comptant, sans lequel ils n'auraient pu retourner dans leur royaume de Naples.

(1) Clément v fit tout de suite une promotion de dix cardinaux, neuf Français et un Anglais. (*Vit. quarta*, p. 63, et Baluze, p. 625, etc.) En 1331 le pape refusa deux prélats recommandés par le roi de France, *quòd XX cardinales, de quibus XVII de regno Franciæ originem traxisse noscuntur, in memorato collegio existant* (Thomassin; *Discipl. de l'Église*, t. 1, p. 1281).

moins fertile; ses habitans, avilis par la paresse et enivrés par l'orgueil, s'imaginaient follement que le tribut des sujets devait nourrir à jamais la métropole de l'Église et de l'empire. Le grand nombre de pèlerins qui venaient au tombeau des apôtres, entretenait à quelques égards ce préjugé; et le dernier legs des papes, l'institution de *l'année sainte* (1), ne fut pas moins utile au peuple qu'au clergé. Depuis la perte de la Palestine, le bienfait des indulgences plénières, destiné aux croisades, demeurait sans objet, et le trésor le plus précieux de l'Église avait été enlevé huit ans à la circulation publique. Boniface VIII, à la fois ambitieux et avare, lui ouvrit un nouveau canal; il se trouva assez instruit pour connaître et rappeler les jeux séculaires qu'on célébrait à Rome à la fin de chaque siècle. Pour sonder sans péril la crédulité populaire, on prêcha un sermon sur cette matière; on eut l'adresse de répandre des bruits, on fit valoir la déposition de quelques vieillards; et le 1ᵉʳ janvier de l'année 1300, l'église de Saint-Pierre fut remplie de fidèles qui demandèrent à grands cris les indulgences de l'année sainte, *qu'on était dans l'usage d'accorder*. Le pontife, qui épiait et excitait leur dévote impatience, se laissa facilement per-

---

(1) Les premiers détails que nous ayons sur cette affaire sont du cardinal Jacques Caiétan (*Maxima Bib. patrum*, t. 25); je suis embarrassé de déterminer si le neveu de Boniface VIII était un sot ou un fripon, mais on a moins d'incertitude sur le caractère de son oncle.

suader, d'après le témoignage des vieillards, de la justice de leur demande, et publia une absolution plénière en faveur de tous les catholiques qui, dans le cours de cette année et à la fin de chaque siècle, visiteraient respectueusement les églises de Saint-Pierre et de Saint-Paul. Cette heureuse nouvelle se répandit promptement par toute la chrétienté. On vit d'abord des provinces les plus voisines de l'Italie, et ensuite des contrées les plus éloignées, telles que la Hongrie et la Bretagne, les routes se couvrir d'une foule de pélerins empressés d'obtenir le pardon de leurs péchés par un voyage sans doute pénible et dispendieux, mais qui du moins n'offrait pas les dangers du service militaire. On oublia dans ce transport général toutes les excuses que pouvaient fournir le rang ou le sexe, l'âge ou les infirmités; et tel fut l'empressement de leur dévotion, que plusieurs personnes périrent foulées aux pieds dans les rues et dans les églises. Il n'est pas facile d'évaluer avec exactitude le nombre des pélerins; il a probablement été exagéré par le clergé, habile à répandre la contagion de l'exemple. Mais un historien judicieux, qui était à Rome alors, nous assure que durant le jubilé il n'y eut jamais moins de deux cent mille étrangers dans la ville, et un autre témoin dit que dans toute l'année on y vit plus de deux millions d'étrangers. Il eût suffi d'une légère offrande de la part de chaque individu pour fournir un immense trésor; et deux prêtres, des rateaux à la main, étaient occupés nuit et jour à recueillir, sans compter, les morceaux d'or et d'argent qu'on versait sur l'autel de Saint-Paul (1). Heureusement que c'était une année de paix et d'abondance; si le fourrage fut cher, si les hôtelleries et les logemens furent à un prix énorme, l'adroit Boniface et les avides Romains avaient eu soin de préparer d'inépuisables magasins de pain et de vin, de viande et de poisson. Dans une ville dépourvue de commerce et d'industrie, on voit promptement disparaître des richesses purement casuelles. La cupidité et la jalousie de la génération suivante, demandèrent à Clément VI (2) d'accorder un nouveau jubilé sans attendre la fin du siècle. Le pape eut la bonté d'y consentir, il offrit à Rome ce misérable dédommagement de ce qu'elle avait perdu par la translation du saint-siége; et, pour qu'on ne l'accusât pas de manquer à la loi de ses prédécesseurs, il fonda cette nouvelle pratique sur la loi mosaïque, dont elle prit son nom de *jubilé* (3). On obéit à sa voix, et le nombre,

Le second jubilé.
A. D. 1350.

---

(1) *Voyez* Jean Villani (l. VIII, c. 36) dans le douzième volume de la *Collection* de Muratori, et le *Chronicon Astense*, dans le onzième volume (p. 191, 192) de la même Collection. *Papa innumerabilem pecuniam ab eisdem accepit; nam duo clerici, cum rastris,* etc.

(2) Les deux bulles de Boniface VIII et de Clément VI se trouvent dans le *Corpus juris canonici* (*Extravag. commun.*, l. V, tit. 9, c. 1, 2).

(3) Les années et les jubilés sabbatiques de la loi de Moïse (*Car. Sigon. de republ. Hebræorum, Opp.*, t. IV, l. III, c. 14, 15, p. 151, 152); la suspension de toute espèce de soins et de travaux, cette restitution périodique des terres, et cet affranchissement de dettes, de servitude, etc., pa-

le zèle et la libéralité des pélerins ne le cédèrent pas
à ce qu'on avait vu au premier jubilé. Mais ils essuyèrent le triple fléau de la guerre, de la peste et de
la famine ; on attenta à la pudeur des femmes et des
vierges dans les châteaux de l'Italie, et les farouches
Romains, qui n'étaient plus contenus par la présence
de leur évêque, volèrent et égorgèrent un assez
grand nombre d'étrangers (1). C'est sans doute à l'a-
vidité des papes qu'il faut attribuer ce raccourcisse-
ment de l'intervalle des jubilés, d'abord à cinquante
ans, puis à trente-trois, puis à vingt-cinq. Cependant
la durée du second de ces intervalles fut calculée sur
celui de la vie de Jésus-Christ. La profusion des indulgences, la révolte des protestans, et l'affaiblissement de la superstition, ont bien diminué les produits
des jubilés; toutefois le dernier qu'on a célébré (le
dix-neuvième) a été une année de plaisir et de profit
pour les Romains ; et le sourire du philosophe ne
troublera pas ici le triomphe du clergé et le bonheur
du peuple (2).

---

raissent une belle idée, mais l'exécution en serait impraticable dans une république non théocratique; et si l'on
pouvait me démontrer que les Juifs observaient cette fête
ruineuse, j'en serais charmé.

(1) *Voy*. la *Chronique* de Matth. Villani (l. 1, c. 56) dans
le quatorzième volume de Muratori, et les *Mém. sur la vie
de Pétrarque* (t. III, p. 75-89).

(2) M. Chais, ministre de la communion protestante à la
Haye, a épuisé cette matière dans ses *Lettres historiques
et dogmatiques sur les Jubilés et les Indulgences*; la Haye,

Les nobles ou barons de Rome.

Au commencement du onzième siècle, l'Italie était en proie à la tyrannie féodale, également onéreuse au souverain et au peuple. Ses nombreuses républiques, qui bientôt étendirent leur liberté et leur empire sur les campagnes d'alentour, vengèrent les droits de la nature humaine. On brisa le glaive des nobles, on affranchit leurs serfs, on démolit leurs châteaux; ils rentrèrent dans la société, ils y reprirent les habitudes de l'obéissance; leur ambition fut bornée aux honneurs municipaux; dans les orgueilleuses aristocraties de Venise et de Gênes, chaque patricien fut soumis aux lois (1). Mais le faible et irrégulier gouvernement de Rome ne put dompter ses rebelles enfans, qui, dans la ville et hors des murs, méprisaient l'autorité du magistrat. Ce n'était plus une dispute civile entre les nobles et les plébéiens sur le gouvernement de l'État; les barons maintenaient leur indépendance par la force des armes; ils avaient fortifié leurs palais et leurs châteaux de manière à soutenir un siége; ils armaient dans leurs querelles particulières une multitude de vassaux et de domestiques. Ils ne tenaient à leur pays ni par leur origine ni par aucun sentiment

---

1751, trois volumes in-12. Ouvrage laborieux, et qui serait agréable si l'auteur n'avait préféré le caractère d'un théologien polémique à celui d'un philosophe.

(1) Muratori (*Dissert.* 47) allègue les Annales de Florence, de Padoue, de Gênes, etc., l'analogie des autres événemens, le témoignage d'Othon de Freysingen (*de Gestis Freder. I*, l. , c. 13) et la soumission du marquis d'Este.

d'affection (1); et un véritable Romain aurait repoussé ces fiers étrangers, qui dédaignaient le nom de citoyens, et se qualifiaient orgueilleusement de princes de Rome (2). Après une suite d'obscures révolutions, les familles avaient perdu leur chartrier; on avait aboli les surnoms; le sang des diverses nations s'était mêlé dans un millier de canaux; et les Goths et les Lombards, les Grecs et les Francs, les Germains et les Normands, avaient obtenu les plus belles possessions de la faveur du prince ou comme un tribut payé à leur valeur. Il est aisé de concevoir que les choses durent se passer ainsi; mais l'élévation d'une famille de Juifs au rang de sénateurs et de consuls, est la seule de ce genre qu'offre la longue captivité de ces malheureux proscrits (3).

---

(1) Dès l'an 824 l'empereur Lothaire 1er crut devoir interroger le peuple romain, et savoir de tous les individus d'après quelle loi nationale ils voulaient être gouvernés (Muratori, *Dissert.* 22).

(2) Pétrarque attaque ces étrangers, tyrans de Rome, dans une déclamation ou épître pleine de vérités hardies et d'un pédantisme absurde, où il veut appliquer les maximes et même les préjugés de l'ancienne république à Rome, telle qu'elle se trouvait au quatorzième siècle (*Mémoires*, t. III, p. 157-169).

(3) Pagi (*Critica*, t. IV, p. 435, A. D. 1124, n°s 3, 4) rapporte l'origine et les aventures de cette famille juive. Il parle d'après le *Chronographus Maurigniacensis*, et *Arnulphus Sagiensis de Schismate* (in Muratori, t. III, part. 1, p. 423-432). Les faits doivent être vrais à quelques égards,

Famille de Léon le Juif. Sous le règne de Léon x, un Juif opulent et éclairé embrassa le christianisme, et fut honoré au baptême du nom de son parrain, le pape régnant. Pierre, son fils, ayant montré du zèle et du courage dans la cause de Grégoire vii, ce pape lui donna le gouvernement du môle d'Adrien, qu'on appela ensuite la tour de Crescence, et qu'on nomme aujourd'hui le château Saint-Ange. Le père et le fils eurent beaucoup d'enfans; leurs richesses, amassées par l'usure, passèrent dans les familles de Rome les plus anciennes; et leurs alliances devinrent si nombreuses, qu'ils parvinrent à placer sur le trône de saint Pierre le petit-fils du converti. Il était soutenu par la majorité du clergé et du peuple; il régna plusieurs années au Vatican sous le nom d'Anaclet, et il n'a été flétri du nom d'antipape que par l'éloquence de saint Bernard et le triomphe d'Innocent ii. Après sa chute et sa mort, on ne vit plus reparaître sa famille, et aucun des nobles modernes ne voudrait descendre d'une race juive. Je n'ai pas le dessein de faire connaître les familles romaines qui se sont éteintes à diverses époques, ou celles qui se sont prolongées jusqu'à nos jours (1): celle des *Frangipani*, qui eut

---

mais je voudrais qu'on les eût racontés froidement avant d'en faire un sujet de reproche contre l'antipape.

(1) Muratori a publié deux dissertations (41 et 42) sur les noms, les surnoms et les familles de l'Italie. Sa critique ferme et modérée a pu blesser quelques nobles qui s'enorgueillissent de leurs fabuleuses généalogies. Cependant

des consuls à la renaissance de la république, tire son nom de la générosité qu'elle eut de rompre (*frangere*) ou partager son pain avec le peuple dans une famine; souvenir plus glorieux que celui d'avoir, avec les *Corsi* et ses alliés, enfermé un grand quartier de la ville dans les chaînes de ses fortifications. Les *Savelli*, qui paraissent être d'extraction sabine, ont conservé leur dignité première. On trouve sur les monnaies des premiers sénateurs, le vieux surnom de *Capizucchi*; les *Conti* ont gardé les honneurs, mais non pas les domaines des comtes de Signia, et les *Annibaldi* (1) doivent avoir été bien ignorans ou bien modestes, s'ils ne se sont pas donnés pour descendans du héros de Carthage.

---

quelques onces d'or pur valent mieux que plusieurs livres d'un métal grossier.

(1) Le cardinal de Saint-George, dans son histoire poétique où plutôt versifiée de l'élection et du couronnement de Boniface VIII (Murat., *Script. ital.*, tom. III, part. 1, p. 641, etc.) nous fait connaître l'état de Rome et les familles qu'elle renfermait lors de ce couronnement (A. D. 1295):

> *Intereà titulis redimiti sanguine et armis*
> *Illustresque viri Romanâ à stirpe trahentes*
> *Nomen in emeritos tantæ virtutis honores*
> *Intulerant sese medios festumque colebant*
> *Auratâ fulgentes togâ sociante catervâ.*
> *Ex ipsis devota domus præstantis ab* URSA
> *Ecclesiæ, vultumique gerens demissius altum*
> *Festa* COLUMNA *jocis, nec non* SABELLIA *mitis;*
> *Stephanides senior,* COMITES, ANIBALICA *proles,*
> *Præfectusque urbis magnum sine viribus nomen.*
> (l. II, c. 5, 100, p. 647, 648.)

Les anciens statuts de Rome (l. III, c. 59, p. 174, 175.)

Les Colonnes.

Mais dans le nombre, et peut-être au-dessus des pairs et des princes de Rome, il faut distinguer les maisons rivales des *Colonnes* et des *Ursins*, dont l'histoire particulière est une partie essentielle des annales de Rome moderne. 1° Le nom et les armes des Colonnes (1) ont donné lieu à plusieurs étymologies bien incertaines ; et dans ces recherches, les orateurs et les antiquaires n'ont oublié ni la colonne de Trajan, ni les colonnes d'Hercule, ni la colonne à laquelle on attacha Jésus-Christ lors de sa flagellation, ni enfin la colonne lumineuse qui guida les Israélites dans le désert. C'est en 1104 que l'histoire en parle pour la première fois; et l'explication qu'on donnait alors de leur nom, atteste leur pouvoir et leur antiquité. Les Colonnes avaient provoqué les armes de Pascal II en s'emparant de *Cavæ;* mais ils possédaient légitimement les fiefs de Zagarola et de *Colonna* dans la campagne de Rome : il est probable que cette dernière ville était ornée de quelque colonne élevée, reste d'une ancienne maison de campagne ou d'un ancien temple (2). Ils possédaient

---

distinguent onze familles de barons qui doivent prêter serment *in consilio communi*, devant le sénateur, qu'ils n'accorderont ni asile ni protection aux malfaiteurs, aux proscrits, etc., serment qu'on n'observait guère.

(1) Il est bien à regretter que les Colonnes eux°-mêmes n'aient pas donné au monde une histoire complète et critique de leur illustre maison. J'adopte l'idée de Muratori (*Dissert.* 42, t. III, p. 647, 648).

(2) Pandolph. Pisan., *in Vit. Pascal. II, in* Muratori,

aussi une moitié de la ville de Tusculum, située dans le voisinage, et l'on présume de là qu'ils descendent des comtes de Tusculum, qui, au dixième siècle, opprimèrent les papes. Selon leur opinion et celle du public, leur famille, qui remonte à un temps fort reculé, tire son origine des bords du Rhin (1), et les souverains de l'Allemagne ne se sont point crus abaissés par une affinité réelle ou fabuleuse avec une maison qui, dans les révolutions de sept siècles, a obtenu souvent les illustrations du mérite, et toujours celles de la fortune (2). Vers la

---

Script. ital, t. III, part., 1, p. 335. Cette famille a encore de grandes possessions dans la campagne de Rome; mais elle a vendu aux Rospigliosi le fief de *Colonna*. (Eschinard, p. 258, 259).

(1) *Te longinqua dedit tellus et pascua Rheni*,

dit Pétrarque; et en 1417 un duc de Gueldres et de Juliers reconnut (Lenfant, *Histoire du concile de Constance*, t. II, p. 539) qu'il descendait des aïeux de Martin V (Othon Colonna). Mais le roi de Prusse observe dans les *Mémoires de Brandebourg*, que dans ses armes le sceptre a été confondu avec la colonne. Pour soutenir l'extraction romaine de cette maison, on a ingénieusement supposé (*Diario di Monaldeschi*, dans les *Script. ital.*, t. XII, p. 533) qu'un cousin de l'empereur Néron s'était sauvé de Rome, et avait fondé la ville de Mayence.

(2) Je ne dois pas oublier le triomphe romain ou l'ovation de Marc-Antoine Colonne, qui avait commandé les galères du pape à la bataille de Lépante (de Thou, *Hist.*, l. VII, t. III, p. 55, 56; Muratori, *Oratio* 10, *Opp.*, tom. I, p. 180-190).

fin du treizième siècle, la branche la plus puissante était composée d'un oncle et de six frères, tous distingués dans les armes ou élevés aux dignités ecclésiastiques. Pierre, l'un d'entre eux, fut choisi pour sénateur de Rome; un char de triomphe le porta au Capitole, et quelques voix le saluèrent du vain titre de César : Jean et Étienne furent nommés marquis d'Ancône et comtes de la Romagne par Nicolas IV, qui favorisa tellement leur famille, que sur des portraits satiriques on le voit emprisonné dans une colonne creuse (1). Après sa mort, leur conduite hautaine révolta Boniface VIII, le plus implacable des hommes. Deux cardinaux de cette famille, l'oncle et le neveu, contestèrent son élection, et il employa contre leur maison les armes temporelles et spirituelles du saint-siége (2). Il proclama une croisade contre ses ennemis personnels : leurs biens furent confisqués ; les troupes de saint Pierre et celles des familles nobles rivales des Colonnes assiégèrent les

---

(1) Muratori, *Annali d'Italia*, t. x, p. 216-220.

(2) L'attachement de Pétrarque pour la maison de Colonne a engagé l'abbé de Sade à donner beaucoup de détails sur la position de cette famille au quatorzième siècle, sur la persécution de Boniface VIII, le caractère d'Étienne et de ses fils, leurs querelles avec les Ursins, etc. (*Mém. sur Pétrarque*, t. 1, p. 98-110, 146-148, 174-176, 222-230, 275-280). Sa critique rectifie souvent les faits rapportés par Villani, d'après des ouï-dire, et les erreurs de quelques modernes moins exacts. On m'assure que la branche d'Étienne ne subsiste plus.

forteresses qu'ils avaient des deux côtés du Tibre; et après la ruine de Palestrine ou Préneste, leur principale résidence, on fit passer sur le terrain qu'elle avait occupé, la charrue, emblème d'une éternelle désolation. Les six frères, dégradés, bannis et proscrits, furent réduits à se déguiser; ils errèrent en Europe à travers mille dangers, mais conservant toujours l'espoir du retour et de la vengeance. La France les servit dans ce double espoir; ils conçurent et dirigèrent l'entreprise de Philippe le Bel, et je louerais leur magnanimité s'ils avaient respecté l'infortune et le courage du tyran captif. Le peuple romain annula les actes civils de Boniface VIII; il rétablit les Colonnes dans leur dignité et leurs possessions : on peut juger de leurs richesses par le tableau de leurs pertes, et se former une évaluation de ces pertes par les cent mille florins d'or de dédommagement qu'on leur accorda sur les biens des complices et des héritiers du dernier pape. Les successeurs de Boniface VIII abolirent prudemment toutes les censures et toutes les déclarations d'incapacité civile prononcées contre une maison dont cet orage passager ne servit qu'à affermir plus solidement la fortune (1). Sciarra Colonna signala sa

---

(1) Alexandre III avait déclaré les Colonnes qui adhéraient à l'empereur Frédéric Ier, incapables de posséder aucun bénéfice ecclésiastique (Villani, l. v, c. 1). Sixte-Quint fit cesser l'usage de renouveler toutes les années l'excommunication portée contre eux (*Vita di Sisto V*, tome III,

hardiesse lors de l'emprisonnement du pape à Agnani; et long-temps après, lors du couronnement de Louis de Bavière, cet empereur, plein de reconnaissance, permit aux Colonnes d'orner leurs armes d'une couronne royale. Mais celui qui surpassa les autres en mérite et en réputation, fut Étienne premier du nom, que Pétrarque aimait et estimait comme un héros supérieur à son siècle et digne de l'ancienne Rome. La persécution et l'exil développèrent ses talens dans la paix et dans la guerre : victime du malheur, il fut un objet, non de pitié, mais de respect ; l'aspect du danger n'était qu'un motif de plus pour l'engager à déclarer ce nom qu'on poursuivait; et un jour qu'on lui demanda : « Où est maintenant votre forteresse ? » il mit la main sur son cœur et répondit : « Ici. » Il soutint avec la même vertu le retour de la prospérité ; et jusqu'à la fin de ses jours, Étienne Colonne fut par ses ancêtres, par lui-même et par ses enfans, un des personnages les plus illustres de la république romaine ou de la cour d'Avignon. 2° Les Ursins sont venus de Spolette (1) au douzième siècle : on les appelait les

Les Ursins.

---

p. 416): La trahison, le sacrilége et la proscription, sont souvent les meilleurs titres de l'ancienne noblesse.

(1) *— Vallis te proxima misit*
Apenninigenæ quá prata virentia sylvæ
Spoletana metunt armenta gregesque protervi.

Monaldeschi (t. XII, *Script. ital.*, p. 533) donne une origine française à la maison des Ursins. Elle a pu en effet passer de France en Italie à une époque très-reculée.

fils d'Ursus', du nom de quelque personnage élevé en dignité ; personnage dont on ne sait rien, sinon qu'il est leur premier ancêtre. Ils se distinguèrent bientôt entre les nobles de Rome par le nombre et la valeur de leurs alliés, par la force des tours qui leur servaient de défense, par les dignités du sénat et du sacré collége ; et par deux papes de leur famille et de leur nom, Célestin III et Nicolas III (1). Leurs richesses prouvent que les abus du népotisme sont très-anciens. Célestin aliéna en leur faveur les domaines de saint Pierre (2), et Nicolas, qui sollicita pour eux l'alliance des monarques, voulait leur

---

(1) La Vie de Célestin v, que le cardinal de Saint-George a publiée en vers (Murat., t. III, part. 1, p. 613, etc.) contient ce passage, qui est très-clair et qui ne manque pas d'élégance (l. 1, c. 3, p. 203, etc.) :

— Genuit quem nobilis Ursæ (Ursi?)
Progenies, roniana domus, veterataque magnis
Fascibus in clero, pompasque experta senatus,
Bellorumque manû grandi stipata parentum
Cardineos apices necnon fastigia dudum
Papatus iterata tenens.

Muratori (*Dissert.* 42, t. III) voudrait lire *Ursi*. Il observe que le premier pontificat de Célestin III, Ursin, était inconnu.

(2) *Filii Ursi, quondam Celestini papæ nepotes, de bonis Ecclesiæ romanæ ditati* (*Vit. Innocent. III., in Muratori, Script.*, t. III, p. 1). La prodigalité de Nicolas III envers ses parens se voit mieux encore dans Villani et Muratori : cependant les Ursins auraient dédaigné les neveux d'un pape *moderne*.

fonder de nouveaux royaumes dans la Lombardie et la Toscane, et les revêtir à jamais de l'office de sénateurs de Rome. Tout ce que nous avons dit de la grandeur des Colonnes, rejaillit également sur les Ursins, qui ont toujours été leurs antagonistes et toujours leurs égaux en forces durant la longue querelle qui troubla l'État de l'Église pendant plus de deux siècles et demi. La jalousie de la prééminence et du pouvoir fut la véritable cause de cette querelle; mais pour donner à leurs divisions un prétexte spécieux, les Colonnes adoptèrent le nom de Gibelins et le parti de l'empire, et les Ursins épousèrent celui de Guelfes et la cause de l'Église. L'aigle et les clefs paraissaient sur leurs bannières, et ces factions qui se partagèrent l'Italie ne se livrèrent jamais à de plus violentes fureurs qu'à l'époque où l'on avait oublié dès long-temps l'origine et la nature de la dispute (1). Après la retraite des papes à Avignon, elles se disputèrent, les armes à la main, le gouvernement de la république; elles réglèrent à la fin qu'on élirait chaque année deux sénateurs rivaux, ce qui perpétua les maux de la discorde. Leurs hostilités particulières désolèrent la ville et la campagne, et la balance pencha alternativement de l'un et de l'autre côté. Mais aucun individu des deux familles n'avait péri par le glaive à l'époque où

{Leurs querelles héréditaires.}

---

(1) Muratori, dans sa cinquante-unième dissertation sur les antiquités d'Italie, explique l'origine des factions des Guelfes et des Gibelins.

Étienne Colonne le jeune surprit et égorgea le champion le plus renommé des Ursins (1). Il ne dût son triomphe qu'à la violation de la trève qui subsistait alors ; et les Ursins s'en vengèrent lâchement en assassinant à la porte d'une église un enfant des Colonnes et deux domestiques qui le suivaient. Le même Étienne Colonne fut nommé sénateur de Rome pour cinq ans, et on lui donna un collègue qui ne devait rester en place qu'une année. La muse de Pétrarque s'abandonnant à ses vœux ou à ses espérances, prédit que le fils de son respectable héros rétablirait l'antique gloire de Rome et de l'Italie, que sa justice anéantirait les loups et les lions, les serpens et les *ours*, qui s'efforçaient de renverser l'inébranlable Colonne de marbre (2).

---

(1) Pétrarque (t. 1, p. 222-230), d'après les sentimens des Colonnes, a célébré cette victoire ; mais deux auteurs contemporains, l'un de Florence (Giovanni Villani, l. x, c. 220) et l'autre de Rome (Ludov. Monaldeschi, p. 533, 534), contrarient l'opinion du poète, et sont moins favorables à leurs armes.

(2) L'abbé de Sade (t. 1, notes, p. 61-66) a appliqué le sixième sonnet de Pétrarque, *Spirto gentil*, etc., à Étienne Colonné le jeune :

> Orsi, *lupi*, *leoni*, aquile e serpi
> *Ad una gran marmorea* Colonna
> *Fanno noja sovente, ed a se danno.*

CHAPITRE LXX.

Caractère et couronnement de Pétrarque. Rétablissement de la liberté et du gouvernement de Rome par le tribun Rienzi. Ses vertus et ses vices; son expulsion et sa mort. Les papes quittent Avignon et retournent à Rome. Grand schisme d'Occident. Réunion de l'Église latine. Derniers efforts de la liberté romaine. Statuts de Rome. Formation définitive de l'État ecclésiastique.

Pétrarque.
A. D. 1304,
juin 19.
A. D. 1374,
juillet 19.

LES modernes ne voient dans Pétrarque (1) que le chantre italien de Laure et de l'amour. L'Italie, dans ce chantre harmonieux, admire ou plutôt adore le père de sa poésie lyrique; et l'enthousiasme ou l'affectation de la sensibilité amoureuse répète ses chants, ou du moins son nom. Quelle que puisse être l'opinion d'un étranger, il n'a qu'une connaissance superficielle de la langue italienne, et il doit s'en rapporter sur ce point au jugement d'une nation

---

(1) Les *Mémoires sur la vie de François Pétrarque* (Amsterdam, 1764, 1767, 3 vol. in-4°) forment un ouvrage abondant en détails, original et très-agréable. C'est un travail fait d'affection, et d'après l'étude exacte du poëte et de ses contemporains; mais on perd trop souvent le héros au milieu de l'histoire générale de son siècle; et l'auteur se laisse trop souvent affadir par une affectation de politesse et de galanterie. Dans la préface du premier volume, l'abbé de Sade indique vingt biographes italiens qui ont traité spécialement le même sujet, et il examine leur mérite.

éclairée. Toutefois j'ose espérer ou je présume que les Italiens ne comparent pas des sonnets et des élégies, dont la marche est toujours uniforme et ennuyeuse, aux sublimes compositions de leurs poëtes épiques, à l'originalité sauvage du Dante, aux beautés régulières du Tasse, ou à l'inépuisable variété de l'inimitable Arioste. Je suis encore moins propre à juger du mérite de l'amant; et je m'intéresse peu à une passion métaphysique pour une maîtresse si aérienne qu'on a contesté son existence (1), pour une femme si féconde (2) qu'elle mit au monde onze enfans légitimes (3), tandis que son amoureux Céla-

---

(1) L'opinion de ceux qui ne voient dans Laure qu'un personnage allégorique, prévalut dans le quinzième siècle; mais les prudens commentateurs n'étaient point d'accord, et ils disputaient pour savoir si Pétrarque avait voulu désigner par ce nom la Religion ou la Vertu, la sainte Vierge ou... *Voy.* les préfaces du premier et du second volume de l'abbé de Sade.

(2) Laure de Noves naquit vers l'an 1307 : elle épousa, au mois de janvier 1325, Hugues de Sade, noble citoyen d'Avignon, dont la jalousie n'était pas un effet de l'amour; car il se maria une seconde fois sept mois après la mort de Laure, qui arriva le 6 avril 1348, précisément vingt-un ans après l'époque où Pétrarque l'avait vue pour la première fois, et avait senti naître son amour pour elle.

(3) *Corpus crebris partubus exhaustum* : l'abbé de Sade, biographe de Pétrarque, et si plein de zèle et d'affection pour ce poëte, descend, au dixième degré, d'un des enfans de Laure. Il est vraisemblable que c'est ce motif qui lui a fait naître le projet de son ouvrage, et l'a déterminé à rechercher toutes les circonstances d'une histoire si importante

don soupirait et chantait ses douleurs auprès de la fontaine de Vaucluse (1). Dans l'opinion de Pétrarque et celle des plus graves de ses contemporains, son amour était un péché, et les vers italiens un amusement frivole. Il dut à des vers et à des morceaux de philosophie et d'éloquence écrits en latin, sa réputation, qui ne tarda pas à remplir la France et l'Italie : ses amis et ses disciples se multiplièrent dans chaque ville; et si le gros volume de ses œuvres (2) dort maintenant en paix, notre reconnaissance doit des éloges à l'homme qui, par ses préceptes et par son exemple, fit revivre le goût et l'étude des auteurs du siècle d'Auguste. Pétrarque aspira dès ses premières années à la couronne poétique. Celui qui avait obtenu dans les trois facultés les honneurs académiques, recevait le rang suprême de maître ou de

---

pour la réputation de son aïeule. *Voyez* surtout le tome 1, p. 123-133, notes, p. 7-58; le t. II, p. 455-495, notes, p. 76-82.)

(1) La fontaine de Vaucluse, si bien connue de nos voyageurs anglais, a été décrite par l'abbé de Sade.(*Mémoires*, t. 1, p. 340-359) d'après les ouvrages de Pétrarque et ses propres connaissances locales. Ce n'était au vrai qu'une retraite d'ermite, et les modernes se trompent beaucoup s'ils placent dans la grotte Laure et son heureux amant.

(2) L'édition de Bâle, du seizième siècle, sans indication de l'année, contient douze cent cinquante pages, petit caractère. L'abbé de Sade demande à grands cris qu'on fasse une nouvelle édition des œuvres latines de Pétrarque; mais je doute beaucoup qu'elle fût utile au libraire et agréable au public.

docteur en poésie (1) ; et le titre de poëte lauréat, que la coutume, plutôt que la vanité, perpétue à la cour d'Angleterre (2), a été inventé par les Césars de la Germanie. Dans les combats de musique de l'antiquité, le vainqueur obtenait un prix (3) ; on croyait que Virgile et Horace avaient été couronnés au Capitole : cette idée échauffa Pétrarque, qui voulut ob-

(1) *Voyez* Selden., *Titles of Honour* (t. III de ses OEuvres, pag. 457-466). Un siècle avant Pétrarque, saint François reçut la visite d'un poëte *qui ab imperatore fuerat coronatus et exinde rex versuum dictus.*

(2) Depuis Auguste jusqu'à Louis XIV, la muse des poëtes n'a que trop souvent été mensongère et vénale ; mais je doute que dans aucun siècle et dans aucune cour il y ait jamais eu, ainsi qu'à la cour d'Angleterre, un poëte stipendié, qui, sous tous les règnes et dans toutes les occasions, fût obligé de fournir deux fois par an une certaine quantité de vers, et une certaine dose d'éloges qu'on pût chanter dans la chapelle, et, je crois, en présence du souverain. Je parle avec d'autant plus de liberté de cet usage ridicule, que le meilleur temps pour l'abolir est celui où le roi se trouve être un homme vertueux, et le poëte un homme de génie.

(3) Isocrate (*in Panegyr.*, t. 1, p. 116, 117, édit. Battie, *Cambridge*, 1729) revendique pour Athènes, sa patrie, la gloire de l'établissement de αγωνας και τα αθλα μεγιστα μη μονον ταχους και ρωμης, αλλα και λογων και γνωμης. On imita à Delphes les panathénées ; mais aux jeux olympiques il n'exista de couronne pour la musique que lorsqu'elle fut arrachée par la vanité tyrannique de Néron (Suét., *in Nerone*, c. 23 ; Philostrat. *apud Casaubon, ad locum*, Dion-Cassius ou Xiphilin, l. LXIII, p. 1032, 1041 ; *Potter's greek Antiquities*, vol. 1, p. 445-450).

tenir les mêmes honneurs (1), et le laurier (2) tira pour lui un nouvel attrait de la ressemblance de son nom avec celui de Laure. Ces deux objets de ses désirs augmentèrent de prix par la difficulté; et si la vertu ou la prudence de Laure fut inflexible (3), il subjugua du moins la nymphe de la poésie et put se vanter de son triomphe. Sa vanité n'était pas du genre le plus délicat, puisqu'il s'est plu à célébrer le succès de ses travaux : son nom était devenu populaire ; ses amis le servaient avec chaleur ; il surmonta enfin, par la dextérité du mérite patient, les

---

(1) Les jeux capitolins (*certamen quinquennale* MUSICUM, *equestre, gymnicum*) furent établis par Domitien (Suétone, c. 4) l'an 86 de Jésus-Christ (Censorin, *de Die Natali*, c. 18, p. 100, edit. *Havercamp*), et ne furent abolis qu'au quatrième siècle (Ausone, *de Professoribus Burdegal.* v). Si la couronne était accordée au mérite supérieur, l'exclusion de Stace (*Capitolia nostræ inficiata lyræ; Sylv.*, l. III, v. 31) peut prouver le talent des poëtes qui concouraient aux jeux du Capitole; mais les poëtes latins qui vécurent avant Domitien ne furent couronnés que par l'opinion publique.

(2) Pétrarque et les sénateurs de Rome ignoraient que le laurier était la couronne des jeux de Delphes, et non des jeux capitolins (Pline, *Hist. nat.*, xv, 39; *Hist. critique de la république des lettres*, t. 1, p. 150-220). Les vainqueurs du Capitole étaient couronnés d'une guirlande de feuilles de chêne (Martial, l. IV, épigramme 54).

(3) Le pieux descendant de Laure s'est efforcé, et non sans succès, de venger la pureté de sa vertu des censures des graves personnages et du sourire malin des gens du monde (t. , notes, p. 76-82).

oppositions publiques ou secrètes de la jalousie et du préjugé. A l'âge de trente-six ans, on le sollicita d'accepter ce qui faisait l'objet de ses désirs : il était alors dans la solitude de Vaucluse; et le jour où il reçut cette invitation solennelle de la part du sénat de Rome, il en reçut une semblable de l'université de Paris. Sans doute il n'appartenait pas au savoir d'une école de théologie et à l'ignorance d'une ville livrée au désordre, d'accorder cette couronne immortelle, quoique idéale, que décernent au génie les hommages du public et de la postérité ; mais Pétrarque eut soin d'écarter cette fâcheuse réflexion, et, après quelques momens d'incertitude et de joie, il se décida pour les honneurs que lui offrait la métropole du monde.

La cérémonie de son couronnement (1) fut célébrée au Capitole, par le suprême magistrat de la république, son protecteur et son ami. On y vit douze jeunes patriciens en habit écarlate, et six représentans des plus illustres familles, en robes vertes, avec des guirlandes de fleurs. Le sénateur comte d'Anguillara, allié des Colonnes, monta sur son trône, environné des princes et des nobles ; et Pétrarque, appelé par un héraut, se leva. Après avoir fait un

Son couronnement poétique à Rome.
A. D. 1341, avril 8.

---

(1) L'abbé de Sade décrit avec beaucoup d'exactitude tout ce qui a rapport au couronnement de Pétrarque (t. 1, p. 425-435; t. 11, p. 1-6, notes, p. 1-13). Ces détails sont tirés des écrits de Pétrarque et du journal romain de Louis Monaldeschi : il a eu soin de ne pas mêler à ce récit les fables plus récentes de Sannuccio Delbene.

discours sur un texte de Virgile, et formé à trois reprises des vœux pour la prospérité de Rome, il s'agenouilla devant le trône, et le sénateur, en lui mettant une couronne de laurier sur la tête, l'accompagna de ce mot plus précieux : « C'est la récompense du mérite. » Le peuple s'écria : « Longue vie au Capitole et au poëte! » Pétrarque répondit par un sonnet à la gloire de Rome, effusion du génie et de la reconnaissance. Le cortége se rendit au Vatican, et le poëte déposa devant la châsse de saint Pierre la couronne profane qu'il venait d'obtenir. Le diplôme (1) qu'on offrit à Pétrarque lui accordait le titre et les priviléges de poëte lauréat qui ne subsistaient plus depuis treize siècles : on l'autorisait à porter à son choix une couronne de laurier, de lierre ou de myrte, à prendre l'habit de poëte, à enseigner, disputer, interpréter, composer dans tous les lieux et sur tous les sujets de littérature. Le sénat et le peuple ratifièrent cette grâce, et on y ajouta le caractère de citoyen de Rome, comme une récompense de son zèle pour la gloire de cette ville. Cette distinction était honorable, et il la méritait. Il avait puisé dans les écrits de Cicéron et de Tite-Live les idées de ces patriotes des beaux temps de la république : son imagination ardente donnait à toutes les idées la chaleur du sentiment, et faisait de tout sentiment une passion. La vue des sept collines et de

---

(1) L'acte original est imprimé parmi les pièces justificatives des *Mémoires sur Pétrarque*, t. III, p. 50-53.

leurs ruines majestueuses fortifia ces vives impressions. Il aima un pays qui, après l'avoir couronné, l'adoptait pour un de ses enfans. La pauvreté et l'abaissement de Rome excitèrent l'indignation et la pitié de ce fils reconnaissant ; il dissimula les fautes de ses concitoyens ; il applaudissait avec enthousiasme aux derniers héros et aux dernières matrones de la république ; et, entraîné par le souvenir du passé et des espérances sur l'avenir, il se plaisait à oublier la misère du temps où il vivait. Rome était toujours à ses yeux la maîtresse légitime du monde : le pape et l'empereur, son évêque et son général, avaient abandonné leur poste, par une honteuse retraite sur les bords du Rhône et du Danube ; mais la république, en reprenant ses vertus, pouvait rétablir sa liberté et sa domination. Tandis que l'enthousiasme et l'éloquence (1) le livraient ainsi à leurs brillantes chimères, une révolution qui parut prête à les réaliser vint étonner Pétrarque, l'Italie et l'Europe. Je vais parler de l'élévation et de la chute du tribun Rienzi (2) : le sujet a de l'intérêt, les maté-

---

(1) Pour avoir des preuves de son enthousiame pour Rome, j'invite seulement le lecteur à ouvrir au hasard les OEuvres de Pétrarque ou l'ouvrage de son biographe français. Ce dernier a décrit le premier voyage du poëte à Rome (t. 1, p. 323-335); mais, au lieu de tant de fleurs de rhétorique et de moralités, Pétrarque aurait dû, pour l'amusement de son siècle et de la postérité, nous donner une description exacte de la ville et de son couronnement.

(2) Le père Du Cerceau, jésuite, a écrit l'*Histoire de la*

riaux sont en grand nombre, et le coup d'œil d'un barde patriote (1) animera quelquefois le récit détaillé, mais simple, du Florentin (2) et surtout du Romain (3) qui ont traité ce morceau d'histoire.

Conjuration de Nicolas Gabrini, dit de Rienzi, tyran de Rome, en 1347, ouvrage publié à Paris en 1748, *in*-12, après la mort de l'auteur. Je lui dois quelques faits et divers documens qui se trouvent dans un livre de Jean Hocsemius, chanoine de Liége, historien contemporain (Fabricius, *Biblioth. latin. medii ævi*, t. III, p. 273; t. IV, p. 85).

(1) L'abbé de Sade, qui fait un si grand nombre d'excursions sur l'histoire du quatorzième siècle, a nécessairement dû traiter, comme étant de son sujet, une révolution qui intéressait si vivement Pétrarque (*Mémoires*, t. II, p. 50, 51; 320, 417, notes, p. 70-76; t. III, p. 221-243, 366-375). Il y a lieu de croire qu'aucune des idées ou aucun des faits qui se trouvent dans les écrits de Pétrarque ne lui a échappé.

(2) Jean Villani, l. XII, c. 89-104, *in Muratori, Rerum Ital. Script.*, t. XIII, p. 969, 970, 981-983.

(3) Muratori a inséré dans son troisième volume des *Antiquités italiennes* (p. 249-548) les *Fragmenta historiæ romanæ ab anno* 1327 *usque ad annum* 1354, dans le dialecte qu'on parlait à Rome et à Naples au quatorzième siècle, avec une version latine en faveur des étrangers. Ces fragmens contiennent les détails les plus authentiques de la vie de Cola (Nicolas) di Rienzi : ils avaient été imprimés en 1627, *in*-4°, sous le nom de Thomas Fortifiocca, dont on ne dit rien dans cet ouvrage, sinon qu'il avait été puni par le tribun pour un crime de faux. La nature humaine est rarement capable d'une si sublime ou si stupide impartialité; mais, quel que soit l'auteur de ces Fragmens, il les a écrits sur les lieux et au temps de la révolution, et il peint sans

Dans un quartier de la ville, qui n'était habité que par des artisans et des Juifs, le mariage d'un cabaretier et d'une blanchisseuse produisit le libérateur de Rome (1). Nicolas Rienzi Gabrini ne pouvait recevoir d'une pareille famille ni dignité ni fortune; mais elle s'imposa des privations pour lui donner une éducation libérale, cause de sa gloire et de sa fin prématurée. Le jeune plébéien étudia l'histoire et l'éloquence, les écrits de Cicéron, de Sénèque, de Tite-Live, de César et de Valère Maxime, et son génie s'éleva au-dessus de ses égaux et de ses contemporains. Il étudiait avec une ardeur infatigable les manuscrits et les marbres de l'antiquité; il aimait à expliquer ce qu'il savait dans la langue vulgaire de son pays, et se laissait souvent entraîner à s'écrier: « Où sont aujourd'hui ces Romains, leurs vertus, leur justice et leur puissance? Pourquoi n'ai-je pas reçu le jour dans ces temps heureux (2)? » Lorsque

Naissance, caractère et projets patriotiques de Rienzi.

---

dessein et sans art les mœurs de Rome et le caractère du tribun.

(1). Le premier et le plus beau moment de la vie de Rienzi, celui de son gouvernement en qualité de tribun, se trouve dans le dix-huitième chapitre des *Fragmens* (p. 399-479). Ce chapitre forme, dans la nouvelle division, le deuxième livre de l'histoire, qui contient trente-huit chapitres ou sections d'une moindre étendue.

(2) On verra peut-être ici avec plaisir un échantillon de l'idiome qu'on parlait à Rome et à Naples au quatorzième siècle: *Fo dà soa juventuine nutricato di latte de eloquentia, buono gramatico, megliore rettuorico, autorista bravo. Deh como et quanto era veloce leitore! moito usava Tito Livio,*

la république envoya à la cour d'Avignon une ambassade composée des trois ordres de l'État, l'esprit et l'éloquence de Rienzi le firent nommer parmi les treize députés des communes. Il eut l'honneur de haranguer le pape Clément VI, et le plaisir de converser avec Pétrarque, esprit analogue au sien; mais l'humiliation et la pauvreté arrêtaient ses désirs ambitieux, et le patriote romain était réduit à un seul vêtement et aux aumônes de l'hôpital. La justice rendue à son mérite, ou le sourire de la faveur, le tira enfin de cet état de misère; il obtint l'emploi de notaire apostolique, qui lui procura un salaire journalier de cinq florins d'or, des liaisons plus honorables et plus étendues, et le droit de faire contraster l'intégrité de ses paroles et de ses actions avec les vices alors dominans dans l'État. Son éloquence rapide et persuasive faisait une grande impression sur la multitude, toujours disposée à l'envie et à la censure. La mort de son frère, tué par des assassins qu'on n'avait pas punis, lui donnait une nouvelle ardeur, et il était impossible d'excuser ou d'exagérer les malheurs publics. La tranquillité et la justice,

---

Seneca, et Tullio, et Balerio Massimo, moito li dilettava le magnificentie di Julio Cesare raccontare. Tutta la die se speculava negl' intagli di marmo lequali iaccio intorno Roma. Non era altri che esso, che sapesse lejere li antichi pataffii. Tutte scritture antiche vulgarizzava; quesse fiure di marmo justamente interpretava. Oh come spesso diceva: Dove suono quelli buoni Romani? dove ene loro somma justitia? Poteramme trovare in tempo che quessi fiuriano!

objets de toutes les sociétés civiles, étaient intérieurement bannies de Rome. Des citoyens (1) jaloux, qui auraient enduré toutes les injures relatives à leurs personnes ou à leurs propriétés, étaient profondément blessés du déshonneur de leurs femmes et de leurs filles ; ils étaient opprimés également par l'arrogance des nobles et la corruption des magistrats ; et, selon les emblêmes allégoriques reproduits de diverses manières sur les tableaux que Rienzi exposait dans les rues et dans les églises, la seule différence qui se trouvât entre les chiens et les serpens, était l'abus qu'ils faisaient les uns des armes, et les autres des lois. Tandis que la foule attirée par ces tableaux les regardait avec curiosité, l'orateur, plein de hardiesse et toujours préparé, en développait le sens, en appliquait la satire ; il allumait les passions des spectateurs, et annonçait un espoir éloigné de délivrance et de soulagement. Les priviléges de Rome, sa souveraineté à jamais durable sur ses princes et sur ses provinces, étaient, soit en public, soit en particulier, l'objet de ses discours ; et un monument de servitude devint entre ses mains un titre et un aiguillon de liberté. Le décret du sénat, qui accordait les plus grandes prérogatives à l'empereur Vespasien, avait été inscrit sur une table de cuivre qu'on voyait encore dans le chœur de l'église de

---

(1) Pétrarque rapproche la jalousie des Romains du caractère facile des maris d'Avignon (*Mémoires*, t. 1, p. 330).

Saint-Jean de Latran (1). Il invita un grand nombre de nobles et de plébéiens à la lecture solennelle de ce décret, et fit élever un théâtre pour les recevoir. Rienzi arriva couvert d'un habit qui avait de la magnificence et quelque chose de mystérieux; il expliqua l'inscription, il la traduisit en langue vulgaire; il la commenta (2), et s'étendit avec éloquence et avec chaleur sur l'antique gloire du sénat et du peuple, d'où dérivait toute espèce de pouvoir légal. L'indolente ignorance des nobles ne leur permit pas d'apercevoir le but sérieux de ces singulières représentations : ils maltraitèrent quelquefois de paroles, et même de coups, le plébéien qui s'érigeait en réformateur ; mais ils lui permirent souvent d'amuser de ses menaces et de ses prédictions les personnes qui se rassemblaient au palais Colonne, et le moderne Brutus (3) se cachait sous le masque de la folie et le

---

(1) Les fragmens de la *lex Regia* se trouvent dans les *Inscriptions* de Gruter, t. 1, p. 242, et à la fin du *Tacite* d'Ernesti, avec quelques notes savantes de l'éditeur, t. II.

(2) Je ne puis omettre une étonnante et ridicule erreur de Rienzi. La *lex Regia* autorise Vespasien à étendre le *pomœrium*, mot familier à tous les antiquaires, mais non pas au tribun, qui le confondait avec *pomarium*, *verger*, et traduisait *lo Jardino de Roma cioene Italia*; et ce sens a été adopté par le traducteur latin (p. 406) ainsi que par l'historien français (p. 33), moins excusables dans leur ignorance. Le savoir de Muratori lui-même s'est endormi sur ce passage.

(3) *Priori* (Bruto) *tamen similior, juvenis uterque, longe ingenio quam cujus simulationem induerat, ut sub hoc ob-*

rôle d'un bouffon. Tandis qu'il se livrait à leur
mépris, le rétablissement du *bon état*, son expression favorite, était regardé par le peuple comme un
événement désirable, possible, et enfin même comme un événement prochain : tous les plébéiens
étaient disposés à applaudir au libérateur qui leur
était promis, et quelques-uns eurent le courage de
le seconder.

Une prophétie ou plutôt une sommation affichée
à la porte de l'église Saint-George, fut le premier
aveu public de ses desseins; et une assemblée de
cent citoyens, réunis la nuit sur le mont Aventin,
fut le premier pas vers leur exécution. Après avoir
exigé des conspirateurs un serment de garder le secret et de le secourir, il leur fit voir l'importance et
la facilité de l'entreprise; leur montra les nobles
désunis et sans ressource, forts seulement de la crainte
qu'inspirait leur puissance imaginaire; le pouvoir et
le droit réunis dans les mains du peuple; les revenus
de la chambre apostolique suffisans pour alléger la
misère publique, et le pape lui-même ayant intérêt
d'approuver leur victoire sur les ennemis du gouvernement et de la liberté. Après avoir assuré à sa
première déclaration l'appui d'une troupe fidèle, il
ordonna, au son des trompettes, que chacun eût à
se trouver sans armes, la nuit du lendemain, devant
l'église Saint-Ange, afin de pourvoir au rétablisse-

Il s'arroge
le gouvernement
de Rome.
A. D. 1347,
mai 20.

---

tentu liberator ille P. R. aperiretur tempore suo.... *Ille regibus, hic tyrannis contemptus.* Opp., p. 536.

ment du *bon état*. Il employa cette nuit à faire célébrer trente messes du Saint-Esprit; à la pointe du jour il sortit de l'église, tête nue, armé de pied en cap, et ayant autour de lui les cent conjurés. Le vicaire du pape, simple évêque d'Orviète, qu'on avait déterminé à jouer un rôle dans cette singulière cérémonie, marchait à la droite de Rienzi, devant lequel on portait trois étendards, emblêmes des desseins des conjurés. Le premier, qu'on nommait la *bannière de la liberté*, représentait Rome assise sur deux lions, et tenant d'une main une palme, et de l'autre un globe; sur celui de la *justice*, on voyait saint Paul, l'épée nue à la main; et sur le troisième, saint Pierre avec les clefs de la *concorde* et de la *paix*. Rienzi était encouragé par les applaudissemens d'une foule innombrable qui comprenait peu de chose à tout cet appareil, mais qui formait de grandes espérances. La procession se rendit lentement du château Saint-Ange au Capitole. Le sentiment de son triomphe fut troublé par de secrètes émotions qu'il s'efforça de supprimer : il monta sans obstacle et avec une apparente confiance dans la citadelle de la république; et du haut du balcon il harangua le peuple, qui confirma ses actes et ses lois de la manière la plus flatteuse. Les nobles, comme s'ils eussent été dépourvus d'armes et de moyens de prendre un parti, demeuraient consternés et en silence, témoins de cette étrange révolution; on avait eu soin de choisir le moment où Étienne Colonne, le plus redoutable d'entre eux, ne se trouvait pas à Rome. A la première rumeur il revint dans son palais; il affecta de mépriser cette émeute populaire, et déclara au député de Rienzi que, lorsqu'il en aurait le loisir, il jetterait par les fenêtres du Capitole le fou qui l'avait chargé d'une si belle commission. La grande cloche sonna aussitôt l'alarme; le soulèvement fut si rapide et le danger devint si pressant, qu'Étienne Colonne gagna avec précipitation le faubourg Saint-Laurent, d'où, après un moment de repos, il continua de s'éloigner avec la même diligence, jusqu'à ce qu'il se trouvât en sûreté dans son château de Palestrine, regrettant son imprudence de n'avoir pas étouffé la première étincelle de ce terrible incendie. On publia au Capitole un ordre général et péremptoire, qui enjoignait à tous les nobles de se retirer paisiblement dans leurs domaines: ils obéirent, et leur départ assura la tranquillité de Rome, qui ne renferma plus que des citoyens libres et obéissans.

Mais une soumission volontaire disparaît avec les premiers transports de l'enthousiasme. Rienzi reconnut l'importance de justifier son usurpation par des formes régulières et un titre légal. S'il l'eût voulu, le peuple reconnaissant, et enivré de l'exercice du pouvoir, aurait accumulé sur sa tête les titres de sénateur et de consul, de roi et d'empereur: il préféra l'antique et modeste nom de tribun; la protection des communes formait l'essence de ce titre sacré, et le peuple ignorait que le tribunat n'avait jamais donné de part à la puissance législative ou au pouvoir exécutif de la république. Ce fut sous ce nom de

Rienzi se revêt du titre et des fonctions de tribun.

Lois du bon état.

tribun que Rienzi publia, de l'aveu des Romains, les réglemens les plus salutaires pour le rétablissement et le maintien du *bon état*. Conformément aux vœux de l'honnêteté et de l'inexpérience, une loi ordonna de terminer en quinze jours tous les procès civils. Le danger des parjures multipliés justifie peut-être une autre loi qui infligeait au crime de fausse accusation la peine qu'aurait subie l'accusé. Le législateur peut se voir forcé, par les désordres du temps, à punir de mort tous les homicides, et à ordonner, pour toutes les injures, la peine du talion. Comme on ne pouvait espérer une bonne administration de la justice qu'après avoir aboli la tyrannie des nobles ; on déclara que personne, excepté le suprême magistrat, n'aurait la possession ou le commandement des portes, des ponts ou des tours de l'État ; qu'on n'introduirait aucune garnison particulière dans les villes ou châteaux du territoire de Rome ; qu'aucun particulier ne pourrait ni porter d'armes, ni fortifier son habitation, soit dans la ville, soit dans la campagne ; que les barons répondraient de la sûreté des grands chemins et de la libre circulation des denrées, et que la protection accordée aux malfaiteurs et aux voleurs serait punie d'une amende de mille marcs d'argent. Mais ces réglemens eussent été impuissans et ridicules si l'autorité civile n'eût pas été soutenue par des forces capables de contenir la licence des nobles. Au premier moment d'alarme, la cloche du Capitole pouvait rassembler plus de vingt mille volontaires ; mais le tribun et les lois avaient besoin d'une force plus régulière et plus stable. Dans chacun des ports de la côte, on plaça un vaisseau chargé de protéger le commerce. Les treize quartiers de la ville levèrent, habillèrent et payèrent à leurs frais une milice permanente de trois cent soixante cavaliers et de treize cents fantassins, et on retrouve l'esprit des républiques dans le don de cent florins qu'on assigna, comme un témoignage de reconnaissance, aux héritiers des soldats qui perdraient la vie au service de la république. Rienzi employa sans crainte de sacrilége les revenus de la chambre apostolique aux frais de la défense de l'État, à l'établissement des greniers publics, au soulagement des veuves, des orphelins et des couvens pauvres. L'impôt sur les feux, l'impôt sur le sel et les douanes, produisaient chacun cent mille florins par année (1); les abus étaient bien crians, si, comme on le dit, la judicieuse économie du tribun tripla en quatre ou cinq mois le revenu de la contribution sur le sel. Après avoir ainsi rétabli les forces et les finances de la république, Rienzi manda les nobles qui, dans leurs châteaux solitaires, continuaient à jouir de l'indé-

---

(1) Je lis dans un manuscrit *perfumante quatro* SOLDI, dans un autre *quatro* FIORINI; cette différence est grave, puisque le florin valait dix *solidi romains* (Murat., *Diss.* 28). Il résulte de la première version qu'il y avait à Rome vingt-cinq mille familles, et de la seconde, qu'il y en avait deux cent cinquante mille, et j'ai lieu de craindre que la première ne soit plus conforme à la situation où était tombée Rome à cette époque, et au peu d'étendue de son territoire.

pendance; il leur enjoignit de se trouver au Capitole, et de venir prêter le serment de fidélité au nouveau gouvernement et de soumission aux lois du *bon état*. Craignant pour leur sûreté, mais sentant qu'un refus aurait encore plus de danger que l'obéissance, les princes et les barons revinrent à Rome et rentrèrent dans leurs maisons comme de simples et paisibles citoyens. Les Colonnes et les Ursins, les Savelli et les Frangipani, se virent confondus devant le tribunal d'un plébéien, de ce vil bouffon dont ils s'étaient moqués si souvent; et leur humiliation était augmentée par un dépit qu'ils s'efforçaient en vain de déguiser. Le même serment fut prononcé tour à tour par les diverses classes de la société, par le clergé et par les citoyens aisés, par les juges et les notaires, par les marchands et les artisans; l'ardeur et la sincérité du zèle se montraient davantage à mesure qu'on descendait vers les dernières classes. Tous juraient de vivre et de mourir au sein de la république et de l'Église, dont on lia adroitement les intérêts en associant, pour la forme, l'évêque d'Orviète, vicaire du pape, à l'office de tribun. Rienzi se vantait d'avoir affranchi le trône et le patrimoine de saint Pierre d'une aristocratie de rebelles; et Clément VI, qui se réjouissait de la chute des nobles, affectait de croire aux démonstrations d'attachement que lui donnait le réformateur, de reconnaître ses services, et de confirmer le pouvoir dont il avait été revêtu par le peuple. Un zèle très-vif pour la pureté de la foi animait les discours et peut-être le cœur de Rienzi ; il insinua que le Saint-Esprit l'avait chargé d'une mission surnaturelle, imposa de fortes peines pécuniaires à ceux qui ne rempliraient pas le devoir annuel de la confession et de la communion, et s'appliqua rigoureusement à maintenir le bien-être spirituel et temporel de son peuple fidèle (1).

Jamais peut-être le pouvoir du caractère d'un seul homme ne s'est montré avec autant d'énergie que dans la révolution soudaine, quoique passagère, opérée par le tribun Rienzi. Il soumit un repaire de bandits à la discipline d'une armée ou d'un couvent : il écoutait avec patience; il rendait une prompte justice; il était inexorable dans ses châtimens; le pauvre et l'étranger l'abordaient sans peine, et ni la naissance, ni la dignité, ni les immunités de l'Église, ne pouvaient sauver le coupable ou ses complices. Il abolit dans Rome les maisons privilégiées et tous ces asiles qui arrêtaient les officiers de la justice, et il employa aux fortifications du Capitole le fer et le bois de leurs barricades. Le vieux père des Colonnes, qui avait reçu un criminel dans son palais, subit la double honte d'avoir voulu le sauver et de ne s'en pas trouver le pouvoir. On avait volé près de Capranica une mule et une jarre d'huile; le seigneur

<small>Liberté et prospérité de la république de Rome.</small>

---

(1) Hocsemius, p. 398, *ap.* Du Cerceau, *Hist. de Rienzi*, p. 194. Les quinze lois que publia ce tribun se trouvent dans l'historien que, pour avoir plus tôt fait, je nommerai *Fortifiocca*, l. II, c. 4.

du canton, qui était de la famille des Ursins, fut condamné à payer la valeur de la mule et de l'huile, et de plus à une amende de cinq cents florins pour avoir mal gardé la route. La personne des barons n'était pas plus à l'abri des lois que leurs maisons ou leurs terres; et, soit par hasard, soit à dessein, Rienzi traitait avec la même rigueur les chefs des factions opposées. Pierre Agapet Colonne, qui avait été sénateur de Rome, fut arrêté dans la rue pour une injustice ou pour une dette; et Martin des Ursins, qui, entre autres actes de violence et de rapines, avait pillé un navire naufragé à l'embouchure du Tibre, satisfit enfin par sa mort à la justice de son pays (1). Son nom, la pourpre de deux oncles cardinaux, son mariage récent, et une maladie mortelle, n'ébranlèrent pas l'inflexible tribun, qui voulait faire un exemple, et qui avait choisi sa victime. Les officiers

---

(1) Fortifiocca, l. II, c. 11. Les détails de ce naufrage font connaître quelques circonstances du commerce et de la navigation du quatorzième siècle. 1° Le navire avait été construit à Naples, et on l'avait frété pour les ports de Marseille et d'Avignon. 2° Les matelots étaient originaires de Naples et de l'île d'OEnaria, et moins habiles que ceux de la Sicile et de Gênes. 3° Le navire était revenu de Marseille en longeant les côtes : assailli par une tempête, il s'était réfugié à l'embouchure du Tibre, mais il manqua le courant et échoua : l'équipage, n'ayant pu le dégager, descendit à terre. 4° Ce navire, dont la cargaison fut pillée, portait au trésor royal le revenu de la Provence, plusieurs balles de poivre, de cannelle et d'étoffes de France, le tout valant vingt mille florins, prise alors très-considérable.

publics arrachèrent Martin de son palais et de son lit nuptial : son procès fut court, et l'évidence de ses crimes incontestable ; la cloche du Capitole assembla le peuple ; le coupable, dépouillé de son manteau, à genoux et les mains liées derrière le dos, entendit son arrêt de mort, et, après lui avoir laissé quelques momens pour sa confession, on le mena au gibet. Dès ce moment tous les criminels perdirent l'espoir d'échapper au châtiment, et les scélérats, les fauteurs de désordres, les oisifs, purifièrent bientôt par leur fuite la ville et le territoire de Rome. Alors, dit Fortifiocca, les forêts se réjouirent de n'être plus infestées de brigands, les bœufs reprirent les travaux du labourage ; les pélerins revinrent dans les églises ; les grands chemins et les hôtelleries se remplirent de voyageurs; le commerce, l'abondance et la bonne foi, reparurent dans les marchés, et l'on put laisser une bourse d'or en sûreté sur la route publique. Lorsque les sujets n'ont pas à craindre pour leur vie et leur propriété, l'industrie et les richesses qui en sont la récompense reparaissent bientôt d'elles-mêmes : Rome était toujours la métropole du monde chrétien ; et les étrangers qui avaient joui de l'heureuse administration du tribun, publièrent dans tous les pays sa gloire et sa fortune.

Animé par le succès de ses desseins, Rienzi conçut une idée plus vaste encore, mais peut-être chimérique. Il voulait former des divers États de l'Italie, soit principautés, soit villes libres, une république fédérative où Rome tiendrait comme autrefois, et à {.sidenote} Le tribun est respecté en Italie.

juste titre, le premier rang. Il n'était pas moins éloquent dans ses écrits que dans ses discours. Des messagers rapides et fidèles furent chargés de ses nombreuses lettres : à pied, un bâton blanc à la main, ils traversaient les bois et les montagnes; leur personne avait dans les contrées ennemies le caractère sacré des ambassadeurs ; soit flatterie ou vérité, ils rapportèrent à leur retour qu'ils avaient trouvé les grands chemins bordés d'une multitude à genoux, implorant le ciel pour le succès de leur voyage. Si les passions avaient pu écouter la raison, si l'intérêt public avait pu triompher de l'intérêt particulier, l'Italie confédérée, et gouvernée par un tribunal suprême, se serait guérie des maux que lui causaient ses discordes intestines, et aurait fermé les Alpes aux Barbares du Nord. Mais l'époque favorable à cette réunion était passée; et si Venise, Florence, Sienne, Pérouse et quelques villes inférieures, offrirent au *bon état* la vie et la fortune de leurs sujets, les tyrans de la Lombardie et de la Toscane devaient mépriser ou détester le plébéien qui venait d'établir une constitution libre. Leur réponse cependant, ainsi que celle des autres cantons de l'Italie, était remplie de témoignages d'amitié et de considération pour le tribun : Rienzi reçut bientôt après les ambassadeurs des princes et des républiques; et au milieu de ce concours d'étrangers et dans toutes les relations de plaisir ou d'affaires, ce notaire plébéien savait montrer la politesse ou familière ou majestueuse qui convient à un souverain (1). L'époque la plus glorieuse de son règne fut le moment où Louis, roi de Hongrie, invoqua sa justice contre sa belle-sœur, Jeanne, reine de Naples, qui avait étranglé son mari (2). Le procès de Jeanne fut plaidé à Rome d'une manière solennelle ; mais, après avoir entendu de part et d'autre les avocats (3), il eut la sagesse de renvoyer à une autre époque la décision de cette grande affaire, que l'épée du Hongrois ne tarda pas à terminer. Au-delà des Alpes, et surtout à Avignon, la révolution excitait la curiosité, la surprise et les applaudissemens. Pétrarque avait vécu dans l'inti-

Et célébré par Pétrarque.

---

(1) Ainsi une ancienne connaissance d'Olivier Cromwell, qui se souvenait de l'avoir vu entrer à la chambre des communes d'un air si gauche et si ignoble, fut étonnée de l'aisance et de la majesté du protecteur sur son trône. (*Voy.* Harris's *Life of Cromwell*, p. 27-34, d'après Clarendon, Warwick, Whitelocke, Waller, etc.) Un homme qui sent son mérite et son pouvoir prend aisément les manières de sa dignité.

(2) *Voyez* les détails, les causes et les effets de la mort d'André, dans Giannone (t. III, l. XXIII, p. 220-229) et dans les *Mémoires sur la vie de Pétrarque* (t. II, p. 143-148, 245-250, 375-379, notes, p. 21-37). L'abbé de Sade voudrait diminuer le crime de Jeanne.

(3) L'avocat qui plaida contre Jeanne ne pouvait rien ajouter à la force des raisonnemens et à la brièveté de la lettre de Louis de Bavière : *Johanna! inordinata vita præcedens, retentio potestatis in regno, neglecta vindicta, vir alter susceptus, et excusatio subsequens, necis viri tui te probant fuisse participem et consortem.* Jeanne de Naples a des traits singuliers de ressemblance avec Marie d'Écosse.

mité de Rienzi; peut-être l'avait-il secrètement excité par ses conseils; les écrits qu'il publia à cette époque respirent toute l'ardeur du patriotisme et de la joie : son respect pour le pape, sa reconnaissance pour les Colonnes, disparurent auprès des devoirs plus sacrés de citoyen. Le poëte lauréat du Capitôle approuve la révolution, applaudit au héros, et, à travers quelques craintes et quelques avis, présente à la république les plus brillantes espérances d'une grandeur éternelle et toujours croissante (1).

Ses vices et ses folies. Tandis que Pétrarque s'abandonnait à ses visions prophétiques, la réputation et le pouvoir de son héros déclinaient avec rapidité; le peuple, qui avait vu d'un œil d'admiration l'ascension du météore, commençait à remarquer les irrégularités de sa marche, et les ombres qui ternissaient souvent son éclat. Plus éloquent que judicieux, plus entreprenant que résolu, Rienzi ne tenait pas ses talens asservis à l'empire de la raison; il exagérait toujours dans une proportion décuple les objets de crainte et d'espoir, et la prudence qui n'aurait pas suffi pour élever son trône, ne s'occupa point à le soutenir. Au faîte des grandeurs, ses bonnes qualités prirent insensiblement le caractère des vices qui touchent à chaque vertu; sa justice dégénéra en cruauté, sa libéralité

---

(1). *Voy.* l'*Epistola hortatoria de capessendâ republicâ*, que Pétrarque adressa à Rienzi (*Opp.*, p. 535-550), et sa cinquième églogue ou pastorale, qui est une allégorie continuelle et remplie d'obscurité.

en profusion, et le désir de la réputation devint en lui une ostentation et une vanité puérile. Il aurait dû savoir que les premiers tribuns, si forts et si sacrés dans l'opinion publique, ne se distinguaient ni par le ton, ni par le vêtement, ni par le maintien, d'un plébéien ordinaire (1); que lorsque, dans l'exercice de leurs fonctions, ils parcouraient la ville à pied, un seul *viator* ou sergent les accompagnait. Les Gracques auraient été indignés ou peut-être auraient-ils souri en voyant leur successeur se qualifier de SÉVÈRE ET MISÉRICORDIEUX, LIBÉRATEUR DE ROME, DÉFENSEUR DE L'ITALIE (2), AMI DU GENRE HUMAIN, DE LA LIBERTÉ, DE LA PAIX ET DE LA JUSTICE; TRIBUN AUGUSTE. C'était au moyen d'un pareil théâtre que Rienzi avait préparé la révolution; mais ensuite, livré au luxe et

---

(1) Plutarque, dans ses *Questions romaines* (*Opusc.*, t. 1, p. 505, édit. grecq., Henri Étienne), établit sur les principes les plus constitutionnels le genre simple du pouvoir des tribuns, qui, à proprement parler, n'étaient pas des magistrats, mais des barrières opposées à la magistrature. Il était de leur devoir et de leur intérêt ομοιουσθαι σχηματι, και στολη και διαιτη τοις επιτυγχανουσι των πολιτων.... καταπατεισθαι δει (mot de C. Curion) και μη σεμνον ειναι τη του δημαρχου οψει.... οσω δε μαλλον εκταπεινουται τω σωματι τοσουτω μαλλον αυξεται τη δυναμει, etc. Rienzi et Pétrarque lui-même n'étaient peut-être pas en état de lire un philosophe grec; mais Tite-Live et Valère-Maxime, qu'ils étudiaient souvent, auraient pu leur inculquer cette modeste doctrine.

(2) On ne peut rendre en anglais (ni en français) ce titre énergique, mais barbare, de *zelator Italiæ* que prenait Rienzi.

à l'orgueil, il abusa de la maxime politique qui recommande de parler tout à la fois aux yeux et à l'esprit de la multitude. Il avait reçu de la nature tous les agrémens extérieurs (1), mais l'intempérance ne tarda pas à le grossir et à le défigurer; il ne corrigeait en public ses dispositions à une gaîté rieuse que par une affectation de gravité et de sévérité. Il portait, du moins dans les occasions d'apparat, une robe de velours ou de satin de plusieurs couleurs, garnie de fourrure et brodée en or : le bâton de magistrat qu'il tenait à la main était un sceptre d'acier poli, surmonté d'un globe et d'une croix d'or qui renfermait un petit morceau de la vraie croix. Lorsqu'il parcourait la ville ou assistait à une procession, il montait un cheval blanc, symbole de la royauté; le grand drapeau de la république, qui offrait un soleil environné d'étoiles, une colombe et une branche d'olivier, flottait au-dessus de sa tête; il jetait à la populace des pièces d'or et d'argent; il était entouré de cinquante gardes armés de hallebardes, et sa marche était précédée d'un escadron de cavalerie qui avait des tymbales et des trompettes d'argent massif.

---

(1) *Era bell' uomo* (l. 11, c. 1, p. 399.) Il faut remarquer que le *riso sarcastico* de l'édition de Bracciano ne se trouva pas dans le manuscrit romain qu'a publié Muratori. Au retour de son premier exil, lorsqu'on le peignait presque comme un monstre, *Rienzi travea una ventrasca tonna trionfale a modo de uno abbate asiano or asinino* (l. III, c. 18, p. 523).

Le désir qu'il montra d'obtenir le rang de cheva- Il est reçu
chevalier.
A. D. 1347,
1ᵉʳ août.
lier (1) laissa voir la bassesse de sa naissance, et dé-
grada la dignité de ses fonctions : en se faisant armer chevalier, il se rendit tout à la fois odieux aux
nobles parmi lesquels il se rangeait, et aux plébéiens qu'il abandonnait. Cette cérémonie épuisa les
sommes qui restaient au trésor, et tout ce que pouvaient fournir le luxe et les arts de son temps. Le
cortége partit du Capitole et alla au palais de Latran :
on avait préparé des décorations et des jeux dans
toute la longueur du chemin; le clergé, l'ordre civil
et l'ordre militaire, marchaient sous leurs bannières
respectives; les dames romaines accompagnaient sa
femme, et les ambassadeurs des divers États de l'Italie, présens à la cérémonie, durent louer en public
et tourner secrètement en ridicule une pompe si bizarre et si nouvelle. Arrivé le soir à l'église et au
palais de Constantin, il remercia alors et renvoya
son nombreux cortége, qu'il invita à la fête du lendemain. Il reçut l'ordre du Saint-Esprit des mains
d'un vieux chevalier : la purification du bain était

---

(1) Quelque étrange que pût paraître cette fête, on en
avait vu de pareilles. En 1327 un Colonne et un Ursin furent créés chevaliers par le peuple romain, qui avait coutume de balancer ainsi les deux familles : ils se baignèrent
dans de l'eau de rose; on orna leurs lits avec une magnificence royale, et ils furent servis à Santa-Maria d'Araceli,
sur le mont Capitolin, par les vingt-huit *buoni uomini*. Ils
reçurent ensuite de Robert, roi de Naples, l'épée de chevaliers (*Hist. rom.*, l. 1, c. 2, p. 259).

une cérémonie préalable; et ce qui scandalisa et révolta les Romains plus qu'aucune autre des actions du tribun, il se servit du vase de porphyre où, d'après une ridicule tradition, on croyait que Constantin avait été guéri de sa lèpre par le pape Sylvestre (1). Il osa ensuite veiller ou plutôt reposer dans l'enceinte sacrée du baptistère; et un accident ayant fait tomber son lit de parade, on en tira un présage de sa chute prochaine. Le lendemain, lorsque les fidèles se rassemblèrent pour les cérémonies du culte, il se montra à la foule dans une attitude majestueuse, avec une robe de pourpre, son épée et ses éperons d'or. Sa légèreté et son insolence interrompirent bientôt les saints mystères. Se levant de son trône et s'avançant vers l'assemblée, il dit à haute voix : « Nous sommons le pape Clément de se présenter à notre tribunal; nous lui ordonnons de résider dans son diocèse de Rome; nous sommons aussi devant nous le collége des cardinaux (2), ainsi que les deux pré-

---

(1) Tout le monde croyait alors à la lèpre et au bain de Constantin (Pétrarque, *Epist. famil.* vi, c. 2); et Rienzi, pour justifier sa conduite, observa à la cour d'Avignon qu'un chrétien dévot n'avait pu profaner un vase dont un païen s'était servi. Cependant ce crime est spécifié dans la bulle d'excommunication lancée contre le tribun. Hocsemius, *apud* Du Cerceau, p. 189, 190.

(2) Cette sommation *verbale* faite au pape Clément vi, et rapportée par Fortifiocca et un manuscrit du Vatican, est contestée par le biographe de Pétrarque (t. ii, notes, p. 70-76), dont les argumens sont à cet égard plus conve-

tendans, Charles de Bohême et Louis de Bavière, qui prennent le titre d'empereurs; nous ordonnons à tous les électeurs d'Allemagne de nous informer sur quel prétexte ils ont usurpé le droit inaliénable du peuple romain, qui est l'ancien et légitime souverain de l'empire (1). » Il tira ensuite son épée vierge encore, l'agita à trois reprises vers les trois parties du monde, et, dans son extravagance, il dit trois fois : « Et cela aussi m'appartient. » L'évêque d'Orviète, vicaire du pape, essaya d'arrêter toutes ces folies, mais une musique guerrière étouffa ses faibles protestations; et au lieu de sortir de l'assemblée, il dîna avec Rienzi son collègue; à une table réservée jusqu'alors au souverain pontife. On prépara un de ces banquets tels que les Césars en donnaient jadis aux Romains. Les appartemens, les portiques et les cours du palais de Latran, étaient remplis de tables pour les hommes et les femmes de toutes les conditions : un ruisseau de vin coulait des narines du cheval de bronze qui portait la figure de Constantin; et si l'on se plaignit d'une chose, ce fut de manquer d'eau : l'ordre et la crainte continrent la licence du peuple. On assigna un jour peu éloigné pour le cou-

Son couronnement.

---

nables que convaincans. On ne doit pas s'étonner si la cour d'Avignon ne désira point traiter cette question délicate.

(1) Quant aux deux empereurs rivaux sommés au tribunal de Rienzi, Hocsemius (*ap.* Du Cerceau; p. 163-166) rapporte ce trait de liberté et de folie.

ronnement de Rienzi (1). Les personnages les plus distingués du clergé de Rome placèrent l'une après l'autre, sur sa tête, sept couronnes de différentes feuilles ou de différens métaux; elles représentaient les sept dons du Saint-Esprit, et c'était ainsi qu'il prétendait toujours suivre l'exemple des anciens tribuns : des spectacles si extraordinaires trompaient ou flattaient le peuple, qui satisfaisait sa vanité par celle de son chef. Mais dans sa vie privée il s'écarta bientôt des lois de la frugalité et de l'abstinence; et les plébéiens, qui se laissaient imposer par le faste des nobles, furent blessés du luxe de leur égal. Sa femme, son fils, son oncle, barbier de profession, tenaient, avec des manières ignobles, des maisons de princes; et sans prendre la majesté des rois, Rienzi en acquit tous les vices.

Les nobles de Rome sont pleins de frayeur et de haine.

Un simple citoyen a décrit ainsi avec compassion, peut-être avec plaisir, l'humiliation des barons de Rome : « Ils paraissaient devant le tribun, tête nue, les mains croisées sur la poitrine, et le regard baissé; et ils tremblaient! bon Dieu, comme ils tremblaient (2)! » Tant que Rienzi n'imposa d'autre joug

---

(1) Il est singulier que Fortifiocca n'ait pas parlé de ce couronnement, qui est si vraisemblable en lui-même, et qui est appuyé du témoignage de Hocsemius et même de Rienzi (Du Cerceau, p. 167-170-229).

(2) *Puoi se façeva stare denante a se, mentre sedeva, li baroni tutti in piedi ritti co le vraccia piegate, e co li capucci tratti. Deh como stavano paurosi!* (Hist. rom., l. II, c. 20, p. 439.) Il les a vus et nous les fait voir.

que celui de la justice, tant que ses lois parurent être celles du peuple romain, leur conscience les forçait d'estimer l'homme qu'ils détestaient par orgueil et par intérêt : les extravagances du tribun ajoutèrent le mépris à la haine, et ils eurent l'espoir de renverser un pouvoir que la puissance publique ne soutenait plus avec la même force. L'animosité des Colonnes et des Ursins fut suspendue pour un moment par leur commune disgrâce; ils se réunirent par leurs vœux contre Rienzi, et concertèrent peut-être leurs projets. On saisit alors un meurtrier qui avait essayé d'attenter aux jours du tribun; on le mit à la torture, il accusa les nobles. Dès l'instant où Rienzi mérita le sort d'un tyran, il en prit les soupçons et les maximes : le même jour, il attira au Capitole, sous différens prétextes, ses principaux ennemis, parmi lesquels on comptait cinq personnes de la famille des Ursins, et trois des Colonnes; mais au lieu de se trouver à un conseil ou à une fête, ils se virent retenus prisonniers sous le glaive du despotisme ou celui de la justice : innocens ou coupables, ils durent éprouver la même frayeur. Le son de la grosse cloche ayant rassemblé le peuple, ils furent accusés d'une conspiration contre la vie du tribun; et, bien que quelques-uns pussent déplorer leur malheur, il ne s'éleva pas une main ou une voix pour arracher les premières têtes de la noblesse au danger qui les menaçait. Le désespoir soutenait en eux l'apparence du courage : ils passèrent dans des chambres séparées une nuit cruelle; et le vénérable héros des Colonnes, Étienne, frappant à la porte de sa prison, conjura les sentinelles, à diverses reprises, de le délivrer par une prompte mort d'une servitude si honteuse. L'arrivée d'un confesseur et le tintement de la cloche les instruisirent de leur destinée. La grande salle du Capitole, destinée à ce sanglant spectacle, était tapissée de rouge et de blanc. La physionomie du tribun était sombre et sévère, les bourreaux avaient le glaive à la main, et le son des trompettes interrompit les barons, qui voulurent adresser un discours à l'assemblée; mais, dans ce moment décisif, Rienzi n'était pas moins agité et moins inquiet que ses captifs : il craignait l'éclat de leur nom, leur famille, l'inconstance du peuple et les reproches du monde entier ; après les avoir imprudemment offensés par une mortelle injure, il conçut le vain espoir, en pardonnant, d'obtenir pardon à son tour, et prononça un discours travaillé, dans le ton d'un chrétien et d'un suppliant ; comme l'humble ministre des communes, il pria ses maîtres de faire grâce à ces nobles criminels, engageant sa foi et son autorité pour garans de leur repentir et de leur bonne conduite à l'avenir. « Si la clémence des Romains vous fait grâce, leur dit le tribun, ne promettez-vous pas de consacrer votre vie et votre fortune à la défense du *bon état ?* » Les barons, étonnés de cette inconcevable clémence, répondirent par une inclination de tête ; et tandis qu'ils renouvelaient leur serment de fidélité, ils formaient peut-être en secret le vœu plus sincère de se livrer à la vengeance (1). Un prêtre prononça leur absolution au nom du peuple ; ils reçurent la communion en même temps que le tribun ; ils assistèrent à un banquet, suivirent la procession, et lorsqu'on eut épuisé tous les signes de réconciliation tant spirituels que temporels, ils retournèrent chez eux avec les nouveaux titres de généraux, de consuls et de patriciens.

Le souvenir du danger qu'ils avaient couru, plutôt que celui de leur délivrance, les arrêta pendant quelques semaines ; mais à la fin les plus puissans des Ursins sortirent de la ville avec les Colonnes, et arborèrent à Marino l'étendard de la rebellion. On répara à la hâte les murs de ce château; les vassaux se rendirent auprès de leurs seigneurs; les hommes mis hors de la protection des lois s'armèrent contre le magistrat : de Marino jusqu'aux portes de Rome, on enleva le bétail, on dévasta les vignes et les champs de blé, et le peuple accusa Rienzi de ces calamités que son gouvernement lui avait fait oublier. Rienzi paraissait avec plus d'avantage sur la tribune que sur le champ de bataille; il ne s'occupa du soin d'arrêter les rebelles que lorsqu'ils eurent levé beaucoup de soldats et rendu leurs forteresses imprenables. La lecture de Tite-Live ne lui avait donné ni les talens ni la valeur d'un général : vingt mille Ro-

<small>Ils s'arment contre Rienzi.</small>

---

(1) La lettre où Rienzi justifie sa conduite envers les Colonnes (Hocsemius, *apud* Du Cerceau, p. 222-229), découvre au naturel un fripon à la fois et un fou.

mains furent obligés de revenir sans honneur et sans succès de l'attaque de Marino : il amusa sa vengeance à peindre ses ennemis la tête en bas, et à noyer deux chiens (c'aurait au moins dû être deux ours) représentant les Ursins. Les rebelles, convaincus de son incapacité, poussèrent leurs opérations avec plus de vigueur. Soutenus secrètement par un assez grand nombre de citoyens, ils entreprirent de pénétrer dans Rome, par force ou par surprise, à la tête de quatre mille fantassins et seize cents cavaliers. On garda la ville avec soin, le tocsin sonna toute la nuit; les portes furent alternativement gardées avec une grande vigilance et insolemment ouvertes; mais après quelque hésitation ils crurent devoir se retirer. Les deux premières divisions s'éloignaient lorsque les nobles de l'arrière-garde, voyant une entrée libre, se laissèrent emporter à leur imprudente valeur. Après le succès d'une première escarmouche, ils furent ac-

<small>Défaite et mort de Colonne. Nov. 20.</small>

cablés par le nombre et massacrés sans quartier. Là périt Étienne Colonne le jeune, de qui Pétrarque attendait la restauration de l'Italie. Avant lui tombèrent sous le fer de l'ennemi, Jean son fils, jeune homme qui donnait de grandes espérances, Pierre son frère, qui put regretter la tranquillité et les honneurs de l'Église, son neveu et deux bâtards de sa maison; et le nombre de sept, les sept couronnes du Saint-Esprit, comme les appelait Rienzi, fut complété par les mortelles douleurs d'un père inconsolable, le vieux chef de la maison de Colonne, qui avait survécu aux espérances et à la fortune de sa famille. Le tribun, pour animer ses troupes, imagina une apparition et une prophétie de saint Martin et de Boniface VIII (1). Il montra du moins dans la poursuite le courage d'un héros; mais il oublia les maximes des anciens Romains, qui abhorraient les triomphes obtenus dans la guerre civile. Il monta au Capitole, déposa sur l'autel son sceptre et sa couronne, et se vanta, avec quelque fondement, d'avoir coupé une oreille dont le pape ni l'empereur n'avaient pu venir à bout (2). Sa basse et implacable vengeance refusa aux morts les honneurs de la sépulture, et les corps des Colonnes, qu'il menaça d'exposer avec ceux des plus vils malfaiteurs, furent secrètement enterrés par les religieuses de leur famille (3).

---

(1) Rienzi, dans la lettre citée plus haut, attribue à saint Martin le tribun et à Boniface VIII, ennemi de la maison de Colonne, à lui-même et au peuple romain, la gloire de ce combat, dont Villani (l. XII, c. 104) fait une bataille régulière. Fortifiocca (l. II, c. 34-37) décrit en détail et avec simplicité le désordre du combat, la fuite des Romains et la lâcheté de Rienzi.

(2) En parlant de la chute de la famille des Colonnes, je n'entends ici que celle d'Étienne Colonne. Le père Du Cerceau confond souvent le père et le fils. Après l'extinction de la première souche, cette maison s'est perpétuée dans les branches collatérales, que je ne connais pas d'une manière bien exacte. *Circumspice*, dit Pétrarque, *familiæ tuæ statum, Columniensium domos : solito pauciores habeat Columnas. Quid ad rem? Modo fundamentum stabile solidumque permaneat.*

(3) Le couvent de Saint-Sylvestre avait été fondé et doté

Le peuple partagea la douleur de ces saintes filles ; il se repentit de sa fureur et abhorra l'indécente joie de Rienzi, qui alla voir le lieu où ces illustres victimes avaient reçu la mort. Ce fut là qu'il accorda à son fils les honneurs de la chevalerie : chacun des cavaliers de sa garde donna un coup léger au jeune néophyte; ce fut toute la cérémonie; et son ablution, aussi ridicule qu'inhumaine, se fit dans un étang encore souillé du sang des nobles (1).

<small>Chute et évasion du tribun Rienzi.
A. D. 1347, déc. 15.</small>

Un léger délai eût sauvé les Colonnes, Rienzi fut chassé un mois après ce triomphe. Ivre de sa victoire, il perdit le peu de vertus civiles qu'il avait encore conservées, et il les perdit sans acquérir la réputation d'un habile guerrier. Une opposition hardie et vigoureuse se forma contre lui dans la ville, et lorsqu'il proposa à l'assemblée publique (2) d'éta-

---

par les cardinaux de la maison Colonne pour celles de leurs parentes qui embrasseraient la vie monastique; ils continuaient d'en être les protecteurs. En 1318, les religieuses étaient au nombre de douze. Les autres filles de cette maison avaient la permission d'épouser leurs parens au quatrième degré, et la dispense était fondée sur le petit nombre des nobles familles romaines et leurs étroites alliances (*Mém. sur Pétrarque*, t. 1, p. 110; t. 11, p. 401).

(1) Pétrarque écrivit à la famille Colonne une lettre pleine d'affectation et de pédanterie (*Fam.*, l. VII, *epist.* 13; p. 682, 683). On y voit l'amitié se perdre dans le patriotisme. *Nulla toto orbe principum familia carior; carior tamen respublica; carior Roma, carior Italia.*

Je rends grâces aux dieux de n'être pas Romain.

(2) Pollistore, auteur contemporain, qui a conservé plu-

blir un nouvel impôt, de régler le gouvernement de Pérouse, trente-neuf membres combattirent son opinion. On voulut les accuser de perfidie et de corruption; ils repoussèrent cette imputation, et le contraignirent à prouver, en les chassant de force; que si la populace le soutenait encore, sa cause était déjà abandonnée par les citoyens les plus respectables. Le pape ni les cardinaux ne s'étaient jamais laissé éblouir par ses vaines protestations; ils étaient justement offensés de l'insolence de sa conduite: la cour d'Avignon fit partir pour l'Italie un cardinal légat, et après une négociation inutile et deux entrevues avec Rienzi, il fulmina une bulle d'excommunication qui dépouillait le tribun de son office, et le traitait de rebelle, de sacrilège et d'hérétique (1). Ce qui restait des barons se trouvait alors abaissé à la nécessité d'obéir: l'intérêt et la vengeance les engagèrent au service de l'Église; mais, se souvenant de la mort tragique des Colonnes, ils abandonnèrent à un aventurier le péril et la gloire de la révolution. Jean Pepin, comte de Minorbino (2), au royaume

---

sieurs faits curieux et originaux (*Rerum italicarum*, t. xxv, c. 31, p. 798-804), indique obscurément cette assemblée et l'opposition qu'y trouva Rienzi.

(1) Le père Du Cerceau (p. 196-232) a traduit les brefs et les bulles de Clément VI contre Rienzi, d'après les Annales ecclésiastiques d'Odericus Raynaldus (A. D. 1347, nos 15-17-21, etc.), qui les avait trouvés dans les archives du Vatican.

(2) Matthieu Villani décrit l'origine, le caractère et la

de Naples, avait été condamné, pour ses crimes ou pour ses richesses, à une prison perpétuelle; et Pétrarque, en sollicitant la liberté du captif, contribua d'une manière indirecte à la perte de son ami. Minorbino se glissa dans Rome avec cent cinquante soldats; il environna de barricades le quartier des Colonnes, et fit sans peine ce qu'on avait jugé impossible. Dès le premier moment d'alarme, la cloche du Capitole ne cessa de tinter; mais, au lieu d'accourir à ce signal si bien connu, le peuple demeura tranquille et en silence, et le pusillanime tribun, versant des larmes sur cette ingratitude, abdiqua le gouvernement et quitta le palais de l'État.

<small>Révolutions de Rome. A. D. 1347-1354.</small>

Le comte Pepin, sans tirer l'épée, rétablit l'Église et l'aristocratie; on nomma trois sénateurs; le légat fut le premier, et ses collègues furent choisis dans les familles rivales des Colonnes et des Ursins. On abrogea toutes les institutions du tribun, sa tête fut proscrite; mais son nom paraissait encore si redoutable, que les barons balancèrent encore trois jours avant d'oser entrer dans la ville : Rienzi demeura plus d'un mois dans le château Saint-Ange, d'où il se retira paisiblement, après avoir vainement essayé

---

mort du comte de Minorbino, homme *da natura inconstante et sanza fede.* Minorbino avait eu pour grand-père un notaire astucieux, qui s'enrichit des dépouilles des Sarrazins de Nocera, et qui acquit ensuite la noblesse (l. VII, c. 102, 103). *Voyez* son emprisonnement et les efforts de Pétrarque en sa faveur, t. II, p. 149-151.

de ranimer le courage et l'affection des Romains. Leur chimère de liberté et d'empire avait disparu; dans leur abattement ils étaient prêts à se livrer à la servitude, pourvu qu'elle fût tranquille et bien réglée. Ils remarquèrent à peine que les nouveaux sénateurs tiraient leur autorité du siége apostolique; que pour réformer la république, on avait revêtu quatre cardinaux d'un pouvoir dictatorial. Rome fut agitée de nouveau par les querelles sanglantes des barons, qui se détestaient les uns les autres et qui méprisaient les communes. Leurs forteresses à la ville et à la campagne se relevèrent et furent de nouveau démolies, et les paisibles citoyens, semblables à un troupeau de moutons, furent, dit l'historien florentin, dévorés par ces loups ravisseurs. Mais lorsque l'orgueil et l'avarice des nobles eurent enfin épuisé la patience des Romains, une confrérie de la Vierge Marie protégea ou vengea la république. La cloche du Capitole sonna le tocsin; les nobles, en armes, tremblèrent devant une multitude désarmée; Colonne, l'un des sénateurs, se sauva par une fenêtre du palais, et Ursini fut lapidé au pied de l'autel. Deux plébéiens, Cerroni et Baroncelli, occupèrent successivement le dangereux office de tribun. La douceur de Cerroni le rendait peu propre à soutenir le poids dont il était chargé : après quelques faibles efforts, il se retira avec une réputation pure et une fortune honnête, pour jouir le reste de sa vie des douceurs de la campagne. Baroncelli, dénué d'éloquence ou de génie, se distingua par sa fermeté : il parlait comme un patriote, et marchait sur les pas des tyrans. Son soupçon était un arrêt de mort, et la mort fut la récompense de ses cruautés. Au milieu des malheurs publics, on oublia les fautes de Rienzi, et les Romains regrettèrent la paix et la prospérité du *bon état* (1).

Aventures de Rienzi. Après un exil de sept ans, le premier libérateur de Rome fut rendu à son pays : il s'était sauvé du château Saint-Ange sous un habit de moine ou de pèlerin, était allé implorer l'amitié du roi de Hongrie qui régnait alors à Naples, avait cherché à exciter l'ambition de tous les aventuriers courageux qu'il avait rencontrés; il était revenu à Rome dans la foule des pèlerins du jubilé ; il s'était ensuite caché parmi les ermites de l'Apennin, et il avait erré dans les villes de l'Italie, de l'Allemagne et de la Bohême. On ne le voyait point, mais son nom inspirait encore la terreur, et l'inquiétude de la cour d'Avignon prouve son mérite personnel, et peut même lui en faire supposer un supérieur à la réalité. Un étranger, à qui Charles IV donnait audience, s'avoua franchement pour le tribun de la république; il étonna une assemblée d'ambassadeurs et de princes par l'éloquence d'un patriote, par les visions d'un prophète, par ce

---

(1) Matthieu Villani (l. II, c. 47; l. III, c. 33-57-78) et Thomas Fortifiocca (l. III, c. 1-4) racontent les troubles de Rome depuis le départ de Rienzi jusqu'à son retour. Je ne me suis pas arrêté sur Cerroni et Baroncelli, qui ne firent qu'imiter Rienzi leur modèle.

qu'il leur annonça de la chute des tyrans et du royaume du Saint-Esprit (1); mais quelles que fussent les espérances qui l'avaient porté à se découvrir, Rienzi se trouva captif; il soutint son caractère d'indépendance et de dignité, il obéit comme par son propre choix à l'ordre irrésistible du souverain pontife. Son indigne conduite avait refroidi Pétrarque; le zèle du poëte fut ranimé par le malheur et la présence de son ami: il se plaignit hardiment d'un siècle où le libérateur de Rome était remis par son empereur entre les mains de son évêque. Rienzi fut conduit lentement, mais sous une sûre escorte, de Prague à Avignon. Son entrée dans cette ville fut celle d'un malfaiteur; il fut enchaîné dans sa prison par la jambe, et quatre cardinaux eurent ordre d'examiner les crimes d'hérésie et de rebellion dont on l'accusait; mais le procès et la condamnation de Rienzi auraient fixé l'attention sur des objets qu'il était prudent de laisser sous le voile du mystère : la suprématie temporelle des papes, le devoir de la résidence, et les priviléges civils et ecclésiastiques du clergé et du peuple de Rome. Le pontife qui régnait alors méritait le nom de *Clément;* les mal-

Prisonnier à Avignon. A. D. 1351.

---

(1) Le zèle de Pollistore, l'inquisiteur dominicain (*Rer. ital.*, t. xxv, c. 36, p. 819), a sûrement exagéré ces visions, qui ne furent connues ni des amis ni des ennemis de Rienzi. Si celui-ci eût dit que le règne du Christ avait été remplacé par celui du Saint-Esprit, que la tyrannie du pape devait être abolie, on aurait pu le convaincre du crime d'hérésie et de rebellion sans blesser le peuple romain.

heurs, et la grandeur d'âme du captif excitèrent sa pitié et son estime, et Pétrarque croit qu'il respecta dans le héros le nom et le sacré caractère de poëte (1). On adoucit la prison de Rienzi; on lui donna des livres, et il chercha dans une étude assidue de Tite-Live et de la Bible la cause et la consolation de ses malheurs.

<small>Rienzi sénateur de Rome. A. D. 1354.</small> Sous le pontificat d'Innocent VI, il eut lieu d'espérer sa liberté et son rétablissement; et la cour d'Avignon fut persuadée que cet homme, qui avait eu autrefois tant de succès dans sa rébellion, pouvait seul apaiser et réformer l'anarchie de la métropole. Après avoir exigé solennellement de lui une promesse de fidélité, elle l'envoya en Italie, avec le titre de sénateur; mais la mort de Baroncelli, qui survint alors, parut rendre sa mission inutile; et le légat, le cardinal Albornoz (2), politique consommé, lui per-

---

(1) L'étonnement et presque la jalousie de Pétrarque est une preuve, sinon de la vérité de ce fait incroyable, au moins de la bonne foi de celui qui le raconte. L'abbé de Sade (*Mémoires*, t. III; p. 242) cite la sixième épître du treizième livre de Pétrarque; mais c'est le manuscrit royal qu'il a consulté, et non l'édition ordinaire de Bâle (p. 920).

(2) Ægidius ou Giles Albornoz, noble espagnol, archevêque de Tolède et cardinal légat en Italie (A. D. 1353-1367), rétablit par ses armes et par ses conseils la domination temporelle des papes. Sepulveda a écrit sa vie; mais Dryden n'a pu raisonnablement supposer que le nom d'Albornoz ou celui de Wolsey fût parvenu aux oreilles du mufti de la tragédie de *don Sébastien*.

mit avec répugnance, et sans lui donner de secours, de continuer sa périlleuse entreprise. Rienzi fut d'abord reçu comme il pouvait le désirer : le jour de son entrée fut une fête publique ; son éloquence, son crédit, firent d'abord revivre les lois du *bon état;* mais ses vices et ceux du peuple ne tardèrent pas à couvrir de nuages une si belle aurore. Il dut, au Capitole, regretter souvent sa captivité d'Avignon ; et après une administration de quatre mois, il fut massacré dans une émeute qu'avaient suscitée les barons romains. Il avait, dit-on, contracté dans la société des Allemands et des Bohémiens des habitudes d'intempérance et de cruauté ; le malheur avait amorti son enthousiasme, sans fortifier sa raison ou sa vertu ; et ces espérances de la jeunesse, cette vive certitude, gage du succès, étaient remplacées par la froide impuissance de la méfiance et du désespoir. Tribun, il avait régné avec un pouvoir absolu fondé sur le choix et sur l'affection des Romains. Sénateur, il n'était plus que le servile ministre d'une cour étrangère, et pendant qu'il se rendait suspect aux citoyens, il fut abandonné par le prince. Albornoz, qui semblait vouloir le perdre, lui refusa avec inflexibilité tout secours d'hommes et d'argent ; Rienzi, en sa qualité de sujet, n'osait plus toucher aux revenus de la chambre apostolique ; et le premier projet d'impôt fut le signal des clameurs et de la sédition. Sa justice même fut souillée au moins du reproche de cruauté et de personnalité ; il sacrifia à sa méfiance le citoyen de Rome le plus vertueux : et lorsqu'il fit exécuter un voleur public qui l'avait aidé de sa bourse, le magistrat oublia ou se rappela beaucoup trop les obligations du débiteur (1). Une guerre civile épuisa ses trésors et la patience de la ville ; les Colonnes, enfermés dans le château de Palestrine, se permettaient toujours des hostilités, et ses mercenaires méprisèrent bientôt un chef ignorant et timide, qui se montrait jaloux de tout mérite subalterne. Rienzi offrit durant sa vie et à sa mort un bizarre assemblage d'héroïsme et de lâcheté. Lorsqu'une multitude furieuse investit le Capitole, lorsque ses officiers de l'ordre civil et de l'ordre militaire l'abandonnèrent, le sénateur, intrépide en ce moment, saisit le drapeau de la liberté, se présenta sur le balcon, prononça un discours éloquent, dans lequel il chercha à émouvoir les Romains, et à leur persuader que sa chute entraînerait celle de la république. Des imprécations et une grêle de pierres interrompirent son discours : un trait lui perça la main, et dès cet instant il tomba dans le plus lâche désespoir : il s'enfuit en pleurant au fond du palais, et ne s'y croyant pas en sûreté, il descendit, à l'aide d'un drap, dans une cour donnant sous les fenêtres de la

---

(1) Le père Du Cerceau (p. 344-394) a extrait de Matthieu Villani et de Fortifiocca, un précis de la vie et de la mort du chevalier de Montréal, qui vécut en voleur et mourut en héros. A la tête d'une compagnie libre, la première qui eût désolé l'Italie, il s'enrichit et devint formidable : il avait de l'argent dans toutes les banques ; à Padoue, seulement, il avait soixante mille ducats.

prison. Abandonné, sans espérance, il fut assiégé jusqu'au soir : les portes du Capitole furent détruites par le feu et enfoncées à coups de hache. Le sénateur, caché sous l'habit d'un plébéien, voulut s'évader; mais on le reconnut, et on le traîna sur la plate-forme du palais, théâtre fatal de ses jugemens et de ses exécutions. Privé de voix et de mouvement, il demeura une heure entière à moitié nu et à demi mort, au milieu de la multitude. La rage s'était calmée et avait fait place à la curiosité et à l'étonnement; un dernier mouvement de respect et de compassion agissait en sa faveur, et allait peut-être l'emporter sur la haine, lorsqu'un assassin plus hardi que les autres lui plongea un poignard dans le cœur. Rienzi expira au même instant; son corps, percé de mille coups par la rage de ses ennemis, fut abandonné aux chiens et aux Juifs, et ensuite livré aux flammes. La postérité balancera les vices et les vertus de cet homme extraordinaire; mais, dans une longue période d'anarchie et de servitude, Rienzi a été souvent célébré comme le libérateur de son pays et le dernier des patriotes romains (1). *Sa mort. A. D. 1354, 8 septemb.*

Le premier et le plus noble des désirs de Pétrarque était le rétablissement d'une république libre; mais après l'exil et après la mort de son héros plé- *Pétrarque appelle l'empereur Charles IV. Ses reproches à ce prince. A. D. 1355, janv.-mai.*

---

(1) Fortifiocca, qui ne paraît être ni l'ami ni l'ennemi de Rienzi, raconte en grand détail (l. III, c. 12-25) son exil, sa seconde administration et sa mort. Pétrarque, qui aimait le *tribun*, apprit avec indifférence la mort du *sénateur*.

béien, du tribun de Rome, il tourna ses regards vers le roi des Romains. Le Capitole était encore souillé du sang de Rienzi, lorsque Charles iv descendit les Alpes pour se faire couronner empereur et roi d'Italie. Il reçut à Milan la visite du poëte, dont il paya les flatteries par des illusions; il accepta une médaille d'Auguste, et promit sans sourire d'imiter le fondateur de la monarchie romaine. Les espérances toujours trompées de Pétrarque venaient d'une fausse application des noms et des maximes de l'antiquité. Il aurait dû voir que les temps ni les caractères n'étaient pas les mêmes, que la différence était incommensurable entre le premier des Césars et un prince bohémien élevé par la faveur du clergé au rang de chef titulaire de l'aristocratie germanique. Loin de songer à rendre à Rome sa gloire et ses provinces, Charles avait promis au pape, par un traité secret, de sortir de Rome le jour de son couronnement; et dans sa honteuse retraite il fut poursuivi par les reproches du poëte patriote (1).

Il sollicite les papes d'Avignon de venir résider à Rome.

Pétrarque, ne pouvant plus espérer le rétablissement de la liberté ni de l'empire, forma des vœux moins élevés; il entreprit de réconcilier le pasteur et le troupeau, et de ramener l'évêque de Rome dans

---

(1) L'abbé de Sade décrit d'une manière agréable, et d'après Pétrarque lui-même, la confiance et les espérances trompées du poëte (*Mém.*, t. iii, p. 375-413); mais sa plus grande douleur, bien que la plus cachée, fut le couronnement du poëte Zanubi par l'empereur Charles iv.

son ancien et véritable diocèse. Son zèle sur ce point
ne se ralentit jamais ; on le vit, soit dans la ferveur
de sa jeunesse, soit lorsqu'il eut acquis l'autorité de
l'âge, adresser successivement ses exhortations à cinq
papes, et son éloquence fut toujours animée du sentiment et de la franchise d'une noble liberté (1) ; fils
d'un citoyen de Florence, il ne cessa de préférer le
pays où il avait reçu le jour à celui auquel il devait
son éducation, et l'Italie fut toujours à ses yeux la
reine et le jardin du monde. Sans doute, malgré ses
factions domestiques, elle était plus avancée dans les
arts et dans les sciences, plus riche et plus polie que
la France ; mais la différence n'était pas telle que Pétrarque eût le droit de traiter de barbares toutes les
contrées situées au-delà des Alpes. Avignon, la mys-
tique Babylone, réceptacle de tous les vices et de
tous les genres de corruption, était l'objet de sa haine
et de son mépris ; mais il oubliait que ces vices scandaleux n'étaient pas une production du sol, et qu'ils
marchaient à la suite du pouvoir et du luxe de la
cour des papes. Il avoue que le successeur de saint
Pierre est l'évêque de l'Église universelle ; mais il
ajoute que l'apôtre avait établi son siège non sur les

---

(1) *Voyez* dans les *Mémoires* agréables et exacts de l'abbé
de Sade, la lettre de Pétrarque à Benoît XII en 1334 (t. I,
p. 261-265), à Clément VI en 1342 (t. II, p. 45-47), et à
Urbain V en 1366 (t. III, p. 677-691) ; l'éloge du dernier
de ces pontifes (p. 711-715) ; son apologie (p. 771). On
trouve (*Opp.*, p. 1068-1085) sa discussion pleine de fiel
sur le mérite respectif de la France et de l'Italie.

bords du Rhône, mais sur ceux du Tibre, et que, tandis que toutes les villes du monde chrétien jouissaient de la présence de leur évêque, la seule métropole demeurait solitaire et abandonnée. Depuis la translation du saint-siége, les édifices sacrés de Latran, du Vatican, leurs autels et leurs saints, languissaient dépouillés et dégradés; et comme si le tableau de la vieillesse et des infirmités d'une femme en pleurs pouvait ramener un mari volage, souvent il peignait Rome sous l'emblême d'une matrone inconsolable (1); mais la présence du souverain légitime devait dissiper le nuage qui couvrait les sept collines : une gloire éternelle, la prospérité de Rome et la paix de l'Italie, devaient être la récompense du pape qui oserait prendre cette généreuse résolution. Des cinq pontifes auxquels s'adressa Pétrarque, les trois premiers, Jean XXII, Benoît XII et Clément VI, ne virent dans cette hardiesse qu'un amusement ou peut-être une importunité; mais enfin Urbain V tenta ce mémorable changement qu'acheva Grégoire XI. Ils rencontrèrent à leur projet des obstacles puissans

---

(1) *Squalida sed quoniam facies, neglectaque cultu*
Cæsaries, multisque malis lassata senectus
Eripuit solitam effigiem; vetus accipe nomen;
Roma vocor.
(Carm., l. 11; p. 77.)

Il prolonge cette allégorie au-delà de toute mesure et des bornes de toute patience. Les lettres en prose qu'il adressa à Urbain V sont plus simples et plus persuasives (*Senilium*, l. VII, p. 811-827; l. IX, epist. 1., p. 844-854).

et presque insurmontables. Un roi de France, qui a mérité le surnom de Sage, ne voulait point affranchir les papes de la dépendance où les tenait leur séjour dans le centre de ses États; la plupart des cardinaux étaient Français, attachés à la langue, aux mœurs et au climat d'Avignon, à leurs magnifiques palais, et surtout aux vins de Bourgogne. L'Italie leur paraissait une terre étrangère ou ennemie, et ils s'embarquèrent à Marseille avec autant de répugnance que s'ils eussent été bannis ou vendus en terre infidèle. Urbain v vécut trois années au Vatican en sûreté et d'une manière honorable; sa dignité était protégée par une garde de deux mille cavaliers, et il y reçut les félicitations du roi de Chypre, de la reine de Naples et des empereurs d'Orient et d'Occident; mais bientôt la joie de Pétrarque et des Italiens fit place à la douleur et à l'indignation. Déterminé, soit par des motifs d'utilité publique ou particulière, par ses propres désirs ou par les prières des cardinaux, Urbain retourna en France, et l'élection très-prochaine de son successeur fut affranchie du tyrannique patriotisme des Romains. Les puissances du ciel s'intéressèrent à leur cause; une sainte pélerine, Brigitte de Suède, désapprouva le départ d'*Urbain* et prédit sa mort. Sainte Catherine de Sienne, l'épouse de Jésus-Christ et l'ambassadrice des Florentins, excita Grégoire XI à retourner à Rome; et il paraît que les papes eux-mêmes, les grands fauteurs de la crédulité humaine, crurent aux visions de ces

Retour d'Urbain v.
A. D. 1367, octob. 16.
A. D. 1370, avril 17.

Grégoire XI rétablit enfin le saint-siége à Rome.
A. D. 1377, janv. 17.

deux femmes (1). Au reste, des raisons temporelles appuyaient ces avis du ciel. Des troupes ennemies entrées dans Avignon, y avaient outragé le saint-siége : un héros, à la tête de trente mille brigands, y avait exigé du vicaire de Jésus-Christ et du sacré collége une rançon et l'absolution, et cette maxime des guerriers français, d'épargner le peuple et de piller l'Église, était une nouvelle hérésie de la plus dangereuse conséquence (2). Le pape, ainsi chassé d'Avignon, était vivement sollicité de retourner à Rome. Le sénat et le peuple le reconnaissaient pour leur souverain légitime, lui offraient les clefs des portes, des ponts et des forteresses, du moins pour le quartier situé au-delà du Tibre (3); mais ils dé-

---

(1) Je n'ai pas le loisir de m'arrêter sur les légendes de sainte Brigitte et de sainte Catherine; la dernière pourrait fournir quelques histoires amusantes. Leur effet sur l'esprit de Grégoire XI est attesté par le discours de ce pape au lit de la mort. Il avertit les assistans, *ut caverent ab hominibus, sive viris, sive mulieribus, sub specie religionis loquentibus visiones sui capitis, quia per tales ipse seductus*, etc. Baluze, *Not. ad Vit. pap. Aveniónensium*, t. 1, p. 1223.

(2) Cette expédition de brigands est racontée par Froissard (*Chronique*, t. 1, p. 230) et dans la vie de Du Guesclin (*Collection générale des Mémoires historiques*, t. IV, c. 16, p. 107-113). Dès l'année 1361 la cour d'Avignon avait souffert les violences de bandes de la même espèce, qui passèrent ensuite les Alpes (*Mémoires sur Pétrarque*, tom. III, p. 563-569).

(3) Fleury cite, d'après les Annales d'Odericus Raynaldus, le Traité original qui fut signé le 21 décembre 1376,

claraient en même temps qu'ils ne pouvaient plus supporter le scandale et le malheur de son absence, et que son obstination à demeurer sur les bords du Rhône les déterminerait à faire revivre et à soutenir leur ancien droit d'élection. On avait demandé à l'abbé du mont Cassin, si renommé par le clergé et le peuple, s'il accepterait la tiare (1) : « Je suis citoyen de Rome, avait répondu ce vénérable ecclésiastique (2), et mon premier devoir est d'obéir à la voix de mon pays (3). »

---

entre Grégoire XI et les Romains (*Hist. ecclés.*, tom. xx, p. 275).

(1) La première couronne ou *regnum* (Ducange, *Gloss. lat.*, t. v, p. 702), qu'on voit figurer sur la mitre des papes, indique la donation de Constantin ou de Clovis. Boniface VIII y ajouta la seconde, pour annoncer que les papes, outre un royaume spirituel, possèdent un royaume temporel. Les trois États de l'Église sont représentés par la triple couronne qu'introduisit Jean XXII ou Benoît XII (*Mém. sur Pétrarque*, t. 1, p. 258, 259).

(2) Baluze (*Not. ad pap. Avenion.*, t. 1, p. 1194, 1195) allègue des témoins sur les menaces des ambassadeurs de Rome et la résignation de l'abbé du mont Cassin, *qui, ultro se offerens, respondit se civem romanum esse, et illud velle quod ipsi vellent.*

(3) On voit dans la vie d'Urbain V, et dans celle de Grégoire XI (Baluze, *Vit. pap. Avenion.*, t. 1, p. 363-486), et Muratori (*Script. rer. ital.*, t. III, part. 1, p. 610-712) le retour des papes à Rome et la réception que leur fit le peuple. Dans les disputes du schisme on examina toutes les circonstances sévèrement, bien qu'avec partialité; ce fut surtout lors de la grande vérification qui décida l'obéissance

Si on laissait à la superstition à chercher les causes d'une mort prématurée (1), si le mérite des actions se jugeait d'après l'événement, on devrait croire que cette mesure, si raisonnable et si convenable, était contraire aux volontés du ciel. Grégoire XI mourut quatorze mois après son retour au Vatican, et sa mort fut suivie du grand schisme d'Occident qui divisa l'Église durant plus de quarante ans. Le sacré collége était alors composé de vingt-deux cardinaux : six étaient demeurés à Avignon ; onze Français, un Espagnol et quatre Italiens, entrèrent au conclave en suivant les formes ordinaires. On n'avait pas encore établi la loi qui ordonne de choisir le pape parmi les cardinaux, et ils nommèrent d'une voix unanime l'archevêque de Bari, sujet de Naples, et recommandable par son zèle et son savoir : le nouveau pape prit le nom d'Urbain VI ; et l'épître du sacré collége affirme que son élection avait été libre et régulière, et qu'ils avaient été, comme à l'ordinaire, inspirés par le Saint-Esprit. La cérémonie de

Sa mort.
A. D. 1378,
mars 27.

Élection
d'Urbain VI,
avril 9.

---

de la Castille ; et à laquelle Baluze renvoie si souvent dans ses notes, d'après un manuscrit de la Bibliothèque de Harlay, p. 1281, etc.

(1) Ceux qui croient à l'immortalité de l'âme peuvent-ils regarder la mort d'un homme de bien comme un châtiment ? Ils montrent alors l'incertitude de leur foi. Mais un philosophe ne peut convenir avec les Grecs ον οι θεοι φιλουσιν αποθνησκει νεος (Brunck, *Poetæ Gnomici*, p. 231.). *Voyez* dans Hérodote (l. 1, c. 31) le conte moral et agréable des jeunes gens d'Argos.

l'adoration, de l'investiture et du couronnement, se fit de la manière accoutumée : Rome et Avignon obéirent au pouvoir temporel d'Urbain VI, et le monde latin reconnut sa suprématie ecclésiastique. Durant plusieurs semaines, les cardinaux continuèrent à se réunir autour de lui avec les plus vives protestations d'attachement et de fidélité ; mais lorsque les chaleurs de l'été leur permirent de sortir de Rome avec décence, ils se réunirent à Agnani et à Fundi, et là, en sûreté, ils jetèrent le masque, convinrent de leur fausseté et de leur hypocrisie ; ils excommunièrent l'antechrist de Rome, et, procédant à une nouvelle élection, ils choisirent Robert de Genève, qui prit le nom de Clément VII, et l'annoncèrent aux nations pour le légitime vicaire de Jésus-Christ. Ils représentèrent leur premier choix comme forcé et illégal, et nul de droit, ayant été dicté par les menaces des Romains et la crainte de la mort. Des faits et des vraisemblances paraissent justifier cette plainte. Les douze cardinaux français, formant plus des deux tiers des suffrages, se trouvaient maîtres de l'élection ; et quelles que fussent leurs jalousies intestines, on ne peut guère présumer qu'ils eussent sacrifié librement leurs droits et leurs intérêts à un étranger qui les éloignait pour jamais de leur patrie. Les récits divers et même contradictoires des contemporains (1) confirment plus ou moins le soupçon

Élection de Clément VII. Sept. 21.

---

(1) M. Lenfant a abrégé et comparé, dans le premier livre de l'*Histoire du concile de Pise*, les récits des partisans d'Ur-

d'une violence populaire. Les Romains, naturellement portés à la sédition et à la licence, étaient encore excités par le sentiment de leurs droits, et la crainte d'une seconde émigration. Trente mille rebelles armés environnèrent, dit-on, le conclave et l'intimidèrent par leurs cris : les cloches du Capitole et de Saint-Pierre sonnèrent le tocsin : « La mort ou un pape italien! » était le cri universel ; les douze bannerets ou chefs de quartiers répétèrent la même menace sous la forme d'un charitable avis ; on fit quelques préparatifs pour brûler les cardinaux réfractaires, et il parut probable que s'ils donnaient la tiare à un Français ils ne sortiraient pas en vie du Vatican. Leur dissimulation, durant quelques semaines qui suivirent le conclave, ne fut pas moins forcée ; mais l'orgueil et la cruauté d'Urbain les menaçaient d'un danger encore plus grand ; et ils ne tardèrent pas à connaître ce tyran, assez insensible pour se promener dans son jardin, et réciter son bréviaire, au milieu des gémissemens de six des cardinaux auxquels on donnait la torture dans une chambre voisine : son zèle inflexible, qui blâmait hautement leur luxe et leurs vices, les aurait forcés de remplir leurs devoirs dans leurs paroisses à Rome ;

---

bain et de ceux de Clément, des Italiens et des Allemands, des Français et des Espagnols. Il paraît que les derniers se montrèrent les plus actifs et les plus verbeux dans cette querelle. Leur éditeur Baluze a donné dans ses Notes des preuves sur tous les faits et sur toutes les paroles rapportées dans les vies originales de Grégoire XI et de Clément VII.

et s'il n'eût pas différé, par malheur pour lui, la promotion qu'il méditait, les cardinaux français allaient se trouver en minorité dans le sacré collége et dénués de tout appui. Ces motifs et l'espoir de repasser les Alpes les portèrent à troubler imprudemment la paix et l'unité de l'Église, et les écoles catholiques disputent encore sur la validité de la première ou de la seconde élection (1). La vanité de la nation plutôt que l'intérêt, détermina la cour et le clergé de France (2). La Savoie, la Sicile, l'île de Chypre, l'Aragon, la Castille, la Navarre et l'Écosse, entraînés par cet exemple, se rangèrent du parti de Clément VII, et après sa mort, de celui de Benoît XIII. Rome et les principaux États de l'Italie, l'Allemagne, le Portugal, l'Angleterre (3), les Pays-Bas et les royaumes du Nord, adhérèrent à l'élection

---

(1) Les numéros adoptés par les papes successeurs de Clément VII et de Benoît XIII semblent décider la question contre eux. Les Italiens les qualifient hardiment d'antipapes, tandis que les Français, d'après les raisons des deux partis, se bornent à douter et à tolérer (Baluze, *in Præfat.*). Il est singulier, ou plutôt il ne faut pas s'étonner que les deux partis aient eu des saints, des visions et des miracles.

(2) Baluze s'efforce (*Not.*, p. 1271-1280) de justifier la pureté et la piété des motifs de Charles V, roi de France: ce prince refusa d'écouter les raisons d'Urbain; mais les partisans d'Urbain ne refusèrent-ils pas aussi d'écouter les raisons du parti de Clément? etc.

(3) Une épître ou une déclamation donnée sous le nom d'Édouard III (Baluze, *Vit. papar. Avenion.*, t. 1, p. 553), montre bien le zèle de la nation anglaise contre ceux qui

d'Urbain VI, qui eut Boniface IX, Innocent VII et Grégoire XII, pour successeurs.

<small>Grand schisme d'Occident. A. D. 1378-1418.</small>

Des bords du Tibre et des rives du Rhône, les deux papes se combattirent avec la plume et avec l'épée : l'ordre de la société fut troublé sous les rapports tant civils qu'ecclésiastiques, et les Romains souffrirent une bonne partie de ces maux, dont on pouvait les accuser d'être les premiers auteurs (1). Ils s'étaient vainement flattés de rétablir dans la capitale la monarchie de l'Église, et de sortir de leur pauvreté à l'aide des tributs et des offrandes des nations ;

<small>Maux de Rome.</small>

mais le schisme de la France et de l'Espagne détourna le cours de ces richesses, et les deux jubilés qu'on célébra dans l'espace de dix ans, ne purent les dédommager de leur perte. Les affaires du schisme, les armes étrangères et des émeutes populaires, obligèrent souvent Urbain VI et ses trois successeurs à abandonner le Vatican. La funeste animosité des Colonnes et des Ursins subsistait toujours : les banneret de Rome s'emparèrent et abusèrent des priviléges d'une république; les vicaires de Jésus-

---

tenaient le parti de Clément. Ce zèle ne se borna point à des paroles. L'évêque de Norwich débarqua sur le continent à la tête de soixante mille fanatiques. Hume's *History*, vol. III, p. 57, 58.

(1) Outre ce qu'on lit dans les historiens généraux, les journaux de Delphinus Gentilis, de Pierre Antonius et d'Étienne Infessura, dans la grande Collection de Muratori, font connaître la situation et les malheurs de Rome.

Christ qui avaient levé des troupes punirent les rebelles par le gibet, l'épée et le poignard; et onze députés du peuple, appelés à une conférence amicale, furent massacrés en trahison et jetés dans la rue. Depuis l'invasion de Robert le Normand, les Romains avaient soutenu leurs divisions intestines sans la dangereuse intervention des étrangers. Mais au milieu des désordres du schisme, un voisin ambitieux, Ladislas, roi de Naples, défendit et trahit tour à tour le pape et le peuple; il fut déclaré par le souverain pontife *gonfalonier* ou général de l'Église, tandis que les citoyens lui déférèrent le choix de leurs magistrats. Il tint Rome assiégée par terre et par mer, et y entra trois fois comme un conquérant barbare; il profana les autels, viola les jeunes filles, pilla les marchands, fit ses dévotions à Saint-Pierre, et laissa une garnison dans le château Saint-Ange. Ses armes ne furent pas toujours heureuses, et il ne dut une fois qu'à un délai de trois jours la conservation de sa vie et de sa couronne; mais il triompha à son tour, et sa mort prématurée sauva seule la métropole et l'État ecclésiastique des entreprises de ce vainqueur ambitieux, qui avait pris le titre ou du moins usurpé les pouvoirs de roi de Rome (1).

---

(1) Giannone (t. III, p. 292) suppose qu'il prenait le titre de *rex Romæ*, titre qu'on ne connaissait plus depuis l'expulsion de Tarquin. Mais on a découvert ensuite qu'il fallait lire *rex Ramæ* ou de Rama, royaume obscur annexé à la couronne de Hongrie.

Négociations pour la paix et la réunion des schismatiques.
A. D.
1394-1407.

Je n'ai pas entrepris l'histoire ecclésiastique du schisme d'Occident; mais Rome, objet des derniers chapitres de cet ouvrage, est vivement intéressée dans les contestations élevées au sujet de la succession de ses souverains. Les premiers conseils pour la paix et la réunion des chrétiens sortirent de l'université de Paris et de la faculté de Sorbonne, dont les docteurs étaient regardés, au moins dans l'Église gallicane, comme les maîtres les plus consommés dans la science théologique (1). Ils écartèrent sagement toutes les recherches sur l'origine et les raisons des deux partis; et pour remédier à tant de maux, ils proposèrent que les deux papes abdiquassent en même temps après que chacun d'eux aurait autorisé les cardinaux de la faction opposée à se réunir pour une élection légitime, et que les nations refusassent (2) d'obéir à celui des deux compétiteurs qui préfèrerait ses intérêts à ceux du public. Dès que le

---

(1) Le rôle principal et décisif que joua la France lors du schisme d'Occident, a été exposé par Pierre Dupuis dans une histoire particulière, rédigée d'après des documens authentiques, et insérée dans le septième volume de la dernière édition de l'ouvrage de son ami le président de Thou (part. XI, p. 110-184).

(2) Jean Gerson, docteur intrépide, fut l'auteur ou du moins le champion zélé de cet expédient. Il dirigea souvent les procédés de l'université de Paris et de l'Église gallicane, et il en parle très au long dans ses écrits théologiques, dont Le Clerc (*Bibl. choisie*, t. X, p. 1-78) a donné un bon extrait. Gerson joua un rôle important aux conciles de Pise et de Constance.

saint-siége vaquait, ces médecins de l'Église demandaient avec instance qu'on prévînt les funestes suites d'un choix précipité; mais la politique du conclave et l'ambition des cardinaux n'écoutaient ni la raison ni les prières, et, quelques promesses qu'eût pu faire celui qui obtenait la tiare, le pape n'était jamais lié par les sermens du cardinal. L'artifice des pontifes rivaux, les scrupules ou les passions de leurs adhérens, et les vicissitudes des factions qui, en France, gouvernaient l'insensé Charles VI, éludèrent durant quinze ans les desseins pacifiques de l'université de Paris. On adopta enfin une résolution vigoureuse : une ambassade solennelle, composée du patriarche titulaire d'Alexandrie, de deux archevêques, de cinq évêques, de cinq abbés, de trois chevaliers et de vingt docteurs, se rendit à la cour d'Avignon et à celle de Rome : elle y demanda, au nom de l'Église et du roi, l'abdication des deux papes, de Pierre de Luna, qu'on nommait Benoît XIII, et d'Angelo Corrario, qu'on appelait Grégoire XII. Pour l'honneur de Rome et le succès de leur commission, les ambassadeurs demandèrent une conférence avec les magistrats de la ville : ils déclarèrent d'une manière positive que le roi très-chrétien ne voulait point tirer le saint-siége du Vatican, qui était à ses yeux la résidence convenable au successeur de saint Pierre. Un orateur éloquent répondit, au nom du sénat et du peuple, que les Romains désiraient concourir à la réunion de l'Église; il déplora les maux temporels et spirituels d'un si long schisme, et réclama la protection de la France contre les armes du roi de Naples. Les réponses de Benoît et de Grégoire furent également édifiantes et trompeuses ; et les deux rivaux, pour éluder leur abdication, se montrèrent animés du même esprit. Ils convinrent de la nécessité d'une entrevue préliminaire, mais ils ne purent jamais s'accorder sur le temps, le lieu et la forme de cette entrevue. « Si l'un avance, disait un serviteur de Grégoire, l'autre recule ; l'un semble être un animal qui craint la terre, et l'autre une créature qui craint l'eau. Ainsi, deux vieux prêtres, pour quelques instans de vie et de pouvoir qui peuvent leur rester encore, compromettent la paix et le salut du monde chrétien (1). »

Concile de Pise.
A. D. 1409.
Enfin le monde chrétien s'indigna de leur obstination et de leurs artifices : chacun d'eux fut abandonné par ses cardinaux, qui se réunirent à ceux du parti contraire comme à des amis et à des collègues : leur révolte fut soutenue par une nombreuse assemblée de prélats et d'ambassadeurs. Le concile de Pise déposa avec une égale justice le pape de Rome et celui d'Avignon ; le conclave élut Alexandre V d'une voix

---

(1) Léonard Bruni d'Arezzo, l'un des hommes qui ont contribué à la renaissance de la littérature classique en Italie, et qui, après avoir servi plusieurs années à la cour de Rome en qualité de secrétaire, se retira pour exercer l'honorable fonction de chancelier de la république de Florence (Fabr., *Bibl. medii ævi*, t. 1, p. 290). Lenfant (*Concile de Pise*, t. 1, p. 191-195) a donné la traduction de cette curieuse épître.

unanime, et après la mort d'Alexandre, arrivée peu de temps après, nomma de la même manière Jean XXIII, le plus débauché de tous les hommes. Mais, au lieu d'éteindre le schisme, la précipitation des Français et des Italiens ne fit qu'élever un troisième prétendant au trône de saint Pierre. On contesta les droits nouveaux que s'étaient attribués le concile de Pise et le conclave qui en fut la suite. Les rois d'Allemagne, de Hongrie et de Naples, adhérèrent à la cause de Grégoire XII; la dévotion et le patriotisme des Espagnols les décidèrent en faveur de Benoît XIII, leur compatriote. Le concile de Constance réforma les décrets inconsidérés du concile de Pise. L'empereur Sigismond y joua un grand rôle en qualité d'avocat ou de protecteur de l'Église catholique ; et ce concile, par le nombre et l'importance des membres de l'ordre civil et de l'ordre ecclésiastique qui y assistèrent, sembla former les états-généraux de l'Europe. Des trois compétiteurs, Jean XXIII fut la première victime : il prit la fuite, mais on le ramena captif : on supprima les accusations les plus scandaleuses ; le vicaire de Jésus-Christ ne fut accusé que de piraterie, de meurtre, de viol, de sodomie et d'inceste, et après avoir souscrit à sa condamnation, il expia dans une prison l'imprudence de s'être fié de sa sûreté sur une ville libre au-delà des Alpes. Grégoire XII, dont la juridiction se trouvait bornée à l'enceinte de Rimini, descendit plus honorablement du trône; la session où il renonça au titre et à l'autorité de légitime pape, fut convoquée par son am-

Concile de Constance.
A. D.
1414-1418.

bassadeur. Pour vaincre l'obstination de Benoît XIII et de ceux qui le soutenaient, l'empereur fit le voyage de Constance à Perpignan. Les rois de Castille, d'Aragon, de Navarre et d'Écosse, obtinrent un honorable traité ; Benoît fut déposé par le concile, de l'aveu des Espagnols : mais on laissa ce vieillard dont on n'avait rien à craindre, excommunier deux fois par jour, de son château solitaire, les royaumes rebelles qui avaient abandonné sa cause. Après avoir extirpé les restes du schisme, le concile de Constance procéda avec lenteur et avec circonspection à l'élection du souverain de Rome et du chef de l'Église. Dans cette grande occasion, on ajouta aux vingt-trois cardinaux qui formaient le sacré collége, trente députés tirés en nombre égal des cinq grandes nations de la chrétienté, l'italienne, l'allemande, la française, l'espagnole et l'anglaise (1). Cette inter-

---

(1) Je ne puis passer sous silence ce grand procès national, qui fut soutenu fortement par les ambassadeurs d'Angleterre contre ceux de France. Les derniers prétendaient que la chrétienté était essentiellement divisée en quatre grandes nations ; qu'il n'y avait que les quatre voix de l'Italie, de l'Allemagne, de la France et de l'Espagne ; et que les royaumes moins étendus (tels que l'Angleterre, le Danemarck, le Portugal, etc.) se trouvaient compris sous l'une ou l'autre de ces divisions générales. Les Anglais disaient de leur côté que les îles britanniques, dont ils formaient la principale, devaient être regardées comme une cinquième nation et une cinquième voix ; ils recoururent à tous les argumens que leur fournirent la vérité et la fable pour relever l'éclat de leur pays. En comprenant dans les

vention des étrangers fut rendue moins pénible aux habitans de Rome par la générosité qu'ils eurent de choisir un Italien et un Romain, et Othon Colonne, recommandable par sa famille et par son mérite personnel, réunit les voix du conclave. Rome reçut avec joie et avec soumission, pour souverain, le plus noble de ses enfans. L'État ecclésiastique fut défendu par sa puissante famille, et c'est sous ce règne que

Élection de Martin v.

îles britanniques l'Angleterre, l'Écosse, le pays de Galles, les quatre royaumes d'Irlande et les Orcades, ils les décorèrent de huit couronnes royales distinguées en quatre ou cinq langues, l'anglais, le gallois, le dialecte du comté de Cornouailles, l'écossais, l'irlandais, etc.; ils assurèrent que la plus grande de ces îles avait, du nord au sud, huit cents milles ou quarante journées de chemin; que l'Angleterre seule contenait trente-deux comtés ou cinquante-deux mille paroisses (assertion un peu hardie), outre les cathédrales, les colléges, les prieurés et les hôpitaux. Ils alléguèrent la mission de saint Joseph d'Arimathie, la naissance de Constantin, la légation de deux primats, etc., sans oublier le témoignage de Barthélemy de Glanville (A. D. 1360), qui ne comptait que quatre royaumes chrétiens : 1° celui de Rome; 2° celui de Constantinople; 3° celui d'Irlande, transféré aux monarques anglais; et 4° celui d'Espagne. Les Anglais triomphèrent dans les conseils; mais les victoires de Henri v ajoutèrent beaucoup de poids à leurs raisons. Sir Robert Wingfield, ambassadeur de Henri viii auprès de l'empereur Maximilien 1er, trouva à Constance les Mémoires des deux partis sur cette question, et les fit imprimer à Louvain en 1517. On les a publiés avec plus de correction dans le Recueil de Von der Hardt (t. v), d'après un manuscrit de Leipzig; mais je n'ai vu que l'extrait de ces

les papes sont rentrés au Vatican et s'y sont fixés à demeure (1).

<small>Martin v.
A. D. 1417.
Eugène iv.
A. D. 1341.
Nicolas v.
A. D. 1417.</small>

Martin v reprit le droit de fabriquer les monnaies que le sénat avait exercé durant près de trois siècles (2); il y fit mettre son image et son nom, et c'est à lui que commence la suite des médailles des papes. Eugène iv, son successeur immédiat, est le dernier pontife qui se soit vu chassé de Rome par une émeute (3); et Nicolas v, successeur d'Eugène iv, est

---

actes donnés par Lenfant (*Concile de Constance,* t. II, p. 447-453, etc.).

(1) Un ministre protestant, M. Lenfant, qui quitta la France pour se retirer à Berlin, a écrit avec assez de bonne foi, de soin et d'élégance, l'histoire des trois conciles successifs de Pise, de Constance et de Bâle. Elle forme six volumes *in*-4°. Ce qui regarde le concile de Bâle est la partie la plus mauvaise; et ce qui regarde le concile de Constance est la partie la meilleure.

(2) *Voyez* la vingt-septième *Dissertation des Antiquités* de Muratori, et la première *Instruction de la Science des Médailles* du père Joubert et du baron de La Bastie. L'*Histoire métallique* du pape Martin v et de ses successeurs a été composée par deux moines, Moulinet, originaire de France, et Bonanni, originaire d'Italie. Mais je crois que la première partie des suites a été rétablie d'après des médailles plus récentes.

(3) Outre les vies d'Eugène iv (*Rer. ital.*, t. ix, p. 869, et t. xxv, p. 256), le Journal de Paul Petroni et celui d'Étienne Infessura sont les autorités les plus sûres et les plus originales touchant la révolte des Romains contre Eugène iv; le premier, qui vivait alors et qui se trouvait à Rome, parlait le langage d'un citoyen qui redoute également la tyrannie des prêtres et celle du peuple.

le dernier qui ait été importuné de la présence d'un empereur romain (1). 1° La querelle d'Eugène avec les pères du concile de Bâle, et le poids ou la crainte d'une nouvelle excise, encouragèrent et excitèrent les Romains à envahir le gouvernement temporel de la ville. Ils prirent les armes, élurent sept gouverneurs de la république et un connétable du Capitole; ils emprisonnèrent le neveu du pape, assiégèrent le pontife dans son palais; et lorsqu'il prit la fuite en habit de moine, et que sa barque descendit le Tibre, ils l'assaillirent d'une multitude de traits. Toutefois il avait encore au château Saint-Ange une garnison fidèle et de l'artillerie; ses batteries foudroyaient la ville, et un boulet adroitement pointé renversa la barricade du pont, et dispersa d'un seul coup les héros de la république. Une rebellion de cinq mois avait épuisé leur constance. Sous la tyrannie des nobles gibelins, les plus sages d'entre les patriotes regrettèrent la domination du pape, et leur repentir bientôt unanime fut suivi de la soumission. Les troupes de saint Pierre occupèrent de nouveau le Capitole; les magistrats retournèrent chacun dans leur maison; les plus coupables furent punis de la mort ou de l'exil, et le légat, arrivant à la tête de deux mille fantassins et de quatre mille chevaux, fut salué comme le père de la ville. Les conciles de Ferrare et

Dernière révolte de Rome. A. D. 1434, mai 29– octob. 26.

---

(1) Lenfant (*Concile de Bâle*, t. II, p. 276-288) décrit le couronnement de Frédéric III, d'après Æneas Sylvius, témoin et acteur de cette brillante cérémonie.

de Florence, la frayeur ou le ressentiment, prolongèrent l'absence d'Eugène. Il fut reçu par un peuple soumis; mais par les acclamations mêmes qui accompagnèrent son entrée, il comprit que pour entretenir la fidélité des Romains et assurer son repos, il devait abolir sans délai l'odieux impôt qui avait été une des causes de la révolte. 2° Rome se rétablit, s'embellit et s'éclaira sous le paisible règne de Nicolas V. Tandis que le pape s'occupait des ornemens de sa capitale et du bonheur de son peuple, il fut alarmé par l'approche de l'empereur Frédéric III; au reste, ni le caractère ni la puissance de ce prince ne pouvaient justifier un tel effroi. Après avoir rassemblé dans la métropole ses forces militaires, après avoir pourvu autant qu'il le put à sa sûreté par des sermens et des traités (1), Nicolas reçut d'un air satisfait le fidèle avocat et vassal de l'Église romaine. On était alors si disposé à la soumission, Frédéric III était si faible, que rien ne troubla la pompe de son couronnement; mais cette vaine cérémonie était si humiliante pour une nation indépendante, que ses successeurs se sont dispensés du fatigant voyage de Rome, et que le choix des électeurs d'Allemagne leur a paru un titre suffisant.

<small>Frédéric III, dernier empereur d'Allemagne couronné à Rome. A. D. 1452, mars 18.</small>

---

(1) Le serment de fidélité que le pape imposait à l'empereur, a été inséré et consacré dans les *Clémentines* (l. II, tit. 9), et Æneas Sylvius, qui attaqua la nouvelle prétention du pontife, ne prévoyait pas que peu d'années après il monterait sur le trône de saint Pierre, et qu'alors il adopterait les maximes de Boniface VIII.

Un citoyen a remarqué avec satisfaction et avec orgueil que le roi des Romains, après avoir salué légèrement les cardinaux et les prélats qui allèrent à sa rencontre, distingua le sénateur de Rome et son habit de cérémonie, et que, dans ce dernier adieu, le fantôme de l'empire et celui de la république s'embrassèrent d'une manière amicale (1). Selon les lois de Rome (2), son premier magistrat devait être docteur ès lois, étranger, et né au moins à quarante milles de la cité : il ne pouvait être lié avec les habitans de parenté ou d'alliance au troisième degré canonique. On le nommait chaque année ; lorsqu'il sortait de charge, on examinait sévèrement sa conduite, et il ne pouvait exercer le même office qu'après un intervalle de deux ans. Il recevait trois mille florins pour ses dépenses et son salaire ; et la pompe qui l'environnait était digne de la majesté de la république. Il portait une robe de brocart d'or ou de

Statuts et gouvernement de Rome.

---

(1) *Lo senatore di Roma, vestito di brocarto con quella beretta, con quelle maniche, e ornamenti di pelle, co' quali va alle feste di Testaccio e Nagone,* a pu échapper à l'observation d'Æneas Sylvius ; mais le citoyen de Rome en parle avec admiration et avec complaisance (*Diario di Stephano Infessura,* p. 1133).

(2) *Voyez* dans les statuts de Rome le *sénateur* et les *trois juges* (l. 1, c. 3-14), les *conservateurs* (l. 1, c. 15, 16, 17 ; l. III, c. 4), les *caporioni* (l. 1, c. 18 ; l. III, c. 8), le *conseil secret* (l. III, c. 2), le *conseil commun* (l. III, c. 3). Le titre des *querelles domestiques,* des *défis* et des *actes de violence,* etc., occupe plusieurs chapitres (c. 14-40) du second livre.

velours cramoisi ; pendant l'été, une étoffe de soie plus légère ; il avait un sceptre d'ivoire à la main ; les trompettes annonçaient son approche ; il était précédé d'au moins quatre licteurs, qui tenaient des baguettes rouges enveloppées de banderoles de couleur d'or, couleur de la ville. Son serment au Capitole indiquait ses pouvoirs et ses fonctions ; il jurait d'observer et de maintenir les lois, de réprimer l'orgueilleux, de protéger le pauvre, et d'exercer la justice et la miséricorde dans toute l'étendue de sa juridiction. Il était aidé par trois étrangers instruits, les deux *collatéraux* et le juge des appels en matière criminelle. Les lois attestent le grand nombre de procès qu'ils avaient à juger pour crimes de vol, de rapt et de meurtre ; et telle est la faiblesse de ces lois, qu'elles semblent autoriser les querelles privées et les associations de citoyens armés pour leur défense mutuelle. Le sénateur n'était chargé que de l'administration de la justice. Le Capitole, le trésor et le gouvernement de la ville et de son territoire, étaient confiés à trois conservateurs qu'on changeait quatre fois par an. La milice des treize quartiers se rassemblait sous les drapeaux des *caporioni*, leurs chefs particuliers, dont le premier était distingué par le nom et le rang de *prior*. Le pouvoir législatif du peuple résidait dans le conseil secret et dans les assemblées générales. Les magistrats et leurs prédécesseurs immédiats, quelques officiers du fisc et des tribunaux, et trois classes de treize, vingt-six et quarante conseillers, en tout environ cent vingt personnes, composaient le conseil secret. Tous les citoyens mâles pouvaient voter à l'assemblée générale ; et, ce qui ajoutait à la valeur de ce privilége, on avait soin d'empêcher que les étrangers n'usurpassent le titre de citoyens de Rome. De sages et sévères précautions prévenaient les troubles de la démocratie. Les magistrats avaient seuls le droit de proposer une question. On ne permettait à personne de parler, si ce n'est du haut d'une chaire ou d'un tribunal : les acclamations tumultueuses étaient contenues ; on prenait les voix au scrutin ; et on publiait les décrets sous les noms respectables du sénat et du peuple. Il ne serait pas facile d'indiquer une époque où la pratique ait été parfaitement d'accord avec cette théorie ; car les progrès de l'ordre se sont trouvés liés avec la diminution successive de la liberté ; mais l'an 1580, sous le pontificat et de l'aveu de Grégoire XIII (1), les anciens statuts furent rassemblés en un recueil, divisés en trois livres et adaptés au moment où l'on se trouvait. Les Romains suivent encore ce code de lois civiles et criminelles, et si les assemblées populaires ne subsistent plus, un séna-

---

(1) *Statuta almæ urbis Romæ auctoritate S. D. N. Gregorii XIII, pont. max., à senatu populoque Rom. reformata et edita Romæ*, 1580, *in-folio*. Les vieux statuts tombés en désuétude, et qui ne convenaient plus, étaient réunis en cinq livres, qu'on ne publia point, et Lucas Pætus, savant jurisconsulte et antiquaire, fut chargé d'en être le Tribonien : au reste, je regrette l'ancien code avec sa grossière écorce de liberté et de barbarie.

teur étranger et trois conservateurs résident toujours au Capitole (1). Les papes ont adopté la politique des Césars; et l'évêque de Rome, en exerçant le pouvoir absolu d'un monarque temporel et spirituel, a toujours affecté de conserver les formes d'une république.

<small>Conspiration de Porcaro.
A. D. 1453, janv. 9.</small>

C'est une vérité triviale, que les caractères extraordinaires doivent trouver des occasions qui leur soient favorables, et que le génie de Cromwell ou de Retz pourrait expirer maintenant dans l'obscurité. Ce fanatisme de liberté qui porta Rienzi sur un trône, conduisit au gibet, un siècle après, Porcaro son imitateur. Étienne Porcaro était d'une noble extraction et d'une réputation sans tache ; sa langue était armée d'éloquence, et son esprit était éclairé par l'instruction : s'élevant au-dessus d'une ambition vulgaire, il voulut rendre la liberté à sa patrie et immortaliser son nom. La domination des prêtres est de toutes la plus odieuse à un esprit doué d'idées libérales. On venait de reconnaître la fausseté de la prétendue donation de Constantin, et cette découverte écartait tout scrupule : Pétrarque était l'oracle des Italiens ; et toutes les fois que Porcaro repassait dans sa mé-

---

(1) Durant mon séjour à Rome (en 1765, ainsi que durant le séjour que M. Grosley a fait dans cette même ville (*Observ. sur l'Italie*, t. II, p. 361), le sénateur de Rome était M. Bielke, noble Suédois, qui avait embrassé la religion catholique. Les statuts indiquent plutôt qu'ils n'établissent le droit exercé par le pape de nommer le sénateur et les conservateurs.

moire l'ode qui peint le patriote et le héros de Rome, il s'appliquait les visions prophétiques du poëte. Ce fut aux funérailles d'Eugène iv qu'il fit son premier essai des dispositions du peuple : il prononça un discours soigné par lequel il appelait les Romains à la liberté et aux armes; ils paraissaient l'écouter avec plaisir, lorsqu'un grave personnage prit la défense de l'Église et de l'État. La loi déclarait coupable de haute trahison un orateur séditieux; mais le nouveau pontife, par compassion et par estime pour Porcaro, se chargea de l'honorable soin de le ramener et d'en faire son ami. L'inflexible républicain, appelé à Anagni, en revint avec une nouvelle gloire et un accroissement de zèle. Il cherchait une occasion favorable pour exécuter son plan ; il ne l'attendit pas long-temps. Au milieu des jeux de la place Navarre, des enfans et des artisans ayant pris querelle, il s'efforça de convertir cette querelle en un soulèvement général du peuple. Nicolas, toujours humain, ne voulut point le punir de mort ; il se contenta, pour l'éloigner de la tentation, de le reléguer à Bologne, en lui assignant une pension honnête, et ne lui imposant d'autre obligation que celle de se présenter chaque jour devant le gouverneur de la ville. Mais Porcaro avait appris du dernier Brutus qu'on ne doit aux tyrans ni fidélité ni reconnaissance. Il s'occupa dans son exil à déclamer contre la sentence arbitraire du pape ; il forma peu à peu un parti et une conspiration : son neveu, jeune homme entreprenant, assembla une troupe de conjurés; au jour convenu, il donna dans sa maison à Rome une fête aux amis de la république. Porcaro, qui s'était évadé de Bologne, parut au milieu des convives avec une robe de pourpre et d'or ; sa voix, son maintien, ses gestes, annonçaient un homme dévoué, à la vie et à la mort, à la cause glorieuse qu'il embrassait. Il s'étendit dans un discours étudié sur les motifs et les moyens de l'entreprise ; il fit valoir le nom et les libertés de Rome, la mollesse et l'orgueilleuse tyrannie du clergé, l'aveu formel ou tacite de tous les citoyens ; un secours de trois cents soldats et quatre cents exilés, dès long-temps exercés à combattre et à souffrir ; il leur promit, pour les rendre plus ardens à frapper, toute liberté de vengeance ; et enfin, un million de ducats devait être la récompense de la victoire. « Demain, fête de l'Épiphanie, il serait aisé, ajouta-t-il, d'arrêter le pape et les cardinaux à la porte de l'église de Saint-Pierre ou au pied de l'autel, de les conduire chargés de fers sous les murs du château Saint-Ange, et là, de les forcer, par la menace et la vue de la mort, à nous rendre cette forteresse ; de monter ensuite au Capitole, de sonner le tocsin, et, dans une assemblée populaire, de rétablir l'ancienne république. » Au moment où il triomphait en idée, il était déjà trahi. Le sénateur, à la tête d'une garde nombreuse, investit la maison où se trouvaient les conjurés ; le neveu de Porcaro parvint à s'ouvrir un passage à travers la foule ; mais le malheureux Étienne fut saisi dans une armoire, s'affligeant de ce que ses ennemis avaient prévenu de trois heures l'exécution de son dessein. Après des crimes si manifestes et si multipliés, le pape n'écouta que sa justice. Porcaro et neuf de ses complices furent pendus sans confession et au milieu des terreurs et des invectives de la cour de Nicolas : les Romains accordèrent leur compassion et presque leur suffrage à ces martyrs de la liberté publique (1). Mais leur suffrage fut muet, leur compassion inutile, et leur liberté à jamais perdue : si on les a vus se soulever depuis dans quelque vacance du saint-siége ou lorsqu'on manquait de pain, on trouve de pareils mouvemens au sein de la plus abjecte servitude.

Mais l'indépendance des nobles, fomentée par la discorde, survécut à la liberté des communes, qui ne peut être fondée que sur l'union du peuple. Les barons conservèrent long-temps le privilége de piller et d'opprimer leurs concitoyens; leurs maisons étaient des forteresses et des asiles; ils protégeaient

<small>Derniers désordres de la noblesse de Rome.</small>

---

(1) Machiavel (*Ist. fiorentina*, l. VI, oper., t. 1, p. 210, 211, édit. de Londr. 1747, in-4°) a fait un récit très-court mais très-curieux de la conspiration de Porcaro, qui est d'ailleurs racontée dans le Journal d'Étienne Infessura (*Rer. ital.*, t. III, part. II, p. 1134, 1135), et dans un écrit particulier qu'a publié Léon-Baptiste Alberti (*Rer. ital.*, t. XXV, p. 609-614). Il est amusant de comparer le style et les opinions du courtisan et du citoyen. *Facinus profectò quo..... neque periculo horribilius, neque audaciâ detestabilius, neque crudelitate tetrius, à quoquam perditissimo uspiam excogitatum sit....* Perdette la vita quell' uomo da bene, e amatore dello bene è libertà di Roma.

contre les lois une troupe féroce de bandits et de criminels qui les servaient de leurs épées et de leurs poignards. L'intérêt particulier entraîna quelquefois les papes et leurs neveux dans ces querelles domestiques. Sous le règne de Sixte IV, Rome fut bouleversée par les combats que se livrèrent ces maisons rivales, et par les siéges qu'elles entreprirent et soutinrent les unes contre les autres : le protonotaire Colonne fut mis à la torture et décapité après avoir vu son palais en cendres ; et son ami Savelli, prisonnier de ses ennemis, fut égorgé pour n'avoir pas voulu se joindre aux cris de victoire des Ursins (1) ; mais les papes, sûrs d'être assez forts pour commander l'obéissance de leurs sujets toutes les fois qu'ils seraient assez fermes pour la réclamer, ne tremblèrent plus au Vatican, et les étrangers qui remarquaient ces désordres particuliers, admiraient néanmoins la modération des impôts et la sage administration de l'État ecclésiastique (2).

---

(1) Les désordres de Rome, qui furent extrêmement envenimés par la partialité de Sixte IV, sont exposés dans les journaux d'Étienne Infessura et d'un citoyen anonyme qui en furent les témoins. *Voyez* les troubles de l'année 1484 et la mort du protonotaire Colonne (*in* tom. III, part. II, p. 1083-1158).

(2) « Est toute la terre de l'Église troublée pour cette partialité (des Colonnes et des Ursins), comme nous dirions Luce et Grammont, où en Hollande Houc et Caballan ; et quand ce ne seroit ce différend, la terre de l'Église seroit la plus heureuse habitation pour les sujets, qui soit dans

Les foudres spirituelles du Vatican dépendent de la force que leur prête l'opinion : si cette opinion fait place à la raison ou à la passion, leur vain bruit peut s'évaporer dans les airs ; et le prêtre sans appui se trouve exposé à la violence brutale du moindre adversaire ou noble ou plébéien. Mais lorsque les papes eurent quitté le séjour d'Avignon, le glaive de saint Paul garda les clefs de saint Pierre. Rome était commandée par une citadelle imprenable, et le canon est bien puissant contre les séditions populaires; une troupe régulière de cavalerie et d'infanterie servait sous le drapeau du pape; ses amples revenus lui permettaient de fournir aux dépenses de la guerre; et l'étendue de ses domaines le mettait en état d'accabler une ville révoltée sous une armée de voisins ennemis et de sujets fidèles (1). Depuis la réunion des duchés de Ferrare et d'Urbin, l'État ecclésiastique se prolonge de la Méditerranée à la mer

Les papes acquièrent un empire absolu. A. D. 1500, etc.

---

tout le monde (car ils ne payent ni tailles ni guères autres choses), et seroient toujours bien conduits (car toujours les papes sont sages et bien conseillés); mais très-souvent en advient de grands et cruels meurtres et pilleries. »

(1) L'économie de Sixte-Quint porta à deux millions et demi d'écus romains le revenu de l'État ecclésiastique (*Vit.*, t. II, p. 291-296); et l'armée était si bien montée, qu'en un mois Clément VIII put entrer dans le duché de Ferrare avec trois mille cavaliers et vingt mille fantassins (t. III, p. 64). Depuis cette époque (A. D. 1597) les armes des papes se sont heureusement rouillées; le revenu doit avoir augmenté au moins en apparence.

Adriatique, et des confins du royaume de Naples aux bords du Pô : la plus grande partie de cette vaste et fertile contrée reconnaît dès le seizième siècle la souveraineté légitime et temporelle des pontifes de Rome. Leurs premiers droits se sont fondés sur les donations véritables ou fabuleuses des siècles d'ignorance. Je ne pourrais raconter ce qu'ils ont fait successivement pour consolider leur empire, sans me jeter trop avant dans l'histoire de l'Italie, et même dans celle de l'Europe ; il faudrait détailler les crimes d'Alexandre VI, les opérations militaires de Jules II, et la politique éclairée de Léon X, sujet illustré par la plume des plus nobles historiens de cette époque (1). Durant la première période de leurs conquêtes, et jusqu'à l'expédition de Charles VIII, les papes furent en état de lutter avec succès contre les princes et les pays voisins, dont les forces militaires étaient inférieures ou tout au plus égales à celles de la cour de Rome ; mais dès que les monarques de la France, de l'Allemagne et de l'Espagne, se disputèrent, avec des armées gigantesques, la domination de l'Italie, les successeurs de saint Pierre ap-

---

(1) Surtout par Guichardin et Machiavel : le lecteur peut consulter l'*Histoire générale* du premier, l'*Histoire de Florence*, le *Prince* et les *Discours politiques* du second. Guichardin et Machiavel, Fra Paolo et Davila, leurs dignes successeurs, ont été regardés avec raison comme les premiers historiens des peuples modernes, jusqu'au moment actuel, où l'Écosse s'est levée pour disputer cette gloire à l'Italie.

pelèrent l'artifice au secours de leur faiblesse; ils cachèrent dans un labyrinthe de guerres et de traités leurs vues ambitieuses, et l'espoir, qui ne les abandonna jamais, de reléguer les Barbares au-delà des Alpes. Les guerriers du Nord et de l'Occident, réunis sous le drapeau de Charles-Quint, détruisirent souvent l'équilibre que le Vatican s'efforçait d'établir; les plans mobiles et faibles de Clément VII exposèrent sa personne et ses États; et Rome fut en proie, durant sept mois, à une armée sans frein, plus cruelle et plus avide que les Goths et les Vandales (1). Après cette sévère leçon, les pontifes resserrèrent leur ambition qui fut alors presque satisfaite: ils reprirent le rôle paternel qui leur convient, et ne firent plus de guerre offensive, si l'on en excepte une querelle inconsidérée où le vicaire de Jésus-Christ et le sultan des Turcs s'armèrent en même temps contre le royaume de Naples (2). Les Français et les Allemands

---

(1) Dans l'histoire du siége de Rome par les Goths, j'ai comparé (chap. XXXI) les Barbares et les sujets de Charles-Quint, anticipation que je me suis permise sans scrupule, ainsi que celle des conquêtes des Tartares, ayant alors peu d'espoir d'achever cet ouvrage.

(2) Le détail des faibles hostilités auxquelles l'ambition porta le pape Paul IV, de la maison des Caraffes, se trouve dans le président de Thou (l. XVI, XVIII) et Giannone (t. IV, p. 149-163). Deux bigots catholiques, Philippe II et le duc d'Albe, osèrent séparer le prince romain du vicaire de Jésus-Christ. Cependant, le caractère sacré qui aurait sanctifié sa victoire, fut décemment employé à le protéger dans sa défaite.

se retirèrent à la fin du champ de bataille; les Espagnols étaient bien affermis dans la possession de Milan, de Naples, de la Sicile, de la Sardaigne et des côtes de la Toscane, et il fut de leur intérêt de maintenir la paix et la dépendance de l'Italie, qui ont duré presque sans troubles depuis le milieu du seizième siècle jusqu'au commencement de celui-ci. La politique religieuse de la cour d'Espagne dominait et protégeait le Vatican; les préjugés et l'intérêt du roi catholique le disposaient dans toutes les occasions à soutenir le prince contre le peuple; et au lieu des encouragemens, des secours et du refuge que les amis de la liberté et les ennemis des lois avaient trouvés jusqu'alors dans les États voisins, ils se virent de toutes parts enfermés dans le cercle de fer du despotisme. L'éducation et l'habitude de l'obéissance subjuguèrent à la longue l'esprit turbulent de la noblesse et des communes de Rome. Les barons oublièrent les guerres et les factions de leurs aïeux; le luxe et le gouvernement les asservirent peu à peu à leur empire. Au lieu de soutenir à leurs frais une multitude de partisans et de satellites, ils employèrent leurs revenus à ces dépenses particulières qui multiplient les plaisirs et diminuent le pouvoir du propriétaire (1). Les Colonnes et les Ursins ne luttè-

---

(1) Le docteur Adam Smith (*Wealth of Nations*, vol. 1, p. 495-504) explique d'une manière admirable le changement des mœurs et les dépenses qu'amène ce progrès de la civilisation. Il prouve, avec trop de sévérité peut-être, que

rent plus que sur la décoration de leurs palais et de leurs chapelles, et l'opulence subite des familles pontificales égala ou surpassa leur antique splendeur. On n'entend plus à Rome la voix de la liberté ni celle de la discorde, et, au lieu d'un torrent écumeux, elle n'offre plus qu'un lac uni et stagnant où se peint l'image de l'oisiveté et de la servitude.

La domination temporelle du clergé scandalise également le chrétien, le philosophe et le patriote (1). La majesté locale de Rome, le souvenir de ses consuls et de ses triomphes, semblent ajouter une nouvelle amertume au sentiment et à la honte de sa servitude. En calculant de sang-froid les avantages et les défauts du gouvernement ecclésiastique, on peut le louer dans son état actuel comme une administration douce, décente et paisible, qui n'a pas à craindre les dangers d'une minorité ou la fougue d'un jeune prince, qui n'est point minée par le luxe, et qui est affranchie des malheurs de la guerre; mais ces avantages se trouvent contre-balancés par ces avénemens fréquens et renouvelés presque tous les sept ans, de souverains, rarement originaires de Rome, jeunes politiques de soixante ans, parvenus

<small>Le gouvernement ecclésiastique.</small>

---

ce sont les vues les plus personnelles et les moins nobles qui ont eu les effets les plus salutaires.

(1) Hume (*History of England*, vol. 1, p. 389) conclut trop légèrement que si la même personne réunit le pouvoir civil et le pouvoir ecclésiastique, il importe peu de lui donner le nom de prince ou de prélat, puisque le caractère de magistrat temporel prédomine toujours.

au déclin de leur vie et de leurs talens, sans espoir de vivre assez long-temps pour achever les travaux de leur règne passager et sans enfans pour les continuer. On tire le pontife du sein de l'Église et même du fond des couvens, des habitudes de l'éducation et de l'existence les plus contraires à la raison, à l'humanité et à la liberté. Enchaîné dans les filets d'une croyance servile, il a appris à croire en raison de l'absurdité, à respecter ce qui est méprisable et à mépriser ce qui est digne de l'estime de tous les êtres raisonnables; à punir l'erreur comme un crime, à célébrer la mortification de la chair et le célibat comme la première des vertus, à mettre les saints du calendrier (1) au-dessus des héros de Rome et des sages d'Athènes, à regarder enfin le missel ou le crucifix comme des instrumens plus utiles que la charrue ou le métier qui produit des étoffes. Il peut dans les nonciatures ou sous la pourpre acquérir quelque connaissance du monde ; mais son esprit et ses mœurs conservent la tache primitive : sans doute il peut, par l'étude et l'expérience, arriver à une juste appréciation de sa profession ; mais cet artiste sacerdotal doit nécessairement se pénétrer de

---

(1) Un protestant peut dédaigner la dispute sur la préférence que mérite saint François ou saint Dominique ; mais il ne doit pas se hâter de condamner le zèle ou l'esprit judicieux de Sixte-Quint, qui plaça les statues des apôtres saint Pierre et saint Paul sur les colonnes de Trajan et de Constantin, qui ne portaient plus les statues de ces deux empereurs.

quelque partie de cet esprit de bigoterie qu'il tâche d'inculquer aux autres. Le génie de Sixte-Quint (1) s'élança de l'obscurité d'un couvent de franciscains : dans un règne de cinq ans, il anéantit la race des bandits et de tous ces hommes vicieux proscrits par les lois; il abolit les lieux de franchise séculiers où se retiraient les scélérats (2); il créa une marine et une armée de terre; il rétablit les monumens de l'antiquité, il voulut les égaler dans ses constructions; et, après avoir usé noblement du revenu public et l'avoir considérablement augmenté, il laissa

---

(1) Un Italien sorti de son pays, Grégoire Leti, a publié la vie de Sixte-Quint (*Amsterd.*, 1721, 3 vol. *in*-12). C'est un ouvrage détaillé et amusant, mais il n'inspire pas une pleine confiance. Toutefois ce qu'on y lit du caractère du pape, ainsi que des principaux faits de cette histoire, se trouve confirmé par les Annales de Spondanus et de Muratori (A. D. 1585-1590) et l'Histoire contemporaine du grand de Thou (l. LXXXII, c. 1, 2; l. LXXXIV, c. 10; l. C, c. 8).

(2) Les ministres étrangers ont emprunté de la noblesse de Rome ces lieux privilégiés, *quartieri* ou *franchises*. Jules II avait aboli l'*abominandum et detestandum franchitiarum hujus modi nomen;* mais les franchises ont encore reparu après Sixte-Quint. Je ne puis apercevoir la justice ou la grandeur d'âme de Louis XIV, qui, en 1687, envoya à Rome un ambassadeur (le marquis de Lavardin) avec mille officiers, gardes et domestiques armés, pour soutenir ce droit inique et insulter Innocent XI au sein de sa capitale (*Vita di Sisto V*, t. III, p. 260-278; Muratori, *Annali d'Italia*, t. XV, p. 494-496; et Voltaire, *Siècle de Louis XIV*, t. II, c. 14, p. 58, 59).

cinq millions d'écus: dans le château Saint-Ange ;
mais la cruauté souilla sa justice ; des vues de conquête furent la cause de son activité ; les abus reparurent à sa mort : on dissipa le trésor qu'il avait
amassé ; il chargea la postérité de trente-cinq nouveaux impôts et de la vénalité des offices ; et dès
qu'il eut rendu le dernier soupir, un peuple ingrat
ou opprimé renversa sa statue (1). L'originalité sauvage de Sixte-Quint occupe une place particulière
dans l'histoire des papes ; et l'on ne peut juger des
maximes et des effets de leur administration temporelle, que par un examen positif et comparatif
des arts et de la philosophie, de l'agriculture et du
commerce, de la richesse et de la population, de l'État
ecclésiastique (2). Quant à moi, je veux mourir en

---

(1) Cet outrage donna lieu à un décret qui fut inscrit
sur le marbre et placé au Capitole. Le style de ce décret est
d'une simplicité noble et républicaine : *Si quis sive privatus,
sive magistratum gerens de collocandâ* vivo pontifici statuâ
mentionem facere ausit, legitimo S. P. Q. R. decreto in
perpetuum infamis et publicorum munerum expers esto.
M. D. X. C. mense Augusto (*Vita di Sisto V*, tom. III,
p. 469). Je crois qu'on observe encore ce décret, et je sais
que tous les princes qui méritent des statues devraient établir la même défense.

(2) Les histoires de l'Église, de l'Italie et de la chrétienté,
m'ont servi dans la composition de ce chapitre. On découvre
souvent dans les vies originales des papes l'état de la ville et
de la république de Rome, et les événemens des quatorzième
et quinzième siècles se trouvent consignés dans les chroni-

paix avec tout le monde, et dans ces derniers mo-

---

ques grossières que j'ai examinées avec soin, et que je vais indiquer dans l'ordre des temps.

1° Monaldeschi (Ludovici Boncomitis) *Fragment. Annalium roman.* (A. D. 1328); dans les *Scriptores rerum italicarum* de Muratori, tom. XII, p. 525. *N. B.* La confiance qu'inspire ce fragment se trouve un peu diminuée par une singulière interpolation, où l'auteur raconte sa *propre mort* à l'âge de cent quinze ans.

2° *Fragmenta Historiæ romanæ* (*vulgò* Thomas Fortifiocca, *in romanâ dialecto vulgari* (A. D. 1327-1354, *in* Muratori, *Antiquit: med. ævi ital.*; t. III, p. 247-548), base authentique de l'histoire de Rienzi.

3° Delphini (Gentilis) *Diarium romanum* (A. D. 1370-1410), dans les *Rerum italic.*, etc., t. III, part. II, p. 846.

4° Antonini (Petri) *Diarium romanum* (A. D. 1404-1417), t. XXIV, p. 969.

5° Petroni (Pauli) *Miscellanea historica romana* (A. D. 1433-1446), t. XXIV, p. 1101.

6° Volaterrani (Jacob.) *Diarium rom.* (A. D. 1472-1484), t. XXIII, p. 81.

7° *Anonymi Diarium urbis Romæ* (A. D. 1481-1492), t. III, part. I, II, p. 1069.)

8° Infessuræ (Stephani) *Diarium romanum* (A. D. 1294, 1378-1494), t. III, part. II, p. 1109.

9° *Historia arcana Alexandri VI, sive excerpta ex Diario Joh. Burcardi* (A. D. 1492-1503), edit. à Godefr. Gulielm. Leibnizio, Hanov. 1697, *in-4°*. On peut compléter le grand et précieux ouvrage de Burcard, d'après les manuscrits qui se trouvent dans les diverses bibliothèques d'Italie et de France (M. de Foncemagne. *Mém. de l'Acad. des Inscript.*, t. XVII, p. 597-606.).

Excepté le dernier ouvrage, ces fragmens et journaux se trouvent dans les *Recueils* de Muratori, mon guide et mon

miens je n'offenserai pas volontairement même le pape et le clergé de Rome.

---

maître dans l'histoire d'Italie. Le public lui doit sur cette matière : 1° *Rerum italicarum scriptores* (A. D. 500-1500, *quorum potissima pars nunc primum in lucem prodit*, etc.) 28 vol. in-fol.; Milan, 1723-1738-1751. On désire des Tables chronologiques et alphabétiques pour servir de clef à ce grand ouvrage, qui est encore en désordre et dans un état défectueux. 2° *Antiquitates Italiæ medii ævi*, 6 vol. in-fol.; Milan, 1738-1743, en soixante-quinze Dissertations curieuses sur les mœurs, le gouvernement, la religion, etc., des Italiens du moyen âge, avec un supplément considérable de chartres, de chroniques, etc. 3° *Dissertazioni sopra le Antichità italiane*, 3 vol. in-4°; Milan, 1751, traduction en italien de l'ouvrage précédent, faite par l'auteur lui-même, et qu'on peut citer avec la même confiance que le texte latin des Antiquités. 4° *Annali d'Italia*, 18 vol. in-8°; Milan, 1753-1756, abrégé sec, mais exact et utile, de l'histoire d'Italie, depuis la naissance de Jésus-Christ jusqu'au milieu du dix-huitième siècle. 5° *Delle Antichità Estense ed Italiane*, 2 vol. in-fol.; Modène, 1717-1740. Dans l'histoire de cette noble famille, d'où sortent les rois actuels de l'Angleterre, Muratori n'est pas entraîné par la fidélité et la reconnaissance qu'il devait aux princes d'Este en qualité de sujet. Dans tous ses ouvrages il se montre écrivain laborieux et exact, et il cherche à s'élever au-dessus des préjugés ordinaires d'un prêtre. Il était né en 1672; il est mort en 1750, après avoir passé près de soixante ans dans les bibliothèques de Milan et de Modène. (*Vita del proposto Ludovico Antonio Muratori*, par Gian. Francesco Soli Muratori, son neveu et son successeur. Venise, 1756, in-4°.)

CHAPITRE LXXI.

Tableau des ruines de Rome au quinzième siècle. Quatre causes de décadence et de destruction. Le Colisée cité pour exemple. La ville nouvelle. Conclusion de l'ouvrage.

VERS la fin du règne d'Eugène IV, le savant Pogge (1) et un de ses amis, serviteurs du pape l'un et l'autre, montèrent sur la colline du Capitole; ils se reposèrent parmi les débris des colonnes et des temples, et, de cette hauteur, ils contemplèrent l'immense tableau de destruction qui s'offrait à leurs yeux (2). Le lieu de la scène et ce spectacle leur ouvraient un vaste champ de moralités sur les vicissitudes de la fortune, qui n'épargne ni l'homme ni ses ouvrages les plus orgueilleux, qui précipite dans le même tombeau les empires et les cités; et ils se réunirent dans cette opinion que, comparativement à sa grandeur passée, Rome était de toutes les villes

Coup d'œil et discours du Pogge, assis sur la colline du Capitole. A. D. 1430.

───────────

(1) J'ai déjà indiqué (t. XII, ch. LXV, p. 369, note 2) l'âge, le caractère et les écrits du Pogge; et j'ai marqué particulièrement la date de ce discours élégant et moral sur les vicissitudes de la fortune.

(2) *Consedimus in ipsis Tarpeiæ arcis ruinis, pone ingens portæ cujusdam, ut puto, templi, marmoreum limen plurimasque passim confractas columnas, unde magnâ ex parte prospectus urbis patet* (p. 5).

du monde celle dont la chute offrait l'aspect le plus imposant et le plus déplorable. « L'imagination de Virgile, dit le Pogge à son ami, a décrit Rome dans son premier état, et telle qu'elle pouvait être à l'époque où Évandre accueillit le réfugié troyen (1). La roche Tarpéienne que voilà ne présentait alors qu'un hallier sauvage et solitaire : au temps du poëte, sa cime était couronnée d'un temple et de ses toits dorés. Le temple n'est plus; on a pillé l'or qui le décorait; la roue de la fortune a achevé sa révolution, les épines et les ronces défigurent de nouveau ce terrain sacré. La colline du Capitole, où nous sommes assis, était jadis la tête de l'empire romain, la citadelle du monde et la terreur des rois, honorée par les traces de tant de triomphateurs, enrichie des dépouilles et des tributs d'un si grand nombre de nations : ce spectacle qui attirait les regards du monde, combien il est déchu! combien il est changé! combien il s'est effacé! Des vignes embarrassent le chemin des vainqueurs; la fange souille l'emplacement qu'occupaient les bancs des sénateurs. Jetez les yeux sur le mont Palatin et parmi ses énormes et uniformes débris; cherchez le théâtre de marbre, les obélisques, les statues colossales,

---

(1) *Æneid.* VIII, 97-369. Cet ancien tableau, qui est d'une touche si délicate et amené avec tant d'art, devait intéresser vivement un Romain, et les études de notre jeunesse nous mettent à portée de partager les sentimens d'un Romain.

les portiques du palais de Néron ; examinez les autres collines de la cité : partout vous apercevrez des espaces vides, coupés seulement par des ruines et des jardins. Le Forum, où le peuple romain faisait ses lois et nommait ses magistrats, contient aujourd'hui des enclos destinés à la culture des légumes, ou des espaces que parcourent les buffles et les pourceaux. Tant d'édifices publics et particuliers, qui, par la solidité de leur construction, semblaient braver tous les âges, gisent renversés, dépouillés, épars dans la poussière, comme les membres d'un robuste géant ; et ceux de ces ouvrages imposans qui ont survécu aux outrages du temps et de la fortune rendent plus frappante la destruction du reste (1). »

Ces ruines sont décrites fort en détail par le Pogge, l'un des premiers qui se soient élevés des monumens de la superstition religieuse à ceux de la superstition classique (2). 1° Parmi les ouvrages du temps de la république, il distinguait encore un pont, un arceau, un sépulcre, la pyramide de Cestius, et dans la partie du Capitole occupée par les officiers de la gabelle, une double rangée de voûtes qui portaient le nom de Catulus et attestaient sa munificence.

Description qu'il fait des ruines de Rome.

---

(1) *Capitolium adeò.... immutatum ut vineæ in senatorum subsellia successerint, stercorum ac purgamentorum receptaculum factum. Respice ad Palatinum montem.... vasta rudera....; cæteros colles perlustra, omnia vacua ædificiis, ruinis vineisque oppleta conspicies.* Pogge, *de Varietate fortunæ*: p. 21.

(2) *Voyez* le Pogge, p. 8-22.

2° Il indique onze temples plus ou moins conservés; depuis le Panthéon, encore entier, jusqu'aux trois arceaux et à la colonne de marbre, reste du temple de la Paix que Vespasien fit élever après les guerres civiles et son triomphe sur les Juifs. 3° Il fixe un peu légèrement à sept le nombre des anciens *thermes* ou bains publics, tous tellement dégradés qu'aucun ne laissait plus entrevoir l'usage ni la distribution de leurs diverses parties; mais ceux de Dioclétien et d'Antonin Caracalla étaient encore appelés du nom de leurs fondateurs; ils étonnaient les curieux qui observaient la solidité et l'étendue de ces édifices, la variété des marbres, la grosseur et la multitude des colonnes, et comparaient les travaux et la dépense qu'avaient exigés de pareils édifices, avec leur utilité et leur importance. Aujourd'hui même il reste quelques vestiges des *thermes* de Constantin, d'Alexandre, de Domitien ou plutôt de Titus. 4° Les arcs de triomphe de Titus, de Sévère et de Constantin, se trouvaient en entier, et le temps n'en avait point effacé les inscriptions; un fragment d'un autre tombant en ruine était honoré du nom de Trajan, et on en voyait sur la voie Flaminienne deux encore sur pied, consacrés à la moins noble mémoire de Faustine et de Gallien. 5° Le Poggo, après nous avoir décrit les merveilles du Colisée, aurait pu négliger un petit amphithéâtre de brique, qui vraisemblablement servait aux gardes prétoriennes; des édifices publics et particuliers occupaient déjà en grande partie l'emplacement des théâtres de Marcellus et de Pompée, et on ne distinguait plus que la position et la forme du cirque agonal et du grand cirque. 6° Les colonnes de Trajan et d'Antonin étaient debout, mais les obélisques égyptiens étaient brisés ou ensevelis sous la terre. Ce peuple de dieux et de héros créés par le ciseau des statuaires avait disparu ; il ne restait qu'une statue équestre de bronze, et cinq figures en marbre, dont les plus remarquables étaient deux chevaux de Phidias et de Praxitèle. 7° Les mausolées ou sépulcres d'Auguste et d'Adrien ne pouvaient avoir entièrement disparu, mais le premier n'offrait plus qu'un monceau de terre ; celui d'Adrien, appelé château Saint-Ange, avait pris le nom et l'extérieur d'une citadelle moderne. Si l'on y ajoute quelques colonnes éparses et dont on ne connaissait plus la destination, telles étaient les ruines de l'ancienne ville ; car les murs, formant une circonférence de dix milles, fortifiés de trois cent soixante-dix-neuf tours et s'ouvrant par treize portes, laissaient voir les marques d'une construction plus récente.

C'est plus de neuf siècles après la chute de l'empire d'Occident, et même du royaume des Goths en Italie, que le Pogge faisait cette triste description. Durant la longue période d'anarchie et de malheurs où l'empire, les arts et les richesses, abandonnèrent les bords du Tibre, la ville ne put ajouter à ses embellissemens ou rétablir les anciens : et comme toutes les choses humaines doivent rétrograder si elles n'avancent pas, le progrès de chaque siècle hâtait la

Dépérissement graduel des ouvrages de Rome.

ruine des ouvrages de l'antiquité. Mesurer le progrès du dépérissement et indiquer à chaque époque l'état de chaque édifice, serait un travail inutile et infini; je me bornerai donc à deux observations qui nous conduiront à examiner brièvement et en général les causes et les effets de ce dépérissement. 1° Deux siècles avant la complainte éloquente du Pogge, un auteur anonyme avait publié une description de Rome (1). Son ignorance peut nous avoir désigné les mêmes objets aperçus par le Pogge, sous des noms bizarres ou fabuleux : toutefois ce topographe barbare avait des yeux et des oreilles; il était en état d'observer les restes d'antiquités qui subsistaient encore, et d'écouter les traditions du peuple. Il indique d'une manière très-distincte sept théâtres, onze bains, douze arcs de triomphe et dix-huit palais, dont plusieurs avaient disparu avant le temps où écrivait le Pogge. Il paraît que plusieurs des solides monumens de l'antiquité ont subsisté long-temps (2),

---

(1) *Liber de mirabilibus Roma, ex registro Nicolai cardinalis de Aragonia, in Bibliotheca sancti Isidori armario IV*, n° 69. Montfaucon (*Diarium italicum*, p. 283-301) a publié ce traité avec quelques notes fort courtes, mais très-judicieuses. Il en parle ainsi : *Scriptor XIII circiter sæculi, ut ibidem notatur; antiquariæ rei imperitus, et, ut ab illo ævo, magis et anilibus fabellis refertus : sed, quia monumenta quæ iis temporibus Romæ supererant pro modulo recenset, non parum inde lucis mutuabitur qui romanis antiquitatibus indagandis operam navabit* (p. 283).

(2) Le père Mabillon (*Analecta*, t. IV, p. 502) a publié la

et que les principes de la destruction ont agi, aux treizième et quatorzième siècles, avec un redoublement d'énergie. 2º La même réflexion est applicable aux trois derniers siècles, et nous chercherions en vain le *Septizonium* de Sévère (1), célébré par Pétrarque et par les antiquaires du seizième siècle. Tant que les édifices de Rome furent entiers, la solidité de la masse et l'accord des parties résistèrent à l'impétuosité des premiers coups; mais la destruction commencée, des fragmens ébranlés tombèrent au premier choc.

Après des recherches faites avec beaucoup de soin sur la destruction des ouvrages des Romains, je trouve quatre causes principales, dont l'action s'est prolongée durant plus de six siècles : 1º le dégât opéré par le temps et la nature; 2º les dévastations des Barbares et des chrétiens; 3º l'usage et l'abus qu'on a faits des matériaux qu'offraient les monumens de l'antiquité; et 4º les querelles intestines des habitans de Rome.

Quatre causes de destruction.

I. L'homme parvient à élever des monumens bien plus durables que sa courte vie; cependant ces monumens sont comme lui périssables, et dans l'immen-

Le dégât opéré par le temps et la nature.

---

relation d'un pélerin anonyme du neuvième siècle, qui, en décrivant les églises et les saints lieux de Rome, indique plusieurs édifices, et surtout des portiques, qui avaient disparu avant le treizième siècle.

(1) *Voyez*, sur le *Septizonium*, les *Mémoires sur Pétrarque*, tom. 1, p. 325; Donat, pag. 338; et Nardini, p. 117-414.

sité des siècles sa vie et ses ouvrages n'ont qu'un instant. Il n'est pourtant pas facile de circonscrire la durée d'un édifice simple et solide. Ces pyramides, merveilles de l'antiquité, excitaient déjà la curiosité des anciens (1); cent générations ont disparu comme les feuilles de l'automne (2), et après la chute des Pharaons et des Ptolomées, des Césars et des califes, les mêmes pyramides, debout et inébranlables, s'élèvent encore au-dessus des flots du Nil débordé. Un édifice composé de parties diverses et délicates est plus sujet au dépérissement, et le travail silencieux du temps peut être accéléré par des ouragans et des tremblemens de terre, des inondations et des incendies. Sans doute l'atmosphère et le sol de Rome ont éprouvé des secousses ; ses tours élevées ont été ébranlées dans leurs fondemens; mais il ne paraît pas que les sept collines se trouvent placées sur aucune des grandes cavités du globe, et la ville n'a éprouvé dans aucun siècle ces convulsions de la nature qui, dans les climats où se trouvent situées

Les ouragans et les tremblemens de terre.

---

(1) L'époque de la construction des pyramides est ancienne et inconnue. Diodore de Sicile (t. 1, l. 1, c. 44, p. 72) ne peut dire si on les éleva mille ou trois mille quatre cents ans avant la dix-huitième olympiade. Sir John Marsham, qui a diminué la longueur des dynasties égyptiennes, fixerait cette époque environ vingt siècles avant Jésus-Christ. *Canon. Chronicus*, p. 47.

(2) *Voy.* la harangue de Glaucus dans l'*Iliade* (Z. 146). Homère emploie souvent cette image naturelle et mélancolique.

Antioche, Lisbonne ou Lima, anéantissent en peu de momens les travaux de plusieurs générations. Le feu est l'agent le plus actif de la vie et de la destruction : la volonté ou seulement la négligence des hommes peut produire, peut étendre ce rapide fléau, et toutes les époques des annales romaines sont marquées par des calamités de ce genre. Le mémorable incendie, crime ou malheur du règne de Néron, continua avec plus ou moins de fureur durant six ou neuf jours (1). Les flammes dévorèrent une quantité innombrable d'édifices accumulés dans des rues étroites et tortueuses ; et lorsqu'elles cessèrent, des quatorze quartiers de Rome, quatre seulement étaient dans leur entier, trois se trouvaient détruits complétement, et sept étaient défigurés par les restes fumans des édifices en ruines (2). L'empire

Les incendies.

---

(1) Le savant critique M. des Vignoles (*Hist. crit. de la rép. des lettres*, t. VIII, p. 74-118; IX, p. 172-187) place cet incendie A. D. 64, juillet 19, et la persécution des chrétiens, qui en fut la suite, au 15 novembre de la même année.

(2) *Quippe in regiones quatuordecim Roma dividitur, quarum quatuor integræ manebant, tres solo tenus dejectæ : septem reliquis pauca tectorum vestigia supererant, lacera et semiusta.* Parmi les anciens édifices qui furent consumés, Tacite compte le temple de la Lune élevé par Servius Tullius, la chapelle et l'autel consacrés par Évandre *præsenti Herculi* ; le temple de Jupiter Stator, construit pour accomplir le vœu de Romulus ; le palais de Numa, le temple de Vesta *cum penatibus populi romani*. Il regrette ensuite les *opes tot victoriis quæsitæ et Græcarum artium decora....*

étant au plus haut point de sa gloire, la métropole sortit de ses cendres avec un nouvel éclat; mais les vieux citoyens déploraient des pertes irréparables, les chefs-d'œuvre des Grecs, les trophées de la victoire, et les monumens de l'antiquité primitive ou fabuleuse. Dans les temps de misère et d'anarchie, chaque blessure est mortelle, chaque perte est sans remède, et les soins publics du gouvernement, l'activité de l'intérêt particulier, ne peuvent plus réparer le dégât. Mais deux considérations donnent lieu de penser que les incendies produisent plus de ravages dans une ville florissante que dans une ville misérable. 1° Les matières combustibles, la brique, le bois et les métaux, se consument ou se fondent promptement, et les flammes attaquent en vain des murailles nues, des voûtes d'une grande épaisseur, dépouillées de leurs ornemens. 2° C'est dans les habitations plébéiennes qu'une funeste étincelle cause pour l'ordinaire des incendies; mais dès que le feu les a dévorées, les grands édifices qui ont résisté à la flamme, ou qu'elle n'a pu atteindre, se trouvent seuls au milieu d'un espace vide, et ne courent plus aucun danger. La situation de Rome l'expose à de fréquentes inondations. Le cours des rivières qui descendent de l'un ou de l'autre côté de l'Apennin, sans en excepter le Tibre, est irrégulier et de peu de longueur; leurs eaux sont basses durant les chaleurs

Inondations.

---

multa quæ seniores meminerant, quæ reparari nequibant (*Annal.*, xv, 40, 41).

de l'été, et lorsque les pluies ou la fonte des neiges les grossissent au printemps ou en hiver, elles forment des torrens impétueux. Si le vent les repousse à leur arrivée dans la mer, leur lit ordinaire ne pouvant les contenir, elles débordent et inondent sans obstacle les plaines et les villes des environs. Peu après le triomphe qui suivit la première guerre punique, des pluies extraordinaires enflèrent le Tibre, et un débordement, de plus longue durée et plus étendu que ceux qu'on avait vus jusqu'alors, détruisit tous les bâtimens qui se trouvaient au-dessous des collines de Rome. Diverses causes amenèrent les mêmes dégâts; selon la nature du sol, les édifices furent entraînés par une impulsion subite, ou dissous et minés par le séjour des eaux (1). La même calamité se renouvela sous le règne d'Auguste: le fleuve mutiné renversa les palais et les temples situés sur ses bords (2); et les soins de cet empereur pour net-

---

(1) A. U. C. 507, *repentina subversio ipsius Romæ prævenit triumphum Romanorum...... diversæ ignium aquarumque clades penè absumpsere urbem. Nam Tiberis insolitis auctus imbribus et ultra opinionem, vel diurnitate vel magnitudine, redundans, omnia Romæ ædificia in plano posita delevit. Diversæ qualitates locorum ad unam convenēre perniciem; quoniam et quæ segnior inundatio tenuit madefacta dissolvit, et quæ cursus torrentis invenit; impulsa dejecit* (Orose, *Hist.*, l. IV, c. 11, p. 244, édit. Havercamp). Il faut observer que l'apologiste chrétien s'étudie à exagérer les malheurs du monde païen.

(2) *Vidimus flavum Tiberim, retortis*
Littore Etrusco violenter undis,

toyer et agrandir son lit, qu'avaient encombré les ruines, n'empêchèrent pas ses successeurs d'avoir à s'occuper des mêmes périls et des mêmes travaux (1). La superstition et des intérêts particuliers arrêtèrent long-temps le projet de détourner dans de nouveaux canaux le Tibre, ou quelques-unes des rivières qui lui portent leur tribut (2). On l'a exécuté depuis; mais les avantages de cette opération tardive et mal faite n'ont pas dédommagé du travail et de la dépense. L'asservissement des rivières est la victoire la plus belle et la plus importante que les hommes aient obtenue sur les révoltes de la nature (3). Et si le

---

Ire dejectum monumenta regis
Templaque Vestæ.
(Hor., Carm. 1, 2.)

Si le palais de Numa et le temple de Vesta furent renversés du temps d'Horace, ce que l'incendie de Néron consuma de ces édifices pouvait à peine mériter les épithètes de *vetustissima* ou d'*incorrupta*.

(1) *Ad coercendas inundationes alveum Tiberis laxavit ac repurgavit, completum olim ruderibus, et ædificiorum prolapsionibus coarctatum* (Suétone, *in Augusto*, c. 30).

(2) Tacite rapporte les pétitions que les différentes villes de l'Italie adressèrent au sénat contre cette mesure. On peut remarquer ici les progrès de la raison. Dans une pareille affaire on consulterait sans doute les intérêts locaux; mais la chambre des communes rejetterait avec dédain cet argument superstitieux, « que la nature assigne aux rivières le cours qui leur est propre, etc. »

(3) *Voyez* les *Époques de la Nature* de l'éloquent et philosophe Buffon. Son tableau de la Guyane, province de l'Amérique méridionale, est celui d'une terre neuve et

Tibre put faire de pareils ravages sous un gouvernement actif et ferme, qui pouvait arrêter ou qui pourrait compter les maux auxquels fut exposée la ville après la chute de l'empire d'Occident? Le mal lui-même produisit enfin le remède. L'accumulation des décombres et de la terre détachée des collines a exhaussé le sol de Rome, qui maintenant élevé, à ce qu'on croit, de quatorze ou quinze pieds (1) au-dessus de l'ancien niveau, rend la ville moins accessible aux débordemens de la rivière (2).

II. Les auteurs de toutes les nations, qui imputent aux Goths et aux chrétiens la destruction des monumens de l'ancienne Rome, ont négligé d'examiner jusqu'à quel point ils pouvaient être animés du besoin de détruire, et jusqu'à quel degré ils eurent le loisir et les moyens de se livrer à cette disposition. J'ai décrit plus haut le triomphe de la barbarie et de la religion, je vais indiquer en peu de mots la liaison réelle ou imaginaire de ce triomphe

Dévastations dont les Barbares et les chrétiens se sont rendus coupables.

---

sauvage où les eaux sont abandonnées à elles-mêmes, et n'ont point été dirigées par l'industrie de l'homme (p. 212-561, édit. in-4°.).

(1) M. Addison a remarqué dans son Voyage en Italie ce fait curieux et incontestable. *Voyez* ses *OEuvres*, t. II, p. 98, édit. de Baskerville.

(2) Le Tibre a cependant quelquefois endommagé la ville de Rome dans les temps modernes; et les Annales de Muratori citent en 1530, 1557, 1598, trois grandes inondations qui produisirent beaucoup de mal (t. XIV, p. 268-429; t. XV, p. 99, etc.).

avec la ruine de l'ancienne Rome. Nous pouvons, composant ou adoptant sur l'émigration des Goths et des Vandales les idées romanesques les plus capables de plaire à notre imagination, supposer qu'ils sortirent de la Scandinavie brûlant de venger la fuite d'Odin (1), de briser les chaînes des nations et de châtier les oppresseurs, d'anéantir tous les monumens de la littérature classique, et d'établir leur architecture nationale sur les débris de l'ordre toscan et de l'ordre corinthien. Mais, dans la réalité, les guerriers du Nord n'étaient ni assez sauvages ni assez raffinés pour former ces projets de destruction et de vengeance. Les pasteurs de la Scythie et de la Germanie avaient été élevés dans les armées de l'empire; ils en avaient pris la discipline, et, bien instruits de la faiblesse de l'État, ils entreprirent une invasion. Avec l'usage de la langue latine, ils avaient adopté l'habitude de respecter le nom et les titres de Rome; et bien que hors d'état de chercher à égaler les arts et les travaux littéraires d'une période plus éclairée, ils montraient plus de dispositions à les admirer qu'à les anéantir. Les soldats d'Alaric et de Genseric, maîtres un moment d'une capitale riche et qui n'of-

---

(1) Je saisis cette occasion de déclarer que douze années de plus m'ont fait oublier ou rejeter cette histoire de la fuite d'Odin d'Azof dans la Suède, à laquelle je n'ai jamais cru sérieusement (*voy.* ce que j'en ai dit au chapit. x). Les Goths sont probablement des Germains; mais au-delà de César et de Tacite les antiquités de la Germanie n'offrent que de l'obscurité et des fables.

frait point de résistance, se livrèrent à toute l'effervescence d'une armée victorieuse. Au milieu des licencieux plaisirs de la débauche et de la cruauté, les richesses d'un transport facile furent l'objet de leurs recherches, et ils ne pouvaient trouver ni orgueil, ni plaisir, ni avantage à penser qu'ils abattaient les monumens des consuls et des Césars. D'ailleurs leurs momens étaient précieux. Les Goths évacuèrent Rome le sixième jour (1), et les Vandales le quinzième (2); et quoiqu'il soit plus facile de détruire que d'élever un édifice, leur fureur précipitée aurait eu peu d'effet sur les solides constructions de l'antiquité. Le lecteur doit se souvenir qu'Alaric et Genseric affectèrent de respecter les bâtimens de Rome; que l'heureuse administration de Théodoric les maintint dans leur force et dans leur beauté (3), et que le ressentiment passager de Totila (4) fut réprimé par ses propres réflexions et par les conseils de ses amis et de ses ennemis. Si une pareille accusation ne doit point regarder les Barbares, il n'en est pas de même des catholiques de Rome. Les statues, les autels, les temples du démon, étaient abominables à leurs yeux, et il y a lieu de croire que, maîtres absolus de la ville, ils travaillèrent avec zèle et avec persévérance à effacer tous les vestiges de l'idolâtrie

---

(1) *Voyez* le chapitre XXXI de cet ouvrage.
(2) Chap. XXXVI, *ibid.*
(3) Chap. XXXIX, *ibid.*
(4) Chap. XLIII, *ibid.*

de leurs ancêtres. La démolition des temples de l'Orient (1) leur offrait un exemple à suivre, en même temps qu'elle appuie notre conjecture; il est vraisemblable que le mérite ou le démérite d'une pareille action doit être en partie attribué aux nouveaux convertis. Toutefois leur aversion se bornait aux monumens de la superstition des païens, et les édifices qui servaient aux affaires et aux plaisirs de la société pouvaient être conservés sans offense et sans scandale. La nouvelle religion fut établie, non par un tumulte populaire, mais par les décrets des empereurs et du sénat, et par la loi du temps. De tous les individus qui composaient la hiérarchie chrétienne, les évêques de Rome furent communément les plus sages et les moins fanatiques; et l'on n'a aucune accusation positive à opposer contre eux à l'action méritoire d'avoir sauvé le Panthéon (2), pour employer ce majestueux édifice au service de la religion.

III. La valeur de tout objet qui sert aux besoins ou

---

(1). *Voyez* le chap. XXVIII de cet ouvrage.

(2) *Eodem tempore petit à Phocate principe templum, quod appellatur* PANTHEON, *in quo fecit ecclesiam sanctæ Mariæ semper virginis, et omnium martyrum; in quâ ecclesiâ princeps multa bona obtulit* (Anastasius vel potius liber pontificalis in Bonifacio IV, in Muratori, Script. rer. ital., t. III, part. I, p. 135). Selon un auteur anonyme cité par Montfaucon, Agrippa avait consacré le Panthéon à Cybèle et à Neptune; et Boniface IV, aux calendes de novembre, le dédia à la Vierge, *quæ est mater omnium sanctorum* (p. 297, 298).

aux plaisirs de l'espèce humaine, se compose de sa substance et de sa forme, de la matière et de la main d'œuvre. Son prix dépend du nombre de ceux qui peuvent l'acquérir ou l'employer, de l'étendue du marché, et par conséquent de l'aisance ou de la difficulté qu'on trouve à l'exporter au dehors, selon la nature de la chose, sa situation locale et les conjonctures passagères de ce monde. Les Barbares qui se rendirent maîtres de Rome, usurpèrent en un moment le travail et les trésors de plusieurs générations; mais, excepté les choses d'une consommation immédiate, ils durent voir sans aucune convoitise toutes celles qu'on ne pouvait transporter sur les chariots des Goths ou sur les navires des Vandales (1). L'or et l'argent furent les principaux objets de leur avidité, parce que dans chaque pays, et sous le moindre volume, ils procurent la quantité la plus considérable du travail et de la propriété des autres. La vanité d'un chef barbare put mettre du prix à un vase ou à une statue de ces métaux précieux; mais la multitude, plus grossière, ne s'attachait qu'à la subs-

Usage et abus des matériaux qu'offraient les monumens de l'antiquité.

---

(1) Flaminius Vacca (*ap.* Montfaucon, p. 155, 156; son Mémoire se trouve aussi p. 21, à la fin de la *Roma antica* de Nardini) et plusieurs Romains, *doctrinâ graves*, étaient persuadés que les Goths avaient enterré à Rome leurs trésors, dont ils révélaient le lieu, en mourant, *filiis nepotibusque*. Vacca raconte quelques anecdotes pour prouver que des pélerins d'au-delà des Alpes, héritiers des conquérans goths, venaient de son temps fouiller et piller Rome et les environs.

tance, sans s'occuper de la forme; et le métal fondu en lingots fut sans doute promptement converti en monnaie au coin de l'empire. Les pillards les moins actifs et les moins heureux furent réduits à l'enlèvement de l'airain, du plomb, du fer et du cuivre : les tyrans grecs pillèrent tout ce qui avait échappé aux Goths et aux Vandales, et l'empereur Constans, dans sa visite spoliatrice à la ville de Rome, enleva les plaques de bronze qui couvraient le Panthéon (1). Les édifices de Rome pouvaient être considérés comme une vaste mine de divers matériaux très-variés; le premier travail, celui de les tirer du sein de la terre, était fait; les métaux étaient purifiés et jetés en moule ; les marbres étaient taillés et polis; et après avoir satisfait à la cupidité des étrangers et des citoyens, les restes de la ville, si on eût trouvé un acheteur, étaient encore bons à vendre. On avait déjà dépouillé les monumens de l'antiquité de leurs précieux ornemens ; mais les Romains se montraient disposés à démolir, de leurs propres mains, les arcs de triomphe et les murailles, dès que le bénéfice pourrait l'emporter sur les frais du travail et de l'exportation. Si Charlemagne eût fait de l'Italie le siége

---

(1) *Omnia quæ erant in ære ad ornatum civitatis deposuit: sed et ecclesiam B. Mariæ ad martyres quæ de tegulis æreis cooperta discooperuit* (Anastas., *in Vitalian.*, p. 141). Ce Grec, vil autant que sacrilége, n'eut pas même le misérable prétexte de piller un temple païen; le Panthéon était déjà une église catholique.

de l'empire d'Occident, loin d'attenter aux constructions des Césars, son génie aurait aspiré à en être le réparateur; mais des vues politiques retinrent ce monarque dans les forêts de la Germanie; il ne put satisfaire son goût pour les arts qu'en achevant la dévastation, et les marbres de Ravenne (1) et de Rome (2) décorèrent le palais qu'il éleva à Aix-la-Chapelle. Cinq siècles après Charlemagne, Robert, roi de Sicile, le plus sage et le plus éclairé des souverains de son siècle, se procura des mêmes matériaux qui lui furent facilement apportés par le Tibre et la Méditerranée, et Pétrarque se plaignait avec indignation de ce que l'ancienne capitale du monde tirait de ses entrailles de quoi embellir le luxe indolent de la ville de Naples (3). Au reste, les pillages ou

---

(1) *Voyez* sur les dépouilles de Ravenne (*musiva atque marmora*) la concession originale du pape Adrien 1er à Charlemagne (*Cod. Carolin.*, epist. 67, *in* Muratori, *Script. ital.*, t. III, part. II, p. 223).

(2) Je citerai le témoignage authentique du poëte saxon (A. D. 887-899), *de Rebus gestis Caroli Magni*, l. v., 437-440, dans les *Historiens de France* (t. v, p. 180):

Ad quæ marmoreas præstabat ROMA *columnas,*
Quasdam præcipuas pulchra Ravenna dedit.
De tam longinquâ poterit regione vetustas
Illius ornatum, Francia, ferre tibi.

Et j'ajouterai, d'après la Chronique de Sigebert (*Historiens de France*, t. v, p. 378): *Extruxit etiam Aquisgrani basilicam plurimæ pulchritudinis, ad cujus structuram à* ROMA *et Ravennâ columnas et marmora devehi fecit.*

(3) Un passage de Pétrarque (*Opp.*, p. 536, 537, *in* epis-

les ventes des marbres et des colonnes ne furent pas communs dans le moyen âge; et le peuple de Rome, sans concurrens à cet égard, eût pu employer les anciennes constructions à ses besoins publics ou particuliers, si la forme et la position de ces édifices ne les eussent rendus, à bien des égards, inutiles à la ville et à ses habitans. Les murs décrivaient toujours la même circonférence ; mais la ville était descendue des sept collines dans le champ de Mars, et plusieurs de ces beaux monumens qui avaient bravé les outrages des siècles, se trouvaient loin des habitations, et pour ainsi dire dans un désert. Les palais des séna-

---

tolâ hortatoriâ ad Nicolaum Laurentium) est si énergique et il vient si à propos, que je ne puis m'empêcher de le transcrire : *Nec pudor aut pietas continuit quominus impii spoliata Dei templa, occupatas arces, opes publicas regiones urbis, atque honores magistratuum inter se divisos* (habeant?) *quam unâ in re, turbulenti ac seditiosi homines et totius reliquæ vitæ consiliis et rationibus discordes, inhumani fœderis stupendâ societate convenerant, in pontes et mœnia atque immeritos lapides desævirent. Denique post vi vel senio collapsa palatia, quæ quondam ingentes tenuerunt viri, post diruptos arcus triumphales (unde majores horum forsitan corruerunt), de ipsius vetustatis ac propriæ impietatis fragminibus vilem questum turpi mercimonio captare non puduit. Itaque nunc, heu dolor! heu scelus indignum! de vestris marmoreis columnis, de liminibus templorum (ad quæ nuper ex orbe toto concursus devotissimus fiebat), de imaginibus sepulchrorum sub quibus patrum vestrorum venerabilis civis* (cinis) *erat, ut reliquias sileam, desidiosa Neapolis adornatur. Sic paulatim ruinæ ipsæ deficiunt.* Le roi Robert était cependant l'ami de Pétrarque.

teurs ne convenaient plus aux mœurs ou à la fortune de leurs indignes successeurs ; on avait perdu l'usage des bains (1) et des portiques : les jeux du théâtre, de l'amphithéâtre et du cirque, ne subsistaient plus depuis le sixième siècle; quelques temples furent appropriés à l'usage du culte régnant; mais en général les églises chrétiennes préférèrent la forme de la croix, et la mode ou des calculs raisonnables avaient établi un modèle particulier pour les cellules et les bâtimens des cloîtres. Le nombre de ces pieux établissemens se multiplia outre mesure sous le règne ecclésiastique; la ville contenait quarante monastères d'hommes, vingt de femmes, et soixante chapitres et colléges de chanoines et de prêtres (2), qui augmentaient, au lieu de la réparer, la dépopulation du dixième siècle ; mais si les formes de l'ancienne architecture furent dédaignées d'un peuple insensible à leur usage et à leur beauté, ses abondans matériaux furent employés à tous les objets auxquels les pouvaient appliquer ses besoins ou sa superstition : les plus belles colonnes de l'ordre ionique et de l'ordre corinthien, les marbres de Paros et de Numidie

---

(1) Cependant Charlemagne se baigna et nagea à Aix-la-Chapelle avec cent de ses courtisans (Eginhard, c. 22, p. 108); et Muratori indique des bains publics qu'on construisit encore à Spolette en Italie, en 814. (*Annali*, t. VI, p. 416).

(2) *Voyez* les *Annales de l'Italie*, A. D. 988. Muratori lui-même avait trouvé ce fait et le précédent dans l'*Histoire de l'ordre de Saint-Benoît*, publiée par le père Mabillon.

les plus précieux, furent réduits peut-être à servir de soutien à un couvent ou à une écurie. Les dégâts que les Turcs se permettent chaque jour dans les villes de la Grèce et de l'Asie, peuvent servir d'exemple; et dans la destruction graduelle des monumens de l'ancienne Rome, Sixte-Quint, qui employa les pierres du Septizonium au noble édifice de Saint-Pierre, est le seul excusable (1). Un fragment et une ruine, quelque mutilés, quelque profanés qu'ils puissent être, excitent encore un sentiment de plaisir et de regret; mais la plupart des marbres furent non-seulement défigurés, mais détruits. On les brûla pour en faire de la chaux. Le Pogge, depuis son arrivée, avait vu disparaître le temple de la Concorde (2) et beaucoup d'autres grands édifices; et une épigramme du même temps annonçait la respectable et juste crainte que cette pratique ne finît par anéantir tout-à-fait les monumens de l'antiquité (3);

---

(1) *Vita di Sisto-Quinto, de Gregorio Leti*, t. III, p. 50.

(2) *Porticus ædis Concordiæ, quam, cùm primùm ad urbem accessi, vidi ferre integram opere marmoreo admodum specioso, Romani post modum ad calcem ædem totam et porticûs partem disjectis columnis sunt demoliti* (p. 12). Le temple de la Concorde n'a donc pas été détruit dans une sédition, comme je l'ai lu dans un traité manuscrit *del Governo civile di Roma*, qu'on me prêta durant mon séjour à Rome, et qu'on attribuait, faussement je crois, au célèbre Gravina. Le Pogge assure aussi que les pierres du sépulcre de Cæcilia Metella furent réduites en chaux (p. 19, 20).

(3) Cette épigramme, qui est d'Æneas Sylvius, lequel devint ensuite pape sous le nom de Pie II, a été publiée par

les besoins et les dévastations des Romains ne furent arrêtés que par la diminution de leur nombre. Pétrarque, entraîné par son imagination, a pu supposer à Rome plus d'habitans qu'elle n'en avait (1); mais j'ai peine à croire que, même au quatorzième siècle, on n'y en trouvât que trente-trois mille. Si depuis cette époque jusqu'au règne de Léon x, la population s'éleva à quatre-vingt-cinq mille âmes (2), cet accroissement dut être funeste à l'ancienne cité.

IV. J'ai réservé pour la dernière la plus puissante de ces causes de destruction, les guerres intestines des Romains. Sous la domination des empereurs grecs et français, la paix de la ville fut troublée par de fréquentes mais passagères séditions. C'est du déclin de l'autorité des successeurs de Charlemagne, c'est-à-dire des premières années du dixième siècle, que datent ces guerres particulières dont la licence

Les querelles domestiques des habitans de Rome.

---

le père Mabillon, d'après un manuscrit de la reine de Suède (*Musæum italicum*, t. 1, p. 97).

> *Oblectat me, Roma; tuas spectare ruinas;*
>   *Ex cujus lapsu gloria prisca patet.*
> *Sed tuus hic populus muris defossa vetustis,*
>   *Calcis in obsequium, marmora dura coquit;*
> *Impia tercentum si sic gens egerit annos,*
>   *Nullum hinc indicium nobilitatis erit.*

(1) *Vagabamur in illâ urbe tam magnâ; quæ, cùm propter spatium vacua videretur, populum habet immensum* (*Opp.*, p. 605, *Epist. familiares.*, 11, 14).

(2) Ces détails sur la population de Rome à différentes époques, sont tirés d'un très-bon Traité du médecin Lancisi, *de Romanis Cœli qualitatibus*, p. 122.

viola impunément les lois du code et celles de l'Évangile, sans respecter la majesté du souverain absent, ni la présence et la personne du vicaire de Jésus-Christ. Durant une obscure période de cinq siècles, Rome fut perpétuellement déchirée par les sanglantes querelles des nobles et du peuple, des Gibelins et des Guelfes, des Colonnes et des Ursins : j'ai exposé dans les deux chapitres précédens les causes et les effets de ces désordres publics, dont plusieurs détails ont échappé à la connaissance de l'histoire, et dont quelques autres ne méritent pas son attention. A cette époque, où tous les différends étaient décidés par l'épée; où personne ne pouvait se fier à des lois sans pouvoir de la sûreté de sa vie ou de sa propriété, les citoyens puissans s'armaient pour l'attaque ou la défense, contre les ennemis, objets de leur haine ou de leur crainte. Si l'on en excepte Venise, toutes les républiques libres de l'Italie se trouvaient dans le même cas ; les nobles avaient usurpé le droit de fortifier leurs maisons et d'élever de grosses tours (1) capables de résister à une attaque subite. Les villes étaient remplies de ces constructions de guerre : Lucques contenait trois cents tours, dont la hauteur était bornée par les lois à quatre-vingts pieds ; et en

---

(1) Tous les faits qui ont rapport aux tours de Rome et des autres villes libres de l'Italie, se trouvent dans la compilation laborieuse et intéressante que Muratori a publiée sous le nom d'*Antiquitates Italiæ medii ævi*, *Dissert.* 26, t. II, p. 493-496 du latin, et t. I, p. 446 du même ouvrage en italien.

suivant la proportion convenable, on peut appliquer ces détails aux États plus riches et plus peuplés. Lorsque le sénateur Brancaleone voulut rétablir la paix et la justice, son premier soin fut, comme nous l'avons dit, de démolir cent quarante des tours qu'on voyait à Rome; et à la dernière époque de l'anarchie et de la discorde, sous le règne de Martin v, l'un des treize ou quatorze quartiers de la ville en contenait encore quarante-quatre. Les restes de l'antiquité étaient on ne saurait mieux appropriés à ces usages pernicieux : les temples et les arcs de triomphe offraient une base large, solide, pour appuyer les nouveaux remparts de briques ou de pierres ; et je puis citer pour exemple les tours qu'on éleva sur les arcs de triomphe de Jules César, de Titus et des Antonins (1). Il fallait peu de changemens pour faire d'un théâtre, d'un amphithéâtre ou d'un mausolée, une forte et vaste citadelle. Je n'ai pas besoin de répéter que c'est du môle d'Adrien qu'on a fait le château Saint-Ange (2). Le Septizonium de Sévère

---

(1) *Templum Jani nunc dicitur, turris Centii Frangapanis; et sane Jano impositæ turris lateritiæ conspicua hodièque vestigia supersunt* (Montfaucon, *Diarium italicum*, p. 186). L'auteur anonyme (p. 285) indique *arcus Titi, turris Cartularia; arcus Julii Cæsaris et senatorum, turres de Bratis; arcus Antonini, turris de Cosectis*, etc.

(2) *Hadriani molem.... magnâ ex parte Romanorum injuria....: disturbavit : quod certè funditus evertissent, si eorum manibus pervia, absumptis grandibus saxis, reliqua moles extitisset* (le Pogge, *de Varietate fortunæ*, p. 12).

fut en état de résister à l'armée d'un souverain (1); le sépulcre de Metella a disparu sous les ouvrages dont on l'a chargé (2); les Savelli et les Ursins occupèrent les théâtres de Pompée et de Marcellus (3); et les forteresses informes, construites sur ces édifices, ont acquis peu à peu l'éclat et l'élégance d'un palais d'Italie. Les églises elles-mêmes furent environnées d'armes et de remparts, et les machines de guerre placées sur le comble de l'église de Saint-Pierre, épouvantaient le Vatican et scandalisaient le monde chrétien. Tout lieu fortifié doit être attaqué, et tout ce qui est attaqué peut être détruit. Si les Romains avaient pu enlever aux papes le château Saint-Ange, ils avaient résolu, par un décret public, d'anéantir ce monument de servitude. Une place voyait dans

―――――――――――――――

(1) A celle de l'empereur Henri IV (Muratori, *Annali d'Italia*, t. IX, p. 147).

(2) Je dois placer ici un passage important de Montfaucon. *Turris ingens rotunda... Cœciliæ Metellæ... sepulchrum erat, cujus muri tam solidi, ut spatium per quam minimum intus vacuum supersit : et* TORRE DI BOVE *dicitur, à boüm capitibus muro inscriptis. Huic sequiori ævo, tempore intestinorum bellorum, seu urbecula adjuncta fuit, cujus mœnia et turres etiamnum visuntur; ita ut sepulchrum Metellæ quasi arx oppiduli fuerit. Ferventibus in urbe partibus, cùm Ursini atque Columnenses mutuis cladibus perniciem inferrent civitati, in utriusve partis ditionem cederet magni momenti erat* (p. 142).

(3) *Voyez* les témoignages de Donat, Nardini et Montfaucon. On aperçoit encore dans le palais Savelli des restes considérables du théâtre de Marcellus.

un seul siége toutes les constructions élevées pour sa défense exposées à être renversées, et à chaque siége on employait avec ardeur tous les moyens et toutes les machines de destruction. Après la mort de Nicolas IV, Rome, sans souverain ni sénat, se trouva abandonnée pendant six mois à la fureur de la guerre civile. « Les maisons, dit un contemporain cardinal et poëte (1), furent écrasées par des pierres d'une grosseur énorme et lancées avec rapidité (2). Les coups du bélier percèrent les murailles; les tours furent enveloppées de feu et de fumée, et l'ardeur des assiégeans était excitée par l'avidité et le ressentiment. » La tyrannie des lois acheva l'ouvrage de la destruction, et les diverses factions de l'Italie, se livrant à des vengeances aveugles et inconsidérées,

___

(1) Jacques, cardinal de Saint-George, *ad velum aureum*, dans la Vie du pape Célestin V, qu'il a composée en vers (Muratori, *Script. ital.*, t. I, part. III, p. 261; l. I, c. I, vers 132, etc.):

Hoc dixisse sat est, Romam caruisse senatu
Mensibus exactis heu sex; belloque vocatum (vocatos)
In scelus in socios fraternaque vulnera patres.
Tormentis jecisse viros immania saxa;
Perfodisse domus trabibus, fecisse ruinas
Ignibus; incensas turres, obstructaque fumo
Lumina vicino, quo sit spoliata supellex.

(2) Muratori (*Dissertazioni sopra le antichità italiane*, t. I, p. 427-431) nous apprend qu'on se servait souvent de boulets de pierre du poids de deux ou trois quintaux; on les porte quelquefois à douze ou dix-huit *cantari* de Gênes: chaque *cantaro* pèse cent cinquante livres.

rasèrent tour à tour les maisons et les châteaux de leurs adversaires (1). Si l'on compare quelques jours d'invasions étrangères à des siècles de guerres intestines, on ne pourra douter que les dernières n'aient été de beaucoup les plus funestes à la ville, et l'on peut citer Pétrarque à l'appui de cette opinion. « Voyez, dit-il, ces restes qui attestent l'ancienne grandeur de Rome; le temps et les Barbares ne peuvent s'enorgueillir d'une si incroyable destruction ; il faut l'attribuer à ses propres citoyens, aux plus illustres de ses enfans ; et vos ancêtres (il écrivait à un noble de la famille d'Annibaldi) ont fait avec le bélier ce que le héros carthaginois ne put faire avec l'épée de ses troupes (2). » L'influence des deux dernières causes que je viens de décrire, s'augmenta par une action réciproque, puisque la destruction des maisons et des tours qu'abattait la guerre civile, forçait continuellement à tirer de nouveaux matériaux des monumens de l'antiquité.

---

(1) La sixième loi des Visconti abolit ce funeste usage; elle enjoint strictement de conserver *pro communi utilitate* les maisons des citoyens bannis (*Gulvaneus*, de la *flamma*, in Muratori, *Script. rerum italicarum*, t. XII, p. 1041).

(2) Pétrarque adressait ces paroles à son ami, qui lui avait montré en rougissant et en versant des pleurs, *mœnia, lacerœ specimen miserabile Romœ*, et qui annonçait l'intention de les rétablir (*Carmina latiha*, l. II, epist. *Paulo Annibalensi*, XII, p. 97, 98).

Nec te parva manet servatis fama ruinis
Quanta quod integrœ fuit olim gloria Romœ

On peut appliquer chacune de ces observations à l'amphithéâtre de Titus, qui a pris le nom de Co-LISÉE (1), soit à cause de son étendue, ou de la statue colossale de Néron, et qui peut-être aurait subsisté à jamais s'il n'avait eu d'autre ennemi que le temps et la nature. Les antiquaires qui ont calculé le nombre des spectateurs sont disposés à croire qu'il y avait au-dessus du dernier gradin de pierre des galeries de bois à plusieurs étages, qui furent à diverses reprises consumées par le feu et reconstruites par les empereurs. Tout ce qu'il y avait de précieux, de portatif ou de profane, les statues des dieux et des héros, les riches sculptures de bronze ou revêtues de feuilles d'or et d'argent, fut d'abord la proie de la conquête ou du fanatisme, de l'avarice des Barbares ou de celle des chrétiens. On voit plusieurs trous dans

Le Colisée, ou l'amphithéâtre de Titus.

Relliquiæ testantur adhuc ; quas longior ætas
Frangere non valuit, non vis aut ira cruenti
Hostis ; ab egregiis franguntur civibus, heu! heu!
    Quod ille nequivit (Hannibal)
Perficit hìc aries.

(1) Le marquis Maffei traite, dans la quatrième partie de la *Verona illustrata*, des amphithéâtres, et en particulier de ceux de Rome et de Vérone, de leurs dimensions, de leurs galeries de bois, etc. Il paraît que c'est d'après son étendue que celui de Titus porte le nom de *Colossæum* ou *Coliseum*, puisqu'on donna la même dénomination à l'amphithéâtre de Capoue, qui n'avait point de statue colossale, et puisque celle de Néron avait été placée dans la cour (*in atrio*) de son palais, et non pas dans le Colisée (p. IV, l. 1, c. 4, p. 15-19.)

les énormes pierres qui composent les murs du Colisée; et voici les deux conjectures les plus vraisemblables qu'on ait formées sur cet objet. Des crampons d'airain ou de fer liaient l'assise inférieure à l'assise supérieure, et l'œil de la rapine ne dédaigna pas les métaux les moins précieux (1). On a tenu long-temps une foire ou un marché dans l'arène de cet amphithéâtre; une ancienne description de la cité parle des ouvriers établis au Colisée; et ils firent ou ils agrandirent ces trous pour y placer les morceaux de bois qui soutenaient leurs échoppes et leurs tentes (2). Le Colisée, réduit à sa majestueuse simplicité, excita le respect et l'admiration des pélerins du Nord, et leur grossier enthousiasme se manifesta par ces mots sublimes devenus proverbe, et que le vénérable Bède a recueillis au huitième siècle, dans ses écrits: « Rome subsistera tant que le Colisée sera debout. Quand le Colisée tombera, Rome tombera; et quand Rome tombera, le monde tombera avec elle (3). »

---

(1) Joseph-Marie Suarès, savant évêque à qui l'on doit une Histoire de Préneste, a publié une dissertation particulière sur les sept ou huit causes probables de ces trous, dissertation réimprimée depuis dans le Trésor de Sallengre. Montfaucon (*Diarium*, p. 233.) décide que l'avidité des Barbares est *una germanaque causa foraminum*.

(2) Donat., *Roma vetus et nova*, p. 285.

(3) *Quamdiu stabit Coliseus, stabit et Roma; quando cadet Coliseus, cadet Roma; quando cadet Roma, cadet et mundus* (Beda, *in Excerptis, seu collectaneis apud* Ducange, *Glossar. med. et infimæ latinitatis*, t. 11, p. 407, édit.

Dans les principes modernes de l'art militaire, le Colisée, dominé par trois collines, n'eût pas été choisi pour servir de forteresse ; mais la force de ses murs et de ses voûtes pouvait résister aux machines de siége ; il pouvait contenir dans son enceinte une nombreuse garnison ; et tandis qu'une faction occupait le Vatican et le Capitole, l'autre se retranchait au palais de Latran et au Colisée (1).

Nous avons parlé de l'abolition des jeux de l'ancienne Rome, mais il ne faut pas prendre ces mots à la rigueur ; car aux quatorzième et quinzième siècles, la loi (2) ou la coutume de la ville réglait les jeux qui se donnaient avant le carême, sur le mont Testacée et dans le cirque agonal (3). Le sénateur présidait en

Jeux de Rome.

Bâle) : Il faut attribuer ces paroles aux pélerins anglo-saxons qui allèrent à Rome avant l'année 735, époque de la mort de Bède ; car je ne crois pas que ce vénérable moine soit jamais sorti de l'Angleterre.

(1) Je ne puis retrouver dans les Vies des papes, par Muratori (*Scriptor. rerum italicar.*, t. III, p. 1), le passage qui atteste ce partage ennemi, qui est de la fin du onzième siècle ou du commencement du douzième.

(2) *Voyez* les *Statuta urbis Romæ*, l. III, c. 87, 88, 89, p. 185, 186. J'ai déjà donné une idée de ce code municipal. Le journal de Pierre Antoine, de 1404 à 1417 (Muratori, *Scriptor. rerum italicar.*; t. XXIV, p. 1124) fait aussi mention des courses de *Nagona* et du mont Testacée.

(3) Quoique les édifices du cirque agonal ne subsistent plus, il conserve toujours sa force et son nom (*Agona, Nagona, Navona*), et l'intérieur est assez uni pour qu'on puisse y donner le spectacle d'une course de chevaux ; mais

grand appareil; il adjugeait et distribuait les prix, c'est-à-dire un anneau d'or ou le *pallium*, comme il était appelé, morceau d'étoffe (1) de laine ou de soie. Un impôt sur les Juifs fournissait à la dépense annuelle de ces jeux (2), et aux courses de chevaux, de chars ou à pied; on ajoutait les jeux plus nobles d'une joûte ou tournoi exécuté par soixante-douze jeunes Romains. L'an 1332, on donna au Colisée un combat de taureaux, à l'exemple des Maures et des Espagnols, et le journal d'un auteur contemporain peint les mœurs de ce temps (3). On répara un nombre

Combats de taureaux au Colisée. A. D. 1332, sept. 3.

---

le mont Testacée; cet amas singulier de *poterie cassée*, paraît seulement destiné à un usage annuel de précipiter du haut en bas quelques charretées de cochons pour l'amusement de la populace. *Statuta urbis. Romæ*, p. 186.

(1) Le *pallium*, selon Ménage, vient de *palmarium*, et cette étymologie est ridicule. Il est aisé de concevoir qu'on a pu transférer l'idée et le mot de robe ou de manteau à la matière de ce vêtement, et ensuite au don qu'on en faisait comme prix. Muratori, *Dissertation* 33.

(2) Pour subvenir à ces frais, les Juifs de Rome payaient chaque année onze cent trente florins. Ce compte bizarre de trente florins en sus des onze cents, représentait les trente pièces d'argent que Judas reçut lorsqu'il livra son maître. Il y avait une course à pied de jeunes gens, tant Juifs que chrétiens. *Statuta urbis*, ibidem.

(3) Ludov. Buonconte Monaldescho a décrit ces combats de taureaux d'après la tradition plutôt que d'après ses souvenirs, dans le plus ancien des fragmens des Annales romaines (Muratori; *Script. rerum italic.*, t. XII, p. 535, 536); et, quelque singuliers que paraissent ces détails, ils sont fortement empreints des couleurs de la vérité.

de gradins suffisant pour asseoir les spectateurs; et une proclamation, qui fut publiée jusqu'à Rimini et Ravenne, invita les nobles à venir exercer leur habileté et leur courage dans cette périlleuse aventure. La fête eut lieu le 3 septembre : les dames romaines formaient trois divisions et occupaient trois balcons revêtus d'une étoffe écarlate : la belle Jacova de Rovère conduisait les matrones qui habitaient au-delà du Tibre, race pure qui offre encore de nos jours les traits et le caractère de l'antiquité. Les autres étaient, comme à l'ordinaire, pour le parti des Colonnes ou pour celui des Ursins. Les deux factions s'enorgueillissaient du nombre et de la beauté de leurs femmes; l'historien vante les charmes de Savella des Ursins, et les Colonnes regrettèrent l'absence de la plus jeune femme de leur famille, qui s'était foulé la cheville du pied dans les jardins de la tour de Néron. Un vieux et respectable citoyen tira au sort les combattans, qui, descendus dans l'arène, attaquèrent les taureaux sans autre arme qu'une lance, et, à ce qu'il paraît, à pied. Monaldescho indique ensuite les noms, les couleurs et les devises de vingt des chevaliers les plus distingués : parmi ces noms, on en trouve plusieurs des plus illustres de Rome et de l'État ecclésiastique, les Malatesta, Polenta, della Valle, Cafarello, Savelli, Capoccio, Conti, Annibaldi, Altieri, Corsi. Chacun d'eux avait choisi sa couleur d'après son goût et sa situation. Les devises respiraient l'espérance ou la douleur, la bravoure ou l'esprit de galanterie : « Je suis seul comme le plus jeune des Horaces, disait un intrépide étranger. —Je vis inconsolable, était la devise d'un veuf affligé. — Je brûle sous la cendre, celle d'un amant discret. —J'adore Lavinie ou Lucrèce, ces mots équivoqués déclaraient et cachaient une passion plus moderne. — Ma fidélité est aussi pure, était la devise d'une livrée blanche.—Si je suis noyé dans le sang, est-il une mort plus agréable? ainsi s'exprimait un courage féroce. — Y a-t-il quelqu'un de plus fort que moi? » le corps de la devise était une peau de lion. L'orgueil ou la prudence des Ursins ne leur permit pas d'entrer dans la lice, où trois de leurs rivaux portaient ces devises qui prouvaient la fierté des Colonnes : « Je suis fort malgré ma tristesse. — Ma force égale ma grandeur. » Celle du troisième: « Si je tombe, vous tomberez avec moi, » était adressée aux spectateurs; voulant faire entendre, dit l'auteur contemporain, que tandis que les autres familles étaient soumises au Vatican, eux seuls soutenaient le Capitole. Les combats furent dangereux et meurtriers. Chacun des chevaliers attaqua à son tour un taureau sauvage, et il paraît que les animaux remportèrent la victoire, puisque onze seulement demeurèrent étendus sur l'arène, et qu'il y eut dix-huit chevaliers de tués et neuf blessés. Plusieurs des plus nobles familles purent avoir des pertes à pleurer; mais la pompe des funérailles qui eurent lieu dans les églises de Saint-Jean-de-Latran et de Sainte-Marie-Majeure, procura au peuple une seconde fête. Sans doute ce n'était pas en de pareils combats que les Romains devaient prodiguer leur sang; mais en blâmant leur folie, il faut donner des éloges à leur bravoure; et les nobles chevaliers qui étalent leur magnificence en exposant leurs jours sous les yeux des belles, excitent un intérêt d'un genre plus relevé que les milliers de captifs et de malfaiteurs que l'ancienne Rome traînait malgré eux à la boucherie de l'amphithéâtre (1).

Le Colisée servit rarement à cet usage ; la fête que nous venons d'indiquer a peut-être été la seule. Les citoyens avaient chaque jour besoin de matériaux, et ils allaient sans crainte et sans remords démolir ce beau monument. Un accord scandaleux du quatorzième siècle assura aux deux factions le droit de tirer des pierres de la carrière commune du Colisée (2), et le Pogge déplore la perte de la plupart de ces pierres réduites en chaux par les insensés Romains (3). Pour réprimer cet abus, et prévenir les crimes qui pouvaient se commettre la nuit dans cette vaste et funèbre enceinte, Eugène IV l'environna d'un mur, et, par une chartre qui a long-temps existé, donna le

Dégâts qu'a éprouvés le Colisée.

―――――

(1) Muratori a publié une dissertation particulière (la vingt-neuvième) sur les jeux des Italiens durant le moyen âge.

(2) L'abbé Barthélemy a parlé dans un Mémoire concis, mais instructif (*Mém. de l'Acad. des Inscript.*, t. XXVIII, p. 585); de cet accord des factions, *de Tiburtino faciendo*, dans le Colisée, d'après un acte original qui est aux archives de Rome.

(3) *Coliseum.... ob stultitiam Romanorum majori ex parte ad calcem deletum* (le Pogge, p. 17).

terrain et l'édifice à des moines d'un couvent voisin (1). Après sa mort, le mur fut renversé dans une émeute : le peuple déclara alors que le Colisée ne devait jamais devenir une propriété particulière; et si les Romains eussent respecté d'ailleurs ce noble monument de la grandeur de leurs pères, leur résolution mériterait des éloges. Au milieu du seizième siècle, époque de goût et d'érudition, le Colisée se trouvait endommagé dans l'intérieur; mais la circonférence extérieure de seize cent douze pieds était entière : on y voyait trois rangs, chacun de quatre-vingts arcades, s'élever à cent huit pieds. C'est aux neveux de Paul III qu'il faut imputer l'état de ruine où il se trouve maintenant, et tous les voyageurs qui vont examiner le palais Farnèse, doivent maudire le sacrilége et le luxe de ces princes parvenus (2). On fait le même reproche aux Barberins ; et sous chaque règne on eut à craindre les mêmes attentats, jusqu'au mo-

Consécration du Colisée.

(1) Eugène IV le donna aux moines Olivetains ; Montfaucon assure ce fait d'après les Mémoires de Flaminius Vacca (n° 72) : ils espéraient toujours trouver une occasion favorable de faire valoir ce droit.

(2) Après avoir mesuré le *priscus amphitheatri gyrus*, Montfaucon (p. 142) se contente d'ajouter qu'il était entier sous Paul III ; *tacendo clamat*. Muratori (*Ann. d'Ital.*, t. XIV, p. 372) s'énonce avec plus de liberté sur l'attentat du pape Farnèse et l'indignation du peuple romain. Je n'ai contre les neveux d'Urbain VIII d'autres preuves que ce dicton populaire : *Quod non fecerunt Barbari, fecére Barberini*, que la ressemblance des mots a peut-être seule suggéré.

ment où il fut mis sous la sauvegarde de la religion par Benoît XIV, le plus éclairé des pontifes, qui lui consacra un lieu que la persécution et la fable ont honoré de la mort d'un si grand nombre de martyrs (1).

Lorsque Pétrarque vit pour la première fois ces monumens dont les débris sont si fort au-dessus des plus belles descriptions, il fut étonné de la stupide indifférence (2) des Romains (3) ; il s'aperçut qu'excepté Rienzi et l'un des Colonnes, un habitant des rives du Rhône connaissait mieux que les nobles et les citoyens de la métropole les restes de tant de chefs-d'œuvre, et une pareille découverte l'humilia au lieu de l'enorgueillir (4). Une ancienne description de la ville,

Ignorance et barbarie des Romains.

(1.) En qualité d'antiquaire et de prêtre, Montfaucon réprouve ainsi la ruine du Colisée : *Quòd si non suopte merito atque pulchritudine dignum fuisset quòd improbas arceret manus, indigna res utique in locum tot martyrum cruore sacrum tantoperè sævitum esse.*

(2) Cependant les statuts de Rome (l. III, c. 81, p. 182) soumettent à une amende de cinq cents *aurei* quiconque démolira un ancien édifice, *ne ruinis civitas deformetur, et ut antiqua ædificia decorem urbis perpetuò repræsentent.*

(3) Pétrarque, à son premier voyage à Rome (A. D. 1337, voyez *Mémoires sur Pétrarque*, t. I, p. 322, etc.), est frappé *miraculo rerum tantarum, et stuporis mole obrutus.... : Præsentia verò, mirum dictu, nihil imminuit : verè major fuit Roma, majoresque sunt reliquiæ quàm rebar. Jam non orbem ab hâc urbe domitum, sed tam serò domitum, miror* (*Opp.*, p. 605, *Familiares* II, 14. *Joanni Columnæ*).

(4) Il excepte et loue les *rares* connaissances de Jean Colonne. *Qui enim hodiè magis ignari rerum romanarum, quàm*

composée dans les premières années du treizième
siècle, montre bien l'ignorance et la crédulité des
Romains : je n'indiquerai pas les erreurs sans nombre
de lieux et de noms qu'offre cet ouvrage; je me bornerai à un passage qui pourra faire naître sur les lèvres du lecteur un sourire de mépris et d'indignation.
« Le Capitole (1), dit l'auteur anonyme, est ainsi
nommé parce qu'il est à la tête du monde : c'est de là
que les consuls et les sénateurs gouvernaient autrefois la ville et toutes les contrées de la terre. Ses
murs, très-élevés et d'une grande épaisseur, étaient
couverts de cristal et d'or, et surmontés d'un toit
de la plus riche et de la plus précieuse ciselure.
Au-dessous de la citadelle se trouvait un palais d'or,
pour la plus grande partie, orné de pierres précieuses, et qui valait à lui seul le tiers du monde entier. On y voyait rangées par ordre les statues de

---

romani cives! invitus dico, nusquam minus Roma cognoscitur quàm Romæ.

(1) L'auteur, après avoir décrit le Capitole, ajoute : *Statuæ erant quot sunt mundi provinciæ, et habebat quælibet tintinnabulum ad collum. Et erant ita per magicam artem disposita, ut quando aliqua regio romana imperio rebellis erat, statim imago illius provinciæ vertebat se contra illam; unde tintinnabulum resonabat quod pendebat ad collum; tuncque vates Capitolii qui erant custodes senatui*, etc. Il cite l'exemple des Saxons et des Suèves, qui, après avoir été subjugués par Agrippa, se révoltèrent de nouveau : *Tintinnabulum sonuit; sacerdos qui erat in speculo in hebdomadâ senatoribus nuntiavit. Agrippa* retourna sur ses pas, et réduisit... les Persans (Anonym., *in* Montfaucon, p. 297, 298).

toutes les provinces, qui avaient une clochette au cou; et par l'effet d'un art magique (1), si une province se révoltait contre Rome, la statue qui la représentait se tournait vers le point de l'horizon où étaient les rebelles, la clochette sonnait, le prophète du Capitole annonçait le prodige, et le sénat était averti du danger qui menaçait la république. » On trouve dans le même ouvrage un second exemple moins important d'une égale absurdité; il est relatif aux deux chevaux de marbre conduits par de jeunes hommes, qui des bains de Constantin ont été transportés au mont Quirinal. L'auteur les attribue à Phidias et à Praxitèle; et son assertion, dénuée de fondement, serait excusable s'il ne se trompait pas de plus de quatre siècles sur le temps où vécurent ces statuaires grecs, s'il ne les plaçait pas sous le règne de Tibère, s'il n'en faisait pas des philosophes ou des magiciens qui adoptèrent la nudité pour emblême de leurs connaissances et de leur amour du vrai „ qui révélèrent à l'empereur ses actions les plus secrètes, et qui, après avoir refusé des récompenses pécuniaires, sollicitèrent l'honneur de laisser à la postérité ce monu-

---

(1) Le même écrivain assure que Virgile *captus à Romanis exiit, ivitque Neapolim.* Guillaume de Malmsbury, dans le onzième siècle (*de Gestis regn. Anglor.*, l. 11, p. 66) parle dans son ouvrage d'un magicien; et au temps de Flaminius Vacca (n°s 81, 103) on croyait vulgairement que les étrangers (les Goths) invoquaient les démons pour découvrir des trésors cachés.

ment d'eux-mêmes (1). L'esprit des Romains, en proie aux idées de magie, devint insensible aux beautés de l'art : le Pogge ne trouva plus à Rome que cinq statues ; et par bonheur, tant d'autres ensevelies sous les ruines par hasard ou de dessein prémédité, n'ont été découvertes qu'à une époque plus éclairée (2). La figure du Nil qui orne maintenant le Vatican, fut retrouvée par des ouvriers qui fouillaient une vigne près du temple ou couvent de la Minerve ; mais le propriétaire, impatienté de la visite de quelques curieux, fit rentrer dans le sein de la terre ce marbre qui lui paraissait sans valeur (3). La découverte d'une

(1) Anonyme, p. 289. Montfaucon (p. 191) observe avec raison que si Alexandre est représenté dans ces statues, elles ne peuvent être l'ouvrage de Phidias (*Olympiade* 83) ni de Praxitèle (*Olympiade* 104), qui vécurent avant ce prince (Pline, *Hist. nat.*, XXXIV, 19).

(2) Guillaume de Malmsbury (l. II, p. 86, 87) raconte qu'on découvrit d'une manière miraculeuse (A. D. 1046) le tombeau de Pallas, fils d'Évandre, tué par Turnus ; que depuis le moment de sa mort il y avait toujours eu de la lumière dans son sépulcre ; qu'on y trouva une épitaphe latine, le corps bien conservé, qui était celui d'un jeune géant, et qui avait une large blessure à la poitrine (*pectus perforat ingens*), etc. Si cette fable est appuyée du moindre témoignage des contemporains, il faut avoir pitié des hommes aussi bien que des statues qui ont paru dans ce siècle barbare.

(3) *Propè porticum Minervæ, statua est recubantis, cujus caput integrâ effigie, tantæ magnitudinis, ut signa omnia excedat. Quidam ad plantandas arbores scrobes faciens detexit. Ad hoc visendum, cùm plures in dies magis concurre-*

statue de Pompée, de dix pieds de hauteur, occasiona un procès. On l'avait trouvée sous un mur de séparation; le juge décida qu'afin de satisfaire aux droits des deux propriétaires on séparerait la tête du corps, et l'arrêt allait être exécuté, si l'intercession d'un cardinal et la libéralité du pape n'eussent délivré le héros romain des mains de ses barbares compatriotes (1).

Mais les nuages de la barbarie se dissipèrent peu à peu, et la paisible autorité de Martin v et de ses successeurs travailla tout à la fois à la police de l'État ecclésiastique et à la réparation des ornemens de la capitale. Les progrès en ce genre, qui commencèrent au quinzième siècle, n'ont pas été l'effet naturel de la liberté et de l'industrie. Une grande ville se forme d'abord par le travail et la population du district d'alentour, qui fournit aux citadins des subsistances et la matière première des manufactures et du commerce ; mais la plus grande partie de la campagne de Rome n'offre qu'un désert triste et solitaire : des vassaux indigens et sans espoir de salaire cultivent avec indolence les domaines des princes et du clergé, qui ont envahi tout le terrain; et les misérables récoltes de ces domaines sont, ou renfer-

Réparations et embellissemens de Rome.
A. D. 1420.

_____

rent, strepitum audientium fastidiumque pertæsus, horti patronus congestâ humo texit (le Pogge, de Varietate fortunæ, p. 12).

(1) Voyez les Mém. de Flaminius Vacca (n° 57, p. 11, 12), à la fin de la Roma antica de Nardini (1704, in-4°).

mées, ou exportées par les calculs du monopole. Le séjour d'un monarque, les dépenses d'une cour livrée au luxe et le tribut des provinces, contribuent ensuite, quoique par des causes moins naturelles, à l'accroissement d'une capitale. Les tributs et les provinces ont disparu avec la chute de l'empire : si le Vatican a su attirer quelques parcelles de l'or du Brésil et de l'argent du Pérou, le revenu des cardinaux, le salaire des officiers, les contributions que lève le clergé et les offrandes des pèlerins et des cliens, n'y ajoutent qu'une ressource bien faible et bien précaire, suffisante cependant pour alimenter l'oisiveté de la cour et de la ville. La population de Rome, bien inférieure à celle des grandes capitales de l'Europe, n'excède pas cent soixante-dix mille âmes (1), et dans la vaste enceinte de ses murs, la plus grande partie des sept collines n'offre que des ruines et des vignobles. On doit attribuer à la superstition et aux abus du gouvernement la beauté et l'éclat de la ville moderne. Chaque règne, presque sans exception, a été marqué par l'élévation

---

(1) En 1709, les habitans de Rome (non compris huit ou dix mille Juifs) étaient au nombre de cent trente-huit mille cinq cent soixante-huit (Labat, *Voyage en Espagne et en Italie*, t. III, p. 217, 218). En 1740 on évaluait la population à cent quarante-six mille quatre-vingts âmes; et en 1765, lorsque je quittai cette ville, on en comptait cent soixante-un mille huit cent quatre-vingt-dix-neuf, les Juifs non compris. J'ignore si l'accroissement de la population a continué.

rapide d'une nouvelle famille, enrichie par un pontife sans enfans aux dépens de l'Église et du pays. Les palais de ses neveux fortunés offrent les plus dispendieux monumens d'élégance et de servitude, où l'architecture, la peinture et la sculpture, dans toute leur perfection, se sont prostituées à leur service. Leurs galeries et leurs jardins renfermaient les morceaux de l'antiquité les plus précieux, rassemblés par le goût ou par la vanité. C'est avec plus de décence que les papes ont employé les revenus ecclésiastiques à la pompe du culte; mais il n'est pas besoin d'indiquer cette multitude d'autels, de chapelles et d'églises, objets de leurs pieuses fondations. Ces astres inférieurs sont éclipsés par l'éclat du Vatican, par le dôme de Saint-Pierre, le plus noble édifice qui ait jamais été consacré à la religion : la gloire de Jules II., de Léon X et de Sixte-Quint, s'y trouve liée aux talens supérieurs du Bramante, de Fontana, de Raphaël et de Michel-Ange. La munificence qui bâtit tant de palais et d'églises s'est occupée avec le même soin de faire revivre et d'égaler les ouvrages des anciens : on a relevé des obélisques étendus sur la poussière, on les a placés dans les lieux les plus apparens; on a réparé trois des onze aqueducs des Césars et des consuls; on a amené sur une suite d'arcades de construction ancienne et nouvelle, des rivières artificielles qui jettent dans des bassins de marbre des flots d'une eau salutaire et rafraîchissante; et le spectateur, impatient de monter les degrés de Saint-Pierre, est arrêté par une colonne de granit d'Égypte, qui s'élève à la hauteur de cent vingt pieds, au milieu de deux magnifiques fontaines dont l'abondance ne s'épuise jamais. Les antiquaires et les savans ont jeté du jour sur la topographie, la description et les monumens de l'ancienne Rome (1), et les voyageurs viennent en foule de ces contrées reculées du Nord, jadis sauvages, pour y contempler respectueusement les tra-

---

(1) Le père Montfaucon partage en vingt jours les observations qu'il a faites sur les diverses parties de la ville (*Diarium italic.*, c. 8-20, p. 104-301) : il aurait au moins dû les diviser en vingt semaines ou vingt mois. Ce savant bénédictin fait la revue des topographes de l'ancienne Rome : il examine les premiers efforts de Blondus, Fulvius, Martianus et Faunus; de Pyrrhus Ligorius, qui serait le meilleur sans aucune comparaison, si son érudition avait égalé ses travaux; des écrits d'Onuphrius Panvinius, *qui omnes observavit*, et des ouvrages récens, mais imparfaits, de Donat et de Nardini. Cependant Montfaucon désire toujours un plan et une description plus complète de l'ancienne ville : et pour y parvenir, il recommandait, 1° de mesurer l'espace et les intervalles des ruines; 2° d'étudier les inscriptions et les palais où on les trouve; 3° de rechercher tous les actes, chartres et journaux du moyen âge, qui donnent le nom d'un lieu ou d'un édifice de Rome. C'est à la munificence d'un prince ou à celle du public à faire exécuter ce travail, tel que le demande Montfaucon; mais le plan très-étendu que Nolli a publié en 1748, fournirait une base solide et exacte pour la topographie de l'ancienne Rome.

ces des héros, et visiter, non les reliques de la superstition, mais les restes de l'empire.

L'histoire de la décadence et de la chute de l'empire romain, le tableau le plus vaste et peut-être le plus imposant des annales du monde, excitera l'attention de tous ceux qui ont vu les ruines de l'ancienne Rome; elle doit même obtenir celle de tous les lecteurs. Les diverses causes et les effets progressifs de cette révolution sont liés à la plupart des événemens les plus intéressans de l'histoire : elle développe la politique artificieuse des Césars, qui conservèrent long-temps le nom et le simulacre de la république; les désordres du despotisme militaire; la naissance, l'établissement et les sectes du christianisme; la fondation de Constantinople; la division de la monarchie; l'invasion et l'établissement des Barbares de la Germanie et de la Scythie; les institutions de la loi civile; le caractère et la religion de Mahomet; la souveraineté temporelle des papes; le rétablissement et la chute de l'empire d'Occident; les croisades des Latins en Orient; les conquêtes des Sarrasins et des Turcs; la chute de l'empire grec; la situation et les révolutions de Rome à l'époque du moyen âge. L'importance et la variété du sujet ont pu satisfaire l'historien; il a senti ses imperfections, mais il a dû souvent en accuser la disette des matériaux. C'est au milieu des débris du Capitole

Conclusion de l'ouvrage.

que j'ai formé le projet d'un ouvrage qui a occupé et amusé près de vingt années de ma vie, et que, bien qu'il soit loin de remplir mes désirs, je livre enfin à la curiosité et à l'indulgence du public.

Lausanne, 27 juin 1787.

FIN DU TOME TREIZIÈME ET DERNIER.

TABLE DES CHAPITRES

CONTENUS DANS LE TREIZIÈME VOLUME.

Pages

Chapitre LXVII. Schisme des Grecs et des Latins. Règne et caractère d'Amurath II. Croisade de Ladislas, roi de Hongrie. Sa défaite et sa mort. Jean Huniades. Scanderbeg. Constantin Paléologue, dernier empereur de Constantinople. 1

Chap. LXVIII. Règne et caractère de Mahomet II. Siége, assaut et conquête définitive de Constantinople par les Turcs. Mort de Constantin Paléologue. Servitude des Grecs. Destruction de l'empire romain en Orient. Consternation de l'Europe. Conquêtes de Mahomet II; sa mort. 49

Chap. LXIX. État de Rome depuis le douzième siècle. Domination temporelle des papes. Séditions dans la ville de Rome. Hérésie politique d'Arnaud de Brescia. Rétablissement de la république. Les sénateurs. Orgueil des Romains. Leurs guerres. Ils sont privés de l'élection et de la présence des papes, qui se retirent à Avignon. Jubilé. Nobles familles de Rome. Querelle des Colonnes et des Ursins. 135

Chap. LXX. Caractère et couronnement de Pétrarque. Rétablissement de la liberté et du gouvernement de Rome par le tribun Rienzi. Ses vertus et ses vices; son expulsion et sa mort. Les papes quittent Avignon et retournent à Rome. Grand schisme d'Occident. Réunion de l'Église latine. Derniers efforts de la liberté romaine. Statuts de Rome. Formation définitive de l'État ecclésiastique 216

Chap. lxxi. Tableau des ruines de Rome au quinzième siècle: Quatre causes de décadence et de destruction. Le Colisée cité pour exemple. La ville nouvelle. Conclusion de l'ouvrage. 301

FIN DE LA TABLE DES CHAPITRES.

TABLE DES MATIÈRES

CONTENUES DANS CE VOLUME.

	Pages
Comparaison de Rome avec Constantinople.	1
Schisme grec après le concile de Florence. A. D. 1440-1448.	6
Zèle des Russes et des Orientaux.	9
Règne et caractère d'Amurath II. A. D. 1421-1451.	11
Ses deux abdications successives. A. D. 1442-1444.	14
Eugène forme une ligue contre les Turcs. A. D. 1443.	16
Ladislas, roi de Pologne et de Hongrie, marche contre les Turcs.	19
Paix des Turcs.	20
Infraction du traité de paix. A. D. 1444.	21
Bataille de Warna, 10 nov. 1444.	25
Mort de Ladislas.	26
Le cardinal Julien.	27
Jean Corvin Huniades.	29
Sa défense de Belgrade et sa mort. A. D. 1456.	31
Naissance et éducation de Scanderbeg, prince de l'Albanie. A. D. 1404-1413.	33
Il trahit et charge l'armée des Turcs. A. D. 1443.	36
Sa valeur.	37
Sa mort. A. D. 1467.	40
Constantin, dernier des empereurs romains ou grecs. A. D. 1448-1453.	41
Ambassades de Phranza. A. D. 1450-1452.	43
Situation de la cour de Byzance.	46
Caractère de Mahomet II.	49
Son règne. A. D. 1451-1481.	53
Intentions hostiles de Mahomet contre les Grecs. A. D. 1451.	55
Il construit une forteresse sur le Bosphore. A. D. 1452.	60
La guerre des Turcs.	62
Préparatifs du siége de Constantinople. A. D. 1452.	64
Le grand canon de Mahomet.	67
Mahomet II forme le siége de Constantinople. A. D. 1453.	70
Forces des Turcs.	72
Des Grecs.	74
Fausse union des deux Églises. A. D. 1452.	75
Obstination et fanatisme des Grecs.	77
Siége de Constantinople par Mahomet II. A. D. 1453.	80
Attaque et défense.	83
Secours et victoire des cinq vaisseaux.	86
Mahomet fait transporter ses navires par terre.	91
Détresse de la ville.	94
Préparatifs des Turcs pour l'assaut général.	95

	Pages		Pages
Dernier adieu de l'empereur et des Grecs.	98	Caliste II. A. D. 1119-1124.	151
Assaut général, le 29 mai.	100	Innocent II. A. D. 1130-1143.	Ibid.
Mort de l'empereur Constantin Paléologue.	105	Caractère des Romains selon saint Bernard.	Ibid.
Perte de la ville et de l'empire.	106	Hérésie politique d'Arnaud de Brescia. A. D. 1140.	152
Les Turcs pillent Constantinople.	107	Il exhorte les Romains à rétablir la république. A. D. 1144-1154.	156
Captivité des Grecs.	109		
Évaluation du butin.	112	Son exécution. A. D. 1155.	159
Mahomet II parcourt la ville, Sainte-Sophie, le palais, etc.	115	Rétablissement du sénat. A. D. 1144.	160
		Le Capitole.	164
Sa conduite envers les Grecs.	117	La monnaie.	165
		Le préfet de la ville.	166
Il repeuple et embellit Constantinople.	119	Nombre des membres du sénat et forme de leur élection.	168
Extinction des familles impériales des Comnènes et des Paléologues.	123	L'office de sénateur.	169
		Brancaléon. A. D. 1252-1258.	171
Perte de la Morée. A. D. 1460.	125	Charles d'Anjou. A. D. 1263-1278.	173
De Trébisonde. A. D. 1461.	126		
Douleur et effroi de l'Europe. A. D. 1453.	129	Le pape Martin IV. A. D. 1281.	175
Mort de Mahomet II. A. D. 1481.	132	L'empereur Louis de Bavière. A. D. 1328.	Ibid.
État et révolution de Rome. A. D. 1100-1500.	135	Adresse de Rome aux empereurs.	Ibid.
Empereurs de Rome, français et allemands. A. D. 800-1100.	137	Conrad III. A. D. 1144.	176
		Frédéric Ier. A. D. 1155.	177
		Guerres des Romains contre les villes qui se trouvaient dans leur voisinage.	182
Autorité des papes dans Rome.	139		
Fondée sur l'affection du peuple.	140	Bataille de Tusculum. A. D. 1167.	185
Sur le droit.	Ibid.	Bataille de Viterbe. A. D. 1234.	186
Sur leurs vertus.	141		
Sur leurs richesses.	142	Élection des papes.	187
Inconstance de la superstition.	143	Droit des cardinaux établi par Alexandre III. A. D. 1179.	188
Séditions de Rome contre les papes.	145	Institution du conclave par Grégoire X. A. D. 1274.	189
Successeurs de Grégoire VII. A. D. 1086-1305.	146	Les papes sont absens de Rome.	192
Pascal II. A. D. 1099-1118.	148		
Gélase II. A. D. 1118-1119.	Ibid.	Boniface VIII. A. D. 1294-1303.	195
Lucius II. A. D. 1144-1145.	150		
Lucius III. A. D. 1181-1185.	Ibid.	Translation du saint-siége à Avignon. A. D. 1309.	196

TABLE DES MATIÈRES.

	Pages		Pages
Institution du jubilé ou de l'année sainte. A. D. 1300.	199	Il sollicite les papes d'Avignon de venir résider à Rome.	262
Le second jubilé. A. D. 1350.	202	Retour d'Urbain. v. A. D. 1367-1370.	265
Les nobles ou barons de Rome.	204	Grégoire xi rétablit enfin le saint-siége à Rome. A. D.	
Famille de Léon le Juif.	206	1377.	Ibid.
Les Colonnes.	208	Sa mort. A. D. 1378.	268
Les Ursins.	212	Élection d'Urbain vi.	Ibid.
Leurs querelles héréditaires.	214	Élection de Clément vii.	269
Pétrarque. A. D. 1304-1374.	216	Grand schisme d'Occident.	272
Son couronnement poétique à Rome. A. D. 1341.	221	Maux de Rome.	Ibid.
Naissance, caractère et projets patriotiques de Rienzi.	225	Négociations pour la paix et la réunion des schismatiques. A. D. 1394-1407.	274
Il s'arroge le gouvernement de Rome. A. D. 1347.	229	Concile de Pise. A. D. 1409.	276
Rienzi se revêt du titre et des fonctions de tribun.	231	Concile de Constance. A. D. 1414-1418.	277
Lois du *bon état*.	Ibid.	Élection de Martin v.	279
Liberté et prospérité de la république de Rome.	235	Martin v. A. D. 1417.	280
		Eugène iv. A. D. 1431.	Ibid.
		Nicolas v. A. D. 1447.	Ibid.
Le tribun est respecté en Italie.	237	Dernière révolte de Rome. A. D. 1434.	281
Et célébré par Pétrarque.	239	Frédéric iii, dernier empereur d'Allemagne couronné à Rome. A. D. 1452.	282
Ses vices et ses folies.	240		
Il est reçu chevalier. A. D. 1347.	243		
Son couronnement.	245	Statuts et gouvernement de Rome.	283
Les nobles de Rome sont pleins de frayeur et de haine.	246	Conspiration de Porcaro. A. D. 1453.	286
Ils s'arment contre Rienzi.	249	Derniers désordres de la noblesse de Rome.	289
Défaite et mort de Colonne.	250	Les papes acquièrent un empire absolu.	291
Chute et évasion du tribun Rienzi. A. D. 1347.	252	Le gouvernement ecclésiastique.	295
Révolutions de Rome. A. D. 1347-1354.	254	Coup d'œil et discours du Pogge, assis sur la colline du Capitole. A. D. 1430.	301
Aventures de Rienzi.	256		
Prisonnier à Avignon. A. D. 1351.	257	Description qu'il fait des ruines de Rome.	303
Rienzi, sénateur de Rome. A. D. 1354.	258	Dépérissement graduel des ouvrages de Rome.	305
Sa mort. A. D. 1354.	261		
Pétrarque appelle l'empereur Charles iv. Ses reproches à ce prince. A. D. 1355.	Ibid.	Quatre causes de destruction.	307
		Le dégât opéré par le temps et la nature.	Ibid.

	Pages		Pages
Les ouragans et les tremblemens de terre.	308	Jeux de Rome.	331
Les incendies.	309	Combat de taureaux au Colisée. A. D. 1332.	332
Inondations.	310		
Dévastations dont les Barbares et les chrétiens se sont rendus coupables.	313	Dégâts qu'a éprouvés le Colisée.	335
		Consécration du Colisée.	336
Usage et abus des matériaux qu'offraient les monumens de l'antiquité.	317	Ignorance et barbarie des Romains.	337
Les querelles domestiques des habitans de Rome.	323	Réparations et embellissemens de Rome. A. D. 1420.	341
Le Colisée ou l'amphithéâtre de Titus.	329	Conclusion de l'ouvrage.	345

FIN DE LA TABLE DES MATIÈRES.

TABLE GÉNÉRALE

DES MATIÈRES

CONTENUES DANS L'HISTOIRE DE LA DÉCADENCE ET DE LA CHUTE DE L'EMPIRE ROMAIN.

A.

ABAN, Sarrasin; héroïsme de sa veuve, tom. X, p. 208.

ABASSIDES. Élévation de cette famille au rang de calife des Sarrasins, X, 370.

ABDALLAH, Sarrasin; son excursion pour piller la foire d'Abyla, X, 217. Son expédition en Afrique, 274.

ABDALMALEK, calife des Sarrasins, refuse le tribut à l'empereur de Constantinople, et établit une monnaie nationale, X, 346.

ABDALRAHMAN, Sarrasin; établit son trône à Cordoue en Espagne, X, 376. Splendeur de sa cour, 378. Appréciation de son bonheur, 383.

ABDELAZIZ, Sarrasin; son traité avec Théodemir, prince goth d'Espagne, X, 314. Sa mort, 319.

ABDÉRAME. Son expédition en France et ses victoires, X, 363. Sa mort, 368.

ABDOL-MOTALLEB, grand-père du prophète Mahomet; son histoire, X, 44.

ABGARE, dernier roi d'Édesse, envoyé prisonnier à Rome, II, 30.

ABGARE. Recherches sur l'authenticité de sa correspondance avec Jésus-Christ, IX, 267.

ABLAVIUS, préfet sous Constantin le Grand; conspiration formée contre ce favori orgueilleux, III, 434. Il est mis à mort, 437.

ABU-AYUB. Son histoire; hommage rendu à sa mémoire par les mahométans, X, 344.

ABUBEKER, calife. Son règne, X, 135. Il envahit la Syrie, 192.

ABU-CAAB commande les Maures de l'Andalousie qui subjuguèrent l'île de Crète, X, 406.

ABULFÉDA. Détail qu'il fait de la splendeur du calife Moctader, X, 381.

ABULPHARAGE, primat des jacobites de l'Orient, IX, 113. Éloge de sa sagesse et de son érudition, X, 387.

ABUNDANTIUS, général de l'Orient, et patron de l'eunuque Eutrope, est disgracié et exilé par ce dernier, VI, 146.

ABU-SOPHIAN, prince de la Mecque; conspire contre Mahomet, X, 85. Batailles de Beder et d'Ohud, 98. Il assiège Médine sans succès, 102.

livre la Mecque à Mahomet et le reçoit comme prophète, 108.

ABU-TAHER, Carmathien, pille la Mecque, X, 427.

Abyla. Les Sarrasins en pillent la foire, X, 217.

Abyssinie. Description de ses habitans, VIII, 82. Leur alliance avec l'empereur Justinien, 86. Son histoire ecclésiastique, IX, 129.

ACACE, évêque d'Amida; exemple extraordinaire de sa bienveillance épiscopale, VI, 199.

Achaïe. Son étendue, I, 94.

Actium. Examen des affaires romaines après cette bataille, I, 168.

ADAUCTUS. Le seul martyr de distinction pendant la persécution sous Dioclétien, III, 264.

ADOLPHE, roi des Goths; fait la paix avec l'empire, et marche dans la Gaule, VI, 91. Son mariage avec la princesse Placidie, 94. Ses trésors, 97. Il marche en Espagne, 116. Sa mort, 117.

ADRIEN, empereur. Renonce aux conquêtes de Trajan, I, 63. Sa modération, son infatigable activité, son système pacifique, 64 *et suiv.* Fut un prince excellent, un sophiste ridicule et un tyran jaloux de son autorité, 203. Ne consulte qu'un caprice aveugle pour le choix de son successeur, *ibid.*

ADRIEN 1er, pape; son alliance avec Charlemagne contre les Lombards, IX, 307. Il reçoit Charlemagne à Rome, 313. Il soutient la fausse donation de Constantin le Grand, 319.

ÆGIDIUS, maître-général de la Gaule; sa révolte, VI, 407. Les Francs le placent sur le trône de Childéric, *ibid.* Il le rend au prince légitime; sa mort, 408.

ÆTIUS, général de l'impératrice Placidie; sa double trahison, VI, 215. Son caractère et son administration, 300. Ses liaisons avec les Huns et les Alains, 302. Sa mort, 355.

Afrique. Sa description, I, 100 *et suiv.* Guerre d'Afrique sous Dioclétien, II, 328. Tyrannie de Romanus, V, 86. Révolte de Firmus, 89. L'Afrique est soumise par Théodose, 91. Etat de ce pays, 94. Il est désolé par les Vandales, VI, 225. Siége d'Hippone, 227. Surprise de Carthage, 234. Africains exilés et captifs, 237. Fable des sept dormans, 239. Envahissement de l'Afrique par Justinien, VII, 322. Situation des Vandales dans ce royaume, 324. Discussions sur les guerres d'Afrique, 326. Réduction de Carthage, 346. Conquête de l'Afrique par Bélisaire, 356. Troubles qui suivent son départ, VIII, 88. Rebellion des Maures, 93. Première invasion par Abdallah, X, 274. Siége de Tripoli; le préfet Grégoire et sa fille, 277. Victoire des Arabes, 278. Progrès des Sarrasins, 281. Fondation de Cairoan, 287. Conquête de Carthage, 289. Les musulmans achèvent la conquête de l'Afrique, 293. Adoption des Maures, 296. Anéantissement des mages de Perse, 326. Décadence et chute du christianisme, 331.

AGRICOLA. Son plan de conquête de l'Irlande, I, 57.

Agriculture. Sa perfection dans les contrées occidentales, I, 153. Introduction des fleurs et fruits, 154. Culture de l'olivier, 156. Prairies artificielles, *ibid.* Abondance générale, 157.

AJAX. Comment son sépulcre est distingué, III, 300.

Alains. Envahissent l'Asie et sont repoussés par Tacite, II, 256. Subjugués par les Huns, V, 161. Leur union avec ceux-ci et les Goths, 189. Dissensions, 224.

ALARIC, roi des Goths. Défait par Constantin, III, 428. Il marche en Grèce, V, 433. Est attaqué par Stilichon, 439. Se réfugie avec son armée en Épire, 441. Est déclaré maître-général de l'Illyrie orientale, ibid. Et roi des Visigoths, 445. Il fait une invasion en Italie, 446. Bataille de Pollentia; retraite hardie, 455 et suiv. Sa négociation avec Stilichon, 495. Leur correspondance, 496. Il marche à Rome, VI, 4. Accepte une rançon et lève le siége de cette ville, 51. Négociations inutiles, 54. Second siége de Rome, 61. Il dégrade Attale, élu empereur par les Goths et les Romains, 66. Troisième siège et sac de Rome, 68. Il se retire de cette ville et ravage l'Italie, 88. Sa mort, 90.

ALARIC II, roi des Goths, combat contre Clovis, roi des Francs, et périt de la main de son rival, VII, 34.

ALBINUS (Clodius-), gouverneur de la Grande-Bretagne, se déclare contre l'usurpateur Julianus; son caractère, ses prétentions, I, 268 et suiv. Artifices et succès de Sévère, son compétiteur; sa défaite, sa mort, 283 et suiv.

ALBOIN, roi des Lombards; sa valeur, son amour et sa vengeance, VIII, 319. Entreprend la conquête de l'Italie, 324. Est assassiné par sa femme Rosamonde, 332.

ALEXANDRE-SÉVÈRE. Elagabale,

empereur, le déclare César, I, 346. Il est élevé au trône, 349. Examen de sa prétendue victoire contre Artaxercès, II, 32. Il montre du respect pour la religion chrétienne, III, 227 et suiv.

Alexandrie. Description de cette ville; tumultes; sa destruction, II, 175 et suiv. Histoire de saint Athanase d'Alexandrie, IV, 222. De son successeur George de Cappadoce, 423. Sédition, pillage des temples, massacre de George, 425. Rétablissement de saint Athanase, 429. Destruction du temple de Sérapis, V, 354. Histoire de saint Cyrille, patriarche, IX, 22 et suiv.

ALI, compagnon de Mahomet; son caractère; ses prétentions au trône d'Arabie, X, 134. Sa retraite, 137. Son règne, 142. Sa mort, 145. Sa postérité, 152.

Allemagne. Indépendance de ses princes, IX, 378. Constitution germanique, 381.

Allemands. Leur origine, II, 134. Ils envahissent la Gaule et l'Italie, 136. Sont repoussés de devant Rome par le sénat et par le peuple, 137. Traitent avec l'empereur Gallien, 138. Violent la paix, 203. Envahissent l'Italie, 206. Sont vaincus par Aurélien, 207. Envahissent la Gaule, V, 59. Leur défaite, 61. Haine héréditaire entre eux et les Bourguignons, 69. Ils sont défaits et soumis par Clovis, VII, 11. Envahissent l'Italie, VIII, 142. Sont défaits par Narsès, 145. Vassaux et confédérés des Francs, IX, 348.

AMALASONTHE, reine d'Italie; son gouvernement, VII, 379. Son exil et sa mort, 384.

AMBROISE (saint), évêque de

Milan, V, 279. Succès de sa résistance contre l'impératrice Justine, 282 *et suiv*. Influence et conduite de ce prélat, 311. Il impose à l'empereur Théodose une pénitence publique pour le massacre de Thessalonique, 313. Résiste aux sollicitations et aux succès de l'usurpateur Eugène, 330. Il s'oppose au rétablissement des autels de la Victoire, 344.

AMMIEN-MARCELLIN. Son tableau du caractère de la noblesse romaine, VI, 21 *et suiv*.

AMURATH Ier, sultan des Turcs, XII, 314.

AMURATH II, XIII, 11. Son règne et son caractère, *ibid*. Il abdique deux fois, 14. Sa mort, 44.

Anachorètes. (les) vivaient seuls et suivaient librement l'impulsion de leur fanatisme, VI, 496.

ANASTASE, empereur d'Orient; son règne, VII, 145. Guerre avec la Perse, 302. Il peuple et embellit la ville de Dara, 304.

ANASTASE II, empereur des Romains. Son règne, IX, 164.

ANDRAGATHIUS, général de la cavalerie de Maxime, V, 248.

ANDRONIC L'ANCIEN, empereur grec, appelle les Catalans, XII, 202. Sa superstition, 216. Il associe son fils Michel aux honneurs de la pourpre, 220. Il abdique l'empire, 226. Sa mort, 228.

ANDRONIC (Michel), son successeur. XII, 220. Sa mort, 222.

ANDRONIC (fils de Michel), XII, 223. Il s'échappe de la capitale et lève une armée, 224. Son couronnement, 225. Son règne, 229. Sa mort, *ibid*.

ANGE (Isaac l'), empereur des Grecs; son caractère, son règne; l'empire est abaissé jusque dans la poussière, XII, 15 *et suiv*. Sa mort, 66.

ANGE (Alexis l'), frère d'Isaac, s'empare du trône, XII, 20. Il est enfermé dans un monastère, 99.

ANGE (Alexis l'), fils d'Isaac. Presse les croisés d'entreprendre son rétablissement sur le trône et la délivrance de son père, XII, 39. Conditions du traité d'alliance, 40. L'empereur légitime et son fils rétablis dans leurs droits, 57. Ils sont l'un et l'autre déposés par Mourzoufle, 66. Mort d'Alexis, *ibid*.

Anicienne (famille) qui surpassait toutes les autres par sa piété comme par sa richesse, VI, 11. Elle fut la première du sénat qui embrassa le christianisme, 13. Les marbres du palais Anicien passaient en proverbe pour exprimer la richesse et la magnificence, 15.

ANNE de Savoie attaque la régence de Jean Cantacuzène, XII, 235.

ANNIBAL aux portes de Rome, VI, 7.

ANNIBALIANUS, neveu de Constantin, obtient le titre de César, III, 418. Il est exercé aux fatigues de la guerre, 419. Il gouverne les provinces du Pont, de la Cappadoce et de la petite Arménie, 421. Il est massacré par ordre de Constance, 436.

ANTHEMIUS, préfet d'Orient, s'empare de l'autorité après la mort d'Arcadius, VI, 184. Ses talens; fermeté et fidélité de son administration pendant la minorité de son fils Théodose, 185.

ANTHEMIUS, gendre de Marcien; son élévation, ses victoires; il est élu empereur d'Occident, VI, 415. Sa discorde avec Ricimer, 437. Sa mort, 443.

Antioche. Progrès du christianisme dans l'Église d'Antioche, III, 120. Histoire et procès public de son évêque Paul de Samosate, 283. Le temple et le bocage sacré de Daphné, IV, 414. Abandon et profanation du bocage de Daphné, 417. Incendie du temple et démolition de l'église, 419. Clôture de la cathédrale d'Antioche, 420. Mœurs licencieuses du peuple, 443. Son aversion pour l'empereur Julien, 445. Disette de blé ; mécontentément public, 446. Satire de Julien contre cette ville, 449. Le sophiste Libanius, 450. Recherches du crime de magie dans cette ville, V, 29. Sédition occasionée par les édits bursaux, 303. Cette capitale est dégradée de son rang, perd le nom et les droits de cité, 306. Châtiment de ses habitans; *ibid*. Pardon général et absolu accordé par l'empereur Théodose, 307. Ruine de cette ville ; elle est rebâtie par Justinien, sous le nom de Théopolis, VIII, 50. Assiégée par les Sarrasins et reprise par les Grecs, X, 442.

ANTOINE (saint), né dans la Basse-Thébaïde, fixe sa dernière résidence sur le mont Colzim, aux environs de la mer Rouge, VI, 468.

ANTONIN, plus connu sous le nom d'*Élagabale* (*voyez* ce mot).

ANTONIN LE PIEUX, empereur. Son contraste avec Adrien son prédécesseur ; il fait respecter le nom romain, I, 65. Adopte Vérus pour son successeur, 204. Son caractère et son règne, 206.

ANTONINA, femme de Bélisaire, VII, 332. Son histoire secrète, 441. Théodose son amant, 442. Elle persécute son fils, 417. Fonde un couvent après la mort de Bélisaire, VIII, 160.

APOCAUCUS, grand-duc ou amiral, conspire contre son bienfaiteur, XII, 235.

APOLLINAIRE, patriarche d'Alexandrie ; son pontificat, IX, 124.

Aquitaine. Les Goths s'y établissent, VI, 121. Sa conquête par les Francs, VII, 34.

Aquilée (siége d'). Crispinus et Ménophile soutiennent et dirigent la valeur des habitans, I, 418. Les têtes de Maximin et de son fils portées sur des piques, apprennent aux habitans d'Aquilée que le siége est fini, 420. La mort de Maximin parvient en quatre jours d'Aquilée à Rome, 422. C'était une des plus magnifiques villes vénitiennes, VI, 341.

Arabes. Mœurs des Bédouins ou Arabes pasteurs, X, 7. Leur indépendance nationale, 14. Leur liberté et leur caractère domestique, 20. Guerres civiles et vengeances particulières, 23. Trève annuelle, 26. Leurs qualités et vertus sociales, 27. Leur amour pour la poésie, 28. Exemples de générosité, 30. Leur ancienne idolâtrie, 32. Leur union, 162. Leurs conquêtes, 169. Ils envahissent la Perse, 173 *et suiv*. En font la conquête, 183. Envahissent la Syrie, 192. Font le siége de Bosra, 196. Et de Damas, 199. Prennent cette ville d'assaut, 210. Font la conquête de Jérusalem ; d'Alep et d'Antioche, 229 *et suiv*. Leur victoire en Afrique, 278. Ils font la conquête de Carthage, 289. Leurs premiers desseins sur l'Espagne, 297. Ils y débarquent, 302. Seconde descente, 303. Leur victoire, 305. Conquête de l'Espagne par Musa, 311. Ils font prospérer ce pays, 320. Bornes de leurs conquêtes, 340. Premier siége de Constantinople, 341. Second siége, 348. Ils envahissent la France, 360. Expédition et victoire d'Abdérame, 363. Ils sont défaits par Charles Martel, 366. La littérature s'introduit parmi eux, 385. Leur véritable progrès dans les sciences, 389. Ils manquent d'érudition, de goût et de liberté, 396. Ils subjuguent l'île de Crète, 404. Et l'île de Sicile, 407.

Arabie. Sa description, X, 2. Sol et climat, 4. Des trois Arabies, Déserte, Pétrée et Heureuse, 6. Le cheval, 8. Le chameau, 9. Villes de l'Arabie, 11. La Mecque et son commerce, 13. Indépendance nationale, 14. Guerres civiles et vengeances particulières, 23. Ancienne idolâtrie, 32. La Caaba ou le temple de la Mecque, 34. Sacrifices et cérémonies religieuses, 36. Introduction des Sabéens, 39. Les mages, les juifs, les chrétiens, 40. Naissance de Mahomet, 43. Délivrance de la Mecque, 44. Doctrine de l'islamisme, 52. Conquête de l'Arabie par Mahomet, 110. Mort du prophète, 118. Règne d'Abubeker, 135. D'Omar, 137. D'Othman, 138. D'Ali, 142. De Moawiyah, 147. Caractère des califes, 166. Élévation des Abbassides, 370. Chute des Ommiades, 375. Révolte de l'Espagne, 376. Triple division du califat, 378. Introduction de la littérature parmi les Arabes, 385 *et suiv.* Guerres de Haroun-al-Raschid contre les Romains, 399. Guerre d'Amorie entre Théophile et Motassem, 416. Naissance et progrès des Carmathes, 424. Leurs exploits militaires, 426. Ils pillent la Mecque, 427. Révolte des provinces, 428. Les dynasties indépendantes, 430 *et suiv.* Abaissement des califes de Bagdad, 435.

ARBÉTIO, respectable vétéran du grand Constantin, avait été décoré des honneurs du consulat, V, 27.

ARCADIUS, fils de Théodose, empereur d'Orient, V, 387. Son mariage avec Eudoxie, 398. Son règne, VI, 137. Administration et crime de son favori Eutrope, 140. Révolte de Tribigild, 153. Ses victoires sur le rebelle Gainas, 161 *et suiv.* Sa mort, 180. Son testament supposé, 182.

ARDARIC, roi des Gépides, conseiller sage et fidèle d'Attila, VI, 255.

Arianisme. Sa naissance, ses progrès; querelles religieuses qu'il excite, IV, 192 *et suiv.* Les ariens persécutés par Constantin, 213. Mort de leur chef Arius, 214. Constance les favorise, 215. Conciles ariens, 218. Évêques ariens, 257. Cruautés de ces sectaires, 266. Ruine de l'arianisme à Constantinople, V, 255 *et suiv.* Conversion des Barbares à l'arianisme, VI, 502. Son extinction parmi eux, 532.

ARINTHÆUS, général, pour la force, la valeur et la beauté, surpassait tous les héros de son temps, V, 27.

ARIUS. Ses antagonistes les plus violens rendaient hommage à son érudition et à la pureté de ses mœurs, IV, 190. La majeure partie des évêques d'Asie paraissaient favoriser ses opinions, 191.

Arles. Centre du gouvernement et du commerce des Gaules, VI, 134. Assiégée par les Visigoths, 305.

Armées romaines (voyez *Légions*).

Arménie. Sa conquête par les Perses, II, 155 *et suiv.* Tiridate remonte sur le trône, 335. Révolte du peuple et des nobles, *Ibid.* Reprise de ce pays par les Perses, 338. Mort de Tiridate; état du royaume, III, 443 et suiv. Sapor y pénètre; elle devient une des provinces de la Perse; V, 98. Mort du roi Tiranus et captivité de sa veuve Olympias, 99. Après la mort de Sapor, Para ranime les espérances des Arméniens; aventures de ce prince, 102. Partage du royaume entre les Romains et les Persans, VI, 200. L'Arménie conquise par les Turcs, XI, 222.

Armorique (les provinces de l') comprenaient, sous cette dénomination, les contrées maritimes de la Gaule entre la Seine et la Loire, VI, 127.

ARNAUD DE BRESCIA, son hérésie politique, XIII, 152.

ARTAXERCÈS rétablit la monarchie des Perses, II, 4. Y établit une administration ferme et vigoureuse, 22. Trouve des ennemis formidables dans les Romains, 25. Son ambition; il réclame des Romains les provinces de l'Asie, et leur déclare la guerre, 30. Caractère et maxime de ce prince, 36.

ARTHUR, roi de Bretagne; sa renommée; ses tournois; sa table ronde, VII, 97 et suiv.

Arts de luxe, I, 157.

ARSÈNE, gouverneur d'Arcadius, s'échappe du palais de Constantinople et se retire dans les monastères de l'Égypte, V, 399.

ARVANDUS, préfet de la Gaule; son procès, VI, 432 et suiv.

Asie. Conquêtes de Trajan dans ce pays, I, 61. Rendues par Adrien, 63. Nombre de ses villes; ses revenus, 148. Ses révolutions, II, 2. Envahie par les Alains. Origine et empire des Turcs, VIII, 19.

Asie-Mineure. Ses divisions; comment gouvernée, I, 94. Conquise par Chosroès, VIII, 439. Et par les Turcs, XI, 242.

Assyrie. Sa description, IV, 467.

Son invasion; siége de Périsabor et de Maogamalcha, 471 et suiv.

ATHANARIC, lieutenant d'Hermanric, se charge de la gloire et du danger d'une guerre défensive contre les lieutenans de l'empereur, V, 112.

ATHANASE (saint) d'Alexandrie. Son caractère, ses aventures, IV, 222. Sa persécution, 226. Son premier exil, 230. Son rétablissement, 231. Il est exilé de nouveau, 232. Remis encore en possession de sa place et de ses droits, 235. Il est condamné et déposé dans les conciles d'Arles et de Milan, 243. Banni une troisième fois, 247. Sa conduite, 251. Sa retraite, 252. Son rétablissement, 429. Il est persécuté et chassé de son siége par Julien, 430.

Athènes. Ses écoles, VII, 308. Supprimées par Justinien, 314. Proclus et ses successeurs, 315. Les derniers philosophes, 318. Lors du partage de l'empire grec entre les Français et les Vénitiens, la principauté d'Athènes échoit à Othon de La Roche, XII, 210. Gauthier de Brienne succède au duché d'Athènes, 211. Il est taillé en pièces avec sa cavalerie par les Catalans, nommés *la grande compagnie*, 212. Ceux-ci se partagent l'Attique et la Béotie, *ibid*. Situation présente d'Athènes, *ibid*.

ATTALE, préfet de Rome, élu empereur par les Goths et les Romains, VI, 64. Est dégradé par Alaric, 66. Rétabli et dégradé une seconde fois avec ignominie, 110. Est exilé à Lipari, 112.

ATTILA, roi des Huns; sa figure, son caractère, VI, 249 et suiv. Il découvre l'épée de Mars, 252. Soumet la Scythie et la Germanie, 253. S'empare de la

Perse, 256. Attaque l'empire d'Orient, 259. Ravage l'Europe jusqu'à Constantinople, 260. Traité de paix, 270. Reçoit dans son camp les ambassadeurs d'Orient et d'Occident, 278 et suiv. Sa conduite à leur égard, 286. Il réprimande l'empereur Théodose, qui avait voulu le faire assassiner, et lui pardonne, 293. Menace les deux empires et se prépare à envahir la Gaule, 298. Y pénètre et assiége Orléans, 318. Alliance des Romains et des Goths contre lui, 322. Il se retire dans les plaines de la Champagne, 325. Perd la bataille de Châlons, 329. Sa retraite, 332. Il envahit l'Italie, 336. Fait la paix avec les Romains, 345. Sa mort, 349. Destruction de son empire, 352.

AUGUSTE. Le système conçu par sa modération se trouve convenir aux vices et à la lâcheté de ses successeurs, I, 55. La première exception au plan généralement adopté pour le continent fut la conquête de la Bretagne, ibid. La seconde exception fut la conquête de la Dacie, 59. Adrien et les deux Antonin s'attachent au système général embrassé par Auguste, 65. Il établit à demeure deux flottes dans les ports de Misène et de Ravenne, 84. Dans la division de la Gaule, il a égard à l'établissement des légions, 88. Lorsqu'il partagea l'Italie en onze régions, l'Istrie fut comprise dans le nombre, 91. Sous son règne, les deux tiers de la Numidie avaient pris le nom de Mauritanie césarienne, 101. Il avait coutume de répéter avec orgueil : « J'ai trouvé ma capitale en briques, et je la laisse en marbre à mes successeurs, » 137. Après la victoire d'Actium, le peuple de Rome, triomphant en secret de la chute de l'aristocratie, est séduit par la libéralité d'Auguste, 169. Il montre, par le soin qu'il prend de réformer le sénat, qu'il aspire à être le père de la patrie, 170. Il prononce un discours étudié, où l'ambition est cachée sous le voile du patriotisme, 171. Les sénateurs refusent d'accepter la résignation d'Auguste, 172. Cette comédie fut jouée plusieurs fois pendant sa vie, 173. Il confie son autorité à des lieutenans, 176. Il satisfait, par un sacrifice aisé, la vanité des sénateurs, 177. Il conserve auprès de sa personne une garde nombreuse, même en temps de paix et dans le centre de la capitale, 178. Le sénat lui donne pour sa vie le consulat et la puissance tribunitienne, 179. Sa politique lui fait ajouter les dignités de grand pontife et de censeur, 181. Il conserve les formes de l'ancienne administration, 183. Il sollicitait humblement pour lui les suffrages du peuple, 184. Le gouvernement impérial institué par lui était une monarchie absolue, revêtue de toutes les formes d'une république, 186. Sa maison, quoique nombreuse et brillante, n'était composée que d'esclaves et d'affranchis, 187. Son origine, 191. Le sénat lui donne le nom d'Auguste, ibid. Il savait que le genre humain se laisse gouverner par des noms, 194. Il rétablit la discipline dans les armées, 196. Désigne Tibère pour son successeur, 199.

AUGUSTIN (saint), évêque d'Hippone ; sa conversion, sa mort, VI, 228.

AUGUSTULE, dernier empereur d'Occident, VI, 448. Implore la clémence d'Odoacre, 449. Son exil, 454.

AURÉLIEN, général de Claude, désigné par ce prince pour lui succéder, II, 195. Son origine et ses services, 197. Son règne heureux; sa discipline sévère, 198. Son traité avec les Goths, 199. Il leur cède la Dacie, 201. Fait la guerre aux Allemands et les défait, 204 et suiv. Défait entièrement deux usurpateurs, 212. Son expédition en Syrie, 221. Il défait les Palmyréniens dans les batailles d'Antioche et d'Émèse, 222. Assiége Palmyre, 225. S'en rend maître, 228. La fait ruiner, 229. Détruit la rebellion de Firmus en Égypte, 230. Reçoit les honneurs du triomphe, 231. Sa clémence envers Tétricus et Zénobie, 234. Sa magnificence et sa dévotion, 236. Il éteint une sédition à Rome, 237. Cruauté avec laquelle il use de cette victoire, 240. Il marche en Orient, et est assassiné, 242. Contestation singulière entre le sénat et l'armée pour le choix de son successeur, 244. Sentence que ce prince fit exécuter contre l'évêque d'Antioche, III, 237.

AURÉOLE envahit l'Italie; est vaincu et assiégé dans Milan, II, 181. Sa mort, 187.

AUTHARIS, roi des Lombards, VIII, 349.

Autun: Siége que soutient cette ville contre les légions de la Gaule, II, 215. Elle est prise d'assaut et saccagée, *ibid.*

Auvergne. Conquise par Théodoric, VII, 65. Histoire d'Attale, 69 *et suiv.*

Avares. Leur défaite par les Turcs; ils s'approchent de l'empire d'Orient, VIII, 25. Leur ambassade à Constantinople, 26. Autre à Justin le jeune, 316. Ils détruisent le royaume des Gépides, 321. Fierté, politique et puissance du chagan, 406. Guerre que leur fait Maurice, empereur d'Orient, 413. Ils sont chassés de Constantinople, 461.

AVITUS, général; son génie pour la guerre et pour les négociations, VI, 373. Est élu empereur d'Occident, 376. Est déposé, 384. Sa mort, 386.

Azimus ou *Azimuntium*, dans la Thrace, sur les confins de l'Illyrie, se distingue par l'esprit martial de sa jeunesse, VI, 273.

B.

BAHRAM, libérateur de la Perse; ses exploits, VIII, 391. Sa rebellion, 394. Sa mort, 402.

BAJAZET Ier, émir, accepte la patente de sultan du calife, XII, 320. Il défait une armée de cent mille chrétiens à Nicopolis, *ibid.* Les circonstances de sa victoire et son caractère, 321. Il réside à Bursa, 324. Il menace l'empire grec, et propose un traité que les Grecs acceptent avec soumission, 329. Son armée est défaite, et il est fait prisonnier par Timour ou Tamerlan à la bataille d'Angora, 365. Il est enfermé dans une cage de fer, 366. Ce traitement est attesté par plusieurs nations, 369. Conclusion probable, 372. Sa mort, 373.

BALBIN, consul, est déclaré empereur par le sénat, I, 410. Son caractère, ses vertus, 411. Tumulte à Rome à cette occasion, 412. Mécontentement des prétoriens, 424. Il est massacré, 426.

Balti, race noble des Goths, de laquelle descendait Alaric, V, 432.

Barbares. Leurs incursions, II, 128. Ils sont introduits dans l'empire; leurs établissemens, 273 *et suiv.* Dissensions et guerres civiles parmi eux, 325. Défaits par Dioclétien, deviennent esclaves et sont distribués dans les provinces romaines, 327. Doctrine de l'immortalité de l'âme parmi les Barbares, III, 43. Augmentations des Barbares auxiliaires, 363. Leur conversion; ils embrassent le christianisme, VI, 502. Motifs de leur foi, 506. Effets de leur conversion, 509. Ils adoptent l'hérésie d'Arius, 511.

Bardes. L'immortalité promise aux héros était, jusqu'à un certain point, assurée par les bardes, II, 80. Ils allumaient par leurs chants, dans le cœur de leurs compatriotes, l'enthousiasme militaire, 81. Au moment de la bataille ils célébraient les exploits des anciens héros, *ibid.*

BASILE Ier. ou *le Macédonien*, fondateur d'une nouvelle dynastie en Orient, IX, 190. Sa vie comparée à celle d'Auguste, 194. Il révise la jurisprudence de Justinien, 197. Sa mort, *ibid.*

BASILE II. Son éducation, son règne, IX, 210. Ses expéditions contre les Sarrasins; il anéantit le royaume des Bulgares, 212.

BAUDOUIN, comte de Flandre et du Hainaut, est nommé empereur d'Orient, XII, 87.

Beaux-Arts. Leur décadence sous Dioclétien, II, 380.

BÉLISAIRE. Son caractère, VII, 329. Il sert dans les gardes de Justinien, *ibid.* A Dara il admet à son service Procope, le fidèle compagnon et le soigneux historien de ses exploits, *ibid.* A la tête de vingt-cinq mille Romains, il défait quarante mille hommes d'élite commandés par le Miranes de Perse, 330. L'empereur lui confie la direction de la guerre d'Afrique, 332. Sa femme Antonina exerce sur lui un empire absolu, *ibid.* Composition des troupes sous ses ordres, 333. Cinq cents navires manœuvrés par vingt mille matelots rassemblés dans le port de Constantinople, 335. Le patriarche donne la bénédiction lors du départ de la flotte, 336. Il donne un exemple de rigueur et de fermeté, 337. Navigation périlleuse sur la mer Ionienne, 339. Relâche sur la côte méridionale de Sicile, *ibid.* Il rejette la proposition de conduire la flotte et l'armée dans le port de Carthage, et débarque sur la côte d'Afrique, 340. Il s'avance vers Carthage, 343. Il défait les Vandales commandés par Gélimer, 344. Il occupe le palais et s'assied sur le trône de Genseric, 350. Défaite totale des Vandales et fuite de Gélimer, 351. Il se porte à *Hippo-Regius*, qui ne possédait plus les reliques de saint Augustin, 356. Fait la conquête d'Afrique, 357. Son retour et son triomphe, 364. Il est seul consul, 367. Menace les Ostrogoths de l'Italie, 377. Envahit et subjugue la Sicile, 384. Envahit l'Italie et réduit Naples, 392. Entre dans Rome, 399. Y est assiégé par les Goths sous la conduite de Vitigès, 400. Sa valeur; il se défend dans les murs de la ville, 403. Repousse un assaut général, 408. Ses sorties, 410. Il délivre Rome, 417. Reprend plusieurs villes d'Italie, 420. Excite la jalousie des généraux romains, 424. Sa fermeté et son autorité, 427. Il assiége

Ravenne, 432. Subjugue le royaume des Goths en Italie, 436. Son rappel et sa gloire, 437. Histoire secrète de sa femme Antonina, 441 et suiv. Son ressentiment, 445. Sa disgrâce et sa soumission, 448. Il est rappelé pour défendre l'Orient envahi par Chosroès, VIII, 53. Son alliance avec les Éthiopiens, 85 et suiv. Il commande pour la seconde fois en Italie, 104. Ses efforts pour secourir Rome assiégée par les Goths, 107. Il leur reprend cette ville, 115. Son dernier rappel, 118. Sa dernière victoire, 155. Sa disgrâce et sa mort, 157.

Belles-Lettres, leur culture sous le règne d'Adrien et des deux Antonin, I, 163. Traitemens et récompenses des artistes, professeurs et poëtes, 164. Leur décadence sous Dioclétien, II, 381.

Bernard (saint); part qu'il prend aux croisades; son caractère et sa mission, XI, 395.

Boccace, auteur du Décaméron, ranime en Italie l'étude de la langue grecque, XII, 473.

Boèce. Son caractère, ses études, ses dignités, VII, 188. Son patriotisme, 192. Il est accusé de trahison, 193. Son emprisonnement et sa mort, 195.

Boniface, l'un des soixante-treize intendans d'Aglaé, dame romaine, III, 268. Pour avoir quelques reliques sacrées de l'Orient, il entreprend un pélerinage; ibid.

Boniface, général de l'impératrice Placidie; son erreur et sa révolte en Afrique, VI, 215. Il appelle les Vandales, 216. Son repentir tardif, 224. Sa défaite et sa retraite, 230. Sa mort, 232.

Bonosus, général romain, lève l'étendard de la révolte dans la Gaule, II, 278. Il est vaincu par Probus, empereur, 279.

Bosphore (royaume du). Les Tauri et des Barbares formèrent ce petit État indépendant, II, 140. Il est subjugué par Mithridate, 141. Les rois du Bosphore obéissent à l'empire romain, ibid. Les Goths, après le siége de Trébisonde, retournent en triomphe dans le royaume du Bosphore, 145.

Bosphore (le). Sa description, III, 291.

Bourguignons. Leur origine; leur haine héréditaire pour les Allemands, V, 66 et suiv. Leur établissement dans la Gaule, VI, 122. Ils embrassent le christianisme, 505. Motifs de leur foi, 506. Effets de leur conversion, 509. Ils adoptent l'hérésie d'Arius, 511. Sont vaincus et soumis par Clovis, VII, 21 et suiv.

Bretagne. Conquise par les Romains, I, 55. Forme la division occidentale de l'empire en Europe, 89. Importance de ce pays, II, 319. Carausius en est reconnu souverain, 320. Sa reprise par Constance, 322. Défense des frontières, 323. Fortifications, 324. Origine de la Grande-Bretagne, V, 75. Envahie par les Pictes et les Écossais, 80. Délivrée par Théodose, 84. Révolte de l'armée bretonne, 488. Constantin, empereur de Bretagne et d'Occident, 490. Mort de cet usurpateur, VI, 109. La Grande-Bretagne et l'Armorique secouent le joug du gouvernement romain, 126. État de ces provinces, 129. Révolutions de la Bretagne, VII, 84. Descente des Saxons, 85.

Établissement de l'heptarchie saxonne, 88. État des Bretons, 91. Leur résistance, 92. Leur fuite, 94. Renommée du prince Arthur, 96. Ses fêtes et tournois; les chevaliers de la Table ronde; 98. Désolation de la Bretagne, 99. Servitude, 102. Mœurs des Bretons, 105. État obscur et fabuleux de la Bretagne, 108.

Bulgares. Leur origine, VIII, 10. Leur portrait, 11 *et suiv.* Ils envahissent la Macédoine et la Thrace, 152. Bélisaire les force à la paix, 155. Leur émigration, XI, 37. Ils descendent de la race primitive des Esclavons, 39. Leur premier royaume, 41. Leur tactique et leurs mœurs, 52. Soumis aux princes de Byzance pendant plus de cent soixante-dix ans, ils se révoltent; leur indépendance est reconnue, XII, 17. Ils se liguent avec les Latins, et Joannice leur chef remporte une victoire sur ces derniers et fait prisonnier l'empereur Baudouin, 103 *et suiv.* Joannice ou Calo-Jean dévaste la Thrace, 113. Sa mort, *ibid.*

Byzance. Sa situation; étendue qu'elle acquiert avec le nom de Constantinople, III, 290 *et suiv.* Défauts de son histoire, IX, 140. Sa liaison avec les révolutions du monde politique, 144.

C.

Calédoniens. Leurs guerres avec les Romains, I, 307. Fingal et ses héros; contraste des Calédoniens et des Romains, 309. Poëmes d'Ossian, 310. La Calédonie envahie par les Pictes et les Écossais, V, 80.

Califes. Leur empire en Orient, X, 337. Leur luxe, 378. Ses effets sur le bonheur public et le bonheur des individus, 383. Décadence et division de leur empire, 435 *et suiv.* Chute des califes fatimites, XI, 408.

Caligula, indigne successeur d'Auguste, est condamné à une immortelle ignominie, I, 210.

Cantacuzène (Jean), sous le règne d'Andronic le Jeune, gouverne l'empereur et l'empire grec, XII, 232. Nommé régent de l'empire; sa régence est attaquée par Apocaucus, par l'impératrice mère, Anne de Savoie, par le patriarche, 234. Il prend la pourpre, 237. Ses troupes se dispersent et Apocaucus le poursuit, 239. Guerre civile entre les factions des Cantacuzains et des Paléologues, 240. Victoire de Cantacuzène, *ibid.* Il entre dans Constantinople, 243. Il marie sa fille à Jean Paléologue, souverain légitime, 244. Il est couronné, *ibid.* Son règne, 245. Il bat Paléologue sur mer et sur terre, 248. Il revêt son fils Matthieu Cantacuzène de la pourpre, *ibid.* Il abdique, 249. Il défend la lumière du mont Thabor, 252.

Caracalla, fils de Septime-Sévère; son ambition, I, 310. Est nommé empereur avec son frère Géta, après la mort de leur père, 311. Jalousie et haine des deux empereurs, 312. Leurs négociations pour diviser l'empire, 313. Il assassine Géta, 314. Ses remords et ses cruautés, 317. Sa tyrannie s'étend sur tout l'empire, 321. Prodigue les trésors à ses troupes, et encourage leur insolente familiarité, 324 *et suiv.* Il est assassiné, 326. Ses soldats forcent les sénateurs à le mettre au rang des dieux, 327. Passion de ce prince pour

Alexandre, 327. Joie qu'excite sa mort, 329.

CARAUSIUS. Sa révolte en Bretagne, II, 317. Son pouvoir, 319. Il est reconnu souverain de ce pays, 320. Sa mort, 322.

CARIN, empereur; ses vices, II, 289 *et suiv.* Il célèbre des jeux à Rome, 293 *et suiv.* Discordes civiles; sa défaite et sa mort, 303.

Carthage sort de sa cendre avec éclat, I, 148. Est surprise par les Vandales, VI, 234. Sa réduction par Bélisaire, VII, 346. Elle est conquise par les Arabes, X, 289.

CARUS, préfet du prétoire; son caractère, son élévation, II, 283. Sentimens du sénat et du peuple à son avénement à l'empire, 284. Il défait les Sarmates et marche en Orient, 285. Donne audience aux ambassadeurs persans, 286. Ses victoires; sa mort extraordinaire, 287. Ses deux fils lui succèdent, 289.

Catalans. Ils s'allient aux Génois, et, sous le commandement de Roger de Flor, ils se rendent à Constantinople, XII, 202. L'empereur grec les envoie en Asie contre les Turcs, 203. Roger de Flor est poignardé à Andrinople, 207. Dispersion de ces aventuriers, *ibid.* Quinze cents d'entre eux se maintiennent à Gallipoli, *ibid.* Les Catalans triomphent des Grecs sur mer et sur terre, 208. Ils cherchent à s'établir dans le cœur de la Grèce, 209. Ils s'emparent de l'Attique et de la Béotie, 212. Ils reconnaissent le roi de Sicile pour leur souverain, *ibid.*

Cénobites (les). Ces moines suivaient en communauté la même règle, VI, 496.

CÉSAR. Pourquoi son nom fut donné aux empereurs, I, 191.

Chalcédoine. Concile de cette ville, IX, 53. Ses décrets, 58.

CHARLEMAGNE, roi de France, fait la conquête de la Lombardie, IX, 308. Il est reçu à Rome avec tous les honneurs qu'on avait autrefois accordés à l'exarque, 313. Pendant vingt-six ans il gouverne en maître la ville de Rome, qu'il avait délivrée par ses armes, 314. Il examine et confirme l'élection des papes, *ibid.* Il transforme leur ancien patrimoine, consistant en maisons et en métairies, en une souveraineté temporelle sur des villes et des provinces, 315. Il élude l'exécution de ses promesses et de celles de son père, 318. Il est exhorté par Adrien à imiter la libéralité du grand Constantin, 319. Sous le nom de Charlemagne il paraît un livre de controverse, 329. Dans ses quatre pèlerinages au Vatican, il avait paru uni avec les papes d'affection et de croyance, 332. Il est couronné par Léon III en qualité d'empereur des Romains, 336. Son nom est placé dans le calendrier de Rome parmi ceux des saints, 338. Sa continence n'est pas la plus brillante de ses vertus morales, *ibid.* Ses lois ne sont pas moins sanguinaires que ses armes, 340. Ses campagnes n'ont été illustrées par aucun siége ou aucune bataille bien difficile, 341. Ses lois ne forment pas un système, mais une suite d'édits minutieux, *ibid.* Il suivit le dangereux usage de partager son royaume entre ses enfans, 342. Son goût pour les lettres est attesté par les écoles qu'il établit et par les ouvrages qui parurent sous son nom, *ibid.* L'empire d'Occident, rétabli par lui, a commencé pour l'Europe une nouvelle époque, 344. Il régnait à la fois sur la France, sur l'Espagne, sur l'Italie, l'Allemagne et la Hongrie, *ibid.* Il passe en Espagne et rétablit l'émir de Saragosse, 346. Après une guerre de trente-trois ans il soumet les Saxons, 348. Il acquiert les provinces d'Istrie, de Liburnie et de Dalmatie, 349. Il traite avec le calife Haroun-al-Raschid, 351. Le titre de père qu'il accordait aux empereurs grecs, fait place au nom de frère, symbole d'égalité et de familiarité, 358.

Charles Martel, maire ou duc des Francs; sa médiation dans les affaires d'Italie, IX, 304. Est fait patrice de Rome, 312. Défait les Sarrasins qui avaient envahi la France, X, 366.

Charles IV, empereur d'Allemagne; sa faiblesse et sa pauvreté, IX, 383. Son faste, 386. Son contraste frappant avec César-Auguste, 387.

Charles-Quint. Sac de Rome par ses troupes, VI, 82.

Chnodomar, suivi de six autres rois, conduit l'avant-garde des Barbares, IV, 60. Dans la mémorable bataille de Strasbourg, il est entouré et fait prisonnier, 62.

Chosroès Ier, ou Nushirwan, roi de Perse, VIII, 36. Son amour pour les lettres, 40. En paix et en guerre avec les Romains, 45. Envahit la Syrie, 49. Négociations et traités entre lui et Justinien, 78. Il fait la conquête de l'Yémen, 382. Sa dernière guerre contre les Romains, 384. Sa mort, 387.

Chosroès II. Son avénement au trône de Perse, VIII, 396. Il se réfugie chez les Romains, 398. Son retour en Perse, 400. Victoire décisive sur l'usurpateur Bahram, 401. Il est rétabli sur le trône; sa politique, 4.22 *et suiv.* Fait une invasion sur le territoire de l'empire romain, 432. Sa conquête de la Syrie, 436; de la Palestine, *ibid.*; de l'Egypte, 438; de l'Asie-Mineure, 439. Son règne et sa magnificence, *ibid. et suiv.* Défait par Héraclius; les Persans le déclarent déchu de la couronne, 467. Sa fuite, 471. Il est déposé, 474. Sa mort, 475.

Christianisme. Examen de ses progrès et de son établissement, III, 1. Cause de son accroissement, 2. Zèle généreux des chrétiens, 14. Église nazaréenne de Jérusalem, 17. Sectes diverses, leurs progrès, leur influence, 27. Horreur des chrétiens pour l'idolâtrie, 33. Cérémonies, arts et fêtes, 34 *et suiv.* Zèle pour le christianisme, 39. Doctrine de l'immortalité de l'âme, 48. Fin prochaine du monde, *ibid.* Doctrine des millénaires, 50. Conflagration de Rome et du monde, 53. Les païens dévoués aux supplices éternels, 55. Le don des miracles attribué à l'Église primitive, 59. Leur vérité contestée; période où ils ont été opérés, 62. Usage des premiers miracles, 65. Vertus des premiers chrétiens, 66. Soin qu'ils avaient de leur réputation, 68. Ils condamnent les plaisirs et le luxe, 72. Leurs sentimens concernant le mariage et la chasteté, 74. Leur aversion pour les emplois de la guerre et du gouvernement, 78. Leur activité dans le gouvernement de l'Église, 81. Liberté et égalité primitive de ce gouvernement, 83. Institution des évêques comme présidens du collège des prêtres, 85. Conciles provinciaux, 88. Union de l'Église, 90. Progrès de l'autorité épiscopale, 91. Prééminence des églises métropolitaines, 93. Ambition du pontife romain, 94. Laïques et clergé, 97. Offrandes et revenus du clergé, 98 Distribution du revenu, 103. Excommunication, 105. Pénitence publique, 108. Dignité du gouvernement épiscopal ; 109. Faiblesse du polythéisme, 112. Le scepticisme du monde païen devient favorable à la nouvelle religion, 114. Aussi bien que la paix et l'union de l'empire romain, 116. Vue historique des progrès du christianisme en Orient, 118. L'Eglise d'Antioche, 120. En Égypte, 122. A Rome, 124. En Afrique et dans les provinces occidentales, 126. Au-delà des limites de l'empire romain, 130. Proportion générale des chrétiens et des païens, 132. S'il est vrai que les premiers chrétiens aient été ignorans et de basse condition, 133. Quelques exceptions, 134 *et suiv.* Le christianisme favorablement reçu par les pauvres et par les simples, 137. Rejeté par quelques personnages éminens des premier et deuxième siècles, 138. Leur peu d'égard pour les prophéties, 139. Silence général des anciens sur les ténèbres de la passion, 142. Le christianisme persécuté par les empereurs romains, 145. Examen de leurs motifs, 147. Les chrétiens abandonnaient la religion de leurs ancêtres, 153. Les philosophes les accusent d'athéisme ; fausse idée qu'ils ont de leur religion, 154. L'union et les assemblées des chrétiens regardées comme une conspiration dangereuse, 159. Leurs mœurs sont calomniées, 161. Leur défense imprudente, 162. Idée de la conduite des empereurs à leur égard, 165. Ils sont négligés comme une secte de Juifs, 167. Punition cruelle qui leur est infligée comme incendiaires de Rome, 172. Remarques sur un passage de Tacite concernant la persécution des chrétiens par Néron, 174. Sont opprimés par Domitien, 181. Ignorance de Pline à leur sujet, 187. Forme légale de procédure établie contre eux, 188. Jugemens et martyres, 192 *et suiv.* Divers motifs qui portent les chrétiens à rechercher le martyre, 209. Ardeur des premiers chrétiens, 212. Le relâchement s'introduit par degrés, 215. Trois moyens d'éviter le martyre, 216. Le gouvernement emploie tour à tour la sévérité et la tolérance, 219. Les dix persécutions, 220. Édits supposés de Tibère et de Marc-Aurèle, 221. État des chrétiens sous les règnes de Commode et de Sévère, 223. Des successeurs de celui-ci, 225 ; de Maximien, Philippe et Dèce, 229 ; de Valérien, de Gallien et de ses successeurs, 231. Paix et prospérité de l'Église sous Dioclétien, 237. Progrès du zèle et de la superstition des païens, 240. Commencement d'une persécution générale, 246. Destruction de l'Église de Nicomédie, 249. Premier édit contre les chrétiens, 250. Ils sont accusés d'avoir mis le feu au palais de Nicomédie, 253. Exécution du dernier édit, 255. Destruction des Églises, 257. Autres édits, 259. Idée générale de la persécution, 261. Dans les provinces occidentales sous Constance et sous Constantin, 262. En Italie et en Afrique sous Maximien et sous Sévère, 264. Sous Maxence, 265. Dans l'Illyrie et en Orient, sous Galère et sous Maximin, 269. Galère publie un édit de tolérance, 270. Paix de l'Église, 272. Maximien se prépare à renouveler la persécution, 273. Fin des persécutions, 275. Relation probable des souffrances des martyrs et des confesseurs, 276. Nombre des martyrs, 281. Conclusion, 285. Les chrétiens protégés dans la Gaule par Constantin, IV, 83. Édit de Milan, 84. Propagation du christianisme, 120. Ordination du clergé, 134. Les abus du christianisme sont un nouveau sujet de tyrannie et de sédition, 259. Caractère général des sectes chrétiennes, 274 *et suiv.* Écrit de Julien l'Apostat contre le christianisme, 370. Il défend aux chrétiens de tenir des écoles, 407. Ils sont disgraciés et opprimés, 409. Condamnés à rétablir les temples païens, 411. Leur zèle et leur imprudence, 433. Situation différente sous Jovien, V, 5 *et suiv.* Les catholiques persécutés par Valens, 44. La divinité du Saint-Esprit établie par le concile de Constantinople égale à celle des deux autres personnes, 266. Édits de Théodose le Grand contre les hérétiques, 272. Exécution de l'évêque Priscillien et de ses associés, 275. Culte des martyrs chrétiens, 372. Reliques et martyrs fabuleux, 376. Renaissance du polythéisme, 380. Introduction des cérémonies païennes, 383. Conversion des Barbares au christianisme, VI, 502. Fraudes des catholiques et leurs miracles, 526. Histoire théologique de la doctrine de l'incarnation de Jésus-Christ, IX, 1 *et suiv.* Guerre religieuse, 71. Les chrétiens de saint Thomas établis dans l'Inde, 105. Introduction et culte des images; concile à ce sujet, 261 *et suiv.* Décadence et chute du christianisme en Afrique, X, 331. Et en Espagne, 333. Toléré par les musulmans, 335.

Chrysopolis, aujourd'hui Scutari. Bataille décisive donnée sur ses hauteurs entre Constantin et Licinius, II, 470.
Cibalis, ville de Pannonie, située sur la Save, à cinquante milles au-dessus de Sirmium, II, 451. Bataille livrée près de cette ville entre Constantin et Licinius, *ibid.*
CLAUDE. Son caractère, son avénement à l'empire, II, 184. Trait de justice et de clémence, 188. Il entreprend la réforme de l'armée, 189. Sa détresse et sa fermeté, 191. Sa victoire sur les Goths, 192. Sa mort; il recommande Aurélien pour son successeur, 195.
CLAUDIEN, poëte célèbre, enveloppé dans la chute de Stilichon son bienfaiteur; notice à son sujet, V, 508 *et suiv.*
CLÉANDRE, ministre de Commode; son avarice et sa cruauté, I, 231. Il excite une sédition; sa mort, 233.
CLEMENS - FLAVIUS, consul. Il épouse Domitilla, nièce de Domitien, III, 184. Sur un léger prétexte, il est condamné et exécuté, 185.
CLÉPHON, roi des Lombards; sa mort, VIII, 336.
Clergé. Ses offrandes et ses revenus dans l'Église primitive, III, 98 *et suiv.* Son ordination, IV, 134. Propriétés, 138. Juridiction civile, 143. Censures spirituelles, 146. Liberté de prêcher, 150. Priviléges d'assemblées législatives, 153. Son avarice réprimée par Valentinien, V, 51.
CLODION LE CHEVELU, roi des Francs, résidait à Dispargum, village ou forteresse entre Bruxelles et Louvain, VI, 312 *et suiv.*
CLODIUS-ALBINUS, gouverneur de la Grande-Bretagne, avait la confiance de Marc-Aurèle, I,

268. L'empereur l'autorise à prendre le titre et la dignité de César, 269. Il brave les menaces de Commode, 270.

CLOVIS, roi des Francs, VII, 5. Sa victoire sur Syagrius, 8. Il défait et soumet les Allemands, 11. Sa conversion, 14. Il soumet les provinces Armoriques et les troupes romaines, 19. Sa victoire sur les Bourguignons, 23. Et sur les Goths, 28 et suiv. Son consulat, 36.

COLCHIDE. Sa description, VIII, 57. Mœurs des naturels du pays, 61. Ses révolutions sous les Perses, 65. Et sous les Romains, 66. Voyage d'Arrien, 67. Tribu des Laziques, 68. Révolte et repentir des habitans, 69. Siége de Pétra, 72. Guerre de Colchos ou guerre lazique, 74.

COLONNES. Leur origine, XIII, 208. Leurs armes ornées d'une couronne royale, 212. Querelles héréditaires avec les Ursins, 214. Ils s'arment contre Rienzi, 249. Défaite et mort de Colonne, 250. Othon-Colonne réunit les voix du conclave, 279. Ce pape, nommé Martin v, répare et embellit Rome, 341.

Commerce étranger, I, 158. Or et argent, 160.

COMMODE, empereur. Ses vices monstrueux, son avénement, I, 221. Son caractère, 222. Son retour à Rome, *ibid*. Il est blessé par un assassin, 225. Sa haine pour le sénat; ses cruautés, 226 et suiv. Ses plaisirs dissolus; son ignorance et ses vils amusemens, 235 et suiv. Ses exploits à la chasse des bêtes sauvages, 237. Il déploie son adresse dans l'amphithéâtre, 239. Joue le rôle de gladiateur, 240. Son infamie et son extravagance, 242. Conspiration de ses domestiques, 243.

Sa mort, 244. Sa mémoire est déclarée infâme, 247. Etat des chrétiens sous le règne de ce prince, III, 223.

COMNÈNE (Isaac Ier), empereur d'Orient, IX, 218. Il abdique et se retire dans un couvent, 221.

COMNÈNE (Alexis Ier), monte sur le trône; caractère et vie de ce prince, IX, 228 et suiv. Sa politique, XI, 312. Il obtient l'hommage des croisés, 316.

COMNÈNE (Manuel), empereur. Sa force et son habileté dans l'exercice des armes, IX, 234. Traits singuliers de son caractère, 237.

COMNÈNE (Alexis II). Dégradé du rang suprême; sa mort, IX, 239 et suiv.

COMNÈNE (Andronic Ier). Son caractère et ses premières aventures, IX, 239 et suiv. Il monte sur le trône d'Orient, 251. Révolte de ses sujets contre lui, 254. Sa mort, 255.

COMNÈNE (Isaac II). Surnommé *l'Ange*, IX, 256.

Conciles. Provinciaux, III, 88. De Nicée, IV, 196. De Rimini, 208. Ariens, 218. D'Arles et de Milan, 239. De Constantinople, V, 266. D'Ephèse, IX, 36 et 51. De Chalcédoine, 53. De Constantinople, 82, 89, 277. Second concile de Nicée, 325. De Plaisance, XI, 266. De Clermont, 270.

CONSTANCE. Associé à l'empire par Dioclétien, II, 311. Reprend la Bretagne sur Carausius, 322. Délivre la Gaule de l'invasion des Allemands, 326. Traitement qu'il fait aux Barbares, 327. Prend le titre d'Auguste; son caractère; sa situation, 384. Sa mort, 393. Idée générale de la persécution des chrétiens sous ce prince, III, 261.

CONSTANCE, fils du grand Constantin. Son éducation, III, 419 et suiv. Partage l'empire avec ses frères Constans et Constantin, 438. Fait la guerre aux Perses, 440. Sa conduite à la bataille de Singara, 446. Sa cruauté à l'égard du fils de Sapor, roi de Perse, 447. Guerre civile ; mort de ses deux frères ; usurpation de Magnence et de Vétranio, 451 *et suiv.* Il refuse de traiter avec leurs ambassadeurs, 457. Dépose Vétranio, 459. Fait la guerre à Magnence, 463. Et le réduit à se donner la mort, 473. Est seul empereur ; condamne à mort le César Gallus, IV, 14. Va à Rome, 28. Y fait transporter un obélisque d'Égypte, 30. Soutient la guerre contre les Quades et les Sarmates, 32 *et suiv.* Négociation avec Sapor, 37. Guerre de Perse ; mauvais succès, 40 *et suiv.* Il favorise les ariens, 215. Son ressentiment contre saint Athanase, 246 *et suiv.* Sa jalousie contre Julien, 285. Sa mort, 320.

CONSTANCE, Caractère et victoires de ce général, VI, 106. Il est associé à l'empire d'Occident par Honorius, dont il épouse la sœur, 206. Sa mort, *ibid.*

CONSTANS, fils du grand Constantin. Son éducation, III, 417 *et suiv.* Partage l'empire avec ses frères Constance et Constantin, 438. Guerre civile ; mort de celui-ci, 451. Constance s'empare de ses États, 452. Il est assassiné, 453.

CONSTANS II, empereur des Romains, IX, 152. Son fratricide ; sa mort, 153.

CONSTANTIN, soldat breton. Est proclamé légitime empereur de la Bretagne et de l'Occident, V, 490. Reconnu en Bretagne et dans la Gaule, *ibid.* Il soumet l'Espagne, 492. Partage avec les Barbares le pillage de la Gaule et de l'Espagne, VI, 104. Mort de cet usurpateur, 109.

CONSTANTIN dit *le Grand*. Sa naissance ; son éducation ; sa fuite, II, 389. Son élévation, 393. Il est reconnu par Galère, qui lui donne seulement le titre de César, 396. Ses frères et sœurs, *ibid.* Maximien lui donne sa fille Fausta, et lui confère le titre d'Auguste, 404. Il veut maintenir l'égalité de pouvoir entre les divers souverains de l'empire, 408. Son administration dans la Gaule, 417. Guerre civile entre lui et Maxence, 422. Il passe les Alpes, 426. Bataille de Turin, 428. Presque toute l'Italie embrasse le parti de ce prince, 429. Siége et bataille de Vérone, *ibid.* Sa victoire près de Rome, 434. Sa réception dans cette ville ; jeux et fêtes institués en son honneur, 437. Il casse à jamais les troupes prétoriennes, 440. Son alliance avec Licinius, 442. Rivalité entre ces deux princes, 449. Première guerre civile entre eux ; bataille de Cibalis, 451. Bataille de Mardie, 453. Paix générale ; lois de Constantin, 455. Seconde guerre civile, 463. Bataille d'Andrinople, 466. Valeur et péril de ce prince, 467. Il assiége Byzance, 468. Gagne la bataille de Chrysopolis, 470. Soumission et mort de son rival, 471. L'empire est réuni sous son autorité, 472. Idée générale de la persécution des chrétiens sous son règne, III, 262. Il fonde une nouvelle capitale à laquelle il donne son nom, 289 *et suiv.* Système politique de ce prince et de ses successeurs ; forme de gouvernement ; hiérarchie de l'État ; discipline militaire, 324 *et suiv.* Son caractère, 400. Ses vertus, 401. Ses vices, 403. Est jaloux de la popularité de son fils Crispus; sa conduite à cette occasion est une tache à sa mémoire, 409 *et suiv.* Mort de Crispus et de l'impératrice Fausta; récits divers à ce sujet, 411 *et suiv.* Les fils et neveux de Constantin, 417. Leur éducation, 419. L'empereur s'unit aux Sarmates contre les Goths, 427. Sa mort, 433. Factions à la cour; massacre des princes ses frères et ses neveux, 434 *et suiv.* Motifs, progrès et effets de la conversion de Constantin, IV, 77 *et suiv.* Son droit divin, 91. Sa dévotion; ses priviléges, 114. Remise de son baptême au moment de sa mort, 116. Le paganisme toléré par lui et ses fils, 275.

CONSTANTIN II, fils du précédent. Son éducation, III, 417 *et suiv.* Partage l'empire avec ses frères Constans et Constance, 438. Mécontent de son lot; envahit les Etats de Constans; sa mort, 451.

CONSTANTIN III, empereur d'Orient. Son règne et sa mort, IX, 150.

CONSTANTIN IV, surnommé *Pogonat*. Son règne et sa mort, IX, 155.

CONSTANTIN V, surnommé *Copronyme*, IX, 167. Son règne dissolu et cruel, 168.

CONSTANTIN VI. Conspire contre l'impératrice Irène sa mère, IX, 172. Est reconnu empereur, 173. Irène rétablie le fait mutiler, 174.

CONSTANTIN VII, *Porphyrogénète*. Son règne, IX, 200.

CONSTANTIN VIII. Son règne, IX, 202.

CONSTANTIN IX. Son éducation, son règne, IX, 210.

CONSTANTIN X, ou *Monomaque*, IX, 217.

CONSTANTIN XI, ou *Ducas*. Ou-blie les devoirs d'un souverain et d'un guerrier, IX, 221.

CONSTANTIN XII, IX, 223.

Constantinople. Plan et description de cette ville, III, 291. Son port, 295. Avantages de sa situation, 301. Sa fondation, 303. Son étendue, 305. Progrès des travaux, 309. Ses édifices, 311. Sa population, 316. Priviléges qui lui sont accordés, 319. Dédicace de cette ville, 322. Préfets de Constantinople, 340. Factions religieuses; transports furieux des chrétiens, IV, 262. Ambassade de Julien à Constantinople, 299. Il y fait son entrée, 322. Arianisme dans cette ville, sa ruine; saint Grégoire de Nazianze, V, 255 *et suiv.* Concile de Constantinople, 266. Sédition des *Verts* et des *Bleus*, VII, 227 *et suiv.* Incendie et reconstruction de Sainte-Sophie; description de cette église, 271 *et suiv.* Peste de Constantinople sous Justinien, VIII, 172 *et suiv.* Révolte contre l'empereur Maurice, 421. Expulsion des Persans et des Avares, 461. Concile général, IX, 82 et 89. Autre, 277. Constantinople assiégée deux fois par les Arabes, X, 341 *et suiv.* Des Latins s'y établissent, XII, 12. Ils y sont massacrés; quatre mille sont vendus; ceux qui échappent ravagent les côtes, 14 *et suiv.* Premier siége et conquête de Constantinople par les Latins, 52. Second siége, pillage et incendie de cette ville par les Latins, 66. Partage du butin, 75. Les statues sont détruites, 79 *et suiv.* Alexis Stratégopulus, général de Michel Paléologue, tuteur de Jean, empereur de Nicée reprend par surprise Constantinople, 133. Entrée de Michel Paléologue à

Constantinople, 177. Cantacuzène rentre dans Constantinople, 243. Les Génois s'établissent dans le faubourg de Péra, 253. Constantinople est dans une grande détresse, 329. Amurath II fait le siége de Constantinople, 396. Comparaison de Rome et de Constantinople, XIII, 1. Constantinople est assiégée par Mahomet II, 71. Forces des Turcs, 72. Forces des Grecs, 74. Attaque et défense, 83. Cinq vaisseaux génois battent l'escadre turque et apportent des secours aux Grecs, 86. Détresse de la ville, 94. L'empereur fait son dernier adieu aux Grecs, 98. Mahomet II ordonne l'assaut général, 100. Elle tombe sous ses armes, 104. Les Turcs la pillent; les Grecs sont faits captifs, 107. Évaluation du butin, 112. Mahomet repeuple et embellit Constantinople, 119.

Consuls. Leur élection, leurs attributions, III, 329. Proconsuls, 344.

COURTENAI (Pierre de), empereur d'Orient, XII, 115. Sa mort, 117.

COURTENAI (Robert de), empereur d'Orient, XII, 118. Sa mort, 120.

COURTENAI. Digression sur cette famille, XII, 145. Son origine, *ibid.* Josselin, comte d'Édesse, règne sur les deux rives de l'Euphrate, 147. Les Courtenai de France, 149. Ils s'allient avec la maison royale de France, *ibid.* Les Courtenai d'Angleterre, 154.

Crète (île de). Subjuguée par les Arabes, X, 404. Sa réduction par les Grecs, 439.

CRISPUS, fils de Constantin. Se distingue dans la guerre contre les Goths; est déclaré César, II, 461. Remporte une grande victoire navale, 468. Ses vertus, III, 408. Sa popularité excite la jalousie de son père, 409. Sa disgrâce et sa mort, 411. Conjectures à ce sujet, 414.

Croates, ou Esclavons de la Dalmatie, XI, 40.

Croisades. Première croisade; Pierre l'Ermite, XI, 261. Justice des croisades, 273. Motifs spirituels et indulgences, 277. Motifs temporels et mondains, 282. Influence de l'exemple, 285. Départ des premiers croisés, 287. Leur destruction en Hongrie et dans l'Asie, 290. Marche de la première croisade, 295. Godefroi de Bouillon, *ibid.* Hugues de Vermandois, Robert de Flandre, Étienne de Chartres, 297. Raimond de Toulouse, 299. Bohémond et Tancrède, 301. Chevalerie, 302. Marche des princes à Constantinople, 307. L'empereur Alexis Comnène obtient l'hommage des croisés, 316. Insolence des Francs, 320. Revue et dénombrement des croisés, 321. Siége de Nicée, 326. Bataille de Dorylée, 329. Marche des croisés dans l'Asie-Mineure, 331. Baudouin fonde la principauté d'Édesse, 333. Siége d'Antioche, 334. Victoire des croisés, 339. Leur famine et détresse dans Antioche, 340. Légende de la sainte lance, 344. Guerriers célestes, 347. Situation des Turcs et des califes d'Égypte, 349. Délai des Francs, 351. Leur marche à Jérusalem, 352. Siége et conquête de cette ville, 353. Élection et règne de Godefroi de Bouillon, 359. Bataille d'Ascalon, 360. Le royaume de Jérusalem, 362. Expéditions par terre en Palestine; première croisade, 381. Deuxième croisade de Conrad III et de Louis VII; et troisième de Frédéric 1er, 381, *et suiv.* Passage des croisés dans les États de l'empereur grec, 386. Guerre des Turcs, 390. Opiniâtreté de l'enthousiasme des croisades, 394. Caractère et mission de saint Bernard, 395. Troisième croisade par mer, 422. Richard d'Angleterre dans la Palestine, 428. Quatrième et cinquième croisades, 437. L'empereur Frédéric II dans la Palestine, 439. Saint-Louis et la sixième croisade, 443. Perte de Saint-Jean d'Acre et de la Terre-Sainte, 454. Quatrième croisade; Foulques de Neuilly, prêtre ignorant, prêché à Paris en pleine rue, XII, 21. Les barons français se croisent, 24 *et suiv.* Ils envoient des ambassadeurs à Venise, 26. Traité d'alliance avec la république, 31 *et suiv.* Les croisés s'embarquent à Venise, 34. D'abord ils se rendent maîtres de Zara, 37. Ils se rembarquent et font voile pour Constantinople, 42. Ils campent sous les murs, 45. Ils en font deux fois la conquête, 52 *et suiv.* Plusieurs princes latins y règnent, 87 *et suiv.* La sainte couronne d'épines, 127. Quelles furent les conséquences générales des croisades, 138. Elles contribuent à renverser l'édifice gothique du système féodal, et rendent par degrés une existence à la portion la plus nombreuse et la plus utile de la société, 144. Croisade de Hongrie contre les Turcs, formée par Eugène IV, pontife de Rome, XIII, 16.

Ctésiphon. Les Parthes campaient souvent dans la plaine à trois milles de Séleucie, II, 27. Ce petit village devient insensiblement une grande ville, *ibid.* Elle est assiégée par l'empereur Sévère, 28. Les monarques persans venaient y passer l'hiver, 29.

CYPRIEN (saint) gouverne l'Église, non-seulement de Carthage, mais encore de l'Afrique, III, 200. Le peuple demande qu'il soit jeté aux lions, 201. Il est exilé à Curubis, ville de la Tingitane, 203. Il refuse de sacrifier aux dieux, 207. Il est décapité, 208.

CYRILLE (saint), patriarche d'Alexandrie, IX, 22. Son despotisme tyrannique, 24. Un synode des évêques d'Orient se déclare contre lui; 40. Sa victoire, 42.

D.

Dacie. Conquise par Trajan, I, 60. Division de l'Illyrie; comment gouvernée, 93. Cédée aux Goths par Aurélien, II, 201.

Dalmatie. Division de l'Illyrie; comment gouvernée, I, 92.

DALMATIUS, neveu de Constantin, obtient le titre de César, III, 418 Il est préparé aux fatigues de la guerre, *ibid.* On lui donne le gouvernement de la Thrace, de la Grèce et de la Macédoine, 421. Par l'ordre de Constance il est massacré, 436.

DAMASE, évêque de Rome; son ambition et son luxe, V, 54.

DANDOLO (Henri), doge de Venise, reçoit amicalement les ambassadeurs des Français, XII, 31. Il favorise la quatrième croisade, 32.

Daphné (temple et bocage sacré de). Ce lieu de dévotion, consacré à Apollon, se trouvait à cinq milles d'Antioche, IV, 414.

Dara, ville située à quatorze milles de Nisibis et à quatre journées du Tibre, fortifiée par Justinien, VII, 303.

DÈCE, empereur. Services, révoltes, victoires et règne de ce prince, II, 95. Il marche contre les Goths, 97. Rétablit l'office de censeur, 115. Défaite et mort de ce prince et de son fils, 118. Leur éloge, 120. Etat des chrétiens sous le règne de ce prince, III, 229.

DÉMÉTRIAS, vierge célèbre, petite-fille de Proba, veuve du préfet Petronius, VI, 81.

DIOCLÉTIEN, élu empereur, II, 303. Son caractère, 305. Sa victoire et sa clémence, 308. Il associe à l'empire Maximien, Galère et Constance, 309 et suiv. Sa dignité calme, 325. Traitement qu'il fait aux Barbares, 327. Sa conduite en Egypte, 329. Il détruit les livres d'alchimie, 331. Réception qu'il fait à Galère vaincu dans la guerre de Perse, 342. Sa modération après la victoire, 344. Son triomphe, 353. Réside à Milan et à Nicomédie, 356. Abaisse Rome et le sénat, 358. Diminue le nombre des prétoriens et abolit leurs priviléges, 359. Prend le diadême, et introduit à la cour les manières persanes, 363. Etablit une nouvelle forme d'administration, 366. Augmente les taxes, 368. Son abdication; son parallèle avec Charles-Quint, 369. Sa longue maladie, 371. Sa prudence, ibid. Sa retraite à Salone, 373. Sa philosophie, 374. Sa mort, 375. Description de son palais, 378. Sort infortuné de sa veuve et de sa fille Valérie, 445.

DION-CASSIUS, historien romain, veut réformer l'armée; les prétoriens demandent sa tête, I, 361. L'empereur Alexandre-Sévère le soustrait à la fureur des troupes, 362.

DOMITIEN. Opprime les chrétiens et les juifs, III, 181.

DOMITIUS (L), préteur en Sicile; sa cruauté envers un esclave, I, 128 et suiv.

Donatistes. Leur schisme désole durant plus de trois siècles la province d'Afrique, IV, 163.

Dormans (fable des sept.). Sept jeunes nobles d'Ephèse, enfermés dans une caverne, s'éveillent persuadés que leur sommeil, prolongé durant deux siècles, n'avait été que de quelques heures, VI, 239.

E.

Ebionites. Nazaréens qui avaient refusé d'accompagner leur évêque latin, III, 21. Ebionites, terme de mépris qui marque la pauvreté de l'esprit aussi bien que de la condition, 21. Ils croyaient que la religion juive ne pouvait jamais être abolie, 24. Ils révéraient Jésus comme le plus grand des prophètes, IV, 187.

Ecossais (les) envahissent la Calédonie, V, 75. Et la Grande-Bretagne, 80.

Edesse, capitale de l'Oshroène, II, 29. Ce petit Etat renferme la partie septentrionale et la plus fertile de la Mésopotamie entre le Tigre et l'Euphrate, ibid.

Eglise. Don des miracles attribué à l'Eglise primitive, III, 59. Son gouvernement, 83. Institution des évêques, 85. Conciles provinciaux, 88. Union de l'Eglise, 90. Prééminence des Eglises métropolitaines, 93. Ambition du pontife romain, 94. Laïques et clergé, 97. Excommunication, 105. Pénitence publique, 108. L'Eglise d'Antioche, 120. Paix et prospérité sous Dioclétien, 237. Destruction des Eglises, 257. Idée générale de la persécution, 261 et suiv. Paix de l'Eglise, 272. Etablissement légal et constitution de l'Eglise chrétienne ou catholique, IV, 77. Distinction entre les puissances temporelle et spirituelle, 126. Dissensions religieuses, 157. Concile de Nicée, 196. De Rimini, 208. Conciles ariens, 218. Conciles d'Arles et de Milan, 239. Caractère général des sectes chrétiennes, 274. État de l'Église à la mort de Julien; tolérance universelle publiée par Jovien, V, 1 et suiv. Union des Églises grecque et latine, IX, 91. Séparation perpétuelle des sectes de l'Orient, 93. Introduction et culte des images dans l'Église chrétienne, 261 et suiv. Indolente superstition de l'Église grecque; origine, doctrine et persécution des pauliciens, XI, 1 et suiv. Les Églises grecque et latine se divisent; ce schisme précipite la chute de l'empire romain en Orient, XII, 1. Corruption de l'Église latine, 436. Schisme, 437. Conciles de Pise, de Constance, de Bâle, ibid. Les Pères se déclarent contre Eugène IV, pontife régnant, 439. Les pères de Bâle négocient avec les Grecs, 440. Concile des Grecs et des Latins à Ferrare et à Florence, 450. Négociation avec les Grecs, 456. Eugène IV est déposé à Bâle, 459. Les Grecs se réunissent avec les Latins, 460. Paix définitive de l'Église, 462. Schisme grec après le concile de Florence, XIII; 6. Les Russes, sectaires ignorans et superstitieux de la communion grecque, 9. Eugène IV forme une ligue contre les Turcs, 16. Le cardinal Julien, 27. Fausse union des deux Églises, 75. Grand schisme d'Occident, 272. Négociations pour la paix et la reunion des schismatiques, 274. Concile de Pise, 272. Concile de Constance, 277. Réunion de l'Église latine, 278. Othon Colonne réunit les voix du conclave, 279. Il est nommé Martin V, ibid.

Égypte. Sa description, I, 98. et suiv. Guerre d'Égypte sous Dioclétien, II, 328. Destruction des livres d'alchimie, 332. Progrès du christianisme, III, 122. Conquise par Chosroès, VIII, 438. Envahie par les Sarrasins sous la conduite d'Amrou, X, 249. Les villes de Memphis, de Babylone et du Caire, 251. Soumission des cophtes ou jacobites, 254. Bibliothèque d'Alexandrie, 262. Administration de l'Égypte, 267. Richesse et population, 269. Conquête de l'Égypte par les Turcs, XI, 403. Les Mamelucks d'Égypte, 449.

Élagabale, connu d'abord sous les noms de *Bassianus* et d'*Antonin*; son éducation; ses prétentions et sa révolte contre l'usurpateur Macrin, I, 334. Il défait son compétiteur, et les soldats romains se réunissent sous ses étendards, 337. Il écrit au sénat, 338. Son portrait, 339. Sa superstition, 340. Ses débauches et son luxe effréné, 343. Mécontentement de l'armée, 346. Il dégrade Alexandre-Sévère du rang et des honneurs de César, 347. Sédition des gardes prétoriennes, et meurtre de ce prince, ibid. Le sénat dévoue sa mémoire à l'infamie, 348.

Émilien. Ses victoires et sa révolte contre Gallus, II, 123. L'armée le proclame empereur sur le champ de bataille, 124. Ses lettres au sénat, ibid. Il succombe sous Valérien; sa mort, 125.

Empereur. Titre donné aux généraux romains, et sous lequel Auguste reprend le pouvoir, I, 172. Ses lieutenans; leur choix; leurs attributions, 175. Prérogatives impériales, 181. Cour des empereurs, 187. Leur déification, 188. Origine des titres d'Auguste et de César qui leur furent donnés, 191. Pourquoi ils désignaient d'avance leur successeur, 199. Juridiction légale du sénat contre eux, 249. Le titre d'empereur pris dans la signification de maître de l'univers, II, 361. Autorité des empereurs dans l'élection des papes, IX, 362. A Rome, 368.

Empire romain. Son étendue et sa force militaire dans le siècle des Antonins, I, 51. Conquête de la Bretagne, 55. De la Dacie, 59. En Asie, 61. Conquêtes rendues par Adrien, 63. Établissemens militaires, 67 *et suiv.* Marine, 84. Énumération de toutes les forces de l'empire, 85. Vue des provinces, 86 *et suiv.* Idée générale de l'empire, 102. Union et prospérité intérieure dans le siècle des Antonins, 104. Principes du gouvernement, *ibid.* Tolérance universelle, 105. Du peuple, 106. Des philosophes, 108. Du magistrat, 111. Dans les provinces, 112. Rome, *ibid.* Liberté de Rome, 114. L'Italie, centre du gouvernement, 116. Provinces, 118. Colonies et villes municipales; établissement du droit de bourgeoisie, 119. Division des provinces grecques et latines, 122. Usage général des deux langues, 125. Des esclaves; de leur traitement, de leur affranchissement et de leur nombre, 126 *et suiv.* Population de l'empire; 135. Union et obéissance, 136. Monumens publics, 137 *et suiv.* Nombre et grandeur des villes de l'empire, 145 *et suiv.* Ses grands chemins, 150. Postes, 152. Navigation, 153. Perfection de l'agriculture dans les contrées occidentales, *ibid.* Arts de luxe, 157. Commerce étranger, 158. Or et argent, 160. Félicité générale, 161. Décadence du courage, 162. Du génie; culture des lettres, 163. Dépravation, 166. Gouvernement d'Auguste sous le titre d'empereur et de général, 172. Division des provinces entre l'empereur et le sénat, 177. Prérogatives impériales, 181. Election des magistrats par le peuple transportée au sénat, 184. Idée générale du système impérial, 186. Image de la liberté pour le peuple, 194. Image du gouvernement pour les armées; obéissance, 196 *et suiv.* Règne de Marc-Aurèle, 207. Bonheur des Romains; sa nature incertaine; souvenir des tyrans, et misère particulière sous leur règne, 209 *et suiv.* Avénement de l'empereur Commode; règne de ce prince, qui meurt assassiné par ses domestiques, 221 *et suiv.* Règne de Pertinax, assassiné par les prétoriens, 244 *et suiv.* L'empire est mis à l'enchère, et acheté par Julianus; les armées se déclarent contre lui; il est condamné et exécuté par ordre du sénat, 263 *et suiv.* Septime-Sévère, empereur; guerres civiles; ses succès; son gouvernement; paix et prospérité universelle; sa mort, 274 *et suiv.* Avénement de ses deux fils, Caracalla et Géta; jalousie et haine des deux empereurs; leur meurtre 311 *et suiv.* Election de Macrin; mécontentement; sa défaite et sa mort, 328 *et suiv.* Règne d'Elagabale; ses débauches; sa mort, 334 *et suiv.* Alexandre-Sévère déclaré César; bonheur général des Romains, 346 *et suiv.* Le défaut d'une succession héréditaire dans l'empire romain est la source des plus grandes calamités, 388. Conspiration de Maximin; meurtre d'Alexandre-Sévère, 392 *et suiv.* Oppression des provinces, 398. Election des deux Gordiens;

Maximin déclaré ennemi public, 401 *et suiv.* Défaite et mort des deux Gordiens, 408. Maxime et Balbin déclarés empereurs, 409. Tumulte à Rome; le plus jeune des Gordiens, nommé César, 412. Maximin attaque le sénat et l'empereur; meurtre de ce séditieux et de son fils, 414 *et suiv.* Joie de l'univers romain, 422. Séditions à Rome; mécontentement des prétoriens ; massacre de Maxime et de Balbin ; le troisième Gordien reste seul empereur, 423 *et suiv.* Guerre de Perse, 430. Meurtre de Gordien, 432. Forme d'une république militaire, *ibid.* Règne de Philippe, préfet du prétoire, 435. Décadence de l'empire romain, 436. Règne de Dèce, II, 95 *et suiv.* Invasion des Goths, et divers événemens de cette guerre, 111 *et suiv.* Règne d'Hostilien et de Gallus, 120 *et suiv.* De Valérien et de Gallien, 126. Incursion des Barbares, 128. Les trente tyrans, 166. Leur caractère, leur mérite, leur naissance obscure, 168. Cause de leur rebellion, 170. Leur mort violente, 171. Suites fâcheuses de ces usurpations, 172. Famine et peste, 178. Envahissement et défaite des Goths, 190 *et suiv.* Règne d'Aurélien, 198 *et suiv.* Guerre avec les Allemands, 203. Expédition en Syrie, 221 *et suiv.* Interrègne paisible après la mort d'Aurélien, 246 *et suiv.* Règne de Tacite, 251 *et suiv.* De Probus, 261 *et suiv.* De Carus, 283 *et suiv.* De Carin et Numérien, 289. Guerre de Perse, 299. Règne de Dioclétien et de ses trois associés, Maximien, Galère et Constance, 305. Guerres d'Afrique et d'Égypte, 328. Guerre de Perse, 333. Suivie d'un traité de paix qui fixe la limite des deux empires, 349. Résidence des empereurs à Milan et à Nicomédie, 356. Abaissement de Rome et du sénat, 357. Nouvelle forme d'administration : deux Augustes et deux Césars, 366. Abdication de Dioclétien et de Maximien, 369. Temps de guerres civiles et de confusion, 384. Six empereurs, 409. Administration et règne de Constantin, 417. Guerre civile, 451. Paix générale ; lois de Constantin, 455. Guerre contre les Goths, 461. Seconde guerre civile, 463. Réunion de l'empire, 472. Plan d'une nouvelle capitale, III, 289. Fondation de Constantinople, 303. Forme de gouvernement, 324. Hiérarchie de l'État, 325. Trois ordres de dignités, 328 *et suiv.* Système politique de Constantin et de ses successeurs, 337 *et suiv.* De la discipline militaire, 352 *et suiv.* De la cour, 365 *et suiv.* Des finances, 371 *et suiv.* Mort de Constantin, 433 *et suiv.* Division de l'empire entre ses trois fils, 438. Guerre de Perse, 440. Mort tragique de Constantin le jeune et de Constans, 452 *et suiv.* Usurpation de Magnence; guerre civile; victoire de Constance, 456 *et suiv.* Constance seul empereur, IV, 1 *et suiv.* Élévation et mort de Gallus, 6 *et suiv.* Dangers et élévation de Julien, 24 *et suiv.* Guerre contre les Quades et contre les Sarmates, 32 *et suiv.* Victoire de Julien dans les Gaules, 50 *et suiv.* Changement de religion nationale, 125. Distinction entre la puissance temporelle et la puissance spirituelle, 126. L'abus du christianisme fait naître dans l'empire de nouveaux sujets de tyrannie et de sédition, 259. Expédition contre les Perses, d'abord heureuse; passage du Tigre; défaite et retraite des armées romaines, 461 *et suiv.* Mort de Julien, dit *l'Apostat*; élection de l'empereur Jovien, 502 *et suiv.* Tranquillité rétablie dans l'Eglise et l'État, V, 1 *et suiv.* Gouvernement et mort de Jovien; élection de Valentinien, 9 *et suiv.* Partage définitif des empires d'Orient et d'Occident entre ce prince et son frère Valens, 18. Guerres étrangères, 58 *et suiv.* Guerre des Goths; conquêtes d'Hermanric, 106. Guerre des Quades et des Sarmates, 114. Mort de Valentinien; ses deux fils, Gratien et Valentinien, succèdent à l'empire d'Occident, 120. Guerre des Goths; défaite et mort de Valens, 186 *et suiv.* Théodose élu empereur d'Orient; son caractère et ses succès, 215 *et suiv.* Paix et établissement des Goths, 232 *et suiv.* Révolte de Maxime; mort de Gratien, 245 *et suiv.* Destruction de l'arianisme, 262. Première guerre civile contre Maxime, 290. Caractère, administration et pénitence de Théodose, 298 *et suiv.* Mort de Valentinien II, 321. Seconde guerre civile contre Eugène, 324. Mort de Théodose, 330. Destruction totale du paganisme; introduction du culte des saints et des reliques parmi les chrétiens, 336 *et suiv.* Partage définitif de l'empire romain entre les fils de Théodose, 387. Règne d'Honorius et d'Arcadius, *ibid.* Administration de Rufin et de Stilichon, 389 *et suiv.* Révolte et défaite de Gildon en Afrique, 414. Révolte des Goths; ils pillent la Grèce, 430. Deux grandes invasions de l'Italie par Alaric et Radagaise; ils sont repoussés par Stilichon, 446 *et suiv.* Les Germains s'emparent de la Gaule; 481. Usurpation de Constantin en Occident, 490. Disgrâce et mort de Stilichon, 502. Invasion de l'Italie par Alaric, VI, 4 *et suiv.* Mœurs du peuple et du sénat romain, 18 *et suiv.* Rome est assiégée trois fois et enfin pillée par les Goths, 46 *et suiv.* Mort d'Alaric, 90. Les Goths évacuent l'Italie, 95. Chûte de Constantin, 109. Les Barbares occupent la Gaule et l'Espagne, 113 *et suiv.* Indépendance de la Grande-Bretagne, 126. Arcadius, empereur d'Orient, 137. Administration et disgrâce d'Eutrope, 140 *et suiv.* Révolte de Gainas, 161. Persécution de saint Jean-Chrysostôme, 173. Théodose II, empereur d'Orient, 185. Sa sœur Pulchérie, 186. Sa femme Eudoxie, 192. Guerre de Perse, et partage de l'Arménie, 200. Mort d'Honorius; Valentinien III, empereur d'Occident, 205 *et suiv.* Administration de sa mère Placidie, 212. Ætius et Boniface, 213. Mort de Théodose le Jeune; élévation de Marcien sur le trône de l'Orient, 295. Invasion de la Gaule et de l'Italie par Attila, 298 *et suiv.* Mort de Valentinien, 359. Sac de Rome par Genséric, 363. Succession des derniers empereurs d'Occident, 440. Odoacre, premier roi barbare de l'Italie, 449. Extinction totale de l'empire d'Occident, 452. Origine, progrès et effets de la vie monastique, 465 *et suiv.* Conversion des Barbares au christianisme et à l'arianisme, 502 *et suiv.* Règne et conversion de Clovis, VII, 5 *et suiv*. Etablissement de la monarchie française dans la Gaule, 38. Conquête de la Grande-Bretagne par les Saxons, 88. Observations générales sur la chute de l'empire romain dans l'Occident, 114 *et suiv*. Zénon et Anastase, empereurs d'Orient, 144. Royaume des Goths en Italie, 156. Etat de l'Occident ; gouvernement civil et militaire, 168. Règnes de Justin l'ancien et de Justinien, 202 *et suiv*. Conquêtes en Occident, 322. Triomphes et disgrâces de Bélisaire, 364 *et suiv*. Siége de Rome par les Goths, 400. Etablissement des Lombards sur le Danube, VIII, 7. Tribus et incursions des Esclavons, 10. Origine, empire et ambassades des Turcs, 19. Guerre colchique ou lazique, 74. Révoltes de l'Afrique, 88. Rétablissement du royaume des Goths, 96. Conquête définitive de l'Italie, 143. Idée de la jurisprudence romaine, 180. Règne de Justin le Jeune, 313 ; de Tibère, 341 ; de Maurice, 345. Malheurs de Rome, 365. Pontificat de Grégoire 1er, 373. Règne de Phocas, 425. Règne d'Héraclius, 432. Expéditions de Perse, 450. Paix entre les deux empires, 476. Succession et caractère des empereurs grecs de Constantinople, depuis le temps d'Héraclius jusqu'à la conquête des Latins, IX, 140 *et suiv*. Domaine temporel des papes, 315. Conquête de l'Italie par les Francs, 338. Caractère et couronnement de Charlemagne, *ibid. et suiv*. Rétablissement et décadence de l'empire romain en Occident, 356. Indépendance de l'Italie, 373. Constitution du corps germanique, 381. Première guerre des mahométans contre l'empire romain, X, 114. Entreprises navales des Arabes sur la Sicile et sur Rome, 407. Etat de l'empire d'Orient au dixième siècle, 447. Perte de la langue latine, 516. Persécution des Albigeois, XI, 26. Migration des Bulgares, 37. Des Turcs et des Hongrois, 46. Expéditions navales des Russes contre Constantinople, 76. Lutte des Sarrasins, des Latins et des Grecs en Italie, 97. Apparition des Normands dans ce pays, 109. Invasion dans l'empire d'Orient, 144. Siége de Rome par les Grecs, 164. Les Turcs envahissent l'empire romain, 220. Croisades, 261 *et suiv*. La chute de l'empire romain est accélérée par le schisme des Eglises grecque et latine, XII, 1. Les Français et les Vénitiens se partagent l'empire d'Orient, 87. Nomination à cet empire et règne de Baudouin, comte de Flandre, *ibid*. De son frère Henri, 110 *et suiv*. De Pierre de Courtenai, 115. De Robert de Courtenai, 118. De Jean de Brienne, 121. De Baudouin II de Courtenai, 124. Les empereurs latins soutiennent plusieurs guerres contre les Bulgares et contre les Grecs, 103 *et suivantes*. Etat de faiblesse de l'empire d'Orient sous les princes latins, 130. Trois guerres civiles entre les empereurs grecs Andronic l'Ancien et Andronic le Jeune, 224. Nouvelle guerre civile entre les factions des Cantacuzains et des Paléologues, 240. Elles appellent à leur secours les Bulgares, les Serviens et les Turcs, *ibid*. Le passage des Ottomans en Europe précipite la ruine des débris de l'empire romain, 241.

Les Turcs s'établissent en Europe d'une manière définitive, 248. Les Mongouls menacent les Grecs et Constantinople, 296. Perte des provinces asiatiques sous le règne d'Andronic l'Ancien, 306. Jean Paléologue, spectateur indifférent de la ruine de l'empire, 326. Le monde romain ne consiste plus que dans un coin de la Thrace, 328. La victoire de Tamerlan sur Bajazet diffère la chute de Constantinople, 331. État de l'empire grec après la mort de Bajazet, 392. L'empereur Jean Paléologue II obtient la permission de régner en payant un tribut aux Turcs, 397. Situation de la cour de Byzance, XIII, 46. Mort de l'empereur Constantin Paléologue, 105. Destruction de l'empire romain en Orient, 106. Captivité des Grecs, 109. Consternation de l'Europe, 129.

ENÉE de Gaza, philosophe de la secte de Platon, a rapporté avec soin ses observations sur les martyrs d'Afrique, VI, 531.

ÉPICTÈTE (l'esclave) honore le siècle où il a fleuri, et son caractère élève la dignité de la nature humaine, III, 138.

Éphèse. Le temple de Diane y est brûlé par les Goths, II, 153. Conciles généraux dans cette ville, IX, 36 et suiv.

ÉPIPHANE (saint), évêque de Pavie, chargé du rôle bienfaisant de médiateur, part pour Rome où il est reçu avec les honneurs dus à son mérite et à sa réputation, VI, 438.

Esclaves. Leur réglement sévère; leur traitement, I, 126 et suiv. Leur affranchissement, 131. Leur nombre, 133.

Esclavons. Leur origine, VIII, 10. Leur portrait, 11 et suiv. Leurs incursions dans l'Orient; leurs cruautés, 17 et suiv.

Espagne. Sa division en trois provinces romaines, I, 86. Déchue depuis son érection en monarchie, 148. Soumise par Constantin, V, 492. Ses révolutions, VI, 104. Invasion des Suèves, des Alains et des Vandales, 113. Elle est délivrée par les Goths, 118. Expédition de Théodoric, 381. Conquêtes des Visigoths, 429. Assemblée législative de ce pays, VII, 80. Code des Visigoths, 83. Conquêtes des Romains, 376. Premiers desseins des Arabes sur l'Espagne, X, 297. Leurs descentes, 302 et suiv. Conquête de l'Espagne par Musa, 311. Sa prospérité sous les Arabes, 320. Décadence et chute du christianisme dans ce pays, 333.

Établissemens militaires, I, 67. Discipline, 68. Exercices, 70. Légions sous les empereurs, 72. Cavalerie, 75. Auxiliaires, 78. Artillerie et campement, 79. Marches, 81. Nombre et disposition des légions, 82. Officiers militaires, III, 352. Réduction des légions, 358. Augmentation des Barbares auxiliaires, 363.

EUCHROCIA, noble matrone de Bordeaux, veuve de Delphidius; son supplice, V, 276.

EUDOXIE, impératrice; son caractère, ses aventures, son mariage avec Théodose II, VI, 192 et suiv. Son pélerinage à Jérusalem, 194. Son ambition, ses différends avec Pulchérie, 195. Dépouillée ignominieusement des honneurs de son rang, elle meurt dans l'exil, 196. Sa fille mariée à Valentinien, 211. Violence qu'elle éprouve de Maxime, meurtrier de son époux, 367.

EUGÈNE, grammairien, est revêtu de la pourpre, V, 322. Théodose lui déclare la guerre et le défait; sa mort, 329 et suiv.

EUGÈNE IV, pontife régnant. Les pérés se déclarent contre lui, XII, 439. Il est déposé à Bâle, 459. Il forme une ligue contre les Turcs, XIII, 16.

EUNAPE. Ses fragmens historiques et philosophiques sont remplis d'invectives contre les principes de ses adversaires, V, 370.

Eunuques. Sont introduits en Grèce et à Rome ; leur pouvoir, IV, 1 et suiv.

EURIC, roi des Visigoths, VII, 4. Ses succès le rendent l'oracle de l'Occident ; sa mort prématurée, 5.

EURIPIDE, poëte, dans sa tragédie d'*Iphigénie*, a placé la scène dans la Chersonèse Taurique, II, 140.

EUSÈBE avoue indirectement qu'il a supprimé tout ce qui pouvait tendre à déshonorer l'Eglise, III, 277. Attribue la foi de Constantin au signe miraculeux qu'il aperçut dans le ciel, IV, 78. Cette fable pieuse parut vingt-six ans après le songe qui peut lui en avoir donné l'idée, 107.

EUSÈBE de Césarée donne un consentement équivoque à l'*homoousion*, IV, 212.

EUTROPE, eunuque, précipite la chute de Rufin, V, 399. Devient le favori d'Arcadius, 413. Son administration, son caractère, VI, 140. Sa vénalité, ses injustices, 144. Ses proscriptions, 146. Il fait porter une loi injuste contre le crime de trahison, 150. Sa chute, 157.

EUTYCHÈS. Son hérésie, IX, 50.

Evêques. Leur institution comme présidens du collège des prêtres, III, 85. Progrès de leur autorité, 91. Dignité de leur gouvernement, 109. Leur état sous les empereurs chrétiens, IV, 128. Leur élection par le peuple, 130. Controverse en Afrique pour l'élection d'un primat, 160.

F.

FAUSTA, fille de Maximien, épouse le grand Constantin, II, 404. Ses artifices contre Crispus, fils aîné de l'empereur, III, 414. Condamnation et supplice de cette princesse, 416. Ses trois fils, leur éducation, 417 et suiv.

FAUSTINE, femme de Marc-Aurèle, célèbre par sa beauté et ses galanteries, I, 219.

FÉLIX (saint), évêque d'Afrique. Sa pieuse opiniâtreté paraît avoir embarrassé les ministres subordonnés du gouvernement, III, 256. Est décapité à Vénuse, en Lucanie, ville célèbre par la naissance d'Horace, 257.

Feu grégeois. Sa découverte, X, 354.

Finances et impôts. Leur état depuis les beaux siècles de la république jusqu'au règne d'Alexandre-Sévère, I, 368. Impôts levés sur les citoyens romains, *ibid.* Leur abolition, 370. Tributs des provinces, *ibid.* De l'Asie, de l'Égypte, de la Gaule, 371. De l'Afrique, 372. De l'île de Gyare, 373. Montant du revenu, *ibid.* Taxes sur les citoyens romains établies par Auguste, 374. Douanes, 376. Impôts sur les consommations, 377. Taxe sur les legs et sur les héritages, conforme aux lois et aux mœurs, 378 et suiv. Réglemens des empereurs, 381. Edit de Caracalla, 382. Le titre de citoyen donné aux habitans des provinces pour les soumettre à de nouveaux impôts, 383. Réduction passagère du tribut, 384. Conséquences qui résultent de l'extension du droit de bourgeoisie, 385. Le tribut général ou l'indiction, III, 381. Tribut en forme de capitation, 387. Impôt sur le commerce et l'industrie, 394. Dons gratuits, 397.

FINGAL, commandait les Calédoniens, I, 309. Il remporte sur les rives du Carun une victoire signalée, *ibid*. Les Calédoniens, peuple ayant des vertus éclatantes, simples et naturelles, 310.

FIRMUS, Africain, tue son frère dans une querelle, V, 89. Il se révolte et établit son pouvoir dans les provinces de Numidie et de Mauritanie, *ibid*. Il s'étrangle pendant la nuit, 93.

Flavienne (famille), I, 200.

FLORIANUS. Son usurpation et sa mort, II, 259. Ses enfans subsistent dans l'obscurité, 260.

France. Origine de son nom; idée de l'état général de ce pays et de ses révolutions, VII, 65. Son invasion par les Arabes, X, 360. Elle est délivrée par Charles Martel, 365. Réunion du duché de Normandie à la couronne de France, XI, 199.

Francs. Leur origine et leur confédération, II, 128. Ils envahissent la Gaule, 131. Ravagent l'Espagne, 132. Passent en Afrique, 133. Sont introduits dans l'empire; leurs établissemens, 273. Leur entreprise hardie, 275. Sont subjugués par Julien, IV, 63. Leur état dans la Gaule, sous les rois de la race Mérovingienne, VI, 310. Clovis, roi des Francs, VII, 5. Leur conversion au christianisme, 19. Ils font la conquête de la Bourgogne, 26. Et de l'Aquitaine, 34. Controverse politique sur leur origine; établissement de la monarchie française, 38 *et suiv*. Leurs lois sur l'homicide, les jugemens de Dieu, les combats singuliers, le partage des terres, etc., 43 *et suiv*. Domaines et bénéfices des Mérovingiens, 57. Usurpations particulières, 60. Servitude personnelle, 61. Anarchie des Francs, 77. Ils envahissent l'Italie, 427. Leurs victoires et leur défaite, 430. L'envahissent de nouveau, VIII, 142. Sont défaits, 145. Leur répugnance pour le culte des images, IX, 329. Leur victoire sur les Sarrasins, à la bataille de Tours, X, 367. Leur caractère et leur tactique, 513. Leur lutte avec les Sarrasins en Italie, XI, 97. Marchent à Jérusalem et font la conquête de cette ville, 352 *et suiv*.

FRITIGERN, sous le nom de juge, gouverne les Visigoths en temps de guerre ou en temps de paix, V, 179. Son génie les dirige si habilement qu'ils rompent les légions romaines, 181. Ses artifices précipitent la ruine de Valens, 198.

G.

GAINAS, chef des Goths, fait massacrer Rufin, V, 410. Maître-général de l'Orient, se déclare contre Stilichon son bienfaiteur, 413. Fomente la révolte de Tribigild, VI, 156. Sa conspiration et sa chûte, 161 *et suiv*.

GALÈRE. Son association à l'empire, II, 311. Il défend le Danube contre les Barbares, 326. Traitement qu'il leur fait essuyer, 327. Sa défaite dans la guerre de Perse, 340. Réception que lui fait Dioclétien, 342. Il répare son honneur et celui des armes romaines, 343. Sa conduite envers les prisonniers de la famille de Narsès, 344. Son discours aux ambassadeurs persans pour la négociation de la paix, 346. Prend le titre d'Auguste, 385. Son caractère, 386. Son ambition trompée par deux révolutions, 389. Il reconnaît Constantin et lui donne seulement le titre de César, 396. Il donne celui d'Auguste à son favori Sévère, *ibid.* Révolte des Romains contre lui; il envahit l'Italie, 404. Peu de succès de cette expédition; sa retraite, 407. Il élève Licinius et Maximin au rang d'Auguste, 408. Sa mort, 415. Sort infortuné de sa veuve et de son fils, 445. Édit de tolérance publié avant sa mort, III, 270.

GALLIEN partage le trône avec son père Valérien; malheur de son règne, II, 127. Interdit aux sénateurs le service militaire, 137. Traite avec les Allemands, 138. Caractère et administration de ce prince, 164. Sa mort, 184. État des chrétiens sous son règne, III, 231.

GALLUS, élu empereur, II, 120. Achète la paix en payant aux Goths un tribut annuel, 121. Mécontentement public contre lui, 123. Révolte d'Émilien; Gallus est abandonné et tué, 124 *et suiv.* Valérien venge sa mort, 125.

GALLUS, neveu de Constantin; son éducation, IV, 5. Est déclaré César, 6. Sa cruauté, son imprudence; il joue lui-même le rôle d'espion et de délateur, 7 *et suiv.* Fait massacrer les ministres de l'empereur, 10. Danger de sa situation, 13. Sa disgrâce et sa mort, 14.

Gardes prétoriennes (voyez *Prétoriens*).

GAULE. Sa division en six provinces romaines, I, 87. Son étendue, ses villes principales déjà florissantes, 146. Envahie par les Francs, II, 131. Succession d'usurpateurs, 212. Délivrée par Probus de l'invasion des Germains, 267. État des paysans de la Gaule, 314. Leur rebellion, 316. Leur punition, *ibid.* Invasion des Germains, IV, 50. Campagnes de Julien, 56 *et suiv.* Bataille de Strasbourg, 60. Réparation des villes dévastées par les Barbares, 69. Invasion des Allemands, V, 59. Et des Germains confédérés, 481. Désolation de la Gaule, 484. Révolution de ce pays, VI, 104. Situation des Barbares, 124. Assemblée des sept provinces, 134. Les Francs dans la Gaule, sous les rois Mérovingiens, 310. Attila y pénètre, 318. Siège d'Orléans, 321. Bataille de Châlons, 329. Conquêtes des Visigoths, 429. Révolutions de la Gaule, VII, 1. Établissement de la monarchie française, 38. Privilèges des Romains dans la Gaule, 73 *et suiv.*

GÉLIMER usurpe le trône d'Hildéric, VII, 325. Fait la conquête de la Sardaigne, 340. Est défait par Bélisaire en Afrique, 344. Fait mettre à mort Hildéric et ses partisans, 346. Défaite totale de son armée, 351. Sa misère et sa captivité, 360. Sa retraite en Galatie, 367.

Généraux romains. Leur pouvoir, I, 173.

GENGIS-KHAN, premier empereur des Mongouls et des Tartares, XII, 266. Ses lois, 269. Il envahit la Chine, 273. Il bat le sultan Mohammed et s'empare de Carizme, de la Transoxiane et de la Perse, 275. Sa mort, 278.

GENNERID, soldat d'extraction barbare, maître-général de la Dalmatie, de la Pannonie, de la Norique et de la Rhétie, ranime la discipline et l'esprit de la république, VI, 58.

Génois. Après que les Latins eurent été chassés de Constantinople, ils occupèrent le faubourg de Péra, XII, 253. Cette colonie fait le commerce de la mer Noire, 256. Leur guerre contre Cantacuzène, 257. Leur victoire sur les Grecs et les Vénitiens, 260. Ils restent maîtres de la navigation de la mer Noire jusqu'au moment où la conquête des Turcs les enveloppe dans la ruine de Constantinople, 263.

Genseric, roi des Vandales; son portrait, VI, 217. Il débarque en Afrique, 218. Fait le sac de Rome, 369. Ses expéditions navales, 408 et suiv. Ses négociations avec l'empire d'Orient, 410. Il incendie la flotte romaine sur les côtes d'Afrique, 427.

George de Cappadoce opprime Alexandrie et toute l'Egypte, IV, 423 et suiv. Est massacré par le peuple, 425. Révéré comme un saint et martyr, 427.

Geougen (les), peuple tartare. Leurs chefs héréditaires, descendans de l'esclave Moko, prennent rang parmi les monarques de Scythie, V, 469.

Gépides. Envahissent les provinces romaines entre le Danube et les Alpes, VIII, 6. Leur anéantissement, 9. Mort de leur roi Cunimund et destruction de ce royaume, 321.

Germaines, leur chasteté. Elles étaient associées à une vie de fatigues, de travaux et de gloire; II, 73. Elles savaient, par leurs propres mains, se dérober aux outrages du vainqueur, 76. La conduite de ces fières matrones est une des preuves du caractère général de la nation, *ibid.*

Germains. Leur origine, II, 52. Fables et conjectures, 53. Ils n'avaient pas l'usage des lettres, 55. Ne cultivaient ni les arts ni l'agriculture, 56. Et n'avaient presque pas de métaux, 59. Leur indolence, 61. Leur goût pour les liqueurs fortes, 63. Causes qui ont arrêté les progrès des Germains, 82. Union passagère des Germains et des Sarmates contre Marc-Aurèle, 89. Distinction des tribus germaniques, 91. Leur nombre, 92. Distinction des Germains et des Sarmates, 199. La Gaule délivrée des invasions des Germains, 267. Sont introduits dans l'empire, 273. Envahissent la Gaule, IV, 50. Perdent la mémorable bataille de Strasbourg, 60. Émigration des Germains septentrionaux, V, 470. Ils envahissent l'Italie, et sont défaits par Stilichon, 473 et suiv. Le reste des confédérés envahit la Gaule, 481.

Germanie. Son état jusqu'à l'invasion des Barbares sous le règne de l'empereur Dèce, II, 40. Etendue, 42. Climat, 48. Son influence sur les naturels, 50. Origine de ses habitans, 52. Sa population, 64. De la liberté, 66. Des assemblées du peuple, 68. Autorité des princes et des magistrats, 69. Plus absolue sur les propriétés que sur les personnes, 70. Service volontaire, 71. De la religion et de son influence dans la paix et dans la guerre, 76 et suiv. Des bardes, 80. Dissensions civiles fomentées par la politique de Rome, 86 et suiv. Expédition de Probus en Germanie, 270. Elle est soumise par Attila, VI, 253. Réunie par Charlemagne sous le même sceptre, IX, 348.

Géta, fils de Septime-Sévère, est nommé empereur avec son frère Caracalla, après la mort de leur père, I, 311. Jalousie et haine des deux empereurs, 312. Leurs négociations pour diviser l'empire, 313. Il est assassiné par son frère, 314. Et placé parmi les dieux, 316.

GILDON. Sa révolte en Afrique, V, 414. Il est condamné par le sénat de Rome, 417. Guerre d'Afrique ; défaite et mort de cet usurpateur, 422 *et suiv.*

GLYCERIUS, empereur d'Occident, VI, 444. Echange le diadême pour la mitre, 445. Assassine Julius-Népos, 446.

Gnostiques. Ils croyaient que la religion juive n'avait jamais été instituée par la sagesse de Dieu, III, 24. Ils traitaient avec dérision le repos de la Divinité après six jours de travail, 26. Les plus savans pères de l'Eglise admettent les sophismes de cette secte, 27. Gnostiques, dénomination qui exprime une supériorité de connaissances, 28. Le troisième siècle fut l'époque de leur splendeur ; 30. Ils sont connus sous la dénomination de *docètes*, IV, 180.

GODEFROI DE BOUILLON, chef des croisés, XI, 295. Fait la conquête de Jérusalem, 353. Son élection et son règne, 359.

GONTRAN, petit-fils de Clovis, fait marcher une armée pour envahir les possessions des Goths du Languedoc et de la Septimanie, VII, 78.

GORDIEN, proconsul d'Afrique, et son fils, sont proclamés empereurs par les habitans, et opposés au tyran Maximin ; leur caractère, leurs vertus, I, 400 *et suiv.* Ils sollicitent la confirmation de leur autorité ; le sénat ratifie leur élection, 404. Leur défaite et leur mort, 408.

GORDIEN, parent des précédens, est nommé César, I, 412. Reste seul empereur, après le meurtre de Maxime et Balbin, 427. Son innocence et ses vertus, 429. Une disette factice irrite contre lui ses soldats ; il est assassiné, 431. Monument élevé à sa mémoire, 432.

Goths, Ostrogoths, Visigoths, leur origine, II, 93. Leur religion, 100. Institutions d'Odin, leur législateur, 101. Leurs migrations de la Scandinavie en Prusse, 103. Et de la Prusse en Ukraine, 106. Leur nation s'accroît dans sa marche, 107. Ils envahissent les provinces romaines, 111 *et suiv.* Divers événemens de cette guerre, 113. Leur retraite, 121. Tribut ignominieux que leur paient les Romains, *ibid. et suiv.* Ils s'emparent du royaume du Bosphore, 140. Acquièrent des forces navales, 142. Leur première expédition maritime, 143. Ils assiégent et prennent Trébisonde, *ibid.* Seconde expédition : ils saccagent les villes de Bithynie, 145. Leur retraite, 147. Troisième expédition, 148. Ils passent le Bosphore et l'Hellespont, 149. Ravagent la Grèce et menacent l'Italie, 150. Leur séparation et leur retraite, 151. Ils ruinent le temple d'Éphèse, 153. Leur conduite à Athènes, 154. Ils envahissent l'empire, 190. Sont défaits entièrement par l'empereur Claude, 192. Traitent avec Aurélien qui leur cède la Dacie, 199 *et suiv.* Font la guerre à Constantin, 461. Et aux Sarmates, sous la conduite d'Alaric, III, 430. Etendent leurs conquêtes sous Hermanric, V, 106. Sont vaincus par les Huns, 165. Implorent la protection de Valens, 169. Passent le Danube et sont reçus dans l'empire, 172. Leur misère et leur mécontentement, 176. Leur révolte dans la Mœsie et leurs premières victoires, 179. Ils pénètrent dans la Thrace, 183. Opérations de la guerre contre eux, 186. Leur union avec les Huns et les Alains, 189. Défaite de l'armée romaine, bataille et siége d'Andrinople, 199 *et suiv*. Ils ravagent les provinces romaines, 208. Massacre des jeunes Goths dans l'Asie, 210. Dissensions, défaite et soumission des Goths, 224. Magnifiques obsèques de leur prince Athanaric, 226. Invasion et défaite des Ostrogoths, 228. Etablissement des Goths dans la Thrace et dans l'Asie, 232. Leur disposition à la révolte, 235. Ils se révoltent et pillent la Grèce, 430 *et suiv*. Envahissent l'Italie; sont défaits à Pollentia, 446 *et suiv*. Font le siége de Rome, VI, 46. Le lèvent, 51. Second siége, 61. Troisième siége et sac de cette ville, 68. Leur respect pour la religion chrétienne, 70. Ils possèdent l'Italie, 88. Ils déploient toute leur férocité dans les honneurs funèbres qu'ils rendent à Alaric, leur roi, 91. Paix avec les Romains, *ibid*. Ils délivrent l'Espagne envahie par les Suèves, les Alains et les Vandales, 118. Leur établissement dans l'Aquitaine, 121. Ils assiégent Narbonne, 306. S'allient avec les Romains contre Attila, 322. Conquêtes des Visigoths en Espagne et dans la Gaule, 429. Conversion des Goths; leur évêque et apôtre Ulphilas, 502 *et suiv*. Ils embrassent le christianisme, 505. Motifs de leur foi, 506. Effet de leur conversion, 509. Ils adoptent l'hérésie d'Arius, 511. Euric, roi des Visigoths, VII, 4. Les Goths vaincus par Clovis, 31. Code des Visigoths en Espagne, 83. Les Ostrogoths de l'Italie menacés par Bélisaire, 377. Font le siége de Rome, 400. Le lèvent, 421. Se retirent à Ravenne, 424. Détruisent Milan, 429. Leur royaume en Italie subjugué par Bélisaire, 436. Révolte qui suit son départ, VIII, 96. Ils s'emparent de Rome; en sont chassés, 111. La reprennent de nouveau, 121. Leurs défaites successives en Italie, 131 *et suiv*. Etat de leur monarchie à l'époque de l'invasion de l'Espagne par les Arabes, X, 299. Sa destruction, 306.

GRATIEN, élu empereur, V, 121. Sa victoire sur les Allemands, 192. Son caractère et sa conduite, 239. Ses défauts, 240. Il mécontente les troupes romaines, 243. Révolte contre lui dans la Grande-Bretagne, 245. Sa fuite et sa mort, 247.

Grèce. Son gouvernement, I, 94. Division de ses provinces, 122. Ses arts subjuguent Rome triomphante, 125. Mémoires sur l'empire grec, X, 447. Ecrits de Constantin Porphyrogénète, et leur imperfection, *ibid. et suiv*. Ambassade de Luitprand, 454. Les thêmes ou les provinces de l'empire, et leurs limites à différentes époques, *ibid*. Richesse et population, 457. Etat du Péloponèse, 460. Des Esclavons *ibid*. Les hommes libres de la Laconie, 461. Villes et revenus du Péloponèse, 462. Des manufactures, et en particulier des fabriques de soie, 463. Elles passent de la Grèce en Sicile, 466. Revenu de l'empire grec, 468. Faste et luxe des empereurs, 470. Le palais de Constantinople, 471 *et suiv*. Ameublement et officiers du palais, 474. Honneurs et titres de la famille impériale, 476. Offices du palais, de l'Etat et de l'armée, 479. Adoration de l'empereur, 482. Réception des ambassadeurs, 483. Césars qui ont épousé des femmes étrangères, 488. Autorité despotique des empereurs, 494.

Forces militaires des Grecs, 496. Leur marine, 497. Les empereurs grecs et leurs sujets veulent conserver le nom de Romains, 520. Période d'ignorance, 521. Renaissance de la littérature grecque, 522. Décadence du goût et du génie, 527. Défaut d'émulation nationale, 530. Expédition des Normands en Grèce, XI, 144 et suiv.

Grecs. Leurs entreprises en Orient; ils réduisent l'île de Crète, X, 439. Ils reprennent Antioche aux Sarrasins, 442. Leur tactique et leur caractère, 502. Leur lutte avec les Sarrasins et les Francs en Italie, XI, 97. Leur nouvelle province dans cette contrée, 101. Guerre avec les Normands, 144 à 189. Ils montrent de l'aversion pour les Latins, XII, 2. Cause de leur inimitié, 10. Querelle entre eux et les Latins, 61 et suiv. Un grand nombre de Grecs, après la seconde conquête de Constantinople, se retirent sous les gouvernemens indépendans de Trébisonde, d'Épire et de Nicée, 102. Les Grecs se révoltent contre les Latins, 97. Ils assiègent Constantinople et sont repoussés, 123. Reprennent Constantinople, 133. Ils sont persécutés par leur empereur Paléologue, qui exige leur union à l'Eglise latine, 190. Ils abjurent leur union, 192. Observations des Grecs sur l'Allemagne, la France et l'Angleterre, 425 et suiv. État de la langue grecque à Constantinople, 463. Comparaison des Grecs avec les Latins, 467. Renaissance de l'érudition grecque en Italie, 468. Leçons de Barlaam, 469. L'étude de la langue grecque se ranime en Italie sous Pétrarque, Boccace, etc., 470 et suiv. Etablissement de cette langue en Italie par Manuel Chrysoloras, 476. Les Grecs se répandent en Italie, 479. Ils enseignent leur langue, 481. Et la philosophie platonicienne, 484. Forces des Grecs au siége de Constantinople par Mahomet II, XIII, 74. Obstination et fanatisme des Grecs, 77.

Grégoire (S.) le Grand. On croit qu'il fit brûler la bibliothèque palatine et l'histoire de Tite-Live, VIII, 367. Sa naissance et sa profession, 370. Son pontificat, 373. Ses fonctions spirituelles, *ibid*. Son gouvernement temporel; ses domaines et aumônes, 376 et suiv.

Grégoire II, pape; ses épîtres à l'empereur Léon, IX, 288.

Grégoire (S.) de Nazianze; son éloquence, sa piété, V, 257. Il est en butte aux ariens, 262. Préside le concile de Constantinople, 266. Sa retraite, 269.

Grotius, dans ses Annales, estime que cent mille des sujets de Charles-Quint furent livrés à la main du bourreau, III, 286.

Grumbates, roi des Chionites, allié de Sapor. Perd son fils sous les murs d'Amida, IV, 43.

Guillaume Ier, surnommé *le Mauvais*, roi de Sicile, XI, 190.

Guillaume II, surnommé *le Bon*, roi de Sicile, XI, 192.

Guiscard (Robert), duc. Sa naissance et son caractère, XI, 127. Son ambition et ses succès, 132. Est duc de la Pouille, 133. Ses conquêtes en Italie, 135 et suiv. Fait le siége de Durazzo, 147 et suiv. Bataille devant cette place, 155. Elle est prise, 158. Sa seconde expédition dans la

Grèce, 167. Sa mort, 170.
GUNDOBALD ou GONDEBAUT, roi de Bourgogne. Ce royaume, borné par la Saône et le Rhône, s'étendait depuis la forêt des Vosges jusqu'aux Alpes et à la mer de Marseille, VII, 21.

H.

HAROUN-AL-RASCHID. Traite avec Charlemagne, IX, 351. Ses guerres contre les Romains, X, 399 *et suiv.*

Hellespont (l'), détroit célèbre; sa description, III, 297.

HENRI III, empereur d'Occident, appelé par les Grecs contre les Normands, XI, 162. Assiége Rome, 164. Prend la fuite à l'approche de Robert Guiscard, 165.

HENRI VI, fils de Frédéric-Barberousse, fait la conquête du royaume de la Sicile, XI, 196.

HÉRACLIEN, comte d'Afrique. Sa révolte et sa défaite, VI, 101.

HÉRACLIUS, empereur d'Orient; son règne, VIII, 432. Ses guerres contre Chosroès, 436 *et suiv.* Sa détresse, 443. Il sollicite la paix, 446. Ses préparatifs de guerre, 447. Sa première expédition contre les Perses, 450. Seconde expédition, 455. Ses alliances et ses conquêtes, 465. Troisième expédition, 467. Sa mort, IX, 148.

HERMANRIC, roi des Scythes. Ses ambassadeurs se plaignent à la cour de Valens de l'infraction d'une ancienne alliance entre les Goths et les Romains, V, 110.

HERMENEGILD, fils de Leuvigild, roi des Goths d'Espagne, VI, 533. Ce prince refuse de sauver sa vie en acceptant la communion arienne, 535.

HERMODORE, citoyen d'Ephèse. Une statue fut élevée dans la place publique pour immortaliser sa mémoire, VIII, 186.

HÉRODE ATTICUS, citoyen d'Athènes. Sa magnificence, I, 139. Imitée par son fils, 141.

HILARION (S.), jeune Syrien. Se retire sur une langue de terre entre la mer et un marais, à sept milles de Gaza, VI, 472.

HILDÉRIC, roi des Vandales; défait par les Maures, VII, 324. Passe du trône dans une prison, 325. Sa mort, 346.

HILDIBALD, roi d'Italie; sa cruauté, sa mort, VIII, 97.

Hippone. Siége de cette ville par les Vandales, VI, 227. Saint Augustin, évêque, 228.

Homoousion. Les saints les plus célèbres du temps d'Arius, semblaient regarder le nom de *substance* comme le synonyme de *nature;* ils essayaient d'en expliquer la signification en affirmant que trois hommes étaient consubstantiels ou *homoousiens* l'un à l'autre, IV, 198. L'*homoousion* est successivement rejeté, reçu et expliqué dans différens conciles, 202.

Hongrie. Etablissement des Huns, VI, 246.

Hongrois. Leur migration, XI, 46. Leur origine finnique, 50. Leur tactique et leurs mœurs, 52. Leur établissement et leurs incursions, 56. Victoire remportée sur eux par Henri l'Oiseleur, 61. Et par Othon le Grand, 62.

HONORIA, sœur de l'empereur Valentinien; aventures de cette princesse, VI, 315.

HONORIUS, empereur d'Occident, V, 387. Guerre d'Afrique, 419 *et suiv.* Mariage et caractère de ce prince, 427. Invasion des Goths en Italie; l'empereur abandonne Milan, 446 *et suiv.* Il est poursuivi et assiégé par les Goths, 452. Bataille de Pollentia; succès des armes d'Honorius, 455 *et suiv*. Son triomphe à Rome, 461. Il abolit les gladiateurs, 463. Fixe sa résidence à Ravenne, 465. Invasion des Germains sous Radagaise; succès des armes de l'empereur; l'Italie est de nouveau délivrée, 473 *et suiv*. Révolte de l'armée bretonne, 488 *et suiv*. Elle proclame Constantin légitime empereur de Bretagne et d'Occident, 490. Voyage d'Honorius à Pavie; massacre et pillage dans cette ville, 502. Son ingratitude envers Stilichon, protecteur de sa jeunesse et de son empire, 503. Il écarte par un édit de tous les emplois ceux dont la croyance est en opposition avec la foi de l'Église catholique, VI, 2. Rome trois fois assiégée par les Goths, 46 *et suiv*. Attale placé sur le trône d'Honorius, et ensuite déposé, 64 *et suiv*. Fautes et extravagances de la cour, 67. Paix avec les Goths, 91. Révolte d'Héraclien et sa défaite, 101. Mort des usurpateurs Constantin, Jovinus, Sébastien, et exil perpétuel d'Attale, 109 *et suiv*. Dernières années d'Honorius et sa mort, 205 *et suiv*.

HORMOUZ ou HORMISDAS, roi de Perse. Sa tyrannie et ses vices, VIII, 387. Sa déposition et son emprisonnement, 394. Sa mort, 398.

HOSTILIEN, fils de Dèce, élu empereur, II, 121. Meurt de la peste, 123.

HUNIADES, général hongrois, XIII, 29. Sa défense de Belgrade et sa mort, 31.

Huns. Leur établissement primitif, V, 148. Leurs conquêtes dans la Scythie, 149. Leur guerre contre les Chinois, 151. Leur déclin et leur chute, 154.

Leurs émigrations, 157. Les Huns blancs de la Sogdiane, 158. Les Huns du Volga, 160. Les Huns subjuguent les Alains, 161. Leurs victoires sur les Goths, 165. Union entre ces divers peuples, 189. Dissensions, 224. Etablissement des Huns dans la Hongrie, VI, 246. Ils envahissent l'Italie, 336.

HYPATIUS, neveu de l'empereur Anastase, est sacré par le peuple, qui, au défaut d'une couronne, place sur sa tête un riche collier, VII, 239.

I.

Illyrie. Sa division en provinces, I, 91.

Images. Leur introduction dans l'Église chrétienne, IX, 261. Leur culte, 264. L'image d'Édesse, 266. Ses copies, 270. Opposition au culte des images, 272. Persécution des images, 280. Elles sont rétablies en Orient par l'impératrice Irène, 323. Rétablissement de leur culte par Théodora, 327. Répugnance des Francs et de Charlemagne, 329.

Imaüs, Caf et Altaï, chaîne de montagnes remarquable qui est le centre et peut-être le sommet de l'Asie, VIII, 19.

Impôts. Voyez *Finances*.

Inde. Tolérance religieuse des musulmans dans ce pays, X, 324. Propagation du mahométisme, 325.

Innocence, ours féroce et énorme. Valentinien avait fait placer la cage de ce garde fidèle auprès de sa chambre à coucher, V, 37.

Institutes. Celles de Caïus étaient les plus usitées en Orient et en Occident, VIII, 235.

IRÈNE, impératrice, IX, 172. Son fils Constantin conspire

contre elle, 173. Elle le fait mutiler, 174. Son exil, 176. Elle rétablit le culte des images en Orient, 323.

Irlande. Plan d'Agricola pour sa réduction, I, 57.

Isidore de Milet, architecte, collègue d'Anthémius, remplissait la capitale et les provinces des monumens de son art, VII, 275.

Islamisme. Cette doctrine, X, 52 et suiv.

Italie. Sa division avant les conquêtes des Romains, I, 89. Est le centre de leur gouvernement, 145. Son étendue, sa population, ibid. Est envahie par Auréole, II, 181. Par les Allemands, 206. Par Galère, empereur d'Orient, 404. Bataille de Turin et de Vérone; presque toute l'Italie embrasse le parti de Constantin, 428 et suiv. Invasion d'Alaric; défaite des Goths à Pollentia, V, 446 et suiv. Invasion de Radagaise; défaite des Germains devant Florence, 473 et suiv. Massacre de Pavie, 502. Siéges successifs et sac de Rome, VI, 46 et suiv. Ravages dans l'Italie, 88 et suiv. Paix avec les Goths; réglemens pour le soulagement de Rome et de l'Italie, 91 et suiv. Invasion d'Attila; siége d'Aquilée, 336. Fondation de Venise, 340. Odoacre, premier roi d'Italie, 449 et suiv. Triste situation de ce royaume, 461. Règne de Théodoric; partage des terres; séparation des Goths et des Italiens, VII, 156 et suiv. Gouvernement civil d'après les lois romaines, 168. Etat florissant de Rome et de l'Italie, 177 et suiv. Règne d'Amalasonthe, 379 et suiv. De Théodat et de Vitigès, 388 et suiv. Envahissement de l'Italie par Bélisaire, 392. Et par les Francs, 427. Révolte des Goths; règne et victoires de Totila, VIII, 96 et suiv. Siége de Rome, 106. Prise de cette ville, 111. Sa reprise par Bélisaire, 115. Les Goths s'en emparent de nouveau, 121. Narsès la leur reprend, 136. Teias, dernier roi des Goths, 138. Invasion de l'Italie par les Francs et les Allemands, 142. Leur défaite, 145. L'Italie réduite en province de l'empire, 148. Aristocratie de trente tyrans, qui la divisent et l'oppriment, 337. Sa misère et sa détresse, 347. Sa conquête par les Francs, IX, 344. Son indépendance, 374. Lutte des Sarrasins, des Latins et des Grecs, XI, 97. Apparition des Normands, 109. Conquête et oppression de la Pouille, 116 et suiv. Renaissance de l'érudition grecque en Italie, XII, 468. Etude, établissement et progrès de cette langue, 474 et suiv. Le pape Nicolas v protége les lettres grecques, 486. Côme et Laurent de Médicis y consacrent leurs richesses, 487. Usage et abus de l'ancienne érudition, 490.

J.

Jamblique (le divin), philosophe de l'école de Platon, était admiré comme un des plus habiles maîtres de la science de l'allégorie, IV, 359.

Jean, usurpateur de l'empire d'Occident. Son élévation et sa chute, VI, 207.

Jean (S.), surnommé Chrysostôme, élu archevêque de Constantinople. Son mérite, VI, 166. Son administration pastorale, et ses défauts, 169. Il est persécuté par l'impératrice Eudoxie, 173. Emeute populaire à cette occasion, 175. Son exil,

177. Sa mort, 179. Ses reliques sont transportées à Constantinople, 180.

Jérusalem. Sa description, IV, 390. Pélerinages, 392. Julien entreprend la réédification du temple, 395. Le projet ne réussit pas, 398 et suiv. Sa conquête par les Sarrasins, X, 229 et suiv. Etat de cette ville ; détails sur les pélerinages qu'on y faisait, XI, 248 et suiv. Sa conquête par les Turcs, 257. Et ensuite par les Francs, qui délivrent le saint-sépulcre, 353 et suiv. Royaume de Jérusalem, 362. Assises de cette ville, 367. Cour des pairs, 369. Loi des combats judiciaires, 371. Cour des bourgeoisies, 374. Conquête du royaume et prise de la ville de Jérusalem par le sultan Saladin, 415 et suiv.

Jésuites. Leur mission en Ethiopie, IX, 135. Leur expulsion, 138.

Jésus-Christ. Histoire de la doctrine de son incarnation, IX, 1 et suiv.

Jérôme (S.). Sa réconnaissance a célébré le mérite et le caractère très-suspect de Damase, évêque de Rome, V, 54. Il déplore les horreurs commises par les Goths dans la Pannonie, 209.

Jeux séculaires, renouvelés par Philippe, I, 435.

Jornandès, a mesuré les champs Catalauniens, connus sous le nom de province de Champagne, VI, 327.

Jovien, élu empereur, IV, 506. Fait avec les Persans un traité ignominieux, 515. Evacue leurs provinces, 523. Rétablit la tranquillité dans l'Eglise et dans l'Etat, V, 1 et suiv. Publie une tolérance universelle, 5. Son départ d'Antioche, 7. Sa mort, 9.

Jovinus, couronné à Mayence ; chute de cet usurpateur, VI, 109. Il est décapité, 112.

Jugemens du peuple. Les citoyens de Rome et d'Athènes, en matière criminelle, étaient jugés par le peuple même, VIII, 303.

Jugemens de Dieu. Les magistrats suppléent à l'incertitude des témoignages par les fameuses épreuves du feu et de l'eau, VII, 50.

Juges choisis. Pour remplir cette fonction, le préteur formait une liste de citoyens d'une ancienne famille et respectables par leur conduite, VIII, 305.

Juifs. Seul peuple qui ait refusé de souscrire à l'accord du genre humain, III, 4. Soumis aux successeurs d'Alexandre, ils sortent de l'obscurité, 7. Leur attachement à la loi de Moïse égalait leur aversion pour tout culte étranger, 9. Ce peuple singulier semble avoir cru plus fermement les traditions de ses ancêtres que les témoignages de ses propres sens, 10. Les mariages avec les autres nations ne leur étaient pas permis, 11. Les Juifs convertis reconnaissaient dans la personne de Jésus le Messie annoncé par les anciens oracles, 15. Les quinze premiers évêques de Jérusalem furent tous des Juifs circoncis, 17. Sous le règne d'Adrien, le fanatisme désespéré des Juifs combla la mesure de leurs calamités, 19. La doctrine de l'immortalité de l'âme omise dans la loi mosaïque, 44. Ils commettent des cruautés horribles dans les villes d'Egypte, de Chypre et de Cyrène, 149. La douceur naturelle d'Antonin le Pieux rend aux Juifs leurs anciens priviléges, 150. En dédaignant de se mêler avec les autres peuples, les descendans d'Abraham pouvaient s'attirer leur mépris, 153. Les empereurs établissent une capitation générale sur le peuple juif, 181. Protégés par Julien l'Apostat, IV, 389. Persécutés par Justinien, IX, 77.

JULIANUS (Didius), sénateur opulent, achète l'empire mis à l'enchère par les prétoriens, I, 263. Il est reconnu par le sénat, 264. Prend possession du palais, 265. Mécontentement public, 266. Les armées se déclarent contre lui, 267. Sa détresse, 276. Sa conduite incertaine, 277. Il est abandonné par les prétoriens, 278. Condamné et exécuté par ordre du sénat, 279.

JULIE (l'impératrice), femme de Septime-Sévère; ses excellentes qualités, I, 304. Cultive les arts et la philosophie, 305. Géta, son fils, est assassiné dans son palais par son frère Caracalla; elle est blessée elle-même en voulant le secourir, 315 *et suiv*. Et obligée de recevoir le meurtrier avec des marques de joie et d'approbation, 318. Réduite après la mort de celui-ci à la condition de sujette, se laisse volontairement mourir de faim, 333 *et suiv*.

JULIEN, dit *l'Apostat*, neveu de Constantin; son éducation, IV, 5. Il est envoyé à Athènes, 18. Rappelé à Milan, 20. Nommé César, 24. Sa conduite; sa vie privée, 53. Ses deux campagnes dans les Gaules, 56 *et suiv*. Bataille mémorable de Strasbourg, 60. Il subjugue les Francs, 63. Fait trois expéditions au-delà du Rhin, 67. Répare les villes de la Gaule dévastées par les Barbares, 69. Son administration civile, 71. Jalousie de Constance contre lui, 285. Les légions de la Gaule le proclament empereur, 293. Ses protestations d'innocence, 297. Son ambassade à Constantinople, 299. Ses quatrième et cinquième expéditions au-delà du Rhin, 301. Le traité est rejeté et la guerre déclarée, 304. Il se prépare à attaquer Constantinople, 308. Sa marche des bords du Rhin en Illyrie, 310. Son entrée dans Constantinople, 322. Il est reconnu dans tout l'empire; son gouvernement civil et sa vie privée, 323. Réforme du palais, 328. Chambre de justice, 333. Exécution des innocens et des coupables, 335. Clémence de Julien, 338. Son penchant pour la liberté et pour la république, 340. Ses soins des villes de la Grèce, 343. Julien, juge et orateur, 345. Son caractère, 348. Sa religion, 350. Son éducation et son apostasie, 352. Il embrasse la mythologie du paganisme, 356. Les allégories, 359. Son système théologique, 361. Son initiation et son fanatisme, 364. Sa dissimulation sur les matières religieuses, 368. Il écrit contre le christianisme, 370. Son zèle et sa dévotion pour le rétablissement du paganisme, 375. Réforme qu'il y introduit, 378. Il appelle auprès de lui les philosophes, 381. Artifices qu'il emploie pour amener des conversions, 385 *et suiv*. Il forme le projet de relever le temple de Jérusalem, 388. Cette entreprise ne réussit pas, 398. Ses insidieuses combinaisons contre les chrétiens, 405. Il leur défend de tenir des écoles, 407. Les disgracie et les opprime, 409. Les condamne à rétablir les temples païens, 411 *et suiv*. Fait fermer la cathédrale d'Antioche;

incendie et destruction du bocage et du temple de Daphné, 420 et suiv. Chasse saint Athanase du siége d'Alexandrie, 430. Sa fable philosophique des Césars, 438. Il se décide à marcher contre les Perses, 440. Il va de Constantinople à Antioche, 443. Aversion du peuple pour lui, 445. Satire de Julien contre cette ville, 449. Il marche vers l'Euphrate, 454. Déclare le projet d'envahir la Perse, 456. Entre sur son territoire, 461. Sa marche dans les déserts de la Mésopotamie, 462. Il obtient d'abord des succès, 465. Il envahit l'Assyrie, 470. Sa conduite personnelle et louable dans ce pays, 475. Il fait conduire sa flotte de l'Euphrate sur le Tigre, 480. Passage du Tigre et victoire des Romains sous la conduite de ce prince, 482. Sa situation critique et son opiniâtreté, 486. Il brûle sa flotte, 490. Marche contre Sapor, 493. Retraite et détresse de son armée, 496. Il reçoit une blessure mortelle, 499. Sa mort, 502. Réflexions à ce sujet, 526. Ses funérailles, 529.

Julius-Népos, empereur d'Occident, VI, 444. Son abdication, sa mort, 448.

Jurisprudence romaine. Lois que publièrent les rois de Rome, VIII, 183. Les Douze Tables des décemvirs, 185. Les lois du peuple, 192. Les décrets du sénat, 195. Les édits des magistrats et des empereurs, *ibid. et suiv.* Autorité des jurisconsultes, 206. Code, Pandectes, Novelles et Institutes de Justinien, 222 *et suiv.* Droits des personnes, 236 *et suiv.* Droits des choses, 263 *et suiv.* Injures et actions privées, 277. Crimes et peines, 286 *et suiv.* Abus de la jurisprudence civile, 309.

Justin, dit *l'Ancien*, empereur d'Orient. Son avénement et son règne, VII, 202. Adoption de Justinien, son neveu, qui monte sur le trône à sa place, 205.

Justin II, ou le Jeune, empereur d'Orient. Son règne ; son consulat, VIII, 315. Ambassade des Avares ; sa fermeté à cette occasion, 316. Son impuissance ; son abdication, 337. Sa mort, 341.

Justin, saint et martyr, avait cherché la vérité dans les écoles de Zénon, d'Aristote, de Pythagore et de Platon, III, 134. Entre ses mains peu habiles, l'esprit sublime des oracles hébreux s'évapore en froides allégories, 140.

Justine, impératrice, mère de Valentinien, également distinguée par son courage et par sa beauté, V, 282. Elle suivait la doctrine hérétique d'Arius, *ibid.*

Justinien, empereur d'Orient. Sa naissance, VII, 202. Son adoption ; il monte sur le trône, 205. Son règne, 209. Son mariage avec Théodora, 218. Factions des *Verts* et des *Bleus*; il prend parti pour ces derniers, 227. Sédition à Constantinople ; détresse de l'empereur, 234 *et suiv.* Elle est réprimée, 241. Avarice et profusion de ce prince, 259. Ses cupidités et ses rapines, 261 *et suiv.* Ses ministres, 267. Ses édifices et ses architectes, 271. Il multiplie les fortifications d'Europe et d'Asie, 286 *et suiv.* Supprime les écoles d'Athènes, 314. Anéantit le consulat de Rome, 318. Se décide à envahir l'Afrique, 322. Confie la direction de cette guerre à Bélisaire, 332. Préventions qu'on lui inspire contre ce général victorieux, 448. Faiblesse de son empire, VIII, 1. Guerres de Colchos; négociations entre ce prince et Chosroès, 56 à 78. Son alliance avec les Éthiopiens, 85. Troubles de l'Afrique, 88 *et suiv.* Guerre contre les Goths en Italie, 106 *et suiv.* Il réduit l'Italie en province de l'empire, 148. Son ingratitude pour Bélisaire, 159. Mort de ce prince; son caractère, 161. Détails sur les comètes, les tremblemens de terre et la peste qui affligèrent les peuples sous son règne, 165 *et suiv.* Son Code, ses Pandectes, ses Novelles et ses Institutes, 222 *et suiv.* Son caractère théologique; détails sur son administration dans les matières ecclésiastiques, IX, 71.

JUSTINIEN, II, empereur. Sa mutilation; son exil, IX, 157. Son rétablissement sur le trône, et sa mort, 160.

L.

Labarum où *étendard de la croix;* nom fameux, dont le sens est inconnu, et dont on a cherché vainement l'étymologie, IV, 97.

Lactaire, mont où les médecins de Rome, depuis le temps de Gallien, envoyaient leurs malades respirer un air pur et se nourrir d'excellens laitages, VIII, 139.

LACTANCE, emprunte l'éloquence de Cicéron ou la plaisanterie de Lucien pour démontrer la fausseté du paganisme, III, 114. Il annonce au monde que le souverain des Gaules, dès les premiers jours de son règne, reconnut le seul Dieu de l'univers, IV, 77.

LADISLAS, roi de Pologne et de Hongrie, marche contre les Turcs, XIII, 19. Bataille de Warna, 25. Sa mort, 26.

LÆTA, veuve de l'empereur Gratien, adoucit quelque temps la misère publique, et consacre au soulagement de l'indigence son immense revenu, VI, 48.

LÆTUS, préfet du prétoire, conspire contre l'empereur Commode, I, 243. Excite les prétoriens contre son successeur Pertinax, 254. Se dérobe à l'indignation publique après le meurtre de ce prince, 262.

LASCARIS (Théodore), Grec, gendre d'Alexis l'Ange, après la prise de Constantinople par les Latins, se retire à Nicée; il y prend le titre d'empereur, XII, 99. Il y règne dix-huit ans et étend son empire, 161.

Latins. Ils établissent des factoreries à Constantinople, y achètent des terres et des maisons, XII, 12.

LATRONIEN, poëte célèbre, dont la réputation rivalisait avec celle des anciens, V, 176. Son supplice, *ibid.*

LÉANDRE, passe la mer entre Sestos et Abydos pour posséder sa maîtresse, III, 298.

Légions sous les empereurs, I, 72 *et suiv.* Tableau du gouvernement pour les armées, rétablissement de l'ancienne discipline; leur obéissance, 196 *et suiv.* Relâchement de la discipline sous Septime-Sévère, 295. Et sous Caracalla, 323. Alexandre-Sévère entreprend de réformer l'armée; tumulte à cette occasion, 358 *et suiv.* Discipline sévère d'Aurélien, II, 198. Élection d'un empereur renvoyée par le sénat au suffrage de l'ordre militaire, 246. Révolte des légions employées au défrichement de la Gaule; elles massacrent Probus, 282. Leur réduction par Constantin, III, 358. Luxe efféminé dans leur camp sous

Gratien; l'infanterie quitte son armure, V, 334.

Léon de Thrace, empereur d'Orient, VI, 412. Sa fermeté, sa modération, 414. Ses préparatifs contre les Vandales d'Afrique, 422. Mauvais succès de l'expédition, 425.

Léon III, dit *l'Isaurien*, empereur d'Orient, et fondateur d'une nouvelle dynastie, IX, 165. Son règne; sagesse de son administration, 167. Favorise les iconoclastes, 275. Rebellion en Italie; destruction de ses statues, 292.

Léon IV, empereur d'Orient. Son règne, IX, 170. Son mariage avec Irène, 172. Il la déclare impératrice dans son testament, *ibid.*

Léon IV, pontife romain; ses victoires et son règne, X, 412 *et suiv.*

Léon V, dit *l'Arménien*, empereur d'Orient; son règne, IX, 178.

Léon VI, dit *le Philosophe*, empereur d'Orient; son règne, IX, 198. Viole ses propres lois contre les quatrièmes noces, 199.

Léon IX, pape; se ligue avec les deux empires contre les Normands, XI, 122. Son expédition, 123. Sa défaite et sa captivité, 125.

Léon le juif embrasse le christianisme, XIII, 206. Son fils gouverneur du môle d'Adrien, *ibid.* Son petit-fils est placé sur le trône de saint Pierre, *ibid.*

Léonidas. Comment lui et ses trois cents guerriers se sacrifièrent aux Thermopyles, VIII, 1.

Libanius, sophiste; ses écrits, son caractère, IV, 450.

Libérius, évêque de Rome, exilé par l'empereur Constance, IV, 244. Ce pontife achète son retour par des concessions criminelles, 245.

Licinius, général romain, bienfaiteur de Tiridate, II, 334. Ami et compagnon de Galère, *ibid.* Est élevé par lui au rang d'Auguste, 408. Partage les Etats de Galère, 416. Son alliance avec Constantin, 442. Guerre avec Maximin, *ibid.* Sa cruauté, son ingratitude, 444. Sa rivalité avec Constantin, et première guerre civile entre ces deux princes, 449 *et suiv.* Leur réconciliation, 455. Seconde guerre civile, 463. Soumission de ce prince et sa mort, 471.

Lombards. Leur origine, leurs migrations, VIII, 7. Leurs victoires sur les Hérules et les Gépides, 8. Ils détruisent ce dernier royaume, 321. Font la conquête d'une grande partie de l'Italie, 329. Leur royaume, 353. Langue et mœurs, 354. Habillement et mariages, 359. Gouvernement, 361. Lois, 362. Ils attaquent la ville de Rome, IX, 301. Sont défaits par Pépin, roi de France, 304.

Lombardie. Sa conquête par Charlemagne, IX, 308.

Louis VII, roi de France, pris par les Grecs, au retour d'une croisade, est délivré par une flotte normande, XI, 181. Entreprend la seconde croisade, 381.

Louis IX, roi de France, entreprend la sixième croisade, XI, 443. Sa captivité en Egypte, 447. Sa mort, 448.

Lucullus. Sa maison est assignée pour retraite à Augustule, fils d'Oreste, VI, 455.

Lupercales (la fête des), dont l'origine était antérieure à la fondation de Rome, était encore célébrée sous le règne d'Anthemius, VI, 420.

Lupicina ou Euphemia, impératrice née d'une famille de Barbares, de mœurs grossières, mais d'une vertu sans tache, VII, 220.

Lyon. Résiste aux armes d'Aurélien; punition de cette ville, II, 216.

M.

Macédoine. Son gouvernement, I, 94.

MACRIN (Opilius), préfet du prétoire, fait assassiner l'empereur Caracalla, I, 326 *et suiv.* Election et caractère de cet usurpateur, 328. Mécontentement du sénat, 329. Et de l'armée, 331. Il entreprend la réforme des troupes, 332. Révolte d'Elagabale contre lui; sa défaite et sa mort, 334.

Magie. Recherches sévères du crime de magie à Rome et à Antioche, V, 29.

MAGNENCE. Son usurpation, III, 456. Constance refuse de traiter, et lui fait la guerre, 462. Sa défaite et sa mort, 471.

MAHMOUD le GAZNEVIDE, un des plus grands princes de la nation des Turcs, XI, 201. Ses douze expéditions dans l'Indoustan, 203. Son caractère, 206.

MAHOMET, prophète. Sa naissance et son éducation, X, 43. Ses qualités, 47. Sa retraite religieuse, 51. Le Koran, 60. Ses préceptes, prières, jeûnes et aumônes, 68. Il prêche à la Mecque, 78. La tribu de Koreish s'oppose à sa mission, 83. Il est chassé de la Mecque, 86. Sa fuite à Médine, 87. Il y exerce les fonctions de roi et celles de grand pontife, 90. Déclare la guerre aux infidèles, 92. Sa guerre défensive contre les Koreishites de la Mecque, 97. Combat de Beder, 98. D'Ohud, 100. Guerre des *nations* ou du *fossé*, 102. Il subjugue les Juifs de l'Arabie, *ibid.* Soumet la Mecque, 106. Fait la conquête de l'Arabie, 110. Déclare la guerre à l'empereur d'Orient, 114. Sa mort, 118. Son caractère, 122. Sa vie privée, 127. Ses femmes, 129. Ses enfans, 132. Sa postérité, 152. Ses succès, 156. Permanence de sa religion, 157. Du bien ou du mal qu'il a fait dans son pays, 159.

MAHOMET II. Son caractère, XIII, 49. Son règne, 53. Ses intentions hostiles contre les Grecs, 55. Il construit une forteresse sur le Bosphore, 60. Premières hostilités contre les Grecs, 62. Il fait des préparatifs pour assiéger Constantinople, 64. Son grand canon, 67. Il forme le siége de Constantinople, 70. Attaque et défense, 83. Il fait transporter ses navires par terre, 91. Ses préparatifs pour l'assaut général, 95. La ville et l'empire d'Orient tombent sous ses armes, 106. Pillage de la ville, 107. Il parcourt la ville, Sainte-Sophie, le palais, 115. Sa conduite envers les Grecs, 117. Il repeuple et embellit Constantinople, 119. Il s'empare de la Morée, 125. Et de Trébisonde, 126. Sa mort, 132.

MAJORIEN, empereur d'Occident; son caractère et son élévation, VI, 387. Ses lois sages, 392. Il protége les édifices de Rome, 395. Se prépare à chasser les Vandales de l'Afrique, 398. Perd sa flotte, 402. Sédition dans son camp; son abdication, sa mort, 404.

MAMGO, chef d'une horde qui campait sur les confins de l'empire chinois, II, 336. Il implore la protection de Sapor, 337. Il est exilé en Arménie, 338. Il y est traité avec distinction, *ibid.*

MAMMÉE, mère d'Alexandre-Sévère, reste seule chargée de l'éducation de son fils et de l'administration de l'empire, I, 350. Elle conserve toujours sur l'esprit d'Alexandre un empire absolu, 351. Elle choisit seize des plus sages sénateurs pour en composer un conseil perpétuel, 352. Elle forme le caractère du jeune empereur, 353. Elle écoute avec plaisir les exhortations d'Origène, III, 227.

MANUEL, empereur d'Orient, repousse les Normands qui insultaient Constantinople, XI, 182. Réduit la Pouille et la Calabre, 183. A le dessein d'acquérir l'Italie et l'empire d'Occident, 184. Ses desseins échouent, 186. Il fait la paix avec les Normands, 188.

Maogamalcha, ville ou forteresse de l'Assyrie à onze milles de la capitale de la Perse, est assiégée par l'empereur Julien, IV, 472.

MARC-AURÈLE, empereur, prince philosophe. Ses guerres défensives, I, 66. Son caractère et son règne, 207. Son indulgence pour sa femme Faustine et son fils Commode devient un tort public, 218. Union passagère des Germains contre ce prince, II, 89. Édits supposés de ce prince, III, 221.

MARCELLIN, gouverneur de Sicile. Sa révolte, VI, 406. Il s'empare de la Dalmatie et prend le titre de patrice de l'Occident, *ibid*. Renonce à son indépendance, et reconnaît l'autorité d'Anthémius, 423. Sa mort, 428.

MARCELLUS, centurion, un jour de fête publique s'écrie hautement qu'il n'obéira qu'à Jésus-Christ, et qu'il renonce au service d'un maître idolâtre, III, 245.

MARCELLUS, évêque de Rome, pour rendre la paix à l'Église, est exilé, III, 266.

MARCELLUS, évêque en Syrie, animé d'un zèle apostolique, résout de raser tous les temples du diocèse d'Apamée, V, 352. Des paysans le surprennent et le massacrent, 353.

MARCIEN, sénateur, succède au trône de Théodose II, VI, 296. Culte qu'il rend à la mémoire de Pulchérie ; sa mort, 413.

MARCOMIR, roi des Francs, convaincu devant le tribunal du magistrat romain d'avoir violé la foi des traités, est exilé en Toscane, V, 483.

Mardie . (plaine de), dans la Thrace. Seconde bataille entre Constantin et Licinius, II, 453.

MARIE, femme d'Honorius, meurt vierge dix ans après ses noces, V, 428.

Marine chez les Romains, I, 84.

MARS (l'épée de) est découverte par un pâtre des Huns ; il la tire de terre et l'offre à Attila, VI, 252.

MARTIN, évêque de Tours, l'un des plus illustres saints de l'Église, défend la cause de la tolérance, V, 278. Il parcourt la Gaule et détruit les idoles, les temples, 352.

MARTINA, nièce et femme d'Héraclius, empereur d'Orient, IX, 149. S'empare du gouvernement au nom de son fils Héracléonas, 151. Ils sont déposés et condamnés, 152.

Martyre. Motifs qui portaient les premiers chrétiens à le rechercher, III, 209. Moyens de l'éviter, 216. Persécutions, souffrances des martyrs et des confesseurs ; nombre des martyrs, 250 à 281. Culte des martyrs chrétiens, V, 372.

MASCEZEL, fils de Nabal, Africain, V, 419. Il obtient une victoire facile, complète, et presque sans effusion de sang, 424. Sa mort, 426.

MATERNUS. Sa révolte contre Commode; qu'il veut détrôner, I, 229.

Maures. Leur rebellion contre les Romains en Afrique, VIII, 93. Leur adoption, X, 296. Ils font la conquête de l'Espagne, 311.

MAURICE, empereur d'Orient. Son règne, VIII, 345 *et suiv.* Sa guerre contre les Avares, 413. Les armées le déclarent indigne du trône, 420. Son abdication, 423. Sa mort et celle de ses enfans, 424.

MAXENCE, fils de Maximien, est déclaré empereur à Rome, II, 400. Refuse la perfide amitié de Galère, empereur d'Orient, 405. Sa tyrannie en Italie et en Afrique, 418. Guerre civile entre lui et Constantin, 422. Sa mort, 436. Destruction de toute sa race, 438. Persécution des chrétiens sous ce prince, III, 265.

MAXIME, consul, est déclaré empereur par le sénat, I, 409. Son caractère, ses vertus, 411 *et suiv.* Tumulte à Rome à cette occasion, 412. Sa conduite, 419. Mécontentement des prétoriens, 424. Sa mort, 426.

MAXIME. Sa révolte contre Gratien dans la Grande-Bretagne; il est nommé empereur, V, 245. Traité de paix entre lui et Théodose, 249. Il verse le sang de ses sujets pour des opinions religieuses, 275. Fait une invasion en Italie, 290. Sa défaite et sa mort, 295.

MAXIME (Pétrone), sénateur et consul, VI, 357. Sa femme violée par Valentinien, *ibid.* Il est élu empereur d'Occident; son caractère et son règne, 365. Violence qu'il fait à l'impératrice Eudoxie, 367. Sa mort, *ibid.*

MAXIMIEN, associé à l'empire par Dioclétien, II, 309. Son éducation, son caractère, *ibid.* Il réprime les paysans de la Gaule, 316. Traitement qu'il fait aux Barbares, 327. Son triomphe, 353. Son abdication, sa retraite, 369. Il reprend la pourpre, 401. Donne sa fille Fausta à Constantin, et lui confère le titre d'Auguste, 404. Défend l'Italie envahie par Galère, 405. Ses malheurs, 410. Sa mort, 413. Etat des chrétiens sous le règne de ce prince, III, 229 et 264. Condamnation et supplice de l'impératrice sa fille, 416 *et suiv.*

MAXIMIN, gouverneur d'Égypte et de Syrie, est élevé à la dignité d'Auguste, II, 409. Partage les Etats de Galère, 416. Guerre avec Licinius, 442. Sa mort, 443. Ingratitude et cruauté de ce prince, 446.

MAXIMIN, lutteur thrace. Sa naissance et sa fortune, I, 390. Ses emplois et ses dignités militaires, 391. Il conspire contre l'empereur Alexandre-Sévère, 392. Est revêtu de la pourpre et proclamé par les légions, 394. Sa tyrannie, 395. L'oppression s'étend sur les provinces, 398. Révolte contre lui en Afrique. Les habitans lui opposent Gordien et son fils, proclamés tous deux empereurs, 399 *et suiv.* L'élection de ceux-ci est ratifiée par le sénat, qui le déclare ennemi public, 405. Il se dispose à attaquer le sénat et son empereur, 414. Il marche en Italie, 417. Echoue dans le siége d'Aquilée, 418. Il est assassiné dans sa tente par un parti de prétoriens, 420. Son portrait; joie universelle qu'excite sa mort, 421. Ses persécutions contre les chrétiens. III, 269 *et suiv.*

Mérodes. Son zèle et sa prudence avaient affermi le diadème sur la tête de Chosroès, VIII, 37.

Mecque (la). Voyez *Arabie* et *Mahomet.*

Médine. Voyez *Arabie* et *Mahomet.*

Mellobaudes, roi des Francs, général de l'empereur Gratien; sa mort, V, 249.

Mensurius, évêque de Carthage, refuse de livrer un coupable aux officiers de la justice, III, 267.

Métrodore, grammairien, est appelé à Constantinople par Justinien pour enseigner l'éloquence aux jeunes gens de la capitale, VII, 274.

Mica Aurea, ours féroce et énorme. Valentinien avait fait placer la cage de ce garde fidèle auprès de sa chambre à coucher, V, 37.

Michel, empereur des Romains; ses paisibles vertus, IX, 177.

Michel II, surnommé *le Bègue:* son règne, IX, 181.

Michel III. Son règne; traits extraordinaires de son caractère, IX, 187. Sa mort, 190.

Michel IV, dit *le Paphlagonien;* son règne, IX, 215.

Michel V ou *Calaphate;* son règne, IX, 216.

Michel VI ou *Stratioticus;* son élévation, IX, 217. Est relégué dans un monastère, 220.

Michel VII, dit *Parapinace*, IX, 223.

Milan, devient la résidence des empereurs d'Occident, II, 356. Mécontentemens publics à ce sujet, 398. Destruction de cette ville par les Goths, VII, 427.

Millenaires. Leur doctrine tenait à l'opinion de la seconde venue du Messie, III, 50. Les pères de l'Eglise ont eu soin d'annoncer ce millenaire, 52.

Mithridate, fait massacrer en un jour quatre-vingt mille Romains, I, 119.

Mœsie, division de l'Illyrie; comment gouvernée, I, 93.

Moines. Leur origine, VI, 465. Saint Antoine et les moines d'Egypte, 468. Propagation de la vie monastique à Rome, 472. Saint Hilarion dans la Palestine, *ibid.* Saint Basile dans le Pont, 473. Saint Martin dans la Gaule, *ibid.* Cause de la rapidité de ses progrès, 476. Obéissance monastique, 480. Habillement et habitation des moines, 483. Leur nourriture, 485. Leurs travaux, 488. Leurs richesses, 489. Leur solitude, 492. Leur dévotion et leurs visions, 494. Les cénobites et les anachorètes, 496. Saint Siméon Stylite, 498. Miracles et culte des moines, 500.

Monarchie. Idée de ce gouvernement, I, 168. Apparence ridicule et avantages solides d'une succession héréditaire, 387.

Monarchie française. Son établissement dans la Gaule, VII, 38.

Mongouls, XII, 265. Leur premier empereur, 266. Font l'invasion de la Chine, 273. De Carizme, de la Transoxiane et de la Perse, 275. Leur second empereur et ses successeurs, 279. Conquête de l'empire septentrional de la Chine, *ibid.* De la Chine méridionale sous l'empereur mongoul Cublai, 282. De la Perse et de l'empire des califes, 283. Cinq cent mille Mongouls, sous les ordres de Batou, neveu d'Octai, ravagent le Kipsak, la Russie, la Pologne et la Hongrie, 286 *et suiv.* Ils règnent à Tobolsk, 291. Les grands khans étaient fixés sur les frontières de la Chine, 293. Cublai fixe sa résidence à Pékin, 294. Révolte des Chinois; ils expulsent du trône la race dégénérée de Gengis, 295. Les empereurs mongouls s'ensevelissent dans l'obscurité du désert, *ibid.* Leur déclin, 299. Timour ou Tamerlan, émir, est élevé sur le trône de Samarcande, 333 *et suiv.* Ses conquêtes, 340. Depuis le règne d'Aurengzeb, l'empire des grands Mogols s'est dissous, 385.

Monumens romains. La plupart élevés par des particuliers, I, 137. L'Odéon, 142. Temples, théâtres, aqueducs, 143. Arc de triomphe de Constantin, II, 439. Bains publics, VI, 38. Le Cirque, 39. Les édifices de Rome protégés par Majorien, 395.

Mourzoufle (Alexis) usurpe le trône de Constantinople, XII, 66. Sa fuite, 70. Sa mort, 98.

Mummolus, Romain, exerça le commandement en chef de la Bourgogne avec le titre de patrice, VII, 75.

Murad ou Amurath II, sultan des Turcs. *Voy.* Amurath.

Mursa ou *Essek*, ville célèbre sur la Drave, III, 465. Bataille entre les Romains de l'Occident et les Barbares de la Germanie, 466.

Musa, fait la conquête de l'Espagne, X, 311 *et suiv.*

N.

Naples. Assiégée et réduite par Bélisaire, VII, 392 *et suiv.* Origine de l'investiture du royaume de Naples que donne le pape, XI, 126.

Narbonne. Assiégée par les Goths, VI, 306.

Narsès, eunuque, devenu général, est opposé à Bélisaire, VII, 426. Son caractère et son expédition contre les Goths, VIII, 127. Il s'empare de Rome, 136. Défait les Francs et les Allemands, 145. Devient le premier et le plus puissant des exarques en Italie, 148. Son mécontentement et sa mort, 327.

Navigation chez les Romains, I, 153.

Négus ou prince souverain de l'Abyssinie. Sept royaumes lui obéissaient, VIII, 83.

Nephtalites ou *Huns blancs*, nation guerrière et policée qui possédait les villes commerçantes de Bochara et de Samarcande, VIII, 23.

Népotien, neveu de Constantin, prend le titre d'Auguste, III, 469. Il règne pendant vingt-huit jours, *ibid.* Sa révolte est éteinte dans son sang et dans celui de sa mère, *ibid.*

Néron. Incendie de Rome sous son règne, III, 170. Il persécute les chrétiens, 172.

Nerva. Sous son règne la révélation chrétienne apprit que le *logos* s'était incarné dans la personne de Jésus de Nazareth, IV, 175.

Nestorius, patriarche de Constantinople, IX, 28. Son hérésie, 31. Sa condamnation au concile d'Ephèse, 39. Son exil, 46.

Nicéphore 1er, empereur des Romains, IX, 176.

Nicéphore II, dit *Phocas*; son règne, IX, 205. Sa mort, 209.

Nicéphore III ou *Botaniate*, IX, 225.

Nicétas, sénateur à Constantinople, historien; après l'incendie de son palais, se retire à Sélymbrie, XII, 80.

Nicomédie, ancienne capitale des rois de Bithynie, renfermait de grandes richesses, II, 146. Elle est saccagée par les Goths, *ibid.* Ils la brûlent par caprice, 148. Dioclétien emploie les richesses de l'Orient à la décorer, 357. Elle ne le cédait qu'aux villes de Rome, d'Alexandrie et d'Antioche, *ibid.* Dioclétien et Maximien se retiraient avec plaisir à Milan et à Nicomédie, leurs résidences favorites, *ibid.* L'église est détruite de fond en comble, III, 249. Dans l'espace de quinze jours le feu prend deux fois au palais, 253. Les chrétiens en sont accusés, *ibid.*

Nicopolis, fondée par Auguste comme un monument durable de la victoire d'Actium, appartenait à la dévote Paula, VI, 17.

Niger (*Pescennius*), gouverneur de Syrie, se déclare contre l'usurpateur Julianus, I, 267. Incapable de commander en chef, 270. Sa discipline rigide affermissait la valeur et fixait l'obéissance des soldats, 271. Il perd à Antioche des momens précieux, dont Sévère profite habilement, 272. Succès et artifices de Sévère, son compétiteur; sa défaite; sa mort, 281 *et suiv.*

Ninive, ville jadis fameuse, à l'est du Tigre et à l'extrémité du pont de Mosul, VIII, 468.

Noblesse romaine. Généalogie des sénateurs, VI, 9. Famille Anicienne, 11. Opulence de la noblesse, 15. Ses mœurs, 18. Tableau de son caractère, 21 *et suiv.*

Norique, division de l'Illyrie; comment gouvernée, I, 92.

Normands. Leur apparition en Italie, XI, 109. Fondation d'Averse, 113. Ils servent en Sicile, 114. Font la conquête de la Pouille, 116. Leur caractère, 119. Ils oppriment la Pouille, 120. Ligue du pape et des deux empires contre eux, 122. Ils envahissent l'empire d'Orient, 144. Insultent Constantinople, et sont repoussés par l'empereur Manuel, 181 *et suiv.* Leur paix avec ce prince, 188. Leur dernière guerre avec les Grecs, 189. Fin de leur règne en Sicile; réunion du duché de Normandie à la couronne de France, 199.

Novelles (cent soixante-huit) et seize édits ont été admis dans le recueil de la jurisprudence civile, VIII, 234.

Numérien, empereur, II, 289. Ses glorieux succès dans la guerre de Perse; son retour à Rome, 299. Sa mort, 301.

Nushirwan. *Voyez* ce mot à Chosroès.

O.

Octave, fils adoptif de César; son origine; part qu'il prend aux proscriptions, asservit la république et prend le nom d'Auguste, I, 193. (*Voyez* Auguste.)

Odenat, sénateur palmyrénien, venge la majesté de Rome avilie par Sapor, II, 161. Est associé à l'empire, et reçoit le titre d'Auguste, 172. Meurt victime d'une trahison domestique, 219. Zénobie, sa veuve, venge sa mort, *ibid.*

Odin, législateur de la Scandinavie; ses institutions, sa mort, II, 101. Hypothèse agréable, mais incertaine, à son sujet, 102.

Odoacre, roi d'Italie, VI, 449. Sa clémence envers Augustule, dernier empereur d'Occident, 454. Son caractère et son règne, 459. Il est défait trois fois par Théodoric, VII, 152. Sa capitulation et sa mort, 154.

Ogygès, le plus ancien personnage de l'antiquité grecque. Sous son règne la planète de Vénus changea de couleur, de taille, de figure et de route, VIII, 166.

Olybrius, empereur d'Occident, VI, 440. Sa mort, 443.

OLYMPIAS, reine d'Arménie; sa captivité, V, 99?

OLYMPIODORE, historien, a décrit l'état de la ville de Rome au moment où les Goths l'assiégèrent, VI, 15.

OLYMPIUS, favori de l'empereur Honorius, conspire contre Stilichon, V, 500. Il persécute tous ceux de ses amis qui avaient échappé au massacre de Pavie, 505.

OMAR, calife; son règne, X, 137. Sa mort, *ibid*.

ORESTE, fils de Tatullus, doit à la faveur de Népos les dignités de patrice et de maître général des armées, VI, 447.

Orientaux. Leur insensibilité, I, 211.

ORIGÈNE. Tout l'Orient vantait sa piété et ses connaissances, III, 227. L'impératrice Mammée le renvoie honorablement dans sa retraite en Palestine, *ibid*. Il adresse plusieurs lettres édifiantes à l'empereur Philippe, 229.

OSIUS, évêque de Cordoue, exilé par l'empereur Constance, IV, 244. On emploie la persuasion et la violence pour arracher la signature de ce vieillard centenaire, 244.

OTHMAN, calife des Sarrasins; son règne, X, 138. Sa mort, 141.

OTHON, roi de Germanie, rétablit et s'approprie l'empire d'Occident, IX, 356.

OTTOMANS. Leur origine, XII, 300. (*Voy*. l'article *Turcs*.)

Ougres et *Varchonites*, nation établie sur les bords du Til, qu'on surnommait le *Noir*, VIII, 25.

OVIDE est exilé sur les bords glacés du Danube, III, 424. Il décrit les mœurs des Gètes et des Sarmates, 425.

P.

PACHÔME (saint) occupait l'île de Tabenne dans la Haute-Thébaïde, VI, 470.

Paganisme. Doctrine de l'immortalité de l'âme chez les païens, III, 42. Sont dévoués aux supplices éternels, 55. Leur proportion générale avec les chrétiens, 132. Progrès de leur zèle et de leur superstition, 240. Le paganisme toléré par Constantin et ses fils, IV, 275 *et suiv*. Sa mythologie, ses allégories adoptées par Julien l'Apostat, 356 *et suiv*. Son rétablissement et ses réformes par cet empereur, 378 *et suiv*. Son état à Rome, V, 337. Destruction des temples, 348 *et suiv*. La religion païenne défendue, 363. Le paganisme persécuté, 366. Et tout-à-fait aboli, 369. Les cérémonies païennes introduites dans le christianisme, 383. Persécutions de Justinien contre les païens, IX, 76.

PALÉOLOGUE (Michel). Histoire de sa famille, XII, 168. Il est élevé au trône de Nicée, 171. Couronné empereur, 175. Il fait la conquête de Constantinople, *ibid*. Son entrée, 177. Il fait crever les yeux à Jean Lascaris, son pupille et son légitime souverain, 179. Il est excommunié par le patriarche Arsène, 181. Il fait couronner son fils, Andronic; il s'unit à l'Eglise latine, 185. Il se fait l'exécuteur des censures ecclésiastiques et persécute les Grecs schismatiques, 190. Il excite les Siciliens à se révolter, 197. Sa mort, 201.

PALÉOLOGUE (Jean), fils d'Andronic le Jeune, héritier du trône à neuf ans, XII, 232.

Il a pour tuteur le grand-domestique, Jean Cantacuzène, 234. Il épouse la fille de Jean Cantacuzène, 244. Il prend les armes contre Cantacuzène, 247. Il est battu, se retire dans l'île de Ténédos et revient à Constantinople, 248. Il est spectateur indifférent de la ruine de son empire, 326. Sa mort, 329.

PALÉOLOGUE (Manuel), fils de Jean, sert dans les armées de Bajazet, XII, 328. Il monte sur le trône de Constantinople, 329. Dans sa détresse il implore la protection du roi de France, 330. Il laisse le trône à son neveu Jean, prince de Sélymbrie, 331. Il remonte sur le trône, 393. Son indifférence pour les Latins, et ses négociations, 430. Sa mort, 434.

PALÉOLOGUE II (Jean), empereur. Il obtient la permission de régner en payant un tribut, XII, 397. Il s'embarque sur les galères du pape, 441. Son entrée triomphante à Venise, 447. A Ferrare, 448. Son retour à Constantinople, 462. Il se ligue avec les Hongrois, XIII, 19. Sa mort, 41.

PALÉOLOGUE (Constantin), fils de Jean, dernier des empereurs romains ou grecs, XIII, 41. Il envoie Phranza en ambassade auprès du sultan Amurath, 43. Ses projets dérangés par la guerre des Turcs, 47. Au moment de l'assaut général de Constantinople il fait son dernier adieu aux Grecs, 98. Sa mort, 105.

Palestine. Sa description; berceau de la religion, I, 96 *et suiv.* Conquise par Chosroès, VIII, 436.

Palmyre. Description de cette ville; II, 224. Assiégée par Aurélien, 225. Sa révolte et sa ruine, 229.

Pandectes (les), ou le Digeste, ont été composés en trois ans sous le règne de Justinien, VIII, 223.

Pannonie, division de l'Illyrie; comment gouvernée, I, 92.

Papes. Leur alliance avec les rois de France, IX, 308 *et suiv.* Donations que leur font Pepin et Charlemagne, 315. Fabrication des décrétales et de la donation de Constantin, 318. Ils se séparent de l'empire d'Orient, 330. Autorité des empereurs dans leur élection, 362. Leur longue et honteuse servitude, 364. Réforme et prétentions de l'Eglise à ce sujet, 367. Ils excommunient le patriarche de Constantinople et les Grecs, XII, 9. Ils reçoivent des Grecs le serment d'abjuration et d'obéissance, 189. Leur autorité temporelle dans Rome, XIII, 139. Séditions de Rome contre les papes, 145. Grégoire VII, fondateur de la souveraineté des papes, est chassé de Rome, 147. Pascal II est attaqué d'une grêle de pierres et de dards, 148. Gélase II est traîné par les cheveux et enchaîné, *ibid.* Lucius II et III : le premier reçoit un coup de pierre à la tempe et meurt; le deuxième voit son cortége chargé de blessures, 150. Caliste II interdit l'usage des armes, 151. Martin IV, 175. Election des papes, 187. Droit des cardinaux établi par Alexandre III, 188. Institution du conclave par Grégoire X, 189. Les papes sont absens de Rome, 192. Boniface VIII, 194. Translation du saint-siége à Avignon, 196. Institution du jubilé ou de l'année sainte, 199. Le second jubilé, 202. Retour d'Urbain V à Rome, 265. Grégoire xi rétablit le saint-siége à Rome, *ibid.* Election d'Urbain vi, 268. Election de Clément vii, 269. Martin v et Eugène iv, 280. Nicolas v, dernier pape qui ait été importuné de la présence d'un empereur romain, *ibid.* Sixte-Quint; ses vices et ses vertus, 297.

PAPINIEN, jurisconsulte célèbre, préfet du prétoire, I, 299. Refuse de faire l'apologie du meurtre de Géta; est victime de sa courageuse résistance; sa mort est pleurée comme une calamité publique, 320 *et suiv.*

PARA, roi d'Arménie; ses aventures, V, 102 *et suiv.* Sa mort, 105.

Patriciens. Origine de leur ordre; ses priviléges, III, 333. Ce qu'ils étaient au temps de Constantin, IX, 311.

PAUL, de Tanis, patriarche d'Alexandrie, IX, 123.

PAUL, de Samosate, évêque d'Antioche. Tout était vénal dans sa juridiction ecclésiastique, III, 233. A l'imitation de leur chef, les prêtres qui lui étaient soumis avaient la liberté de satisfaire leurs appétits sensuels, 235. Son opiniâtreté à soutenir quelques erreurs excite l'indignation des Eglises orientales, *ibid.* Il est dégradé de sa dignité épiscopale, 236. Aurélien fait exécuter la sentence, 237.

Pauliciens, ou disciples de saint Paul; leur origine, XI, 3. Leur Bible, 5. Simplicité de leur doctrine et de leur culte, 7. Ils adoptaient les deux principes des mages et des manichéens, 8. Leur établissement dans l'Arménie et le Pont, 10. Ils sont persécutés par les empereurs grecs, 12. Se révoltent, 15. Fortifient Téphrice, 16. Et pillent l'Asie-Mineure, 17.

Leur déclin, 18. Ils sont transplantés de l'Arménie dans la Thrace, 19. S'établissent en Italie et en France, 23. Persécution des Albigeois, 26. Caractère et suite de la réforme, 27.

PAULIN (saint), successivement moine et évêque, VI, 86. Il dévoua les restes de sa fortune et de ses talens au service du glorieux martyr saint Félix, 87.

PÉLAGE (l'archidiacre) se présente devant Totila, les évangiles à la main; sa prière sauve les Romains, VIII, 112.

PÉPIN, roi de France, délivre Rome assiégée par les Lombards, IX, 304. Ses donations aux papes, 315.

PÉRENNIS, ministre de Commode, aspire au trône; sa mort, I, 228.

PÉROZES, roi de Perse, dans une expédition contre les Nephtalites, perd la vie et son armée, VII, 300.

Périsaboron Anbar, ville d'Assyrie, à cinquante milles de Ctésiphon, est assiégée par l'empereur Julien, IV, 471.

Perse, ses révolutions, II, 2. Rétablissement de la monarchie des Perses par Artaxercès, 4. Réformation du culte des mages, 6. Théologie des Perses : deux principes, 10. Culte religieux, 13. Cérémonies et préceptes moraux, 15. Encouragement de l'agriculture, 16. Pouvoir des mages, 18. Esprit de persécution, 21. Etablissement de l'autorité royale dans les provinces, 22. Etendue et population de la Perse, 24. Récapitulation des guerres entre les Parthes et les Romains, 25. Calamités de Séleucie et de Ctésiphon, 26. Conquêtes de l'Oshroène par les Romains, 29. Artaxercès réclame les provinces de l'Asie et déclare la guerre aux Romains, 30. Relation de cette guerre, 34. Puissance militaire des Perses, 37. Leur infanterie méprisable, leur cavalerie excellente, 38. Ils font la conquête de l'Arménie sous la conduite de Sapor, 155 *et suiv.* Tiridate remonte sur le trône d'Arménie, 335. Révolte du peuple et des nobles, 336. Les Perses reprennent l'Arménie, 338. Guerre entre eux et les Romains, 340. Défaite de Narsès ; négociations pour la paix, 343 *et suiv.* Avénement singulier de Sapor, III, 439. Ce prince veut reprendre aux Romains les provinces au-delà du Tigre ; état de la Mésopotamie et de l'Arménie, 441. Mort de Tiridate, 443. Guerre avec les Romains ; bataille de Singara, 446 *et suiv.* Négociations avec l'empereur Constance, IV, 37. Invasion de la Mésopotamie par Sapor, 41. Siéges d'Amida et de Singara, 43 *et suiv.* Envahissement de la Perse par Julien l'Apostat, 456. Sa marche dans les déserts de la Mésopotamie ; ses succès, 462 *et suiv.* Envahissement de l'Assyrie ; siéges de Périsabor et de Maogamalcha, 470 *et suiv.* Passage du Tigre ; retraite et détresse de l'armée romaine, 482 *et suiv.* Guerre en Arménie ; captivité de la reine Olympias, V, 97 *et suiv.* Mort de Sapor, 101. Aventures de Para, roi d'Arménie, 102 *et suiv.* Partage de ce royaume entre les Romains et les Persans, VI, 200. Attila s'empare de la Perse, 256. Mort de Pérozes, roi de Perse, VII, 300. Guerre contre les Romains, 302. Les portes Caspiennes ou les portes d'Ibérie, 305. État de la Perse au sixième siècle, VIII, 34. Règne de Nushirwan ou Chosroès, 36. Paix et guerre avec les Romains, 45. Guerre de Colchos ou guerre Lazique, 57-78. Révolution après la mort de Chosroès, 381 *et suiv.* Le tyran Hormouz, son fils, est déposé, 394. Usurpation de Bahram, *ibid.* Fuite et rétablissement de Chosroès II, 398. Il subjugue la Syrie, l'Égypte et l'Asie-Mineure, 436. Expéditions de Perse par Héraclius, 450. Paix avec les Romains, 476. Elle est envahie par les Arabes, X, 173. Bataille de Cadésie, 175. Fondation de Bassora, 178. Sac de Modain, 179. Fondation de Cufa, 181. Conquête de la Perse, 183. Mort du dernier roi, 187. Anéantissement des mages, 326. La Perse subjuguée par les Turcs ou Turcomans, XI, 212. Règne et caractère de Togrul-Beg, 215. Il délivre le calife de Bagdad, 217. Son investiture, 218. Sa mort, 220. Règne d'Alp-Arslan, 221.

Pertinax, sénateur consulaire, est choisi pour empereur ; son origine, I, 244. Il est reconnu par les gardes prétoriennes, 246. Et par le sénat, *ibid.* Ses vertus, 250. Il entreprend la réforme de l'État, 251. Ses réglemens, *ibid.* Sa popularité, 252. Elle excite du mécontentement parmi les prétoriens, qui le font assassiner, 254 *et suiv.* Regrets du peuple romain, 256. Le sénat lui rend les honneurs divins, 280. Ses funérailles et son apothéose, *ibid.*

Peste de l'an 542 en Orient et en Occident, VIII, 172 *et suiv.* Son origine et sa nature, *ibid.* Son étendue et sa durée, 176.

Pétra. Le siége de cette ville est un des exploits les plus remarquables de ce siècle, VIII, 72.

Pétrarque, à la cour d'Avignon, suit avec ardeur l'étude de la langue grecque et se lie avec Barlaam, XII, 470. L'Italie l'admire comme père de la poésie lyrique, XIII, 216. Il est couronné à Rome, 221. Il engage l'empereur Charles IV à rétablir la république, 261. Il sollicite les papes d'Avignon à venir résider à Rome, 262. Il attribue aux Romains la destruction des monumens de l'antiquité, 328.

Phénicie; sa description, I, 96. Berceau des lettres, 98.

PHILIPPE, préfet du prétoire; ses menées artificieuses; après le meurtre de Gordien, il est appelé à l'empire, I, 431. Son règne; il renouvelle les jeux séculaires, 435. Révolte des légions contre lui, II, 95. Sa mort, et celle de son fils, assassiné par les prétoriens, 97. État des chrétiens sous le règne de ce prince, III, 229.

PHILIPPICUS, empereur des Romains. Il est mutilé et déposé, IX, 163.

Philon. On trouve un mélange de la foi mosaïque et de la philosophie des Grecs dans ses œuvres, IV, 173.

Philosophes. Nouveaux platoniciens, II, 382. La doctrine de l'immortalité de l'âme parmi les philosophes, III, 39. Accusent les chrétiens d'athéisme, et ont une fausse idée de leur religion, 154. Leur fanatisme sous Julien l'Apostat, IV, 364.

PHOCAS, centurion, est élu empereur d'Orient, VIII, 420. Son caractère, 426. Sa tyrannie, 428. Sa chute et sa mort, 429.

PHOCAS (Nicéphore), empereur. Ses conquêtes en Orient, X, 440.

PHOTIUS, patriarche de Constantinople. Ses querelles avec les papes, XII, 6 *et suiv.*

Pictes (les) envahissent la Calédonie, V, 75. Et la Grande-Bretagne, 80.

PILPAY. Les fables morales et politiques de cet ancien brame se conservaient avec un respect mystérieux parmi les trésors du roi de l'Inde, VIII, 44.

PISON (Calpurnius), mis à mort par l'usurpateur Valens, II, 170.

PLACIDIE, fille du grand Théodose; son mariage avec Adolphe, roi des Goths, VI, 94. Traitement barbare et ignominieux qu'elle éprouve de l'usurpateur, assassin de son mari, 118. Elle est reconduite avec honneur dans le palais de son frère Honorius, 119. Remariée à Constance, associé à l'empire d'Occident, 205. Son administration après la mort de ce prince et pendant la minorité de son fils, 212. Ses deux généraux, Ætius et Boniface, 213.

Plaisance. Concile tenu dans cette ville par Urbain II, XI, 264.

PLATON. Son génie avait essayé de découvrir la nature mystérieuse de la Divinité, IV, 166. Cette doctrine secrète s'enseignait furtivement dans les jardins de l'Académie, 168. Avec moins de réserve dans la célèbre école d'Alexandrie, 169.

PLAUTIEN, ministre et favori de Sévère, est nommé préfet du prétoire; son despotisme infâme; il est massacré sous les yeux de l'empereur, I, 298 *et suiv.*

Plébéiens. Établissement de cet ordre, III, 334.

PLINE l'Ancien honore le siècle où il a fleuri, et son caractère élève la dignité de la nature humaine, III, 138. Il a omis le plus grand phénomène dont l'homme ait jamais été témoin depuis la création du globe, 142.

PLINE le Jeune honore le siècle où

il a fleuri, et son caractère élève la dignité de la nature humaine, III, 138. Il est nommé par Trajan, son maître et son ami, gouverneur de la Bithynie et du Pont, 187.

PLOTIN, philosophe de l'école de Platon, était admiré comme un des plus habiles maîtres de la science d'allégories, IV, 359.

POGGE (le), auteur italien, assis sur la colline du Capitole, XIII, 301. Il remarque que Rome est de toutes les villes du monde celle dont la chute offre l'aspect le plus imposant et le plus déplorable, 303.

Police et *Tribunaux*. Agens, ou espions de la cour, III, 375. Usage des tortures, 377.

Pollentia (la victoire de) célébrée par Claudien comme le jour le plus glorieux de la vie de son patron, V, 455.

Polythéisme. Sa renaissance, V, 380. La théologie simple des premiers chrétiens est défigurée par l'introduction d'une mythologie populaire, 383.

POMPÉE (le grand). Comment il vainquit deux millions d'ennemis en bataille rangée, et réduisit quinze cents villes, depuis le lac Méotis jusqu'à la mer Rouge, VIII, 2.

PORPHYRE, philosophe de l'école de Platon, était admiré comme un des plus habiles maîtres de la science d'allégories, IV, 359.

Postes. Leur établissement dans les provinces romaines, I, 152.

POSTHUME. Les vertus de ce prince sont cause de sa perte, II, 212.

PRÆTEXTATUS, préfet, philosophe païen plein d'érudition, de goût et de politesse, V, 57.

Préfets du prétoire, III, 337. De Rome et de Constantinople, 340. Vice-préfets, 344.

Prétoriens. Reconnaissent l'empereur Pertinax, et dissimulent leur mécontentement, I, 246. Regrettent la licence du règne précédent, 254. Sédition générale dans le camp; la tête de ce prince y est portée en triomphe, 255. Institution des gardes prétoriennes; leur extrême licence, cause principale et premier symptôme de la décadence de l'empire, 258. Leur camp, 259. Leur force et leur confiance, 260. Leurs droits spécieux, 261. Ils mettent l'empire à l'enchère, 262. Sont disgraciés par Sévère, 279. Ce prince rétablit leur institution sur un nouveau plan, 296. Ils assassinent l'empereur Élagabale, 348. Et leur préfet Ulpien, 360. Demandent la tête de Dion-Cassius, 362. Assassinent Maxime et Balbin, élus empereurs par le sénat, 420 *et suiv*. Assassinent Probus, et donnent la pourpre à Carus, II, 282. Dioclétien diminue leur nombre et abolit leurs priviléges, 359. Leurs faibles restes se révoltent contre les empereurs d'Italie, 400. Sont cassés à jamais par l'empereur Constantin, 440. Préfets du prétoire, III, 337.

PRISCILLIEN, évêque d'Avila en Espagne, chef d'une secte nommée *priscillianistes*, V, 275. Ses disciples obscurs souffrirent, languirent et disparurent insensiblement, 277.

PRISCUS l'historien, ami de Maximin, saisit l'occasion de son ambassade pour examiner Attila dans sa vie domestique, VI, 269.

PROBA, de la famille Anicienne; après le sac de Rome, elle se réfugie sur la côte d'Afrique, VI, 81.

Probus. Son caractère; son avénement à l'empire, II, 261. Sa conduite respectueuse envers le sénat, 262. Ses victoires sur les Barbares, 265. Il délivre les Gaules des invasions des Germains, 267. Porte ses armes en Germanie, 270. Il bâtit un mur depuis le Rhin jusqu'au Danube, 271. Introduit dans l'empire les Barbares vaincus; et les disperse dans les provinces romaines, 273. Apaise plusieurs révoltes en Orient et dans la Gaule, 277. Reçoit les honneurs du triomphe, 279. Sa discipline, 280. Il est massacré par ses troupes, 282.

Proclus. On assure qu'il employa le même moyen qu'Archimède pour détruire, dans le port de Constantinople, les vaisseaux des Goths, VII, 273.

Procope. Sa révolte contre l'empereur Valens, V, 20. Sa défaite et sa mort, 26.

Procope, rhéteur; son caractère et ses écrits, VII, 210. Compagnon et historien de Bélisaire, 329.

Proculiens. Secte autrefois fameuse qui divisait la jurisprudence romaine, VIII, 215.

Proculus, général romain, excite des troubles dans la Gaule, II, 278. Il est terrassé par le génie supérieur de l'empereur Probus, 279.

Promotus, général d'infanterie, qui avait sauvé l'empire en repoussant l'invasion des Ostrogoths, est exilé, V, 390. Sa mort, 391.

Propontide (la). Sa description, III, 296.

Provinces romaines. Divisées entre l'empereur et le sénat, I, 177. Ont des gouverneurs, *ibid.*

Pulchérie, impératrice d'Orient. Son caractère et son administration, VI, 186. Héritière du courage et des talens du grand Théodose, 188. Fait épouser Eudoxie à son frère, le jeune Théodose, 193. Ses différends avec cette princesse, et vengeance qu'elle en tire, 195 *et suiv.* Son mariage avec Marcien, 296. Sa mort, 412.

Pythagore. C'est à peu près vers le temps où il imagina la dénomination de philosophe, que le premier Brutus fondait à Rome le consulat, avec la liberté, VII, 318.

Q.

Quintiliens (les frères), victimes de la cruauté de Commode, I, 226.

Quintilius; son usurpation et sa chute, II, 196.

R.

Radagaise, roi des Germains confédérés, fait une invasion en Italie, V, 473. Il assiége Florence et menace Rome, 475. Son armée est vaincue et détruite par Stilichon, 477. La mort de cet illustre captif déshonore le triomphe de Rome et du christianisme, 480.

Radiger, roi des Varnes, tribu des Germains qui habitaient les environs du Rhin et de l'Océan, VII, 110.

Ravenne. Siége de cette ville par Bélisaire, VII, 432. L'exarchat, VIII, 350.

Recarède, premier roi catholique. Depuis son règne jusqu'à celui de Witiza, seize conciles nationaux furent assemblés, VII, 81.

Reliques. Le clergé, instruit par l'expérience que les reliques des saints avaient plus de valeur que l'or et les pierres précieuses, s'efforça d'augmenter le trésor de l'Église, V, 376.

Rhétie, division de l'Illyrie; comment gouvernée, I, 91.

RICHARD Ier, roi d'Angleterre, dans la Palestine, XI, 428. Son traité et son départ, 432.

RICIMER, chef de Barbares; son origine, ses services, sa puissance, VI, 385. Il dépose Avitus, 386. Fraie à Majorien le chemin du trône, 389. Gouverne l'Italie sous le titre de patrice, *ibid*. Sacrifie Majorien à son ambition; règne en Occident sous le nom de Sévère, 405. Son orgueil s'humilie devant la cour de Constantinople, 411. Sa discorde avec Anthémius, 437. Il fait le sac de Rome, 441. Sa tyrannie, sa mort, 443.

RIENZI-GABRINI (Nicolas). Sa naissance, son caractère et ses projets patriotiques, XIII, 225. Il s'arroge le gouvernement de Rome, 229. Il se revêt du titre et des fonctions de tribun, 231. Liberté et prospérité de Rome, 235. Il est respecté en Italie, 237. Et célébré par Pétrarque, 239. Ses vices et ses folies, 240. Il est reçu chevalier, 243. Son couronnement, 245. Les nobles de Rome sont pleins de frayeur et de haine devant lui, 246. Il abdique le gouvernement, et quitte le palais de l'État, 254. Ses aventures, 256. Il est prisonnier à Avignon, 257. Il est envoyé à Rome avec le titre de sénateur, 258. Sa mort, 261.

Rogatiens, secte qui assurait que le Christ ne reconnaîtrait la pureté de sa doctrine que dans la Mauritanie césarienne, IV, 165.

ROGER (le comte). Conquiert la Sicile, XI, 139.

ROGER, grand-comte de Sicile. Son règne et son ambition, XI, 172. Duc de la Pouille, 173. Premier roi de Sicile, 174. Ses conquêtes en Afrique, 176. Son invasion de la Grèce, 179. Son amiral délivre Louis VII, roi de France, 181. Il insulte Constantinople, *ibid*. Est repoussé par l'empereur Manuel, 182.

ROMAIN Ier, usurpateur de l'empire d'Orient, IX, 201.

ROMAIN II. Monte sur le trône; son caractère; sa mort, IX, 204 *et suiv*.

ROMAIN III, dit *Argyrus*. Son élévation; son règne; sa mort, IX, 213 *et suiv*.

ROMAIN IV, ou *Diogène*, déclaré ennemi de la république, cède le trône, IX, 223.

Romains. Quarante ans après la réduction de l'Asie, quatre-vingt mille Romains furent massacrés en un seul jour par les ordres du cruel Mithridate, I, 119. Leur bonheur sous des princes sages et vertueux, 209. Misère qui leur fut particulière sous les tyrans, 211. Leur esprit éclairé; comment ils furent préparés pour l'esclavage, 213. L'étendue de l'empire ne leur laisse aucun asile, 215. Paix et prospérité sous Septime-Sévère, 294. Oppression sous Caracalla, 321 *et suiv*. Bonheur général sous Alexandre-Sévère, 356. Observations sur leurs finances depuis les beaux siècles de la république jusqu'au règne de ce prince, 367 *et suiv*. Oppression sous Maximin, 398. Guerres avec les Parthes, II, 25. Conquête de l'Oshroène, 29. Guerre de Perse, 31 *et suiv*. Alliance avec les Goths contre Attila, VI, 322. Priviléges des Romains dans la Gaule, VII, 73 *et suiv*. Nouvelle guerre de Perse, 302.

Caractère des Romains, selon saint Bernard, XIII, 151. Ils envoient des ambassadeurs à Conrad III et à Frédéric Ier, 175. Ils détruisent les villes qui se trouvent dans le voisinage de Rome, 184. Bataille de Tusculum, 185. Bataille de Viterbe, 186.

Romanus, commandant militaire en Afrique ; sa tyrannie excite une révolte, V, 86. Son impunité, 93.

Romanus-Diogène, empereur d'Orient, XI, 224. Défait par les Turcs, 226. Sa captivité et sa délivrance, 229. Sa mort, 232.

Rome. Sa liberté, I, 114. Triomphante et subjuguée par les arts de la Grèce, 125. Ses monumens, 137 et suiv. Dissensions civiles fomentées par sa politique en Germanie, II, 87 et suiv. Famine et peste, 178. Cérémonies superstitieuses, 208. Fortifications de la ville, 210. Sédition à l'occasion de la réformation de la monnaie et observations sur cet événement, 237 et suiv. Jeux du cirque et de l'amphithéâtre sous Carin et Numérien, 293 et suiv. Rome cesse d'être la capitale de l'empire, 354. Son abaissement, 357. Mécontentement à ce sujet. 397. Progrès du christianisme à Rome, III, 124. Incendie de cette ville sous le règne de Néron, 170. Préfets de Rome, 340. Troubles religieux ; le cri du peuple est : *Un Dieu, un Christ, un évêque*, IV, 261. Recherches qu'on y fait du crime de magie, V, 29. État du paganisme, 337. Conversion de Rome, 344. Elle est menacée par les Germains, et délivrée par Stilichon, 476. Alaric marche contre cette ville, VI, 4. Annibal à ses portes, 7. Sa noblesse, 15. Ses bains et jeux publics, 38 et suiv. Sa population, 42. Premier siége par les Goths, 46. Famine, 48. Peste ; superstition, 49. Levée du siége ; négociations inutiles, 51 et suiv. Second siége, 61. Troisième siége et sac de Rome, 68. Pillage et incendie, 72. Captifs et fugitifs, 78. Sac de Rome par les troupes de Charles-Quint, 82. Paix avec les Goths ; réglemens pour le soulagement de cette ville, 91 et suiv. Elle est saccagée par les Vandales, 359 et suiv. Sa prospérité sous Théodoric, VII, 172. Le consulat de Rome anéanti par Justinien, 318. Bélisaire y entre ; elle est assiégée par les Goths, 399. Détresse de la ville, 412. Elle est délivrée du joug des Barbares, 417. Assiégée de nouveau par les Goths, VIII, 106. Oppression et famine cruelles, 107. Ils s'en emparent, 111. Sa reprise par Bélisaire, 115. Par les Goths, 121. Par Narsès, 136. Misère et humiliation de cette ville, 365. Tombeaux et reliques des apôtres, 368. République de Rome ; gouvernement des papes, IX, 197. La ville attaquée par les Lombards, 301. Est délivrée par Pépin, 304. Envahie par les Sarrasins, X, 409. Assiégée par Henri III, empereur d'Orient, XI, 164. État et révolutions de Rome depuis le douzième siècle, XIII, 135. Les successeurs de Charlemagne et des Othon se contentaient du titre de rois d'Allemagne et d'Italie, jusqu'au moment où ils étaient couronnés empereurs de Rome, 137. Ils juraient trois fois de maintenir les libertés de Rome, 138. Séditions de Rome contre les papes, 145. Arnaud de Brescia, moine, embouche le premier la trompette de la liberté romaine, 153. Il soutient que le glaive et le sceptre appartiennent au magistrat civil, 154. Rétablissement de la république, 157. Mort d'Arnaud de Brescia, 159. Le sénat est rétabli, 160. Description du Capitole, 164. Monnaie, 165. Préfet de la ville, 166. Forme de l'élection des membres du sénat, 168. Brancaléon *podestà*, 171. Charles d'Anjou, successeur, 173. L'empereur romain, Louis de Bavière, accepte cet office municipal dans l'administration de sa propre métropole, 175. Conrad III, 176. Frédéric Barberousse, son successeur, 177. Discours à cet empereur par les ambassadeurs de Rome, 178. Orgueil des nobles ou barons de Rome, 204. Querelles des Colonnes et des Ursins, 214. Rétablissement de la liberté et du gouvernement de Rome par le tribun Rienzi, 229. Charles IV descend les Alpes pour se faire couronner empereur et roi d'Italie, 261. Maux de Rome, 272. Dernière révolte de Rome, 281. Frédéric III, dernier empereur d'Allemagne couronné à Rome, 282. Statuts et gouvernement de Rome, 283. Conspiration de Porcaro, 286. Désordres de la noblesse sous le règne de Sixte IV, 289. La plus grande partie de l'Italie reconnaît la souveraineté des pontifes de Rome, 292. Avantages et défauts du gouvernement ecclésiastique, 295. Description des ruines de Rome par le Pogge, 301. Dépérissement graduel des ouvrages de l'antiquité, 305. Quatre causes de destruction, 307. 1° Dégâts opérés par le temps et par la nature, *ibid.* 2° Dévastations par les Barbares, 313. 3° Usage et abus des matériaux qu'offraient les monumens de Rome, 317. Les marbres de Ravenne et de Rome décorèrent le palais élevé par Charlemagne, à Aix-la-Chapelle, 319. 4° Les guerres intestines des Romains, 323. Colisée ou amphithéâtre de Titus, 329. Jeux de Rome, 331. Combat de taureaux au Colisée, 332. Dégâts qu'a éprouvés le Colisée, 335. Consécration du Colisée, 336. Ignorance et barbarie des Romains, 337. Réparations et embellissemens de Rome sous le pape Martin V, 341. Beauté et éclat de la ville nouvelle, 342.

ROSAMONDE, femme d'Alboin, roi des Lombards, fait assassiner son mari, VIII, 332. Sa fuite et sa mort, 335.

RUFIN, favori de Théodose. Son caractère et son administration, V, 389. Ses cruautés, 392 *et suiv.* Il opprime l'Orient, 394. Prétend marier sa fille à l'empereur Arcadius, échoue dans ce projet, 398. Sa mort, 407. Affreuses circonstances qui suivent ce meurtre, 410.

RURICIUS-POMPEIANUS, commandant à Vérone, II, 429. Il est défait par Constantin, et trouvé parmi les morts, 431.

Russie. Singulier usage au mariage du czar, IX, 186. Origine de la monarchie russe, XI, 66. Géographie et commerce de ce pays, 71. Expéditions navales des Russes contre Constantinople, 76 *et suiv.* Négociations et prophétie, 81. Règne de Swatoslas, 83. Sa défaite par Jean Zimiscès, 85. Conversion de la Russie, 88. Baptême d'Olga, 90. De Wolodimir, 91.

S.

SALADIN, sultan. Règne et caractère de ce prince, XI, 409 et suiv. Il fait la conquête du royaume de Jérusalem, 415. Prend la ville de ce nom, 419. Assiége Tyr et Saint-Jean d'Acre, 425 et suiv. Sa mort, 435.

Salone, dans la Dalmatie. Description de cette ville et des environs, II, 376. Palais de Dioclétien, 377.

SAPOR, roi de Perse. Ses victoires sur les Romains, II, 157. Il ravage la Syrie, la Cilicie et la Cappadoce, 159. Hardiesse et succès d'Odenat contre lui, 161. Histoire singulière de son avénement, antérieur à sa naissance, III, 439. Après la mort de Constantin, il déclare la guerre aux Romains, 442. En fait un grand carnage, 447. Son fils pris dans son camp, fustigé, mis à la torture et publiquement exécuté par les Romains, *ibid*. Ses négociations avec Constance, IV, 37. Il envahit la Mésopotamie, 41. Assiége Amida et Singara, 43 et suiv. Vaincu d'abord par les Romains sur les bords du Tigre, les défait ensuite et les force à la retraite, 488 et suiv. Entre dans l'Arménie, fait captive la reine Olympias, V, 99. Sa mort, 101.

Sarmates. Mœurs de ces peuples, III, 422. Soutenus par Constantin dans leur guerre contre les Goths, 427. Leur expulsion, 430. Constance leur fait la guerre et leur donne un roi, IV, 36. Leurs ravages en Pannonie et en Illyrie, V, 116 et suiv.

Sarrasins. Leur conduite dans la guerre de Syrie, X, 192 et suiv. Leurs progrès, 281. Ils assié- gent Constantinople, 341 et suiv. Et l'abandonnent, 354. Ils envahissent la France et sont défaits par Charles Martel, 360 et suiv. Subjuguent les îles de Crète et de Sicile, 404 et suiv. Envahissent Rome, 409. Leur caractère et leur tactique, 507. Leur lutte avec les Francs en Italie, XI, 97.

Saxons. Leur origine, V, 69.

SCANDERBEG, prince albanais, XIII, 33. Il trahit et charge l'armée des Turcs, 36. Sa valeur, 37. Sa mort, 40.

Scythes et *Tartares*. Leurs mœurs pastorales, V, 129. Nourriture, 131. Habitations, 134. Exercices, 137. Gouvernement, 140. Situation et étendue de la Scythie et de la Tartarie, 144. Conquêtes des Huns en Scythie, 149. Révolutions dans ce pays, 468. Il est soumis par Attila, VI, 253.

SÉBASTIEN, usurpateur; sa chute; il est décapité, VI, 109.

Sénat romain. Réformé par Auguste, I, 170. Les provinces sont divisées entre lui et l'empereur, 177. Le droit d'élection des magistrats attribué au peuple est transporté à ce corps, 184. Il devient un instrument utile et flexible entre les mains du despotisme, 185. Sa tentative après la mort de Caligula, 195. Sa juridiction légale contre les empereurs, 249. Il déclare infâme la mémoire de Commode, auquel il avait prostitué l'encens le plus vil, *ibid*. Il condamne à mort l'usurpateur Julianus, et rend les honneurs divins à Pertinax, 279. Les soldats de Caracalla le forcent à mettre ce prince au rang des dieux, 327. Il voue à l'infamie la mémoire d'Elagabale, 348. Déclare l'empereur Maximin ennemi public; ratifie l'élection des deux Gordiens faite en Afrique; prend le commandement de Rome et de l'Italie, 406. Se prépare à soutenir une guerre civile, 407. Après la mort des Gordiens, déclare empereurs Maxime et Balbin, 409. Est forcé par le peuple de nommer troisième empereur le jeune Gordien, 412. Repousse les Barbares devant Rome, II, 137. Gallien interdit aux sénateurs le service militaire, *ibid.* Vengeance qu'ils exercent contre les amis et la famille de ce prince, 187. Singulière contestation entre le sénat et l'armée pour le choix d'un empereur, 244. Autorité et prérogatives de ce corps, 253. Abaissement du sénat, 357. Il partage et favorise le mécontentement public contre les empereurs d'Italie, 399. Il demande le rétablissement de l'autel de la Victoire, V, 341.

SÉRAPIS, dont le temple était à Alexandrie, ne paraît pas être du nombre des dieux ou des monstres enfantés par la superstition des Egyptiens, V, 354. Description de ce temple, 356. Sa statue colossale est enveloppée dans la ruine de son temple et de sa religion, 360.

SÉVÈRE, favori de Galère, déclaré Auguste par ce prince, II, 396. Vient à Rome, trouve les esprits révoltés contre son autorité, 401. Il s'enfuit à Ravenne; sa défaite et sa mort, 402 *et suiv.* Cruauté de Licinius à l'égard du fils de ce prince, 444.

SÉVÈRE (Alexandre). Déclaré César par Elagabale, et dégradé bientôt par ce prince de son rang et de ses honneurs; protégé par les gardes prétoriennes, I, 346. Son avénement au trône, 349. Pouvoir de sa mère Mammée, 350. Son administration sage et modérée, 352. Son éducation et son caractère vertueux, 353. Journal de sa vie, 354. Il fait le bonheur des Romains, 356. Refuse le nom d'*Antonin*, 357. Entreprend de réformer l'armée, 358. Sédition des gardes prétoriennes; leur préfet Ulpien est massacré à ses pieds dans son palais, 359. Il soustrait l'historien Dion Cassius à leur fureur, 362. Tumulte des légions; fermeté qu'il déploie à cette occasion, 363 *et suiv.* Défauts de son règne et de son caractère, 365. Il est assassiné par ses troupes, 393. Sa prétendue victoire sur les Perses, II, 32. Etat des chrétiens sous le règne de ce prince et de ses successeurs, III, 223.

SÉVÈRE (Libius), empereur d'Occident. Son règne obscur et sans gloire, VI, 405.

SÉVÈRE (Septime), général de l'armée de Pannonie, se déclare contre l'usurpateur Julianus, I, 267. Son caractère, 273. Il est déclaré empereur par ses légions, 274. Marche en Italie, 275. S'avance jusqu'à Rome, 276. Est reconnu par le sénat, 279. Disgracie les prétoriens, *ibid.* Ses succès, ses artifices contre Niger et Albinus, 283 *et suiv.* Défaite et mort de ses deux compétiteurs, 291. Son animosité contre le sénat, 292. Sagesse et justice de son gouvernement, 293. Il relâche les ressorts de la discipline militaire, 295. Forme une nouvelle garde prétorienne, 296. Fait massacrer en sa présence son ministre et favori Plautien, 299. Opprime le sénat par le despotisme militaire, *ibid.* Les suites funestes de ses maximes et de son exemple le font considérer comme le principal auteur de la décadence des

Romains, 302. Sa grandeur et son agitation, 303. L'impératrice Julie, sa femme, 304. Leurs deux fils, Caracalla et Géta, 305. Sa mort, 311.

Sicile. Désordres de cette île, II, 175. Envahie et subjuguée par Bélisaire, VII, 384. Et par les Arabes et les Sarrasins, X, 407. Conquise par Roger, XI, 139. Et par l'empereur Henri VI, 196. Le frère de saint Louis, Charles d'Anjou, s'en empare, XII, 193. Il vexe les Siciliens, 197. Michel Paléologue invite les Siciliens à se révolter, *ibid.* Procida anime la révolte, 198. Vêpres siciliennes, 200. Pierre d'Aragon, roi de Sicile, *ibid.* Mort de Charles d'Anjou, 202.

SILVÈRE, pape; son intelligence avec les Goths pour les rendre maîtres de Rome; son exil, VII, 415.

STILICHON, ministre et général de l'empire d'Occident; son caractère, V, 402. Son intégrité dans l'administration militaire, 404. Il a la régence des deux empires d'Orient et d'Occident, durant la minorité d'Honorius et d'Arcadius, 406. Fait assassiner son rival Rufin, 407 *et suiv.* Intrigues et artifices contre lui; le sénat de Constantinople le déclare ennemi de l'État, 413. Sa conduite lors de la révolte de Gildon en Afrique, 414 *et suiv.* Il repousse les Goths et les Germains de l'Italie, 477. Sa négociation avec Alaric, 496. Intrigues du palais contre lui, 499. Sa disgrâce et sa mort, 502. Sa mémoire est diffamée, 504.

Suèves. Leur origine et leur renommée, II, 133. Différentes tribus prennent le nom d'Allemands, 134.

SULPICIANUS, gouverneur de Rome, et beau-père de Pertinax; ses prétentions au trône après le meurtre de ce prince, I, 262.

SYAGRIUS, roi des Romains, défait par Clovis, VII, 8. Sa mort, 11.

SYMMAQUE, sénateur romain; sa mission auprès de Théodose pour demander le rétablissement des autels de la Victoire, V, 342. Il est exilé, 346. Sa mort, VII, 197.

Syrie, soumise par les Romains, I, 95. Expédition d'Aurélien, II, 221 *et suiv.* Est envahie par Chosroès 1er, roi de Perse, VIII, 49. Conquise par Chosroès II, 436. Envahie par les Arabes, X, 192. Siége de Bosra, 196; de Damas, 199. Bataille d'Aiznadin, 203. Damas est prise d'assaut, après l'avoir été par capitulation, 210. Poursuite de ses habitans, 213. Foire d'Abyla, 217. Siége d'Héliopolis et d'Émèse, 219. Bataille de Yermuk, 224. Conquête de Jérusalem, 229. D'Alep et d'Antioche, 234. Fin de la guerre de Syrie, 240. Progrès des vainqueurs, 241 *et suiv.* Invasion par Nicéphore Phocas et par Zimiscès, 440. Les Grecs reprennent Antioche, 442.

T.

TACITE, sénateur romain, est élu empereur; son caractère, II, 249 *et suiv.* Il est reconnu par l'armée, 256. Ses victoires sur les Alains, en Asie, *ibid.* Sa mort, 258. Ses enfans vivent dans l'obscurité, 260.

TACITE, historien, honore le siècle où il a fleuri, et son caractère élève la dignité de la nature humaine, III, 138. Il conçoit et exécute l'histoire de Rome en trente livres, 176.

Tanjoux, chefs grossiers des

Huns, V, 149. Le tanjoux rassemblait souvent jusqu'à deux ou trois cent mille hommes de cavalerie, 151. Après un règne de treize cents ans cette puissance est détruite, 157.

Teias, dernier roi des Goths en Italie; sa défaite et sa mort, VIII, 138.

Tertullien, Africain, annonce le jugement dernier, jugement universel de l'univers, III, 56 et suiv. Pour démontrer l'extravagance du paganisme, il emprunte l'éloquence de Cicéron, ou la plaisanterie de Lucien, 114. Il était très-versé dans la connaissance de la langue latine, 134..

Tétricus, roi d'Aquitaine; son règne et sa défaite, II, 214. Rétabli dans son rang et sa fortune par la clémence d'Aurélien, 235.

Théodat, roi goth de l'Italie; son règne, sa faiblesse, VII, 382. Sa mort, 397.

Théodora, impératrice. Sa naissance et ses vices, VII, 214. Elle épouse Justinien, 218. Sa tyrannie, 222. Ses vertus, 224. Sa fermeté dans un moment de détresse, 239. Sa mort, 226. Culte des images rétabli par elle en Orient, IX, 327.

Théodoric, roi des Visigoths; son caractère, VI, 377. Son expédition en Espagne, 381.

Théodoric, roi des Ostrogoths; sa naissance, son éducation, VII, 139. Ses premiers exploits, 141. Ses services et sa révolte, 145. Sa marche vers l'Italie, 150. Ses victoires sur Odoacre, 152. Son règne en Italie, 156. Il favorise la séparation des Goths et des Italiens, 159. Son système à l'égard des puissances étrangères, 161. Ses guerres défensives, 165. Son armement naval, 166. Il gouverne l'Italie d'après les lois romaines, 168. Va à Rome, 173. Arien, il tolère les catholiques, 180. Défauts de son gouvernement, 183. On provoque sa colère et il persécute les catholiques, 185. Ses remords et sa mort, 198. Monument élevé par sa fille Amalasonthe, 200.

Théodose, général de Valentinien, délivre la Grande-Bretagne envahie par les Pictes et les Écossais, V, 84. Soumet l'Afrique, 91. Il a la tête tranchée à Carthage, 93.

Théodose, patriarche d'Alexandrie; sa déposition, IX, 122.

Théodose le Grand, nommé empereur, V, 213. Sa naissance et son caractère, 215. Sa prudence et ses succès dans la guerre contre les Goths, 218. Traité de paix entre lui et Maxime, 249. Son baptême; ses écrits orthodoxes, 252. Il convoque un concile à Constantinople, 266. Ses édits contre les hérétiques, 272. Il arme pour secourir Valentinien II contre Maxime, 293. Sa victoire, son entrée triomphale dans l'ancienne capitale de l'empire, 298. Vertus de ce prince, ibid. Ses défauts, 301. Sa clémence à l'occasion de la sédition d'Antioche, 307. Massacre de Thessalonique, exécuté par ses ordres, 308 et suiv. Sa pénitence, 313. Sa générosité, 317. Il fait la guerre à l'usurpateur Eugène; sa victoire, 324 et suiv. Sa mort, 330. Partage définitif de l'empire romain entre ses fils, 387.

Théodose II, empereur d'Orient; son éducation, son caractère, VI, 189. Son mariage avec la belle Athénaïs, qui prit depuis le nom d'Eudoxie, 193. Il la dépouille des honneurs de son rang, 196. Le partage de l'ancien royaume d'Arménie jette un peu de lustre sur son empire expirant, 200. Sa victoire sur l'usurpateur Jean, 207. Il veut faire assassiner Attila, roi des Huns, qui le réprimande et lui pardonne, 292. Sa mort, 295.

THÉODOSE III, empereur d'Orient. Son règne, IX, 165.

Théologie. Doctrine de l'immortalité de l'âme parmi les philosophes, III, 39. Parmi les païens de la Grèce et de Rome, 42. Parmi les Barbares, 43. Parmi les Juifs, 44. Parmi les chrétiens, 48. Doctrine des millénaires, 50. Vérité des miracles contestée, 62. Polythéisme, 112. Donatistes, IV, 163. Trinitaires, 165. Système de Platon avant Jésus-Christ, enseigné dans les écoles d'Alexandrie, 166. Révélé par l'apôtre saint Jean, 175. Les ébionites et les docètes, 178. Nature mystérieuse de la Trinité, 182. Zèle des chrétiens, 185. Autorité de l'Eglise, 188. Trois systèmes de la Trinité : arianisme, trithéisme, sabellianisme, 192 *et suiv.* Concile de Nicée, 196. Secte des ariens, 203. Foi de l'Eglise latine ou occidentale, 206. Concile de Rimini, 208. Conciles ariens, 218. Conciles d'Arles et de Milan, 239. Histoire théologique de la doctrine de l'incarnation, IX, 1 *et suiv.* La nature humaine et divine de Jésus-Christ, 5. Inimitié des patriarches d'Alexandrie et de Constantinople; saint Cyrille et Nestorius, 22. Conciles tenus à Ephèse, 36. Hérésie d'Eutychès, 50. Concile général tenu à Chalcédoine, 53. Discorde civile et ecclésiastique, 61. Intolérance de Justinien, 71. Les trois chapitres, 80. Controverse des monothélites, 85. Etat des sectes de l'Orient, les nestoriens, les jacobites, les maronites, les arminiens, les cophtes et les abyssins, 93 *et suiv.*

THÉOPHILE, empereur des Romains, IX, 183.

Thessalonique. Sédition et massacre général de ses habitans, V, 308. Pénitence publique imposée à ce sujet à Théodose le Grand, par saint Ambroise, 313.

Thrace. Son gouvernement, I, 94.

THRASIMOND, le plus grand et le plus accompli des rois des Vandales, fut célèbre par sa beauté, sa prudence et sa grandeur d'âme, VI, 516.

TIBÈRE, fils adoptif d'Auguste, désigné par ce prince pour lui succéder, I, 199. Edits supposés de ce prince, III, 221.

TIBÈRE II, associé à l'empire d'Orient, VIII, 339. Son règne, 341. Ses vertus, 343. Sa mort 344.

TIMOUR ou TAMERLAN, émir. Son histoire, XII, 333. Il repousse, avec soixante cavaliers, un corps de mille Gètes, 337. Il est élevé sur le trône du Zagatai, 339. Il fait la conquête de la Perse, 340. Du Turkestan, 343. Du Kipzak, de la Russie, 344. De l'Inde ou Indoustan, 347. Il fait la guerre contre le sultan Bajazet, 350. Il envahit la Syrie, 355. Sac d'Alep, 356. De Damas, 359. De Bagdad, *ibid.* Il entre dans l'Anatolie, 360. Bataille d'Angora, 362. Défaite des Turcs et prise du sultan Bajazet, 365. Il le fait enfermer dans une cage de fer, 366. Plusieurs nations attestent ce traitement, 369 *et suiv.* Terme de ses conquêtes, 374. Son triomphe à Samarcande, 377. Il meurt dans sa marche en Chine, 379. Son caractère et son mérite, 380.

TITUS. Désigné par Vespasien pour son successeur, I, 199.

Il est associé à l'empire, 199.
Totila, roi d'Italie. Ses victoires, VIII, 98. Ses qualités et ses vertus, 100. Il assiége Rome, 106. Et s'en empare, 111. En est chassé par Bélisaire, 115. La reprend de nouveau, 121. Sa défaite et sa mort, 131.
Trajan, empereur. Se signale contre les Daces, I, 59. Et en Asie, 61. Son adoption, son caractère, 201. Il revêt de la puissance souveraine son neveu Adrien, 202. Forme légale de procédure qu'il établit contre les chrétiens, III, 188.
Tribigild, chef d'Ostrogoths. Sa révolte, VI, 153.
Troupes. Proportion de la force militaire avec la population d'un Etat, I, 257. Distinction des troupes sous Constantin, III, 356. Réduction des légions, 358. Difficulté des enrôlemens, 360. On augmente le nombre des Barbares auxiliaires, 363.
Turcs. Leur origine et leur empire en Asie, VIII, 19. Rapidité de leurs conquêtes, 25. Leur alliance avec les Romains, 30. Leurs migrations, XI, 46. Les Turcs seljoucides, 200. Leur révolte contre Mahmoud, conquérant de l'Indoustan, 201 *et suiv.* Leurs mœurs et émigrations, 209. Ils défont les Gaznevides et subjuguent la Perse, 212. Règne et caractère de Togrul-Beg, 215. Les Turcs envahissent l'empire romain, 220. Règne d'Alp-Arslan, 221 *et suiv.* Les Turcs font la conquête de l'Arménie et de la Géorgie, 222. Règne de Malek-Shah, 235 *et suiv.* Division de l'empire des Seljoucides, 240. Conquête de l'Asie-Mineure, 242. Le royaume seljoucide de Roum, 245. Etat de Jérusalem ; détails sur les pélerinages qu'on y faisait, 248. Les califes fatimites, 253. Sacrilége de Hakem, 255. Le nombre des pélerins augmente, 256. Conquête de Jérusalem par les Turcs, 257. Croisade, et marche des princes latins à Constantinople, 307. Conquête de Nicée, d'Antioche et de Jérusalem par les Francs, et délivrance du saint-sépulcre, 326 *et suiv.* Guerre contre les croisés, 390. Les Turcs font la conquête de l'Egypte, 403. Origine des Ottomans, XII, 300. Règne d'Othman, 301. Leur empire date de la conquête de Prusé, 303. Règne d'Orchan, *ibid.* Il s'empare de la Bithynie, 304. Il prend le titre d'émir, 305. Plusieurs émirs se partagent l'Anatolie, *ibid.* Les provinces asiatiques faisant partie de l'empire romain conquises par les Turcs, 306. Les chevaliers de Saint-Jean de Jérusalem défendent Rhodes pendant plus de deux siècles, 307. Les Turcs profitent de la discorde des Grecs pour passer en Europe, *ibid.* Orchan se marie avec une princesse grecque, 310. Les Ottomans s'établissent en Europe, 311. Orchan et son fils Soliman meurent, 314. Règne d'Amurath 1er et ses conquêtes en Europe, *ibid.* Institution des janissaires, 316. Règne de Bajazet 1er et ses conquêtes, 318. Croisade et captivité des princes français, 321. Leur rançon, 325. Ils menacent l'empire grec, 329. A la bataille d'Angora, l'armée turque est défaite et le sultan Bajazet fait prisonnier, 362 *et suiv.* Règne et caractère d'Amurath II, XIII, 11. Caractère et règne de Mahomet II, 53. Prise et pillage de Constantinople par les Turcs, 106 *et suiv.*

U.

Ukraine. Description de ce pays; migration des Goths; II, 110.
ULPIEN, préfet du prétoire, assassiné par ses gardes, et défendu par le peuple, I, 360 *et suiv.*
URBAIN II, pape, dans le concile de Plaisance, XI, 264.
Ursins (les). Leur origine, XIII, 212. Deux papes de leur famille, 213. Querelles héréditaires avec les Colonnes, 214. Ils s'arment contre Rienzi, 249.

V.

VALENS, frère de Valentinien, est associé à l'empire, V, 18. Révolte de Procope, 20. Défaite et mort de cet usurpateur, 26. Ordonne des recherches sévères du crime de magie, 29. Sa cruauté, 34. Ses lois et son gouvernement, 38. Il professe l'arianisme et persécute les catholiques, 44. Juste idée de sa persécution, 48. Il reçoit les Goths dans l'empire, 172. Ceux-ci se révoltent; opérations de la guerre contre eux, 186. Bataille d'Andrinople, 199. Défaite de Valens; oraison funèbre de ce prince et de son armée, 201 *et suiv.*
VALENTINIEN, élu empereur; son caractère, V, 12. Il est reconnu par l'armée, 15. Associe son frère Valens à l'empire, 18. Partage définitivement les empires d'Orient et d'Occident, *ibid.* Ordonne des recherches sévères du crime de magie, 29. Sa cruauté, 34. Ses lois et son gouvernement, 38. Il assure la tolérance religieuse, 42. Réprime l'avarice du clergé, 51. Passe le Rhin et le fortifie, 63. Son expédition en Illyrie, 118. Sa mort, 120.
VALENTINIEN II, élu empereur, V, 121. Sa fuite, 292. Théodose arme pour le secourir, 293. Caractère de ce prince, 318. Sa mort, 321.
VALENTINIEN III, empereur d'Occident, VI, 209. Assassine le patrice Ætius, 354. Viole la femme de Maxime, 357. Sa mort, 359.
VALÉRIE. Sort infortuné de cette impératrice et de sa mère, II, 445 *et suiv.*
VALÉRIEN. L'office de censeur rétabli dans sa personne, II, 115. Venge la mort de Gallus, et est proclamé empereur, 125. Son caractère, 126. Il partage le trône avec son fils Gallien; malheur général des règnes de ces deux princes, 127. Marche en Orient; y est vaincu et fait prisonnier par Sapor, 156. Sort de ce prince, 162. Etat des chrétiens sous son règne, III, 231.
VANDALES (les) débarquent en Afrique, VI, 218. Et la désolent, 225. Leurs succès, 232. Ils surprennent Carthage, 234. Leur puissance navale, 363. Ils font le sac de Rome, 369. Expédition navale, 408 *et suiv.* Ils embrassent le christianisme, 505. Motifs de leur foi, 506. Effets de leur conversion, 509. Ils adoptent l'hérésie d'Arius, 511. Persécution des Vandales ariens contre les orthodoxes, 514. Tableau général de cette persécution, 517. Situation des Vandales en Afrique, VII, 324. Hildéric et Gélimer, *ibid. et suiv.* Défaite des Vandales par Bélisaire, 344. Les Vandales disparaissent, 367.
VATACÈS (Jean Ducas) fait la guerre à Robert, empereur latin, et détruit son armée, XII, 119. Il succède à Théodore Lascaris, empereur de Nicée, 161.

Venise. Fondation de cette république, VI, 340. État des Vénitiens, XII, 26. Ils maintiennent l'honneur de leur pavillon, 29. Leur gouvernement primitif, 30. Ils s'allient avec les Français pour la quatrième croisade, 31. Conditions du traité et sa ratification, 32. Les croisés se rendent à Venise, 34. Ils s'embarquent et dirigent d'abord leur armée contre Zara, 37. Ensuite contre Constantinople, 42. Après la prise de Constantinople les Vénitiens se réservent la bonne moitié de l'empire d'Orient, 92.

Vérus (Ælius) et son fils. Leur adoption par Adrien et Antonin, I, 203.

Vespasien, empereur, désigne Titus pour son successeur, I, 199. Origine de ce prince, 200.

Vetranio revêt la pourpre après le meurtre de Constans, III, 456. Il est déposé par Constance, 459.

Victoria. Artifices de cette princesse; sa mâle fermeté, II, 213.

Victorinus. Déréglemens de ce prince, sa mort, II, 213.

Vitigès, roi d'Italie, VII, 396. Assiége Bélisaire dans Rome, 408 *et suiv*. Est repoussé et obligé de lever le siége, 421. Sa retraite, 424. Sa captivité, 436.

Z.

Zénobie. Caractère de cette princesse, II, 216. Sa beauté, son érudition, sa valeur, *ibid*. Elle venge la mort de son mari, 218. Règne dans l'Orient et en Egypte, 219. Est assiégée dans sa capitale, 225. Tombe entre les mains d'Aurélien, 227. Sa conduite, 228. Clémence de l'empereur; présens qu'il lui fait; elle prend les mœurs des dames romaines, 234.

Zénon, empereur d'Orient. Son règne, VII, 142. Son formulaire l'*Henoticon*, IX, 64.

Zimiscès (Jean), empereur romain. Ses conquêtes en Orient, X, 440.

Zoroastre, législateur des Perses; sa théologie, II, 10. Esprit de persécution qui déshonore son culte, 21.

FIN DE LA TABLE GÉNÉRALE DES MATIÈRES.

Nota. L'Éditeur n'ayant pu se charger de la rédaction de cette Table, elle a été confiée aux soins de M. P.-A. Miger.

ON TROUVE CHEZ LE MÊME LIBRAIRE :

NOUVEAU DICTIONNAIRE D'HISTOIRE NATURELLE, appliqué aux arts, à l'agriculture, à l'économie rurale et domestique, à la médecine, etc.; par une Société de naturalistes et d'agriculteurs; nouvelle édition, presque entièrement refondue et considérablement augmentée, avec des figures tirées des trois règnes de la nature; 36 forts volumes in-8°. 288 fr.

NOUVEAU DICTIONNAIRE GÉOGRAPHIQUE UNIVERSEL, de Vosgien; nouvelle édition, rédigée sur un plan nouveau, par M. le chevalier de Roujoux; 1 fort volume in-8°, orné de cartes géographiques, de planches représentant les monnaies, et les pavillons des principales puissances. 9 fr.

COURS DE LITTÉRATURE ancienne et moderne, par J.-F. La Harpe; 18 volumes in-12, tirés sur pap. fin. Paris, 1824. 54 fr.

LE MÊME OUVRAGE; 18 vol. in-18, 1824. 36 fr.

LETTRES DE MADAME DE SÉVIGNÉ A SA FILLE ET A SES AMIS, d'après l'édition in-8°, publiée par Grouvelle; 13 volumes in-12, avec deux portraits. Paris, 1819, le 13e volume est inédit. 36 fr.

LES MÊMES; 12 volumes in-18, 1820. 24 fr.

ŒUVRES DE L'ABBÉ MILLOT, de l'Académie-Française, comprenant l'histoire générale ancienne et moderne, l'histoire d'Angleterre et l'histoire de France; nouvelle édition, continuée par MM. Millou, Delisle de Sales, etc.; 12 forts volumes in-8°, imprimés sur papier fin par Didot. Paris, 1820. 72 fr.

ŒUVRES D'ANDRÉ DE CHÉNIER; 1 volume in-18. 3 fr.

ŒUVRES CHOISIES DE M. J. DE CHÉNIER, contenant :

SES POÉSIES, suivies de la poétique d'Aristote; nouvelle et jolie édition; 2 volumes in-18. 6 fr.

SON THÉÂTRE, précédé d'une analyse, par M. Lemercier; nouv. et jolie édition; 3 volumes in-18, portrait. 10 fr.

ŒUVRES COMPLÈTES DE MASSILLON; 14 volumes in-18, édition stéréotype d'Herhan. 24 fr.

ŒUVRES DE BLAISE PASCAL; nouvelle édition. Paris, Lefèvre, 1819; 5 volumes in-8°. 35 fr.

ŒUVRES COMPLÈTES DE BOURDALOUE; 22 volumes in-12. 66 fr.

RÉPERTOIRE DU THÉÂTRE-FRANÇAIS; 67 vol. in-18, avec couvertures imprimées. 100 fr.

ON VEND SÉPARÉMENT :

THÉÂTRE DU PREMIER ORDRE; 27 v. in-18. 40 fr.

THÉÂTRE DU SECOND ORDRE; 40 v. in-18. 60 fr.

ŒUVRES COMPLÈTES DE MONTESQUIEU, édition stéréotype d'Herhan; 8 vol. in-18. 16 fr.

LE MÊME OUVRAGE, 8 v. in-12. 25 fr.

www.ingramcontent.com/pod-product-compliance
Lightning Source LLC
Chambersburg PA
CBHW070928230426
43666CB00011B/2359